本书写作与出版获得以下单位资助,特此鸣谢!

广西一流学科·民族学学科

广西民族大学东盟学院/东盟研究中心

东南亚华人聚落研究丛书　郑一省\主编

印尼美达村华人

Warga Tionghoa dari kampong Metal Indonesia

郑一省　邱少华　李晨媛　著

中国社会科学出版社

图书在版编目（CIP）数据

印尼美达村华人／郑一省等著．—北京：中国社会科学出版社，2019.9
ISBN 978－7－5203－5074－7

Ⅰ.①印⋯　Ⅱ.①郑⋯　Ⅲ.①华人社会—人口迁移—历史—研究—印度尼西亚　Ⅳ.①D634.334.2

中国版本图书馆 CIP 数据核字（2019）第 204043 号

出 版 人	赵剑英
责任编辑	宋燕鹏
责任校对	张依婧
责任印制	李寡寡

出　　版	中国社会科学出版社
社　　址	北京鼓楼西大街甲 158 号
邮　　编	100720
网　　址	http://www.csspw.cn
发 行 部	010－84083685
门 市 部	010－84029450
经　　销	新华书店及其他书店
印刷装订	北京君升印刷有限公司
版　　次	2019 年 9 月第 1 版
印　　次	2019 年 9 月第 1 次印刷
开　　本	710×1000　1/16
印　　张	28.5
字　　数	470 千字
定　　价	138.00 元

凡购买中国社会科学出版社图书，如有质量问题请与本社营销中心联系调换
电话：010－84083683
版权所有　侵权必究

《东南亚华人聚落研究丛书》序

在一定意义上来看，移民是人类社会的普遍现象，因为人类的历史其实就是一部移民史。人类的迁移是指个人或一群人穿越相当的距离而作的永久性移动。移民应该包含着两层含义。一是指一种人或人群，一是指一种行为或社会。人类社会的移民既有国内跨地域的迁移，也有向境外或异域他国的迁移。

中国人向海外的迁移历史到底始于何时，因资料的匮乏而无从考证。一些学者研究，早期前往海外的主要是中国的海商，其在公元初就开始出现，[1] 循着中国海商的足迹，一些中国人移居到邻近的东南亚地区，乃至向世界其他地区迁移，而造成中国人大规模向海外的迁移，应该是在16世纪，特别是在晚清时期，即1840年后达到高潮，有人估计在1840—1911年迁出的人口在1000万以上。[2] 到20世纪50年代初，世界华人总数1200万—1300万人，90%集中在东南亚。[3]

从查阅资料和调查来看，早期中国移民移往海外充分显示出一种连锁移民网络的地域性特征，如暹罗华人多来自潮汕；荷属东印度（印尼）闽籍者最多，次为客家和广东肇庆籍；新马华人闽籍过半，次为广东肇庆、潮州；法属印度支那华人广东肇庆籍最多，次为潮州、客家和闽南籍，英属缅甸华人多滇籍、闽籍和广东肇庆籍；菲律宾华人则九成为闽南人，而北美、澳洲、非洲、拉丁美洲等地多数来自广东肇庆地区，少数来自粤东与福建。这些地域性特征形成了海外华人

---

[1] 庄国土：《世界华侨华人数量和分布的历史变化》，《世界历史》2011年第5期。
[2] 葛剑雄：《人口与中国疆域的变迁》，http://www.toutiao.com/i6324904994352923138/。
[3] 同上。

社会，特别是东南亚华人的"帮权（群）"社会结构，诸如学者们所称的福建帮、广东帮等。除了显示连锁移民网络较强的地域性，早期的中国人移民海外时，又凸显出连锁移民网络的另一种特征"族缘性（宗族或同乡）"，即海外的中国移民喜欢聚族（群）而居，从而在海外形成了大大小小的聚落，即华人村落或社区。比如，闽人何乔远有关菲律宾华人聚落的类似记载："其地迩闽，闽漳人多往焉，率居其地曰涧内者，其久贾以数万，间多削发长子者。"[①] 可以说，在中国移民不断向外迁移的历史长河中，东南亚华人聚落较早出现，已有几百年的历史，而在当今各类型的聚落仍大量存在。

所谓聚落，即村落或社区。东南亚华人的聚落是在自发聚集、移民与拓殖，或人为地圈定（划定），或移民的自然聚居情况形成的。在东南亚，由于华人的居住习惯，以及历史上的一些原因，许多迁入国已形成了被称为"华侨社会"的移民聚落，这是凭着地缘、血缘关系而吸引着更多同乡与同宗向同一地区外迁。东南亚华人的聚落较为常见，其大致分为以下两类。

（一）移民拓殖而成的华人聚落

在东南亚，移民拓殖而成的华人聚落较为常见，我们可以马来西亚砂拉越、印度尼西亚西加里曼丹和柬埔寨实居省来说明这种现象。

在当今马来西亚砂拉越的诗巫，其早期被称为"新福州垦场"，这是福州籍人黄乃裳牵引其同乡几经艰难岁月而拓殖起来的。1900 年 7 月 27 日，黄乃裳与砂拉越第二代白人拉惹查尔斯·布洛克（Rajah Charles Broke）签订了一项移民合约。随后，黄乃裳便回国招募垦民，前后组织了三次移民：第一批 92 人先锋队伍，由力昌与陈观斗带领，于 1900 年 12 月 23 日由福州乘"丰美"船，经新加坡于翌年 2 月 20 日抵达诗巫时只有 72 人；第二批由黄乃裳亲自率领 535 人，于 1901 年 3 月 16 日抵达；在安顿好垦民之后，黄乃裳又回国进行了第三次招募，并于 1902 年 6 月 7 日带回 511 人；三批共 1118 人[②]。

[①] 何乔远：《名山藏》，"王亨记三"，"吕宋"，明崇祯刊本，第 12 页。

[②] 关于福州人三次移民的人数，学者们有不同的看法，此处采用当地学者刘子政《黄乃裳与新福州》书中说法。详见陈琮渊《砂拉越诗巫省华人社团联合会研究 1977—1997》，砂拉越华族文化协会，2005 年 11 月，第 43 页。

不同于闽南人的自发性移民，这三批早期移民是黄乃裳从其福州[①]的家乡招募而来的，到达诗巫后，多从事垦殖工作，因此诗巫也被称为"新福州垦场"。由于黄乃裳是闽清人，他招募的垦民也是以闽清为中心的，闽清和古田两县占绝大多数，他们到达诗巫后被分别安置到新珠山和黄师来两处。这些福州移民得到安置之后，便开始进行垦殖活动。与拉惹签订的合同规定，垦民获得土地，但必须种植水稻。由于环境的差异，中国的经验显然不能适用于热带的砂拉越，头几年的收成非常不好，加上水土不服，病害困扰，许多人或死或逃，据黄乃裳的七十自叙所言："越三年病卒者三十有七，可知水土嘉喜矣，又未习操舟，而强为水者，死者十有一，不惯抛乡井耐劳苦而自归者百有余，弃而他往者，百三十余，粤有孝廉邓家让者……愿以稍厚工值雇吾农四十余去，而场中不满七百人矣。"[②] 后来，在富雅各（Hoover）的改革下从新加坡引进橡胶种植。在国际胶价上涨的背景下，福州人种植的橡胶获得好价钱，种植者越来越多，垦民的生活水平也因此得到了提高，并开始吸引更多家乡亲友前来。1909年福州人从政府手中获得了土地特许，他们可以向政府申请永久地契，使得这个移民社会有了发展的根基。1911年至1919年间，共有4132名福州人前来诗巫，其中尤以1916年为最多，达到1227人[③]。

这批南来开荒拓殖的福州人，先是在诗巫开垦，后又拓殖到民丹莪、泗里街等乡村从事农耕业，形成了许多福州人的聚落，他们集数十户或少至十多户人家，向政府申请一大片土地从事耕种。例如，1920年马鲁帝蒲悦的垦场或稍后老越区的垦场，他们申请到土地与政府签了协约之后，即胼手胝足，而后形成一个新的移民社区。[④]

这些华人聚落，也在砂拉越的其他地区出现。在砂拉越第一省古晋郊区的石隆门（Bau）、西连（Serian）一带，第二省成邦江（Simanggang）、

---

① 彼时的福州指的是"福州十邑"。福州十邑正式定名是在清朝，当时设立的福州府，下辖闽县、侯官、长乐、福清、连江、罗源、古田、屏南、闽清、永福共十邑。迄今，闽县与侯官已合并称闽侯；福州市又从中单列，辖鼓楼、台江、仓山、马尾、郊区；平潭从福清中分出设县；福清、长乐撤县改市；永福改称永泰；古田、屏南归宁德地区所辖。

② 黄乃裳：《绂丞七十自序》，陈立训等：《诗巫福州垦场五十周年纪念刊1901—1950》，诗巫福州公会1951年印，第1页。

③ Daniel Chew, *Chinese pioneers on the Sarawak frontier: 1841–1941*, New York: Oxford University Press, 2004, p.154.

④ 田英成：《砂拉越华人社会史研究》，砂拉越华族文化协会2011年版，第70页。

三马拉汉（Samarahan）以及第四省美里廉律（Riam Road）地区，都可以发现客家族群的聚落。田英成先生曾前往美里廉律地区调查，探讨了当地客家族群聚落的情况。他认为，在古晋，沿着晋连公路两旁的华人农村，多是河婆客的耕种地，石隆门路一带亦然，这一群人勤劳苦干，乃是著名的农耕者。最早到廉律开垦的是河婆蔡荀等人，他们到达廉律，居住在"三渡桥"一带（今五条石）开始种植胡椒及蔬菜等。这个地方乃是廉律最早开发的地方，在这之前，该地只有数户伊班人，他们以狩猎为生。当蔡荀等落户廉律之后，陆续有同乡从中国南来，其中包括廉律第一任村长杨交环以及张竹琴及蔡通宝等。当廉律人数逐渐增加，并且大部分定居下来，河婆同乡闻悉此处有发展机会，更多同乡于是陆续南来。在30年代至40年代初，由于中国动乱，这是河婆客移民到廉律的高潮期，而廉律也俨然成为"河婆村"。①

印尼的西加里曼丹，早期华人聚落也随处可见。据资料显示，1770年在东万律发现新金矿后，每年约有3000名华工来到西加里曼丹。受金矿的诱惑，大批华人移居西加里曼丹，从喃吧哇转移到坤甸（Pontianak）、邦戛、三发（Sambas）等地。西加里曼丹的金矿在1812年有30多个矿区，以东万律金矿最大。全部采矿工人约3万。早期到西加里曼丹开采金矿的华人，都各自组织公司，较大的公司有东万律的兰芳公司、鹿邑的大港公司、三条港公司、和顺公司等，这些公司的成员主要是梅县、大埔人等。随着越来越多华人来西加里曼丹，后由于开采金矿容不下，就转移生产目标，即向西加里曼丹的市镇以外的森林地区垦荒务农，所以西加里曼丹各偏僻地区都散居了华人，他们开荒垦殖椰子园、橡胶园、胡椒园，成立小乡村，甚至有些小乡村全是华人，没有其他族群，在内陆丘陵地带的每个园区都是华人开辟的，即使交通很不方便的地区都有华人的小村落。

在柬埔寨，虽然华人较早和较深地融入当地社会，即高棉化。但当今柬埔寨华人的这种聚族（群）而居的聚落也时有发现。我们曾于2016年1月前往柬埔寨的实居省调查，该省的洛良格乡就存在着一个土生华人②占相当大比重的村落，即狮子桥村。据我们的访谈口述及查阅的资料发

---

① 田英成：《砂拉越华人社会史研究》，砂拉越华族文化协会2011年版，第142—146页。
② 学界对土生华人的定义有两种解释，一是华人与当地民族通婚后所生的孩子即混血儿，二是土生土长的华人。本文所指的柬埔寨土生华人是在当地出生且土生土长的华人，当地人称土生华人为"召真"（音译）。

现，狮子桥村共有 74 户人家，其中土生华人有 44 户，高棉人有 30 户，土生华人占整个村庄人口的 60% 以上。这 44 户土生华人的祖籍都是中国潮州地区。我们曾对狮子桥村早期的 17 块潮州人墓碑进行整理，发现揭阳人的墓碑就占了 14 块，普宁人有 1 块，剩下 3 块未标明原籍地，这说明狮子桥村多数土生华人的祖辈是来自潮州地区的揭阳县。狮子桥村的土生华人长辈回忆，狮子桥村最早有 3 户人家，一家姓郑，一家姓林，一家姓陈，他们都是从中国潮州地区过来的，定居于此地。后来他们之间互相通婚，再加上一些外来的华人，形成了现在占较大比例的华人村落。① 实际上，最早开垦狮子桥村这块土地的是从中国漂洋过海来的潮州人，而且在波尔布特时代以前，没有高棉人定居于狮子桥村。正如另一位潮州籍土生华人所说："狮子桥村以前基本是华人，在波尔布特之前就是这种情况，应该达到了 100%。"② 从聚居的数量和居住方式来看，狮子桥村属于沿公路两旁聚居的密集型农村聚落。当地的"130 号"公路贯穿整个狮子桥村，该村的土生华人居住在公路两旁，高棉人大多居住在离公路较远的村落里面，而且土生华人受血缘关系、宗教习俗的影响聚集而成的，即以潮州人为主，主要信仰道教，他们聚居在一起，过着自给自足的生活。

（二）人为圈定（划定）的华人聚落

这一类聚落，主要是因特殊的年代、特殊的事件而形成的。从目前的调查来看，这一类华人聚落在马来西亚和印度尼西亚较为常见。

在马来西亚，除了我们在上面所指出的因移民的拓殖而形成的华人聚落外，马来西亚的华人聚落中有许多被称为"新村"。一般认为，这些华人"新村"是英国殖民政府在 1950 年底，推行"布力格斯计划"③ 下所

---

① 2016 年 1 月 31 日下午 4 时在柬埔寨实居省森隆东县洛良格乡狮子桥村与平·坤的访谈。
② 2016 年 2 月 4 日下午 4 时在柬埔寨实居省森隆东县洛良格乡狮子桥村摩托车修理店与林春乐（男）的访谈。
③ "布力格斯计划"因马来亚共产党（简称马共）问题而起。1948 年，马共为了把马来亚建立共产政权视为最终的斗争目标，为此展开了一系列行动来号召民众加入反殖民运动的行列。英国殖民政府认为此举严重影响了他们在马来亚的政治与经济利益，宣布马共为非法组织，以打击他们的活动。马共在这种情况下，决定采取武装斗争而进入森林与英国殖民政府展开游击战。以森林作为基地的马共成员，获得了住在森林边缘以华人为主的垦民的资源供应。为了切断马共的生命线，即华人垦民为马共提供粮食、药物、武器、咨询和经济资源等，英国殖民政府就委派了布力格斯中将（Lieutenant-General Sir Harold Briggs）担任指挥，重新拟订作战计划以解决这类问题。此计划即"布力格斯计划"（Briggs plan），其策略的重点就是执行"移殖计划"，在此移殖计划下，马来半岛的华人新村便因此而诞生。

设定的村落。当时马来半岛有 40 多万华人被迁至约 500 个新村,进行垦殖,受影响的大多为华人垦民,占总数的 86%。此计划从 1948 年开始至 1960 年结束,除了政府的资助,迁移计划也得到了马来亚华人公会的配合,在金钱与其他方面给予协助。在布力格斯计划下,英殖民政府将为村民们提供某些基本设备,例如水电供应、警察局、民众餐馆、医疗所、学校、巴刹和道路等。不过,在刚建立新村的时候,除了警察、闸门和有刺的篱笆网,许多华人新村并没有获得预期的基本设施,甚至有人把新村形容为集中营。①

英国殖民政府为了断绝华人垦民与森林中马共的联系,将散居在新村附近的华人垦民移入新村,以便集中管理,而在此机缘下,反而对具有聚族而居的华人各方言群(同乡或同族)形成聚落尤为有利。换句话说,因为许多方言群通过连锁移民网络来到马来亚,而又因各自的垦殖原因散居各处,英国殖民政府的政策无意间促成了许多方言群(同乡或同族)聚落的诞生。

我们于 2016 年的 7 月 26 日至 8 月 24 日来到马来西亚彭亨州的文冬,该地自 20 世纪 50 年代也是在"布力格斯计划"实施期间建立了 4 个新村②,即玻璃口新村、金马苏新村、暹猛新村和力巴士新村。这几个新村与马来西亚其他新村有着一个共同的特征,即许多新村是以同方言群建立起来的聚落。例如,玻璃口新村的广西人占 90% 以上,力巴士新村客家人占 80%,而金马苏新村和暹猛新村则是以福建人为主建立起来的村庄。

在印度尼西亚,也有许多是因特殊年代、特殊事件而人为划定(圈定)的华人聚落。这些华人聚落在外岛的苏门答腊岛、加里曼丹岛等地都有分布。现今北苏门答腊省首府棉兰近郊有一批难民村庄,这些村庄的村民是 1965 年"九卅事件"后,分别从亚齐地区班达亚齐、司吉利、司马委、美仑、怡里、瓜拉新邦、冷沙等地被迫迁移而来的华人难民。这些

---

① 闸门是新村的检查站,外出的村民都要接受检查,每天早上 6 点钟左右从闸门出去,在 18 点之前必须回村。篱笆网将整个新村范围围住,避免马共和村民之间有任何联系。

② 当地是 5 个村庄,即玻璃口新村、旧玻璃口村、金马苏新村、暹猛新村和力巴士新村。其实旧玻璃口村与玻璃口新村有很大的关系,即在建立玻璃口新村之前,就旧玻璃口村似乎已经存在,也就是玻璃口新村的居民大多数是来自旧玻璃口村。这从一个侧面说明,新村的建立,也可能是在原有的基础上形成,即使不是直接在原有的地域上形成,起码也是在其附近形成,这玻璃口新村便是一个例证。

亚齐华侨难民刚到棉兰时，被安置在棉兰市区和郊区共 14 个收容所：棉华中学收容所、棉兰民礼路山亭收容所、勿老湾路老人院收容所、Helvetia 四号寮收容所、Helvetia 二号寮收容所、丹南呼鲁（Dandam Hulu）四十号寮收容所、丹南呼鲁四十一号寮收容所、丹南希利（Dandam Hilir）二十四号寮收容所、丹南希利二十五号寮收容所、丹南希利二十六号寮收容所、苏涯加冷（Sungai Karang）四十七号寮收容所、苏涯加冷四十九号寮收容所、苏涯加冷五十号寮收容所、苏涯加冷五十四号寮收容所。① 当时，收容所收留的华人难民达 10000 余人，除了由中国派出"光华号"等轮船接走的 4000 多人外，剩下的 5000 多人，在当地华人的资助下，政府将这些难民分别安置在棉兰的周边地区的烟寮等地，而这些华人难民逐渐在这些地方建立起丹绒巫利亚村（美达村）、路颂牙村、星光村、和平村和双湿亚古村。在这些难民村庄，大多数是客家村落，其中以丹绒巫利亚村（美达村）的客家村落最大，居住了客家籍华人 2000 多人。②

靠近西加里曼丹山口洋（Singkawan）的郊区，有 5—6 个华人难民村。1965 年印尼排华期间，山口洋附近的三发县发生全县骚乱，住在内地山里的华人被凶残彪悍，持枪持刀的暴民抢掠，部分被杀戮，华人居住的村庄被烧毁，一片火海中，历代前辈开垦的耕地，胡椒园尽毁一旦，至亲骨肉各奔东西，几千难民从山里逃往城市，大部分涌进山口洋，后来被安置在难民营之中，最后形成了现在的这几个难民村落，这些村落有以客家人为主的村落、也有以福建人和广东潮州人为主的村落。

可以说，东南亚华人聚落的形成，应该是与中国移民迁移东南亚地区同步的，即使是人为圈定（或划定）的华人聚落，其至少已有半个世纪或几十年的历史过程了。我们认为，东南亚华人聚落是中国村落在东南亚地区的"延伸"，我们也可以这样认为，东南亚华人聚落其实是"原乡聚落"的"翻版"，即"海外聚落"，不过它是一个"在地化的聚落"，是在东南亚地区诞生和成长起来。"在地化聚落"与原乡聚落有许多共性，即不仅仅体现在它的历史过程、地域特征，而更重要的是其人文属性，即华人所具有的聚族而居的习性，以及它所聚族而居形成的文化。而所不同的是，在地化的华人聚落是在异国他乡形成的，带有其在地化的烙印，是

---

① 印尼苏北华侨华人历史会社：《印尼苏北华侨华人沧桑史》，2015 年印，第 639 页。
② 笔者 2015 年 7 月 30 日在美达村与 IU 先生的访谈获得的数据资料。

一个具有"混合型文化"的海外聚落，它实际上也具有与原乡聚落一样的"亦土亦洋"特征。

《东南亚华人聚落研究丛书》编者
2017 年 12 月

Preface on *Series of Books on the Research on Chinese Settlement in Southeast Asia*

In a certain sense, immigration is common in human society, because the history of humanity is actually the history of immigration. The migration of humanity refers to the permanent movement of individuals or a group of people across substantial distance. Migration has two kinds of meaning. One refers to some kind of groups of people. The other one refers to some kind of behavior or society. The immigration of human society includes both the migration across regions domestically and the migration abroad or to other nations in other regions.

When Chinese started to immigrate abroad is unknown for lacking of evidence. According to the researches of some scholars, at early stage it was maritime commerce going abroad, which started at the early A. D. [1] Following maritime commerce, some Chinese migrated to the nearby Southeast Asia areas and other places in the world, while Chinese immigrated abroad at large scale in the 16th century. The scale of immigration reached the highest at the late of Qing Dynasty, which was after 1840. It was estimated that the population of immigration was more than 10 millions between 1840 and 1911. [2] The total overseas Chinese in the world reached 120 millions to 130 millions at the beginning of

---

[1] Zhuang Guotu, Historical Changes in Numbers and Distribution of Overseas Chinese in the World, *World History*, Vol. 5, 2011.

[2] Ge Jianxiong, "Population and the Change of the Territory of China," http://www.toutiao.com/i6324904994352923138/.

1950s, 90% of which concentrated in Southeast Asia. ①

From the literature and investigation, early Chinese immigrants to abroad showed the regional characteristics as chained immigration network, such as most Siamese Chinese from Chaozhou and Shantou in China; most Holland East India Chinese (Indonesia) from Fujian Province, then Hakka and Zhaoqing in Guangdong Province; more than half Singapore and Malaysia Chinese from Fujian Province, then Zhaoqing and Chaozhou in Guangdong Province; most French Indo China Chinese from Zhaoqing in Guangdong Province, then Chaozhou in Guang dong Province, Hakka and Fujian province; most British Burma Chinese from Yunnan, Fujian province and Zhaoqing in Guangdong province; 90% of Philippine Chinese from South Fujian province, while most overseas Chinese in north America, Australia, Africa and Latin America from Zhaoqing in Guangdong Province, and less from east Guangdong Province and Fujian Province. The regional characteristics formed the social structure as gang in overseas Chinese society, especially in Southeast Asia Chinese, such as the Fujian gang and Guangdong gang called by scholars. Besides the territoriality showed as chained migration network, early Chinese immigrants abroad showed another characteristic of chained migration network as *ethnicity* (*clan or townie*). That is, overseas Chinese immigrants preferred to live together by clan or group. Thus different settlements formed abroad, that is, village or community. For example, there was record of Philippine Chinese settlements by He Qiaoyuan from Fujian Province. It said, most Philippine Chinese immigrants from Zhangzhou in Fujian Province, and they made a lot of money during the settlement. ②Based on these, in the long time of Chinse migration, the settlements of overseas Chinese in Southeast Asia formed early with several hundred histories. Currently there still exist lots of all types of settlements.

Settlement is village or community. The settlement of Southeast Asia over-

---

① Ge Jianxiong, Population and the Change of the Territory of China, http://www.toutiao.com/i6324904994352923138/.

② He Qiaoyuan, *Ming Shanzang*, the 3rd *Records on Wang Heng*, *Lv Song*, Edition of Chong Zhen Ming Dynasty, p. 12.

seas Chinese formed by voluntary gathering, migration and opening up virgin soil and migration, or being designated by people, or naturally inhabiting by immigration. In Southeast Asia, there was immigration settlement called as overseas Chinese society in many immigration countries, because of the inhabiting habit of overseas Chinese or historical reasons. This attracted more townies and clansmen moving to same area by regional relationship and genetic connection. Overseas Chinese settlement is common in Southeast Asia. It can be classified as the following two types.

The first is overseas Chinese settlement by opening up virgin soil and migration.

Overseas Chinese settlement by opening up virgin soil and migration is very common in Southeast Asia. Sarawak in Malaysia, West Kalimantan in Indonesia, Kampong Spue in Cambodia are the examples.

Sibu, in Sarawak Malaysia, was called *New Foochow Settlement* in the early stage. It was opened up virgin soil and migration through hard years by Huang Naitang from Fuzhou and his townies led by him. On July 27, 1900, Huang Naitang signed a contract on immigration with the second generation of white man Rajah Charles Broke. After that, Huang Naitang came back hometown to recruit people for settlement and organized three times of immigration. Led by Li Chang and Chen Guan, the first group of 92 pioneer immigrants took Boat *Feng Mei* on Dec. 23, 1900 in Fuzhou through Singapore. On Feb. 20, 1901 only 72 immigrants arrived Sibu. Huang Naitang brought the second group of 535 immigrants arriving on March 16, 1901. After they were settled, Huang Naitang went back home to recruit the third group and brought 511 immigrants on June 7, 1902. There was total 1118 immigrants in the three groups. [①]

Different to the voluntary immigration from South Fujian province, the three groups of early immigrants were recruited by Huang Naitang from areas with his

---

[①] Scholars had different views on the total number of three groups of immigrants from Fuzhou. The paper cited from the book named *Huang Naitang and new Fuzhou* by local scholar Liu Zhizheng. It is from *Research on Overseas Chinese Community Unions in Sibu, Sarawak Malaysia 1977 - 1997* by Chen Zhongyuan, Sarawak Chinese Culture Association, November 2005, p. 43.

hometown Fuzhou as the center.① After they arrived Sibu, most of them worked on cultivating the wasteland, so Sibu was called *New Foochow Settlement*. Huang Naitang recruited immigrants for settlement from Minqing for it was his hometown. The majority was from two counties as Minqing and Gutian. They were allocated in Sg Seduan and Huang Shishan. After these immigrants from Fuzhou were settled, they began the activities as planation and breeding. According to the contract with Rajah, the settled immigrants got land but they had to plant rice. Because of environmental difference, the experiences from China could not be applied to Sarawak in tropical area. Reasons, as not good harvest in the early few years, not acclimating to the food, the air or the environment and diseases, caused lots of immigrants running away or being dead. As it was recorded in the self-report of Huang Naitang in his seventies, after three years immigration, there was seven out of thirty immigrants died because of sickness. One out of ten immigrants died because of not learning how to work in the water. More than hundred came back hometown because of the hardness from being far away from hometown. More than one hundred thirty immigrants moved to other places. Deng Jiarang from Guangdong Province hired more than forty my workers with higher payment. Now there were less than seven hundred workers in the settlement.② Later, rubber plantation was introduced from Singapore under Hoover revolution. Fuzhou immigrants got higher price of rubber because of rising international rubber price. The living standards improved after more planation of rubber, which attracted more relatives from hometown. In 1909 Fuzhou immigrants got land charter from the government. By applying for permanent title deed for land, the immigrant's society had the basement for development. Be-

---

① At that time, Fuzhou was referred as *Ten County in Fuzhou*, which was named in Qing Dynasty. Fuzhou as the capital at that time administered ten counties as Min County, Houguan, Changle, Fuqing, Lianjiang, Luoyuan, Gutian, Pingnan, Minqing and Yongfu. Till now, Min County and Houguan are merged as Minhou. Fuzhou is the city enjoying provincial-level status and administers Gulou, Taijiang, Chuangshan, Mamei and suburb. Pingtan is separated from Fuqing and set as county. Fuqing and Changle are changed as cities from counties. Yongfu is changed as Yongtai. Gutian and Pingnan are administered by Ningde area.

② Huang Naitang, *Self-report in the Seventies* in *The Fiftieth Anniversary Version of Fuzhou Settlement in Sibu 1901–1950* by Chen Lixun etc., Fuzhou Association Xibu, Published in 1951, p. 1.

tween 1911 and 1919, total 4132 Fuzhou immigrants came to Sibu. 1227 immigrants came in 1916, which was the most in all the years. ①

This group of Fuzhou people from south opened up virgin soils in Sibu first, then settled in villiages as Bintangor and Sarikei for farm industry. Many settlements of Fuzhou people were formed with ten families or at least ten. They applied to the government for a large area of land for planation. For example, after settlement in Puyut in Marudi District in 1920, and in the Lawas District later, applied land and signed contracts with the government, they worked very hardly and created a new immigration community. ②

These Chinese settlements also showed up in other areas in Sarawak. Hakka ethnic group's settlements could be found in Bau in Kuching Suburb, Serian, Simanggang, Samarahan and Riam Road area in Sarawak. Mr. Tian Yincheng had been to Riam Road area for investigation and discussed local Hakka ethnic group's settlements. He proposed most Chinese villages along the two sides of Jilian Road in Kuching were cultivated lands of Hopo people, the same in Daerah Bau. They were diligent, hardworking and famous farmers. Cai Xun and others from Hopo were the first settled in Riam. After they arrived Riam, they lived in the neighborhood of *San Duqiao* (now Wu Tiaoshi) and planted pepper, vegetables and so on. This place was the one first developed in Riam. Before there was only several Iban families making living on hunting. After Cai Xun settled down in Riam, more townies from China came including the first village head in Riam Yang Jiaohuan, Zhang Zhuqin and Cai Tongbao. With the increasing population in Riam and most of them settling, townies in Hopo knew there were opportunities for development and more townies came. During 1930s and 1940s, because of the turmoil in China, it reached the peak for Hope immigrants to Riam. And Riam seemed to be *Hopo village*. ③

Chinese settlement also could be found early in West Kalimantan, Malay-

---

① Daniel Chew, *Chinese Pioneers on the Sarawak Frontier: 1841 – 1941*, New York: Oxford University Press, 2004, p. 154.

② Tian Yincheng, *Research on the Social History of Chinese in Sarawak*, Sarawak Chinese Cultural Association, 2011, p. 70.

③ Ibid., pp. 142 – 146.

sia. As the resources indicated, after new gold mines were found in Mandor in 1770, nearly 3000 Chinese workers came to West Kalimantan every year. Attempted by gold mines, lots of Chinese immigrated to West Kalimantan, from Mempawah to Pontianak, Pemangkat and Sambas. In 1812 gold mines in West Kalimantan had more than 30 mining areas. The one in the Mandor was the largest. There were about 30 thousands mineral workers in total. Early Chinese for gold mining in West Kalimantan organized their own companies separately. Among them there were big companies as Lan Fang Company in Mandor, Megaport Company, Santiaogang Company and Heshun Company in Montrado, which were hold by Chinese from Mei county and Dapu. With more and more came to West Kalimantan and out of the capacity of gold mining, Chinese immigrants changed their production to agriculture in the forest area out of the city, thus Chinese scattered in all far away areas in West Kalimantan. They cultivated lands for coconut plantation, rubber plantation and pepper plantation. They built small villages. Some of small village were all Chinese and no other ethnic groups. Each plantation in the hilly area inland was opened by Chinese. Chinese small village were also found in areas without convenient transportation.

In Cambodia, although Chinese were emerged in local society earlier and deeper, which was call Khmerization, nowadays Chinese settlements were found now and then.

We had been to Speu province in Cambodia for investigation. There was a village, called as Lion Bridge village in Luliangge county. Majority of the population was Chinese born locally. [1] According to our interview and resources found, there was 74 families in the village, among which was 44 families of Chinese born locally accounting for more than 60% of total population and 30 fami-

---

[1] There were two definitions for Chinese born locally (baba-nyonya or peranakan) from academic view. The first referred to child born by Chinese marrying with local nationalities, as mixed race. The second referred to Chinese born and growing up locally. Chinese born locally in Cambodia in this paper referred to Chinese born locally and growing up locally, called as Zhaozheng (translated by pronunciation) by local people.

lies of Khmer. The 44 families of Chinese born locally originated from Chaozhou China. We investigated the 17 tombstones for Chaozhou people in the early stage of Lion Bridge village. 14 tombstones were for Jieyang people, one for Puning people and left 3 had no record for place of origin. It showed the grandparents of most Chinese born locally in Lion Bridge village came from Jieyang county in Chaozhou area. As the elder of Chinese born locally in Lion Bridge village recalled, at the beginning there was 3 families in the village under the surname of Zheng, Lin and Chen. They all emigrated from Chaozhou China and settled here. Later they married each other. With Chinese from other places, current Chinese village for big share came into being. ①

Actually Chaozhou people from China was the first to settle in Lion Bridge village. What's more, before Pol Pot Era there was no Khmer settling in Lion Bridge village. As another Chaozhou Chinese born locally said, before there were almost all Chinese in Lion Bridge village, as the years pre-Pol Pot Era. It should be 100%. ② From the aspects of the settlement numbers and living style, Lion Bridge village belonged to road side intensive rural settlement. Local No. 130 road crossed the whole village. Chinese born locally in the village lived along the two sides of the road, while Khmer mostly lived in the inner village far away from the road. Furthermore Chinese born locally settled by genetic connections and religion customs. They were mainly Chaozhou people and worshipped Taoism. They settled together and lived self-sufficiently.

The second was the Chinese settlementdesignated by people.

This type of settlement formed because of special years and affairs. From current investigation, it was common in Malaysia and Indonesia.

Besides the above mentioned Chinese settlements formed from the opening up virgin soils and migration, there were many New Village in Chinese settlement in Malaysia. Generally, these Chinse New Villages were designated by

---

① Interview with Ping. Kun at 4 p. m. on Jan, 31, 2016 in Lion Bridge village, Luliangge county, Samraong Tong, Speu Province, Cambodia.

② Interview with Lin Chunle (male) at 4 p. m. on Feb. 4, 2016 in a motor repairing shop in Lion Bridge village, Luliangge county, Samraong Tong, Speu Province, Cambodia.

British colonial government during the implementation of *Briggs Plan*① at the end of 1950. At that time there were more than 400 thousand Chinese in Malay Peninsula being moved to 500 new villages for reclaiming and cultivating wasteland. The people being affected most were Chinese, accounting for 86% of total. The plan started from 1948 and ended in 1960. Besides government funding, the moving plan was supported by Malaysia Chinese Association in money and other aspects. Under *Briggs plan*, British colonial government afforded some basics to village people, such as supplying water and electricity, police office, restaurant, clinic, school, bazaar and road. While in building the new village, lots of Chinese new village had no expected infrastructure except policeman, gate and barriers with thrones. Somebody even called new village as concentration camp.②

To eliminate the connections between village people and Malaysia communist in the forest, British colonial government moved Chinese scattering near new village into new village for concentration management. On contrary it provided advantages for the formation of Chinese settlement with different dialects (townie or clansman). In other words, lots of immigrants with different dialects came to Malaya through chained migration network, but they scattered in different places because of different reasons of cultivation wasteland. The policy by

---

① *Briggs Plan* came for Malaysia communist. In 1948, Malaysia communist launched series of actions to inspire people against colonial movement for their final target to establish communism regime. British colonial government thought Malaysia communist's actions hurt its political and economic interests in Malaysia and announced Malaysia communist as illegal organization to against their actions. Under this situation, Malaysia communist decided to take armed force and fight with British colonial government in the form of guerrilla into the forest. Based on the forest, Malaysia communist got resource supply from farm workers settled at the edge of the forest who were mainly Chinese. To cut the supply for Malaysia communist, which came from Chinese farm workers in the form of food, medicine, weapon, consulting and economic resource, British colonial government assigned Lieutenant-General Sir Harold Briggs as the commander to draw new plans for that. The new plan was *Briggs Plan* with strategic point as carrying out *Moving Plan*, under which Chinese new villages were built in Malay Peninsula.

② Gate was the check point of new village. All the village people needed to be checked. They left around 6 a.m. and should be back before 6 p.m. Barriers covered the whole new village to avoid any connections between Malaysia communist and village people.

British colonial government accidently promoted the formation of Chinese settlement with different dialects (townie or clansman).

We went to Bentong in Paheng Malaysia during July 26 and August 24 in 2015. In 1950s, Bentong had 4 new villages during Briggs Plan,[①] as Kampung Perting, Kemansur, Chamang and Repas. These new villages shared the same characteristics as other new villages in Malaysia, as most new villages were settlements with same dialects. For example, Guanxi people accounted for 90% in Kampung Perting new village. Hakka accounted for 80% in Repas new village, while Fujian people were the main part in Kemansur new village and Chamang new village.

In Malaysia, there were also many Chinese settlements designed because of special years and affairs. These Chinese settlements allocated in outer island as Sumatera, West Kalimantan. Now there were some refugee villages in the suburb of capital city Kota Medan in north Sumatera province. These villagers were Chinese refugees forced to move from Banda Aceh, Sigli, Lhokseumawe, Bireuen, Yili, Kuala Simpang and Langsa in Aceh area after the September 30th Movement. Those Chinese refugees from Aceh were settled in 14 shelters in Kota Medan and its suburb soon after they arrived. They were Medan Middle School Shelter, Medan Binjai Shanting Shelter, Care Home Shelter on Wulaowan Road, Helvetia No. 4 Shelter, Helvetia No. 2 Shelter, Dandamhulu No. 40 Shelter, Dandam No. 41 Shelter, Dandamhilir No. 24 shelter, Dandamhilir No. 25 shelter, Dandamhilir No. 26 shelter, Sungaikarang No. 47 Shelter, Sungaikarang No. 49 Shelter, Sungaikarang No. 50 Shelter, Sungaikarang No. 54 Shelter.[②]

[①] There were five villages locally, as Kampung Perting new village, Kampung Perting old village, Kemansur new village, Chamang Kampung Perting new village and Repas Kampung Perting new village. Actually Kampung Perting old village had many relationship with Kampung Perting new village. That is, before building Kampung Perting new village, Kampung Perting old village exited already. Most residents in Kampung Perting new village came from the old one. This proved that the formation of new village might on the foundation of the old one. Even the new one was not formed directly on the old one. At least, it was formed near the old one. Kampung Perting new village was an example.

[②] Indonesia North Sumatra Overseas Chinese History Association, *The History of Vicissitudes of Overseas Chinese in North Sumatra Indonesia*, 2015, p. 639.

Back then, there were more than 10 thousands Chinese refugees in these shelters. After China took 4000 refugees back home by *Guanghua* Boat, the left 5000 refugees were settled in places as Yanliao near Medan by local government under the support of local Chinese. These Chinese refugees built up villages as Metal, Sunggal, Muliorejoj, Heping, Shuanshiya. Most of these refugee village were Hakka villages, in which Metal was the largest with more than 2000 Hakka Chinese living there. ①

There were five or six Chinese refugees' village near the suburb of Singkawan in West Kalimantan. During Indonesia anti-Chinese movement in 1965, there was riot in Sambas county near Singkawan. Chinese living in the mainland and mountain were robbed by fierce mobs with guns and knives. Some of them were killed. Chinese villages were burned. Lands cultivated by generations and pepper plantation were ruined in one day. Family members were separated. Thousands of refugees fled to cities from the mountain. Most of them poured into Singkawan and later were settled in refugee camp. At last several refugee village came out as now. Some villages were mainly Hakka people, and others were mainly Fujian people and Chaozhou people in Guangdong.

Thus, the formation of Chinese settlement in Southeast Asia synchronized with the immigration of Chinese to Southeast Asia. Even the Chinese settlement designed by people had history of half century or several decades. We could take Chinese settlement in Southeast Asia as the extension of Chinese village in Southeast area. We could also take Chinese settlement in Southeast Asia as another version of hometown settlement, which is abroad settlement. However it was localization settlement, which was formed and growing in Southeast area. There were lots of commonality between localization settlement and hometown settlement, which was shown in historical process and geographical characteristics. What more important was its humanistic attributes. That was the habit of Chinese living together with clans

---

① On July 30, 2015, the writer interviewed with Mr. IU in Metal village and got the information.

and the culture formed in it. What different was that localization settlement was formed in foreign countries with localized characteristics. It was an abroad settlement with mixed culture. Actually it had both indigenous and foreign characteristics as hometown settlement.

Editor of *Series of Books on the Research on Chinese Settlement in Southeast Asia*

December 2017

目　　录

第一章　美达村概况 …………………………………………（1）
　　第一节　美达村的自然与行政概况 ……………………（1）
　　第二节　美达村的空间布局与人口结构 ………………（5）
　　第三节　美达村的公共设施 ……………………………（8）

第二章　在亚齐的日子 ………………………………………（25）
　　第一节　耕耘亚齐 ………………………………………（25）
　　第二节　事变中的亚齐 …………………………………（39）

第三章　落户棉兰 ……………………………………………（47）
　　第一节　逃离亚齐 ………………………………………（48）
　　第二节　棉中岁月 ………………………………………（55）
　　第三节　入住老人院和山亭 ……………………………（67）
　　第四节　烟寮里的生存 …………………………………（75）

第四章　美达村的建立 ………………………………………（95）
　　第一节　建设自己的家园 ………………………………（95）
　　第二节　从亚答屋到现代居所 …………………………（101）
　　第三节　1998年"五月骚乱"中的抗暴风云 …………（106）
　　第四节　美德互助会与亚齐大海啸 ……………………（113）
　　第五节　美达村土地所有权的纠纷与风波 ……………（125）

第五章　美达村华人的经济与商贸网络 ……………………（140）
　　第一节　村中的"巴刹" …………………………………（141）

第二节　"巴刹"周边的店铺 …………………………………（181）
　　第三节　"车皮"与皮革产业链 ……………………………（198）
　　第四节　二号高速路与汽车运输业 …………………………（211）
　　第五节　手工作坊与现代化加工业 …………………………（226）
　　第六节　社会资本与商贸网络 ………………………………（260）

第六章　美达村的婚姻家庭与丧葬习俗 ………………………（269）
　　第一节　美达村的婚姻习俗 …………………………………（269）
　　第二节　美达村的丧葬习俗 …………………………………（294）

第七章　美达村华人的宗教信仰 ………………………………（308）
　　第一节　美达村华人宗教的公共信仰体系 …………………（308）
　　第二节　美达村华人宗教的家户信仰体系 …………………（349）
　　第三节　美达村华人乩童与庙宇的宗教仪式 ………………（360）

第八章　美达村华人的文化生活及族群关系 …………………（389）
　　第一节　美达村华人的身份及教育状况 ……………………（389）
　　第二节　美达村华人的政治参与 ……………………………（399）
　　第三节　美达村华人的休闲文化生活 ………………………（408）
　　第四节　美达村的族群关系 …………………………………（414）

参考文献 ………………………………………………………（422）

后　记 …………………………………………………………（428）

第 一 章

美达村概况

印度尼西亚共和国，简称"印尼"，位于亚洲的东南端，印度洋和太平洋、亚洲和澳洲之间，横跨赤道两侧，是东南亚面积最大、人口最多的国家。印度尼西亚这个名称是由希腊文"水"和"岛"两个字组成，表明印尼既是群岛之国，又是海洋之国。[①] 印尼的领土南北宽约1900千米，东西长达5100千米，约占赤道总长的1/8，有大小岛屿17508个，是世界上岛屿最多的国家。[②] 印尼的岛屿分为四个部分，即由大巽他群岛、小巽他群岛、马鲁古群岛和伊利安查亚组成。大巽他群岛包括爪哇、苏门答腊、苏拉威西、加里曼丹印尼部分和这些岛屿周围的小岛；小巽他群岛包括巴厘、龙目、松巴、西帝汉、弗罗勒等小岛；马鲁古群岛包括哈马黑拉、斯兰、布鲁、安坟、班达、德那第、卡西维等小岛；伊利安查亚，又称西伊里安。[③] 印尼各群岛山水相连的自然环境，适宜的气候条件，造就了印尼丰富的自然资源。美达村属于苏门答腊岛北部的一个村落，即苏北省首府棉兰市近郊的丹绒慕利亚（Tanyungmulia）村的一部分，它是在20世纪70年代建立和逐渐发展起来的。

第一节 美达村的自然与行政概况

美达村（Metal）是在一个非常的历史时期，因一个非常的历史事件，由一群特殊的人经过奋斗与抗争建立起来的华人村落。

[①] 温北炎：《印度尼西亚经济与社会》，暨南大学出版社1997年版，第1—2页。
[②] 唐慧、陈扬、张燕、王辉：《印度尼西亚概论》，世界图书出版广东有限公司2012年版，第6页。
[③] 赵和曼主编：《东南亚手册》，广西人民出版社2000年版，第68页。

一 棉兰市的地理与人口概况

美达村（Metal）位于印尼苏门答腊岛棉兰市，而棉兰（Medan）则在印尼苏门答腊岛（Sumatara）东北部日里（Deli）河畔，它是北苏门答腊省（简称"苏北省"）首府。棉兰市作为印尼的第三大城市，仅次于雅加达和泗水。棉兰市（Medan）的面积为265.10平方千米，处于纵贯苏门答腊岛南北的巴里散（Barisan）山脉以东的冲积平原上，土地肥沃。由于棉兰地理位置接近赤道，属热带雨林气候，没有春、夏、秋、冬四季之分，只是根据降水量的多少分为雨、旱两季，常年平均气温为25℃—27℃，雨水充沛，日照充足，因此形成得天独厚的优越的种植条件。19世纪中后期始，棉兰地区兴起种植园，广种橡胶、棕榈、烟草、椰子、茶等，并成为这些种植产品集散地和加工中心，而后向炼油、化工、纺织、椰油、卷烟、橡胶制品、机械制造等工业发展。棉兰的勿拉湾（Belawan）港口，是苏北省的石油装运现代化港口和印尼国内橡胶、烟草、剑麻和棕油的最大出口港。现在，棉兰市已经成为一座重要的商业城、苏门答腊岛北部地区的经济中心。

棉兰市（Medan）是一个多民族的地区，这从遍布整个城市的众多清真寺、教堂和庙宇可以看出。从历史上来看，1918年有记录显示，棉兰居住着43428人，其中35009人为爪哇人，8269人为华人，409人为欧洲血统，139人为其他民族。

表1　　1930年、1980年和2000年棉兰市的民族人口比例　　单位：%

种族	1930年	1980年	2000年
爪哇人	24.89	29.41	33.03
马达人	2.93	14.11	20.93
华人	35.63	12.80	10.65
巴达克人	6.12	11.91	9.36
米南加保人	7.29	10.93	8.6
马来人	7.06	8.57	6.59
亚齐人		2.19	

续表

种族	1930 年	1980 年	2000 年
巽他人	1.56	1.90	
其他	14.31	4.13	3.95

Angka Harpan Hidup penduduk kota Medan pada 2007 adalah71, 4tahun, sedang junlah penduduk miskin pada taun 2007 adalah 148. 100 jiva.

据2007年统计，棉兰市（Medan）下设21个区和151个分区，人口约220万，主要民族有爪哇人、马来人、马达人、华人和米南加保人等。其中华人为30多万人，大约占居民的13%。[①] 当地华人大多数从事工商贸易行业。从祖籍地构成看，棉兰华人主要为福建、客家和广府等籍人，其各占比例目前尚无官方正式统计。不过，可以说棉兰的福建籍华人占了半数以上，这些福建籍华人主要来自中国福建的厦门、漳州、泉州三地。他们所说的"福建话"（棉兰华人称为"闽南话"）是当地比较普遍的华语（方言），即棉兰华人的普遍通用语。几乎所有的棉兰华人，不管他们祖籍地在何处，都会讲"福建话"。据当地流行的一种说法，当地的友族也会讲"福建话"，可见这个"福建话"在棉兰的影响程度。除福建人外，客家籍华人在棉兰的数量也较多，有8万—10万人[②]。此外，还有潮州人、广府人和湖北人等。在棉兰，客家话、广府话和潮汕话等方言，也是当地华人社会较为流通的语言。总的来看，棉兰华人社会各籍贯的华人在自己的圈子中大多说自己的方言，而在公开场合中则讲"福建话"（"闽南话"）。

二 美达村的地理与行政概况

美达村（Metal）属于棉兰市市郊的丹绒慕利亚（Tanyungmulia）村的一部分，它是在一个有许多烟寮（即晾放烟叶）的地方建立起来的，其实这个地方以前是一片沼泽之地或荒野之地。20世纪70年代，一批从亚齐迁徙而来的华侨难民聚集在棉兰市郊。一位"爱国华侨"为了帮助

[①] ［印尼］《印广日报》2008年2月3日。
[②] 棉兰客籍华人的数字只是依据苏北客属联谊会副主席叶志宽先生的推断，并没有官方文字记录可查考。

他们生存下来，与当局进行了曲折而充满激烈的抗争，终于将自己的一块土地赠予出来，并将聚集在棉华中学、巴烟（Helvetia）烟寮收容所、老人院收容所和山亭等一些收容所的华侨难民安置到这里。经过生活在这里的华人几十年的艰苦奋斗，美达村从以前的沼泽之地或荒野之地，发展成为一个充满活力的近似小市镇的村落。

（一）美达村的地理概况

美达村（Metal），隶属于丹绒慕利亚（Tanyungmulia）村，方圆15公顷，与青松村（Cenarahijal）和星光村（Cemara Residence）相邻。美达村最早被称为"原中国籍亚齐难民遣散住宅区"，后来又改称为建设区（Daeran，Jln. Perbangunan）第五十三巷，最后才改为丹绒慕利亚（Tanrungmulia）村第十九巷和第二十八巷。之所以称为"村"，是华人对该居住地的习惯性称呼。

美达村位于美达路（JL. Metal）上。对于"美达"这个名字的由来，据当地华人介绍："Metal"就是金属的意思。在印尼文中，JL. Metal 其实是"金属路"的含义，而在棉兰一些地方有许多诸如"JL. Besi"（即"铁路"）、"JL. Kuningan"（即"黄铜路"）和"JL. Ema"（即"金路"）、"JL. Tima"（即"锡路"）等类似地方。"Metal"，音译成中文就是"美达"。据当地一些华人说，起这个名字同时也是希望这个村子能像金属一样坚固、坚强。于是，"美达村"这个名字就一直保存和延续了下来。

从地理来看，美达村位于棉兰市的郊区，具体位置是在棉兰市城区的东北部，距棉兰市中心大约15千米。美达村是棉兰市区到北部郊区的过渡地带，处于城市与乡村的接合部，交通与信息流在这里得到充分体现。从美达村到棉兰市有一条快车道，去棉兰市中心的车程，大约要半个小时。与另外几个类似的华侨难民村庄，即离棉兰市（Medan）12千米的"布禾他蒂村"、13千米半的"明当得朗（星光）巷"，以及40千米的"和平村"相比，美达村无论是在交通，还是"找钱"（"找生活"）方面都比其他村庄（巷）要显得更为有利。

（二）美达村的行政概况

美达村是当地华人的称呼，其实它是棉兰市21个县之一的日里（Medan Deli）县丹绒慕利亚（Tanyungmulia）村的两个"巷"。换句话说，美达村是属于丹绒慕利亚村的一部分。在美达村设立了巷长管理与印尼地方行政有关的事宜。除了巷长外，美达村还设有"美德互助会"，美达村村民习惯称之为"福利部"，这其实应该是村民的"行政中心"，村里的大大小小事务似乎都有它的参与。

第二节 美达村的空间布局与人口结构

美达村是在一个荒芜之地上建立起来的，在建立之初村民就运用其智慧，对美达村的发展进行了合理的布局。美达村的村民大都来自亚齐，主要以客家人为主，是一个充满着客家风情的村落。

一 美达村的空间布局

美达村的空间结构大致呈梯形状。美达村的总面积有 15 公顷，该村的房屋建筑面积有十多公顷，还有一些没有建房屋的空地。

按建村时的规划，美达村华人把全村分为两个区，即以美达大路（Metal Raya）为界线，分为北区（棉中区）和南区（老人院区）。[①] 北区内部划分为 6 条路，即美达二路、美达三路、美达四路、美达五路、美达六路和美达七路。每条路长 700 多米，宽 10 米。每条路的两旁是村民的住家、商店、饮食店或小厂房等；南区内部有美达一路，以及四条南北走向的小路，即 Metal A、Metal B、Metal C、Metal D，这四条路构成了南区内村民出入交通的要道。

美达大路（JL. Metal Raya）是一条通往棉兰市内的道路，从早到晚，此路车辆川流不息，是棉兰乡村（kampung）通往棉兰市区的交通要道。美达七路是另一条快车道（Jalan Alumuniun Raya），它是当地政府于 20 世纪 70 年代修建的。离美达七路大约 1 千米处，是一条从丹绒不拉哇（Tanyungbulawa）通往勿拉湾港口（Belawan）的高速公路（Jalan Tol Belmera）。这条高速公路始建于 20 世纪 80 年代，美达村华人的经济发展与这条路的出现有紧密的关联。

除了美达村的北区和南区各有道路沟通村民的出行外，美达村的中间还特地开辟了一条街道，称为"美达中路"，它是美达村的"巴刹"（Pasar，市

[①] 北区主要居住着来自棉中、一号寮、三号寮、六号寮、山亭等地的亚齐华侨难民，而南区主要居住着从老人院来的亚齐华侨难民，所以有所谓"棉中区"和"老人院区"之说。

6　/　印尼美达村华人

图 1　美达村的方位（资料来源：谷歌地图）

场）。中路宽 5—6 米，长 500 米，即这条美达中路从北区一直延伸至南区。"美达中路"两旁设置了许多卖菜的、卖衣服的、卖早点的固定摊位（商店）。这些固定摊位大多比较简陋，是用一些木材或竹子搭建而成。还有一些临时的摊位，设置在固定摊位的空档之间，这些临时摊位在中国被称为"地摊"。每天早上的 6 点至中午 12 点，美达中路便成为村里最为热闹地方。卖菜、卖鱼的吆喝声，买菜、买鱼者的讨价还价声，与美达一路中间大路的车辆穿梭声、轰鸣声交织在一起。美达中路是当地华人之间，以及华人和其他民族交流与互动的重要场所。每到这个时间，美达村或周边的华人，乃至棉兰市内的华人也会在这里买菜或买其他的日用品，或在中路两旁的咖啡店喝咖啡、吃早点。一些周围村庄的村民如爪哇人、马达人、尼阿斯人等，会带着各自种植的蔬菜、打捞的鱼虾等到这里进行交易。

图2 美达中路的"巴刹"(郑一省摄)

二 美达村人口结构与语言的使用

美达村始建于20世纪70年代。据2015年统计,美达村共有448户,人口有2000多人①。从民族来看,美达村绝大多数是华人,也有几位爪哇人,这些爪哇人是该村一些华人的妻子。从祖籍地看,美达村华人大多来自中国广东的梅县、大埔、惠州、蕉岭、新会、澄海,福建的上杭、惠安、福州,湖北天门等地。一位学者于2014年对美达村做过一次500份的问卷调查,调查显示:祖籍地为梅县的最多,占48%;排在第二、第三依次为大埔籍和惠州籍,其他籍贯所占比例均不超过5%(见表2)。

表2 美达村华人祖籍地调查统计

祖籍地	人数(人)	比例(%)
广东梅县	240	48
广东大埔	70	14
广东惠州	50	10
广东兴宁	10	2
广东蕉岭	10	2
广东澄海	10	2
广东新会	10	2

---

① 资料来源:由美达村福利部提供资料。有关美达村的户数也有这种说法,即不是448户,是500多户。这也是可能的,因为子女长大后会在其屋旁起屋,或购买空置的房屋,所以这个数字也是有证据的。

续表

祖籍地	人数（人）	比例（%）
福建上杭	20	4
福建惠安	10	2
福建福州	10	2
被调查人不清楚	60	12

资料来源：吴忠伟：《印尼棉兰美达村客家话词汇比较研究》，硕士学位论文，暨南大学，2014年，第3—4页。

我们于2015年随机对200位美达村居民的祖籍做了问卷调查：其中广东梅县籍的占53.5%，大埔籍的占15%，惠州籍的占7.5%，新会籍的占2.5%，顺德籍的占2.5%，台山籍的占2.5%，而福建惠安籍的占5%，福州籍的占1.5%，兴化籍的占5%，莆田籍的占2.5%，湖北天门籍的占2.0%，其他籍贯的占1.5%。[1] 从这些调查的籍贯数据来看，与早先学者调查的数字基本吻合，即广东梅县籍的占多数，还有大埔籍、惠州籍的客家人，可以说明美达村是一个以客家人为主的村落。正因为如此，与棉兰市华人社会通行福建话不同，客家话是美达村通用的语言，是"异域的一个典型的汉语方言岛"[2]。美达村的村民，与东南亚其他国家的华人一样表现出语言的天赋，这种天赋也可能是环境使然。在美达村，除客家话外，美达村居民一般还会说福建话和印尼语。居民对内一般讲客家话，对外则讲棉兰式的福建话或印尼语。在我们对200位美达村人语言使用情况的调查中，不会说福建话和不会说印尼语的只有少数几位。当然，并不是每一个人的福建话和印尼语都说得很好。有一些居民，主要是老一辈的美达村人，说客家话流利，福建话、印尼语却说得一般。

第三节 美达村的公共设施

美达村自20世纪70年代建立起来后，经过多年的建设，已发展成为类似小城镇的村庄。在公共设施方面有一家诊所，一个供村民娱乐的篮球场，一台救护车。为了村里的安全，村里有钱的华人集资购买了两辆救火

---

[1] 2015年7—9月问卷表统计结果。
[2] 吴忠伟：《印尼棉兰美达村客家话词汇比较研究》，硕士学位论文，暨南大学，2014年。

车。在村庄管理方面，建立了一个负责料理村民事务的美德互助会（福利部）。此外，还有管理村民行政事务的巷长。

一　美达村的社会组织

美达村的社会组织在村庄建立之前就出现了，村庄建立之后，除了加强这些组织的机构外，其组织功能也随着社会的发展而发生不同于以往的变化。在美达村，村民们所建立的自治组织主要是美德互助会（福利部），实际上行使着类似村公所的职能。

（一）美德互助会（福利部）

在美达村，村民有自己的自治组织，即美德互助会，村民习惯称为"福利部"。该组织成立于1973年前后，它其实是村民在烟寮时期自治组织的延伸。美德互助会（福利部）刚成立时，地址设于美达五路第15号，即美达村篮球场的隔壁。当时的篮球场只是一块存放原料的地方。也就是说，在篮球场建立之前，福利部已经建立起来了。福利部最初设立的目的是想集中大家的力量处理村内事务，也为美达村的生活与生产活动提供更大的帮助。在设立巷长管理之前，村里的大小事务由美德互助会（福利部）里的五位负责人处理，包括美达村居民的居住证的办理、国籍的处理等事务。1980年巷长出现之后，行政工作交移巷长处理，福利部逐渐变成处理村内丧葬和文体娱乐，以及公共卫生等活动的组织。当然，接待远道而来的客人或者政府工作人员的时候，福利部还是首选的地点。美德互助会的LDL认为：

> 只有美德互助会是从以前一直留到现在的组织，美德互助会是1973年前后建立的，是各个地区的负责人组合在一起建成的。美德互助会最开始成立的时候就是为了凝聚大家的力量，帮助料理各种事务，偶尔有重要人物来美达村需要接见的时候也是在福利部进行。在巷长出现之前，什么事都交由福利部来管理，红白喜事、娱乐事务、申请居民证……大概80年代难民都变成了美达居民之后，巷长出现，每个村的行政工作逐渐转移到了巷长手上。现在福利部主要处理丧事、公共卫生等活动。福利部的成员以家庭为单位，共有443家，包括美达村及周围村庄的居民家庭。[①]

[①] 2015年8月18日笔者在美达村与LDL的访谈录。

美德互助会（福利部）有一个办公室和一个放置桌椅的房间，即有一个大厅和一个小厅组成的办公场所。小厅每逢村民去世时便成了灵堂，大厅放有几张乒乓球桌，晚上就成为乒乓球爱好者活动的场所。在福利部旁边是一个篮球场，这是一个有遮阳棚的篮球场，每天晚上经常看见篮球爱好者在这里打篮球，偶尔也可以看见一些足球爱好者在踢足球。不过，每逢村里遇到丧事的时候，篮球场就变成了丧家亲人休息，以及招待前来慰问并交纳白金的客人专区。据说村里99%的人加入了美德互助会（福利部），并成为其会员，而邻近村庄的部分华人居民也有加入美德互助会成为会员的。每个会员会发放一张会员卡，会员卡是用红蓝黄绿颜色的彩纸做成的方形小卡片。放在一个封号的塑料膜里。卡片上第一排用印尼文和中文写着会员卡。下面就是中文姓名，印尼文姓名，最后一行是会员的家庭住址。如果是几十年的老村民，上面还会有卡的编号，是用电脑打出来的。如果是新加入的，就没有上面的编号，是手写上去的。

图3　美德互助会（福利部）室内
（郑一省摄）

图4　美德互助会（福利部）室外
（郑一省摄）

拥有会员卡的成员每个月都需要交纳一定的费用，2015年时的费用是每个月一万盾，这些资金主要用于水电费的缴纳和福利部里各种设施的维修等支出，同时也用于支付美德互助会（福利部）里工作人员的工资。大家都乐意加入美德互助会（福利部），现在大家都希望有一个公共的场所来送别死者，招待来客，加入美德互助会（福利部）之后不仅可以共享美德互助会里的所有资源，还免去了自己找丧葬的相关工作人员来处理丧事的麻烦。另外，会员们还可以得到美德互助会（福利部）里各成员的帮助,因为但凡有人去世,美德互助会(福利部)的会员都得给帛金(为丧家更好地办理丧事而给的钱),虽没硬性规定,但是大家一般会自觉地为主家捐献帛金,也算是对死者的最后关爱。收到的帛金扣除了丧家在使用美德互助会(福利部)办公会所期间需要的成本之外,剩余的钱全部交给丧家。在美德互助会,福利部的会员也可以使用会所里的设备,但是极少人会这样。福利部目前设有理事会,这些理事具体负责的事务不一样,但都服务于丧事,为的是保证丧事的顺利进行。

目前,美德互助会(福利部)有理事5人,分别是黄广政、叶志宽、刘德亮、曾繁德、谢文芳。美德互助会(福利部)里还有6—8个工作人员负责具体的工作,他们是黄东生(管理)、丘运福(治丧组)、凌友强、邓月美、饶洁意(月捐征收员),还有一个印尼人沙林(Saring),以及阿忠(张国忠)、阿强(李运强)。他们的分工是明确的,但凡有丧事出现,丘运福负责通知丧事发生、寻找墓地、预订棺材、给尸体穿上寿衣等;邓月美负责打扫卫生,做好迎接丧家的准备工作;饶洁意负责的是帛金的登记;印尼人沙林负责接待前来参加丧事的居民,阿忠、阿强则负责指导丧家亲属进行各项仪式。分工虽明确,却不死板,有需要的时候,大家还是会相互帮忙的。这些工作人员当中,都是生活较为困苦之人。其中丘运福是一个残疾人士,平时没有固定的工作,偶尔依靠祖传的医术给小孩子看病;饶洁意接受过高等教育,英语水平较高,无固定工作;当美德互助会(福利部)有需要的时候,这些工作人员都会马上到美德互助会(福利部)来帮忙;那个叫沙林的印尼人则是没有工作的,较为困难。美达村的居民们善良、大方,他们乐意帮助比他们辛苦的对象。这个印尼人是受薪的,100万印尼盾一个月,如果遇上有人去世,他们帮忙料理的时候,每天也可以得到8万印尼盾(合40元人民币)的工资。美德互助会(福利部)与篮球场是连在一起的,倘若有丧事发生,篮球场就会变成招待前来吊唁的居民的场所,所有的体育活动将被停止。如在平时,篮球场每到傍晚的时候就会成为篮球队、足球队的训练场所。但是只要美德互助会(福利部)有特殊情况,篮球队和足球队都会先满足美德互助会(福利部)的需要。特别是有丧事出现的时候,大家都会非常自觉地把篮球场让出来。

(二)十九巷巷长和二十八巷巷长

按照印尼的地方行政官员设置,官员依次是巷长、村长、县长、市长、省长。印尼的巷长相当于中国的村长，而村长相当于中国的镇长。由于美达村居民较多，村里设置了两个巷长共同管理村里的事务。即 Lingkungan 十九巷和 Lingkungan 二十八巷，分别由两个巷长管理。在我们 2015 年调研期间，十九巷由郑秀梅巷长管辖，二十八巷由蔡淦满（Aman）巷长管辖。郑秀梅巷长的管辖范围是美达一路至美达三路还有老人院的 A 区至 F 区和美达中路（即 Metal Tengah），而美达四路至美达五路由蔡淦满巷长管理。①

美达村的巷长一般是村民推荐，由当地政府任命，他们是沟通村民与政府的桥梁或中介。巷长的主要职责是办理村民的外出（出国）手续等事宜，或传达当地政府的各种有关事宜。巷长没有专门的办公室，一般是村民有涉及与政府相关的事宜时，直接到巷长的住家去寻找巷长，因此巷长的家便成为"巷长办公室"。

（三）华裔总会日里棉兰区分会

除了美德互助会外，美达村里还有其他社团组织，如印尼华裔总会日里棉兰区分会。一位 30 多岁的美达村村民也谈到自己加入这个社团组织的情况，他这样说道：

> 我加入的是印华总会日里棉兰区分会，它于 2012 年 1 月 25 日成立，本来想每个县都要有一个印度尼西亚华裔总会（简称"印华总会"），但是现在只有 8 个分会而已。叶郁林是日里棉兰区的主席，我是棉兰印华总会的副秘书。美达村里有 50 多个人参加了这个社团，因为叶郁林是主席，他一般会选择自己这边的人选来帮助他，所以一般是选择村里的人，其他地区的人选基本没有，只是其他 6 个县也是归叶郁林管理而已。任期 4 年，到 2016 年任期结束。华裔总会开展活动时，各地区可以自己组织，如发米赈灾、庆祝国庆、街道清洁、到老人院、孤儿院等地方当义工、捐血活动……2015 年 8 月 17 日，我们机构在美达六路空地上，举行自行车过独木桥比赛庆祝国庆，去年还举行了爬槟榔树的比赛。②

---

① 2018 年 8 月初笔者又到美达村调研，美达村的巷长已经换了，即十九巷的巷长是 Chandra，而二十八巷的巷长是 Widia。

② 2015 年 8 月 18 日笔者在美达村与 FX 的访谈录。

表3　　　　　　华裔总会日里棉兰分会理事会（2012—2016年）

顾问	英庄量（Brillian Moktar）、马汶（法学士）（Landen Marbun SH） 陈松镇（Tjhin Siung Tjan）、黄广政（Kwong Cen）、柯鸿美（Kho Hong Bie） 谭宝林（Tham Po Lin）、叶志宽（Cipto Kuswandi）、曾繁德（Tjen Tek Yung） 刘德亮（Liu Tek Liong）、谢文芳（Tjhia Wun Fong）、谢福源（Tjhia Fuk Nyen）、 郭西光（Nam Kong）、罗平祥（Lo Phin Siong）、邓均渊（A Phai） 林德亮（Aliong）、恩迪·参德拉（Edy Chandra）、凌玉英（Ayin TK AF） 陈增志（DR. Andriadi）、刘银峰（Alex Leonardy）
常务理事	主席：叶郁林（Juk lim） 副主席Ⅰ：郭万顺（Bundiman） 副主席Ⅱ：阿梁［Hasan（Aman Ceria）（巷长）］ 副主席Ⅲ：叶加林（Kalim） 秘书长：张碧先（Dharmawaty. SS. C. Ht） 副秘书长Ⅰ：郑福兴（Hendra Cendikiawan） 副秘书长Ⅱ：罗振明（Cin Min）
其他部门	财政部：钟志军（kunata Cungka） 成员：王文裕（Wen Ie）、亚达·世云（Se Yun Mangkit）、罗振忠（Tjhin Chung） 社会与安全部：林兆祥（Lim Shau Siang） 成员：曾广德（Jenny, Atek）、明古（Ming Ku）、余春庆（Sekhin）、李流鹏（Aki/ lIe Liu Pen Ik） 教育部：李富超（FU Chau） 成员：（Michael Lim），（Arifin） 协调社会关系部（对外联络）：李春泰（Indra Fajar） 成员：阿海（Athai）、黄东生（Hendra TomoAtung） 协会发展方面：何裕丰（Ho Ie Fung） 成员：阿福（Afu）、冯莫财（Achol Anang）、谢理年（Tjhialienjen） 出版与文化部（对外宣传方面）：凌友强（Akhiong） 成员：安迪·迪沃尔玛（Andi Tiorma）、阿佐（Ajo）、文雄（BunSiunglr） 信息与技术部：纳卡塔（Nakata） 成员：张志粦[Samsudin(Rusli)]、铭权（Min Suk）、洪淇（Frenki）、谭志成（Harjono） 妇女保护部：（Mawarrini） 成员：（Lie FaFa Fa） 文化与艺术部：汪凤兰（Fung Lan） 成员：李竞聿（Selly Megawaty Titi） 青年部：李志伟（A Wi Cai）

续表

其他部门	成员：伊维（Yit Wie），黄集全（Acien Wong Ka Khin），汪家庆（Hendra），（Chin Tang,）杨金汤（Darno），（Jon），（Willyun），罗运实（Acung），亚忠（Joner） 体育部：张志强（Akhiang） 成员：亚文（Ahun），陈俊生（Steven Tanbunan），亚国（Sugianto），钟新文（Akwek Awen）

资料来源：华裔总会日里棉兰分会秘书处。

目前，印尼华裔总会日里棉兰区分会办公室设在美达六路的一栋民房内。这个办公室是该主席叶郁林自己的房屋，他将其用于分会的办公场所。根据该会的资料，印尼华裔总会日里棉兰区分会组织结构为：主席、秘书（正副）、财政部长（正副）、教育部、组织发展部、艺术部、妇女部、青年部、社会部等。

这个印尼华裔总会棉兰区分会设置了各式各样的部门，其成员大都是美达村居民，这些居民既是美达互助会（福利部）的成员，也是在美达村具有一定影响的人物。这个社团不仅在村里一些事务中扮演着很重要的角色，而且在日后维护美达村与周边村民的和谐，以及投入社会的各项慈善事业中都发挥着很重要的作用。

二 诊所

美达村里只有一家诊所，不过这是一家私人小诊所，位于美达四路52号。悬挂在屋外的指示牌上面的内容为"BAKAI PENGOBA TAN Dr. FREDY"，指示牌上的内容往下是医生的电话号码。这个指示牌一共有两块，主要是方便病人找寻。诊所的医疗室是由住家的房屋改造而成的。诊所的医疗室分为两个部分，即外厅和里屋，外厅是病患者等候看病的地方。走进外厅，可以感觉到这个地方较为宽敞，外厅两边靠墙的地方放置了两排凳子，以方便病人在此排队等候看病。厅内中央的地方放置了一个桌子，那是护士办公的地方。桌子上面摆有就诊须知和一本日历，旁边还摆放着就诊病人的号码牌。办公桌的左侧放有一个体重秤，就诊的病人偶尔会称一下体重。外厅正中的墙上挂着一块时钟，外厅的地面是白色花纹的瓷砖，墙壁被涂抹成了白色，整个外厅给人的感觉是比较安谧的。里屋，也是医生给病人看病的地方，靠门的地方摆放着一张桌子和一把椅子，医生坐在那里。靠墙的地方是一张检查病人的床，一块用以隔开病床与办公桌的帘子，除此之外，再没有其他的医疗设备。

在诊所就诊的程序，一般是病患者先到护士办公的地方登记，登记的内容是病人介绍自己身体哪里不舒服的状况，这主要是便于节约医生的问诊时间，这一功能相当于挂号。挂号之后，护士会给每个病人一个相应的号码牌，根据这个号码牌排队看病。轮到某位病人看病的时候，护士会把病人引到里屋，即医生的办公室，还没有排到顺序的则需要在一旁等候。据了解，诊所的医生主要为病人看一些较为平常的疾病，所以，平常的医疗设备，如听诊器、血压表等还是具备的。笔者在调研过程中，曾经因为身体不舒服，到该医生处就诊。医生的华语不是很好，只能进行简单的交流，整个交流的过程掺杂着英语和华语。当医生了解情况病人的具体情况之后，在短时间内就会开出药方，交由护士拿药，护士把药准备好之后，向病人交代药物的使用方式和需要注意的事项，等到病人离开，便会宣召下一个就诊者。

图 5 美达村的诊所外景（郑一省摄）

诊所的医生和护士是华人，但是来就诊的绝大部分是住在附近的印尼友族，美达村华人极少到该处就诊，因为他们觉得这个医生的医术有限，如果家里有人生病的话，大多会选择到棉兰市内的医院就诊。不过，如果只是普通的感冒、发烧，还是可以到这里接受治疗的。

从调查来看，美达村华人对于医术的追求还是挺高的，如果遇上大

图6　来美达村看病的当地患者（郑一省摄）

病，大部分华人会选择到临近棉兰的马来西亚槟城就诊，棉兰市内的医疗情况也不容乐观。调研期间，笔者曾听到一个信息，美达村某华人曾遭遇过一件很让人痛心的事情，他的儿媳妇在临生产的时候，住到了棉兰市某医院，可是到了生产的时候，因为难产导致大出血，情况比较危急，虽然一直在医院，有医生的治疗、护士的照顾，但是由于医生医术有限、医院条件有限，他的儿媳妇最后还是因为大出血去世了。大部分美达村华人对棉兰市内的医院没有什么好感，所以有需要的时候，也不愿意到棉兰的医院就诊。由于棉兰距离马来西亚的槟城比较近，距离雅加达相对较远，所以，他们一般会倾向于到槟城去看医生。有条件的华人病患也会在需要的时候，到中国的广州、台湾等地方接受治疗。

三　体育场所

美达村华人在空闲时也喜欢运动，特别是华裔新生代更注重锻炼身体，自己组合成篮球队与足球队，经常进行比赛。

（一）篮球场

篮球场位于美达五路，它以前是美达村建村时堆放建筑材料的地方。当美达村的住宅房屋建好后，居民便把这个地方建成了篮球场。篮球场的规模是正规的篮球场的大小，在场上放有两个篮球架，平常可看见村里孩子们打篮球的身影。

图7　美达村的篮球队在篮球场打球（郑一省摄）

由于篮球场场地有限，同时为了使村里的体育事业得到更好的发展，村里对篮球场的使用进行了规定。每逢星期一、星期三、星期五是篮球队的训练时间；星期二、星期四、星期六则是足球队训练的时间，这样，就可以充分利用资源了。美达村还成立了自己的篮球队，最初叫"神圣沼泽队"，曾经获得过苏北省第二名的好成绩。后来球队解散又重组，更名为"美达篮球队"。一位老篮球队球员PANG这样说道：

> 美达村成立篮球队大约是70年代，离现在已有30—40年的历史了。刚成立的时候，起名为"神圣沼泽队"，因为这个地方以前就是沼泽之地，所以有这个意思。神圣沼泽队刚建立时分为"成人队"和"青年队"。在70年代，成人队在苏北省曾获得比赛的第二名，而青年队在80年代曾获得过第1名。后神圣沼泽队改名为"美达篮球队"，简称"美达队"，经常在苏北省的比赛中获得第2名或第3名，有时也获得冠军。
> 我从12岁时就开始打篮球，在读高中时就是苏北省学校的选手。我也加入苏北省篮球队，曾经参加苏北省篮球队1982年、1985年的篮球赛。我们美达队曾在2005年获得ARRONM杯第二名，第一名是苏北海洋队。美达队现有20多名队员，队员平均在20—28岁，全部为男队员。美达队的球员由本村和外面的球员所组成，本村的和外面的球员各占一半。由于许多队员来自外面，所以篮球队要给外面来的球员不同的车费补助。
> 美达队训练的时间是每星期的一、三、五晚上的19：30—

8:30。我们现在的主教练是阿强，我是副主教练。我们经常出国进行比赛。如2013年到槟城、2014年到泰国，今年准备到马来西亚的马六甲进行友谊比赛。出国友谊赛的经费需各方面的赞助，这几年的出国机票大都是叶郁林先生出的，因为他是美达篮球队的主席。[①]

美达队曾在在美达村举办了几届"ARRONM"美达杯篮球友谊赛，邀请全棉兰的好球队参加，每次比赛有8个队。"ARRONM"美达杯篮球赛已经举办了六届，从2009年开始筹备，2010年开始第一届。ARRONM是美国的品牌，篮球赛由它的名字命名并赞助，每次大约赞助费为15印尼盾（相当于人民币15000元），不过每次比赛下来都要20多印尼盾，其他的需自己寻求其他人给予赞助。"ARRONM"美达杯邀请赛，刚开始是以棉兰篮球队为主，2015年第7届邀请马来西亚的篮球队来比赛。"ARRONM"美达杯邀请赛，一般是每年的8月举行，主要是为了庆祝国庆。

（二）足球场

美达村的足球场，原本是在JL. Alumunium Raya的一块闲着的空地，这块空地处于美达村的边缘。据调查，这块空地大约有几百平方米，以前这块空地是准备为安置从打把端（Dabaren）而来的华侨难民的用地，后来打把端的华侨难民到了实武牙（Swuya）之后便定居下来，没有再来美达村，所以这块空地便被闲置了下来。一段时期，它便成为美达村青年足球爱好者的场所，即成为美达居民众名副其实的足球场。后来，好景不长，这块空地发生了土地纠纷，美达村的居民为了保护这块空地，特地在靠近周围村庄的边缘设置了一些铁丝网，将其围了起来。足球爱好者再也没有在这里踢球，直至现在，这块空地已开始长起杂草，美达村的一些村民也将垃圾倒到这里，久而久之，这里空地似乎成了一处垃圾场。

现在美达村的足球爱好者，便将篮球场作为踢足球的场所，所以篮球场偶尔也会成为足球训练的地方。特别是节假日或晚上，美达村的一些青少年就在篮球场上踢起了足球（见图9）。

---

① 2015年7月27日笔者与PANG先生的访谈。

图8　位于 JL. Alumunium Raya 的有争议的闲置土地（郑福兴摄）

图9　美达村的青年足球爱好者在篮球场踢足球（郑一省摄）

(三) 乒乓球室

在美达村，并没有一个正式的乒乓球室，它只是临时借用美达福利部的办公室而形成的。福利部的办公室是一个联排的房屋，由两个空间很高的房间组成，即大厅和小厅。小厅是专门做丧事仪式时或其他事情使用的，而大厅则摆放着许多塑料椅子，以及几张乒乓球桌子。大厅和小厅白天要么紧闭，要么遇上丧事和其他活动而对村民开放。只要没遇村里上举办什么活动时，这个大厅便成为临时的"乒乓球室"。一般是在晚上，一些乒乓球爱好者把里面的椅子移到一旁，把乒乓球桌子拼起来，放上球网，这个大厅就形成了一个简易的乒乓球室，乒乓球爱好者就可以肆意地发挥他们的球技了。

图10　美达村乒乓球爱好者在打球（郑一省摄）

四　应急设施

在美达村的发展中，村民们为了应对紧急情况，比如村里发生火灾或有村民突然生病等，准备了一些应急的设备。

（一）消防车

消防车对美达村居民来说，显得格外重要。因为美达村多是木质结构的房屋，有的工厂也修建在居民区内，所以火灾隐患比较严重。据访谈，在印尼，消防车很少可以及时地赶到事发地点，致使受灾地区没能得到及时的救助，导致受灾情况往往比较严重。在美达村，村民对于村里所发生的火灾似乎都记忆犹新。

图11　美达村的消防车（郑一省摄）

据调查，美达村曾发生过几次火灾。第一次也是最严重的火灾发生在村民叶郁林父母的家。叶郁林的父亲是做猫耳朵等小零食生意的，他在家中开了一个食品小作坊。有一次，因员工对机器操作不当，燃起了大火，而后大火又引发煤气罐爆炸，造成了巨大损失。这次火灾不仅将附近的 7 间房屋烧毁，叶郁林的父亲也在火灾中丧生。如此严重的火灾给美达村居民敲响了警钟，现在大家都十分关注用火、用电安全，也在村里的每条街上都挖了水井，以备不测时用。后来，美达村又陆续发生了几次火灾。一次是紧靠美达大路做麻花的食品厂着火，一次是福利部里做仪式时候不慎着火。虽然这两次火灾没有第一次火灾那么严重，但是也造成了一定的后果，从而给美达村居民增添了心理阴影，总怕村里再度发生火灾，所以购置消防车成为美达村上下翘首以盼的事情。

于是，在美达村村民 PX 等人的呼吁下，美达村福利部的工作人员经过多方努力，由村民们集资买回了现在仍在使用的消防车。这部消防车是日本原装进口的，据说当时买的时候花费了几百万印尼盾。除了这部消防车外，当地的精英叶郁林先生还特地买了另一部组装的消防车，以便村里发生火灾时急用。

由于美达村地方有限，第一辆消防车刚买时是放置在福利部，由福利部的负责人共同管理。后来，村民们觉得放在福利部里有碍村里活动的开展，恰好村民 PX 有一个汽车维修厂，可以有足够的地方放置消防车，于是村里就将消防车放在他的维修店里。平时消防车有问题的话，就由他来进行维修的。PX 先生很仗义，如果消防车维修费用较少，他就自己垫付这笔费用。如果所需的修理费用比较高的时候，他才让大家一起支付这些修车费。

美达村购买消防车后，除了准备防范火灾之用外，有时也用作浇村里的公路或树木，浇公路是因为当地温度太高，尘土飞扬，人行走于其上太难受，而用来浇树是怕树被太阳晒死，以便树木生长。不过，美达村的消防车除了防范自己村里的火灾外，也用来帮助扑灭周围村庄的火灾。有一次，隔壁村庄的仓库着火了，就动用了美达村的消防车。一般火灾发生，政府的消防车到达着火地点，所花的时间至少需要半个小时。而美达村与隔壁村庄距离较近，于是，便充分发挥村内消防车的作用。司机一般由几个人负责，轮流上岗。平时不用的时候，就由 PX 先生照看、维修和保养。当周边村庄发生火灾的时候，PX 先生会先打电话过去询问是否需要帮助。一旦得到许可之后，美达村就会派两辆消防车过去帮忙。

(二) 医疗救护车

除了救火车以外，美达村也自备一台医疗救护车，专门用来送突发疾病的村民。这辆救护车，是村民们用购置的7座白色面包车改装的。车内并没有医疗设备。救护车的车身是白色的，在车头处用红字写着"AM-BULANCE"急救车的英文，车厢和两侧车灯上都贴有红十字架的标志。车顶上还放置了一个紧急避让的警灯。虽然救护车看似简陋，但是可以看出美达村华人团结互助的意识，这种合作的精神是非常鼓舞人心的。

图12　美达村的救护车（郑一省摄）

五　水电设施等

美达村的水电设施，应该是在20世纪80年代开始建设的。当时一条从勿拉湾港—丹绒不拉哇高速公路经过该地区，在美达村附近建立了出口，所以电话路线和自来水管道铺设刚好经过该地区。因此，在建设这条高速公路之时，也就是在1987年，美达村安装了第一批100部电话，随后又分期陆续安装。[①] 现在美达村的大部分居民家里安装了固定电话，对外联系非常方便。

自来水管道大约是在1988年进入该村的，以前主要是各家在自己的

[①] 《印尼苏北华侨华人沧桑岁月》上册，第104页。

屋内或屋外打井取水。刚使用自来水时，还不是全部村民，先是20多家率先安装了自来水管道，使用自来水，之后其他居民才开始陆续接受并安装，最后实行自来水管道的全方位覆盖，现在每家每户都有自来水管，用水比较便利。不过，也有部分家庭现在依然使用以前使用的水井，自己抽水使用。我们在调查中发现一个有趣的现象，即在一些村民的住宅，即使是别墅式的住宅里，虽然都安装了自来水设备，但似乎都准备了水缸或修筑了蓄水池，这可能是当地经常会发生自来水停水的现象，或者村民们有节约用水的习惯（见图13）。

图13　美达村村民家中的蓄水池（郑一省摄）

村里的排水系统是在建村时建起来的，污水主要通过屋外的沟渠而排出，由于沟渠多是之前建屋时留下来的，时间长了，有许多泥土沙石被冲进沟渠，如遇上下雨的时候，沟渠就容易堵塞，造成排水不畅，所以村里经常发生水漫到街上的情况，这也一直是村民头疼而需要进一步的解决问题。

电力为工业及家居照明必不可少，早在20世纪70年代初电线就已经进村，电的使用现在也是百分百覆盖。最初，街上没有路灯，居民晚上出行的时候曾经发生过遇袭的事情，后来，为了保障居民的安全，美达村居民自觉地在每条道路上安装了路灯，这不仅为晚上出行的人们提供了便利，也减少了安全隐患。

  在美达村，烧火做饭使用煤气（液化气）还不是很普遍，现在村里想要实现煤气的全方位覆盖，但是没有取得成功，因为有些人不愿意安装这种设备。①

---

 ① 笔者于 2015 年 8 月 25 日在美达村与 DI 的访谈录。

第 二 章

在亚齐的日子

美达村是由来自亚齐的以客家人为主的华人政治难民建立起来的。据调查,美达村村民大多数为客家人。一些学者研究,印尼的客家人在整个印尼的人数较多,在 20 世纪 50 年代约占当地华人的 30%。[①] 客家人迁移印尼的历史可追溯至 13 世纪。当时,参加南宋抗元义军的梅县松口卓姓与家乡十余位青年乘木筏漂泊海上,抵达婆罗洲(今印尼加里曼丹岛)定居,成为历史记载中第一批迁移到印尼群岛的客家先民。[②] 明清时期,不少客家人远渡重洋至婆罗洲开采金矿。1840 年鸦片战争之后,客家人开始大规模"下南洋"谋生,且在印尼一些地方形成了大小规模不一的客家人聚居点,[③] 美达村就是其中一个典型代表。在美达村建立之前,这些客家人曾经相当长一段时期居住在亚齐省一些地方。后来,由于 20 世纪 70 年代印尼政治上的动乱,这些客家人辗转到了棉兰近郊,最后建立起以客家人为主体的美达村,而曾在亚齐的客家人则成为美达村华人。

第一节　耕耘亚齐

亚齐(Ache),古国名,在今印度尼西亚苏门答腊西北部,是 16 世

[①] 黄昆章:《从落叶归根到落地生根——世界华人研究文集》,暨南大学出版社 1999 年版,第 73 页。

[②] 《华侨名人故事录》,转引自《梅州华侨志》,广东省《梅州市华侨志》编辑委员会、梅州市华侨历史学会 2001 年版,第 8 页。

[③] 在印尼有很多客家人集中的地方,如西加罗曼丹的山口洋、苏门答腊岛的邦加、勿里洞。据说在西加里曼丹岛的一个叫"百富院"的地方,坤甸市的一边是操梅县四县客家话的客家人,而山口洋的是操河婆客家话的客家人。在西加里曼丹的卡江流域的几十个小城镇的华人中,90% 是操梅县四县客家话的客家人。

纪初叶至20世纪初统治苏门答腊北部及马来半岛一些地区的伊斯兰教王国，是马来群岛一带的贸易中心。亚齐，由亚齐人所建，故名，首都哥打拉查（Banda Aceh，今班达亚齐，别称大亚齐）。17世纪初期，亚齐达于鼎盛，势力所及，包括苏门答腊西海岸全部，并征服马来半岛许多地方，后逐渐衰落。葡萄牙、荷兰入侵时期，亚齐人致力于反抗殖民侵略势力，由于英、荷矛盾才得以其保持独立。1873年，被荷兰所灭。印尼独立以来，属苏北省管辖，今称为亚齐特区。早在20世纪初，亚齐便已经有华人定居此地。至20世纪60年代，华侨在亚齐比较集中的城市主要有班达亚齐（Banda Aceh）、司吉利（Sigli）、司马威（Lhokseumawe）、冷沙（Langsa）、怡里（Ili）、瓜拉新邦（Kualasimpang）、美拉务（Meulaboh）等。

一 初入亚齐

美达村华人是1965年印尼发生"9·30"排华事件时的政治难民，他们绝大部分来自亚齐省，是一群在印尼"9·30"事件中的受害者。他们的祖辈大多数来自中国的广东和福建，少部分来自湖北天门等地。据了解，现今美达村居民家庭的移民史时间最早可以追溯到20世纪初，即他们的父辈或爷爷辈是从中国迁移到亚齐的。据调查，最初到达亚齐，时值中国处于战乱，贫苦的中国百姓主动出击，另谋生活，属于自由移民。20世纪初的中国正处于战火连天的境况，家庭生活困难的广大中国民众都在另觅生存之道。当时的东南亚国家是大多数人青睐的地方，彼时的东南亚各国尚有待开发之地，种植业也在起步，正需要大量的劳工，而华人一直以艰苦奋斗的形象出现在国际舞台上，恰好符合殖民当局的需要。就这样，他们进入了南洋的世界。美达村居民的先辈们最初到达印尼亚齐省主要是通过三种方式过来的。

（一）被卖猪仔而到南洋

鸦片战争后，西方侵略者在中国东南沿海地区大肆拐、掳华工赴南洋、美洲等地转卖，鹤山人称为"卖猪仔"。主要分为以下三类。一是契约工，即订约卖身3年、5年或10年。二是赊单工，即出国船费由招工者先垫付，欠账者在国外须受雇主控制，直至还清债款及利息。19世纪50年代，广东许多口岸设有"猪仔"馆，华工出国前集中于馆内，丧失自由，备受虐待，常有被折磨至死或自杀者。鹤山早期许多华侨出国也是被当作"卖猪仔"弄出去的。出国需 2—5 个月航程，华工被囚禁于船舱，生活条件极端恶劣，死亡率高达 30%—50%。故此种船有"浮动地狱"之称。在海外庄园、矿山中，华工过着非人生活，死亡率高达 40%—70%。三是买票乘车中途被"卖"，转乘另一辆车到目的地，即"卖客"。通常不是在正规车站买的票，或根本就没有正规车票，取而代之的只是收据等。而到达的目的地也不是车站，而是车站附近。当时"猪仔馆"兴盛，到处游说国人外出务工，致使大部分人以为到东南亚国家可以得到很好的发展，于是，有些人被"猪仔馆"的措辞迷惑，走上了前往东南亚各国求发展的征程。YS 祖籍广东梅县，出生于 1951 年。家里最早到印尼的是爷爷 CL，是通过卖猪仔的方式到的亚齐，当时 YS 的爷爷奶奶已经结婚，父亲已经出生了，不清楚爷爷当时是怎么成为"猪仔"的，但是后来爷爷在印尼做起了生意，还在后来委托水客把父亲带出来。①

（二）因贫穷无奈，南下谋生

有的学者认为，客家人移居海外，经济压力是其移民的主要原因。1859—1930 年的大批移民浪潮中，客家人是来自中国最贫穷的华人移民。② 受制于欠发展的中国国情，劳动民众四处谋生，许多客家人为了减轻家里负担，使家里人过上更好的生活，顶着巨大的压力四处找活，但战乱使得民生凋敝，在国内已经很难施展抱负，于是，他们踏上了前往南洋的路程。DM 先生祖籍广东惠州龙门，家里最早是曾祖父 PC（LJ）从中国过来，当时的曾祖父才十多岁，他最先到的是亚齐的一个小市镇——美仑，在那里以种地、养猪为生。当时在他居住的地方有一个荷兰的小孩看到他养的小猪很可爱，很喜欢，曾祖父便把一只小猪送给了他，此举得到小孩子父亲的赞赏，其父亲在美仑有一块地，可以交给曾祖父自己去量，需要多大的地都可以划归他所有，因为当时的美仑没有什么居民，于是曾祖父到了美仑，自己建房子，占有很大的土地范围。为了联系方便，曾祖父开始修建连接打金案和美仑的公路，就这样，曾祖父变成了当地的首富，在事业有成之后，也成立了自己的家庭。曾祖母是邦加的华人，平时

---

① 2015 年 8 月 16 日笔者在美达村与 WYS 的访谈。
② 史金纳：《印度尼西亚华人少数民族》，《中外关系史译丛》（第五辑），上海译文出版社 1991 年版，第 278 页。

喜欢穿沙笼,很会喝酒。结婚之后,只育有爷爷 RX 一个孩子,爷爷长大之后,娶了奶奶 CH 氏,共生有 4 个男孩、5 个女孩,爷爷不做生意,每天收房租过日子。① 我们采访了 YX,他这样对我们说:

> 我祖籍广东惠州,出生于 1953 年。最早到印尼来的是我爷爷 LS,我没有见过爷爷,当我出生的时候,我爷爷已经去世了。我到达的是印尼大亚齐的怡里,怡里在东亚齐。当时印尼仍属于荷兰的殖民地,大约到 20 世纪 40 年代。当时爷爷在家乡已经成家,爷爷是工程师,主要工作是修路。爷爷当时是一个人过来的,刚到怡里的时候,从国内带来了一批劳工来开路,因为当时荷兰人要开路,要请中国的工程师及劳工,修的是从大亚齐到美拉务的铁路,因为当时从大亚齐到美拉务是没有道路的。可是修到一半的时候,爷爷就去世了。爷爷去世之后,有水客把这个消息带回家乡,奶奶收到这个消息之后,怀疑爷爷是被人害死的,所以后来奶奶带着父亲,在水客的带领下到了印尼,跟另一个工程队的老板郑三骄打官司,可是打官司输了,奶奶便没有再回中国,之后一直住在怡里。父亲 LSZ 是在国内出生的,1928 年,伯父也在水客的带领下从家乡到了印尼,爷爷共育有三个孩子,两个男孩,一个女孩,都是在中国出生的。几年前,他曾经回过中国,也见过他们,现在他们都已经去世了。②

美达村居民 K 先生在谈到自己家族如何从中国来到这里,他深有感触地说道:

> 我的家乡是在梅县的郊区,一个叫作新堡的地方。从我曾祖父开始,就从事银首饰打造与制作的生意,久而久之我家便成了当地较为出名的家族。然而,到了太平天国时期,一支匪徒闯入我们的那个地方,抢走了我们家的全部财产,无奈之中,我的曾祖父就带着我爷爷逃难到南洋。当时,我父亲还小,就与我奶奶仍然留在家乡。我曾祖父与我爷爷逃到南洋后,便来到了印尼的大亚齐,在那里定居下来,

---

① 2015 年 7 月 25 日笔者在美达村与 DM 的访谈。
② 2015 年 8 月 1 日笔者在美达村与 YX 的访谈。

先是做些小工或零工，后来有些积蓄，就开了一家金店，生意慢慢地做了起来。

我父亲14岁的时候，由水客带往我爷爷居住的大亚齐，在爷爷那里学做制作金首饰的生意。在那里做了5—6年后，我父亲就决定独自发展。为了不影响我爷爷他们那里的生意，就带着我母亲来到离大亚齐48公里的名叫汶那路的地方，也开始做金首饰的生意。由于我父亲与母亲的勤劳和吃苦，我们家的金店开得红红火火，我父亲也由此成为当地的中华商会主席。我父亲生意成功后，曾带领全家回到家乡探亲，并在家乡盖了一座有18间大房的祖屋。房子盖好后，还在家乡买了十几亩的田地，委托我的伯父在此居住和管理，并应伯父的要求将我的二姐立为伯父的干女儿。我的二姐从此便留在了家乡。

人生并不是一帆风顺的，总是有磨难和痛苦。正当我父亲的生意做的正好的时候，天有不测风云。1954年，亚齐到处传说着当地的亚齐人要搞叛乱，要与印尼中央政府对着干，要赶走和杀光当地华人的消息。当这种亚齐人想搞叛乱和对华人不利的消息传到华人社会里时，引起了当地华人的极大恐慌。于是亚齐的华人便开始一波接一波地试图逃出亚齐。当时，我们居住在离大亚齐48公里的的汶那路，每天看见成批成批从大亚齐逃出并经过我们这里的华人，并告知我们马上叛军就要来攻打汶那路了，这引起了我父亲及家人的极度不安。于是，我父亲也决定随他们一起逃难。那时，我们家在当地是十分富有的，有几家金店。为了以防万一，父亲将金店的金银首饰藏了起来。在埋藏金银首饰的时候，我父亲考虑到我母亲不识字，怕万一被叛军抓住，会泄露了家里的财产。因此，父亲就没有把金店的金银首饰的埋藏地方告诉母亲。

当我们全家从汶那路逃到美仑的时候，听人说叛军还暂时没有攻打汶那路。因此，我父亲为了看看财产是否安全，就想折回到汶那路看个究竟。当时家里人都劝他不要回去，他最终还是偷偷地跑回到那里。可万万没想到的是，他刚回到汶那路的当天，叛军就攻打和占领了该地方。当时守卫汶那路的政府警察只有50人，而叛军有上千人，所以这些警察便寡不敌众撤退了。叛军占领汶那路后，就将没法逃走的华人集中关押在一个伊斯兰清真寺内，我父亲与另外一名当地的中华商会副主席也被关押在那里。

在叛军占领汶那路几天后,印尼政府军开始派出大量的部队来平叛,叛军人少,因此闻风而逃。叛军在逃亡时,便将我父亲和另一位中华商会的副主席带走了。等叛军全部逃走后,华人们却在一个坟地旁边找到了被叛军活埋的我的父亲和那位副主席。

父亲死后,我母亲带着我们三个孩子,即我的大哥、大姐还有我来到了亚齐的司吉利。由于人生地不熟,当时我们年龄又小,我的大哥也只有14岁,我当时只有4岁。而我母亲又大字不识一个,又不知道父亲的钱财藏在何处?所以我们的生活异常艰难。为了养活我们,我母亲只能靠帮别人缝缝补补,或得到一些亲戚的点滴资助生活。就这样,我们在困苦的环境下慢慢地长大。①

(三) 亲朋引导

部分中国人到了南洋之后,凭借自己艰苦奋斗、自强不息的精神,筚路蓝缕,迎难而上,开辟出属于自己的一片天地。在异国他乡取得成就之后,不忘家乡父老,不仅给家乡的亲人寄回钱款,还希望能把兄弟姐妹、亲朋好友带到南洋,共同发展。他们或通过书信给家里介绍南洋的情况,或本人亲自归家给家里人描述南洋的生活,或通过水客向家里人发出邀请。在国内求职无门,国外有亲友照料的情况下,只要家里情况允许,大多数人会跟随前人的脚步前往南洋谋发展。美达村也有这样的例子。村民BH说道:

> 我祖籍福建太蒲,家里最早过来的是叔公NJ,叔公最初做生意,觉得这里生意挺好做的,就让爷爷也过来。在中国结婚,爷爷先到的这里,等爷爷基本稳定下来之后,再把奶奶FJ接过来,然后父亲GP(出生于1918年)、两位叔叔才跟着过来这边。爷爷最早到的是班达亚齐,在那里开了一家杂货店,卖的是鞋子、衣服等物品。虽然当时下南洋不能保证一定能挣钱,但是总比在乡下好。后来爷爷中风不能做生意,把店铺给卖了,拿着钱回到了祖国,那个时候大概是日本侵略中国的时候。爷爷奶奶回去之后,父亲十几岁的时候,父亲和叔叔通过水客带来印尼,当时爷爷在印尼的商店已经卖掉了,父亲他们只

---

① 2010年3月26日笔者在美达村与K的访谈。

好跟着叔公做生意，给他摘咖啡粒。①

从以上的访谈可以看出，亚齐的客家人或福建人有的是因契约华工而"卖猪仔"，有的是以自由民的身份或做生意，或由水客牵引而来到亚齐，在亚齐的耕耘中，每个客家人或福建人及其家庭都有自己的故事，都有其奋斗的历史经历。

二 小商事件

"二战"结束，东南亚各国摆脱殖民统治，纷纷走上了独立的道路。在东南亚国家独立的过程中，狭隘民族主义兴起，涌起了一波波的排华浪潮。印尼独立后，由于国内朝野的民族主义情绪日益高涨，自1958年起开始对所在国的华侨采取不利政策，主要表现在颁布新的国籍法和制定新的经济政策。1958年7月，印尼政府颁布了《1958年第62号法令：关于印度尼西亚共和国国籍》。这部新的国籍法与独立初期所颁布的国籍法②不同的是，将以前国籍法的"被动制"改为"主动制"，换句话说，印尼政府1958年颁布的《国籍法》是由以前的"开门主义"转为"关门主义"。③虽然早在1955年4月，印尼政府与中国签订了关于双重国籍问题的条约，似乎这是印尼第一个也是唯一与中国签订国籍条约的国家，但其本意并非为华侨打开入籍大门，正如当时印尼外长苏纳约说，"政府无意

---

① 2015年7月29日笔者在美达村与BH的访谈录。

② 1958年7月前曾有两部有关国籍法的文件，其一是1946年4月10日苏加诺总统签署颁布的《印度尼西亚籍民与居民法令》（1946年第3号法令），其二是1950年8月15日印尼独立时期所颁布的《印第尼西亚共和国宪法》。前者的国籍法主要采取"被动制"的国籍政策，即规定在印尼出生、连续在印尼居住五年，已满21岁，已婚的非原住民后裔，如果在规定期限内部表明自己的态度，就被认为选择了印尼籍；后者是一种主动制的国籍政策，即在规定的时间内，准备足够证件去选择国籍。

③ 印尼政府1958年7月颁布的《1958年第62号法令：关于印度尼西亚共和国国籍》，其主要内容包括：1. 根据独立以来生效的法令、条约或条例已成为印度尼西亚共和国公民者，仍为印度尼西亚共和国公民；2. 采用血统主义为主、出生地主义为辅的原则确定公民身份；3. 规定了详细条文，其中包括凡年满21岁，在印尼领土出生或已在印尼连续居住5年或不连续居住10年者，会讲印尼语，对印尼历史有所认识，不曾犯罪，身心健康者，方可批准归化为印尼公民；4. 未满18岁者随其父，如无父则随母之国籍。见《华侨华人百科全书·法律条例政策卷》，中国华侨出版社2000年版，第517页。

间使这个条约提供机会给外侨成为印尼籍民"。① 中国与印尼两国政府也曾于 1955 年 6 月的换文中规定：在具有双重国籍的人当中，"有一类人，根据印尼政府的意见，由于他们的社会地位和政治地位，证明他们已经不言而喻地放弃了中国国籍，可以被认为只具有一种国籍，而不具有双重国籍"。② 但是，印尼政府却在 1959 年 5 月颁布第 20 号条例，对农民无须选择国籍一事作了保留规定，即哪些农民可以免于重选国籍，必须经司法部长和内政部长同时批准。这意味着，农民仍然必须出示能够证明他们是印尼籍民的文件。由此可见，当时的印尼政府是不欢迎华侨加入印尼国籍的。

除了在国籍问题上，当时的印尼政府对华侨的经济也设置了种种限制。为了实现印度尼西亚民族经济的平衡发展，在苏加诺执政期间，颁布了限制侨民且有利于本国原住民经济发展的政令，如 1955 年 12 月，印尼政府颁布了第 60 号条例，规定外侨仓库业须由印尼籍居民经营，以此限制未加入印尼籍的侨民的经济活动。1955 年末，政府还宣布禁止外侨经营汽油零售站。1959 年 5 月印尼商业部长决定书，以及 11 月颁布的第 10 号总统法令，规定县以下的外侨零售商必须在 1959 年 12 月 31 日停止营业。他们的产业将按优先顺序，由以下部门和人士承顶经营：合作社、印尼中等商、民族零售商和印尼籍民。③ 印尼政府陆续颁布的禁止各地外侨经营零售业的法令，特别是禁止县以下的侨民零售商经营商业，其目的在于排斥华商，他们认为华商垄断了印尼的农村商业流通。同时，印尼政府希望通过这个条例，让华商把商店转让给合作社，企图利用政府权力把华侨赶走，从而为原住民提供商业真空的机会，以平衡经济差距。④ 1959 年 5 月至 1960 年 8 月，印尼政府开始采取强制手段逼迫华商离开，结果酿

---

① 蔡仁龙：《印尼华侨与华人概论》，香港南岛出版社 2000 年版，第 193 页。
② 《人民日报》1955 年 6 月 4 日。
③ ［雅加达］《印华经济》1959 年 7 月 3 日。
④ 印尼政府颁布 10 号法令，宣布除各省州县首府外，乡镇外侨商必须在 1960 年 1 月 1 日以前停业。据雅加达《新报》报道，全印尼外商共 114875 家，华商占 109466 家，其中小商及零售商大部分住在乡村地区，计有 83783 家，占 76.6%。受这项法令打击的华侨小商数量在 50 万人以上。许多华侨小商想退居至县市，但许多地方政府颁布法令，禁止华侨移入市区，从而使这些县以下的华侨小商被逼得走投无路，过着难民生活。转引自唐慧《印度尼西亚历届政府华侨华人政策的形成与演变》，世界知识出版社 2006 年版，第 148 页。

成原住民暴徒袭击、抢劫和砸毁华人商店等各种暴行的大惨案。① 据资料显示，20世纪50年代中期至60年代初期，在印尼政府所颁布的针对外侨，实际上是针对华侨的种种限制和排挤政策的直接影响下，许多地方爆发了大规模的排华运动，并且席卷全国。②

当时居住在亚齐的华侨也难以幸免，县级以下的华侨商店大多受到破坏，打砸抢的现象无处不有。为了保存生命，华侨只得关闭或放弃商店。随之而来的印尼政府实施的迫迁运动中③，许多亚齐华侨被迫迁入集中营（收容所），过着难民生活。面对印尼华侨所遭受的不平等待遇和迫害，中国政府作为一个主权国家，不得不采取保护海外侨民的措施，一方面要求印尼政府制止排华活动，一方面实施撤侨计划。④ 与印尼其他地方的华侨一样，受害严重的许多亚齐华侨，终于等来了中国政府派来的接侨船。1960年"小商事件"之后，中国领事馆租用挪威的"海顺轮"把大亚齐的华侨接回去，4000多人如愿回到了祖国的怀抱，这批被接回去的华人都被安置在海南的华侨农场。⑤ 另有一说法，是中国政府派了一艘船——"海顺"号到班达亚齐，接了1000多人回国。这批华人被安置在海南的新龙和宏光两个华侨农场，之后就没有船来了。⑥ 正像后来的亚齐华侨难民陈松镇所回忆的："1960年印尼政府颁布10号法令，禁止华侨在镇乡间经营零售店，华侨的处境日益艰难，因此中国派了一些船只到印尼接侨，派来亚齐古打拉夜市接侨的是'海顺号'。美拉务、司吉利、美仑、打京岸等地登记的归侨在本市振华中小学校集中，大约有数百人。这批乘4000吨的'海顺'号接侨船归去的亚齐华侨被分配落户在红光、西店、兴隆等农场。"⑦

---

① ［日］李国卿：《华侨资本的形成和发展》，郭梁等译，福建人民出版社1985年版，第10页。
② 翁克敏：《历史上印尼排华事件系列》，《印尼苏北华侨华人沧桑岁月》（下册），第796页。
③ 在20世纪60年代初期，当时的印尼政府为了驱赶华侨出境，许多地区组织了"处理外侨善后委员会"，召集华侨开会，宣读政府的命令，要求华侨填写调查表格，内容包括准备前往何处等。当时的县政府还指定地点，要求华侨迁往那里，否则将从严惩处。
④ 据《中国新闻》1961年12月10日报道，到1960年底，约94000名亚齐华侨难民从印尼撤回国内，1961年又有大约万名亚齐华侨难民回国。
⑤ 2015年8月2日笔者在美达村与SZ的访谈。
⑥ 2015年8月22日笔者在美达村与ZK的访谈。
⑦ 陈松镇：《"九·三〇"事件，促进了亚齐华侨的爱国民主运动》，《印尼苏北华侨华人沧桑岁月》（下册）2015年，第539页。

纵观印尼历史发展过程，华侨华人在印尼国家经济和社会的发展过程中，发挥了不可替代的积极作用，却三番五次成为被打压的对象。印尼在很长一段时期属于殖民统治阶段，在此期间，当地人主要从事农业生产活动，而华侨则依靠自己的勤奋和智慧，主要从事商业和贸易活动，经济分工的不同必然造成就业结构和收入水平的不同。但是，这并不意味着华侨华人会依仗自身经济上的优势剥削和控制当地居民。事实上，受中国传统文化的影响，华侨都是热爱和平的族群，都希望和邻人友好相处，都希望有一个稳定发展的社会环境。在异域他乡中生活，又怎会主动挑起与当地居民的矛盾，伤害彼此之间的和气？何以出现"剥削和控制当地居民"一说？况且长期以来，华工大多在印尼从事着最艰辛的工作，他们开荒建埠，苦不堪言，但也得到了丰厚的回报，且看多少荒地在华工的劳作下变成了一块块肥沃的橡胶地，多少平静的港口在华工出现后变成了热闹的码头，多少平地在华侨劳工的手下筑起了一栋栋楼房……华侨华人在东南亚各国经济发展过程中起到了不可抹杀的作用，然而当地民族主义者则把本民族的贫穷归因于华侨的"剥削"和"压制"。这种狭隘的民族情绪却也得到执政当局的认可，好像只有排挤、限制和打压华侨的经济活动，才能发展本土居民的经济。事实已经证明，这种狭隘的民族情绪既不利于民族团结，又有碍于印尼社会国民经济的发展。只有真正平等对待多元社会中的各个民族才是唯一合理的态度，才能使国民经济得到发展，才能创建一个稳定和谐的社会环境。村民 HX 说道：

> 爷爷去世之后，父亲在怡里学习修手表的手艺，父亲本来是中国籍，后来因为"小商事件"爆发，为了做生意，于成年之后加入了印尼籍，后来又改为中国籍。"小商事件"就是1960年，印尼爆发的不允许县级以下的华人做生意。因为当时两国人都做生意，但是印尼人在生意方面做不过华人，于是发动了这次事件。这是第一次排华，即使有机会也不让华人进印尼籍，但是大部分华人都想着落叶归根，都不愿意加入印尼籍，于是，领事馆便派船来接华人回国。当时派来接华人的船是"海顺轮"，不用钱的，但是有些自己回去的就要自费了。当时回去的也不多。很多回去中国的都后悔了，而父亲因为已经加入印尼籍，可以申请商业准字，便没有回去。当时中国人在印尼做生意，需要缴纳"外侨税"，如果没有钱付的话就会拿东西充

公,累积起来就是一笔巨款。①

一位 70 多岁的村民 KR,他说他全家就是因为"小商事件"而被迫外迁,他这样说道:

> 我叫 KR,出生于 1948 年,祖籍广东台山,住在巴烟区,不是美达村华人,但是每天都会骑脚踏车过来美达村的咖啡店吃早餐,与朋友们聊天。会讲粤语,在家里跟孩子讲闽南话,因为大部分华人的交流是以闽南话为主,所以在家里与孩子用闽南话交流。家里最早是父亲 YQ 过来印尼的,父亲大约在 1947 年的时候从中国过来,当时因为家里生活困苦,所以被朋友带到印尼谋生。后来回国结婚,婚后把妻子(他的母亲)也带了过来,最开始到的是丁宜,刚开始的时候给人打工当学童,后来挣到钱之后,与朋友合伙开金店。当时的店还是小规模的,所以不能大规模地买卖金属,金属的来源主要是印尼人,印尼人把金属卖给他们,他们加工成品之后再卖出去。母亲在家里做裁缝,后来因为店铺太小,他们全家搬到了 P. BANDAR,那个时候他正在上小学。后来搬到 P. B 之后,父亲依然是开金店,但是后来孩子逐渐增多,生意又不好,便改为开杂货店。他们家里有 7 个男孩 1 个女孩,他排行最大。杂货店里主要卖的是日常用品,金店因为生意越来越不好后来就没有再开。在 P. B 读小学读到五年级,1958 年左右,印尼发布了《总统二号法令》,规定县级以下的地区,华人不能做生意。但是如果不做生意,华人的生活将难以为继。
> 生活压力之下,他们一家人于 1959 年搬到棉兰,父亲接着做打金的生意,也兼顾着做其他的工作,母亲则杀鸡到市场上卖,这样以维持生计。当时在市场上没有自己的铺位,就是在别人的店铺前摆摊,他们也不收钱,因为觉得他们家也不容易。当时他们住的地方也是租的。②

已故的前美达村互助会委员之一的陈松镇,在谈到"小商事件"时

---

① 2015 年 8 月 1 日笔者在美达村与 HX 的访谈。
② 2015 年 8 月 2 日笔者在美达村与 KR 的访谈。

他的亲戚如何从亚齐回到中国被安置到华侨农场时说道:

> 1960年印尼政府要赶走小商,取消县级以下的小商店,父亲当时开的店被迫停业。父亲有9个孩子,4男5女,6个回中国去了,我排行第二,陈松茂排男生中第三位,还有个妹妹,接侨船来的时候,父亲和其他6个兄弟姐妹回中国去了,回到了海南。①

对于因"小商事件"而被迫在那个年代回到中国的印尼亚齐华侨,我们特地于2016年7月前往广西百色华侨农场调查,因为这个农场有许多是在1960年因"小商事件"而被迫回国的印尼亚齐归侨。以下是几位百色华侨农场归侨叙述他们是如何因"小商事件"而回到中国的,他们这样说道:

> 我叫曾宪瑞,1931年出生于印尼亚齐省,是第二代华侨,我的祖籍是广东梅县。很多华侨都是在印尼那边做生意,我们家不是,我们在印尼是种菜,父母都是菜农。除了种菜外,也干其他的农活,我从小也跟着父母在田里插秧,生活比较艰苦。
>
> 我20岁的时候,家里已经有了点积蓄,我就到小镇做生意。我去的小镇叫作"怡里",也在亚齐省,与我们家种菜的地方有些距离,我在那里开了家咖啡店,主要是买卖咖啡豆、磨制咖啡粉。印尼以前是荷兰的殖民地,它在独立前称作"荷属东印度群岛",所以在很多方面都会受到欧洲那边的影响,我们中国人早上喜欢吃油条配豆浆,印尼人早上就喜欢吃面包、喝咖啡,印尼的咖啡在我们东南亚国家也是享有盛名的。在我们亚齐省怡里镇,一共有十多户人家都是中国人,他们有的是第一代华侨、有的是第二代华侨,来自国内的各个地方,以福建、广东人居多,大家都在怡里做些小生意。我们华侨之间的关系都很和睦,有什么难事都会一起帮忙,亚齐的当地印尼老百姓对我们也是相当好的。
>
> 我家的咖啡店经营了差不多十年,后来印尼政府排华,就不给我们华侨开店了,县以下的店铺全部要关门。我们华侨对印尼政府的这

---

① 2015年7月25日笔者在美达村与陈松镇的访谈。

个举措感到很愤怒，但是也不敢怎么样，毕竟我们是在印尼的地盘上。这个时候，印尼华侨总会就号召华人回国了，我觉得我们家的生意肯定是做不下去了，干脆全部回国吧，所以就联系了我们怡里的华侨联合会安排回国事宜。那时候是1960年，在此之前，我们家已经有回国的先例了。我一共有六个兄弟姐妹，四个男孩，两个女孩，我是老二，1949年，我父亲先带着我的两个小弟回国念书，后来印尼排华，我带着妈妈、妹妹一起回国，当时我29岁，而我大哥在印尼已经成家了，就留在了那里。

1960年5月，怡里华侨联合会通知我们回国，他们工作是很负责的，一路上都对我们热情相迎。我们从怡里出发，途经冷沙，到棉兰上船，乘俄罗斯号回国。俄罗斯号是苏联的船，印尼排华后我们国家特地把苏联的船给租了下来，将我们接回国内，那个船很大很豪华，能装两三百人。

我们1960年6月到达中国，在湛江上岸，是第一批集体回国的印尼华侨，之后的11月还有一批印尼华侨乘"俄罗斯号"回国……①

我1945年7月14日出生在印尼亚齐，我爷爷是最早出去到印尼的，他是在清朝末年时，由于社会动乱加上日本等帝国主义的殖民扩张，那时东南亚的印度尼西亚、马来亚等均已成为帝国主义掠夺劳动力的原产地。

我爷爷叫陈滇，他应该是在1848年鸦片战争时被"卖猪仔"而骗到印度尼西亚的。

我父亲叫陈父庆，我有3个姐姐，9个兄弟，我排第10。我们一家住在勃拉镇，当时勃拉镇有55户华侨，靠近勃拉的不远处有个海口，那边还有22户华侨。

1953年后，我与哥哥都已长大，母亲做糕的生意，兄弟姐妹都长大后母亲也老了，就不做糕来卖了。那时在勃拉有个华侨小学，我在那边读书。1960年2月，听到华侨总会来通知当地华侨，说印尼政府不给开商铺了，印尼政府开始有点排华了。3月到4月十号法令

---

① 2016年7月15日笔者与百色华侨农场归侨曾宪瑞的访谈。

出台了，当时有一条是不允许华人在县级以下营业做小生意。要做生意可以，要去到县级以上。我家这种小本生意，没有钱去到大的县级以上的地方。所以，当地大部分的印尼华侨商贩都走了，去到棉兰投奔亲戚。

4—5月的时候，华侨总会都来通知了，说想回国的就登记回国。家庭贫困的优先。当时我家很贫困，于是我家是第一批回国的。当时勃拉镇有50多户人，回来是13户人，还留了20几户的华侨在那边。回国是自愿的，贫困的家庭优先回来，也有一些家庭选择留下来。因为我的姐夫是当时华侨总会的打字的，像秘书一类的。姐夫叫他们先回去，姐夫的名字叫作谭保田，谭保林是我姐夫的哥哥，他是印尼华侨总会的主席。谭保林老婆的弟弟抓他，是他的岳母把他赎出来的，谭保林的岳母非常有钱，后来谭保林就逃到了棉兰，谭保林一逃，勃拉的华侨就全部都走了。印尼政府也允许华人留下，但是前提是必须要加入印尼国籍，加入印尼国籍就要去当兵。许多华侨不愿意加入印尼国籍，纷纷选择回国。当时有11个姐妹，回来了一半。结婚的姐姐没回来，有两个没结婚的哥哥不愿意回来，母亲讲那你们就留在那边。4月时开始登记，每个人要照相，要证件，每个人拍10张。这些费用全部是华侨总会垫付。一直到6月，这批回国的集中在冷沙。有400多人。回国的集中在冷沙的小学。在那边大概待了25—26天，吃、住等的费用全部由华侨总会负责。当时的华侨总会是由当地比较有钱的华侨组成的，他们出钱帮忙。我为什么选择回国，那时当地的印尼人已经开始骚扰当地的华人了，半夜经常听到外面有人敲门，高声喊"喂，你们还不走？船已经在等你们了"。华人的商店也经常遭到抢钱或抢货物。在我们离开后的第二年，印尼的华人就开始变卖在印尼的房子，准备回国，因为那时的局势已经很紧张了。

6月到7月，我以及其他的华侨到棉兰去集中。在棉兰又待了一个月。到9月10日我们就到勿拉湾港口上船。当时当地的华侨都欢送我们，并高呼："祖国见！祖国见！"我们是乘坐俄罗斯号回来的，在船上待了七天七夜。①

---

① 2016年7月10日笔者与百色华侨农场归侨陈意美的访谈。

"小商事件"是印尼独立建国后掀起的第一波排华事件,生活在亚齐的华侨不仅经济受到很大打击,生活无着落,还有许多人被迫回到中国。不过,后来更大的灾难马上降临到亚齐的华侨身上,使他们走上曲折而悲惨的迁移之路。

第二节 事变中的亚齐

初到亚齐之时,大部分华侨的生计都是给别人打工,主要工作有到杂货店打工、当学徒学打金、学修自行车等。到有了本钱之后,大多数华侨都会开展自己的生意,如开杂货店、开修理店、开金店、开理发店、卖面包等。许多华侨自抵达亚齐之日起,便脚踏实地地埋头苦干,为亚齐经济社会发展作出了突出贡献,但到1965年,亚齐发生了一系列的排华事件,使得当地华侨成为印尼政治斗争的牺牲品。

(一)"9·30事件"

印尼独立以来,政局一直不稳定,政党林立,派系纷争。20世纪50年代末,苏加诺提出了"有领导的民主"的改革方案,并建构了各种对立的势力并存的同一政治共同体的权力结构。从一开始,苏加诺的这种权力结构就面临着左翼势力印尼共和右翼势力陆军的夹击。苏加诺虽然"凭借总统至高无上的权力保持了各种势力的平衡,却未能实现体制的统一"[1]。实际上,他并没有也不可能完全控制印尼政府和军队,从而导致各派政治势力明争暗斗,矛盾越来越激化。20世纪60年代初,苏加诺为了稳定自己的统治地位,在加强对陆军控制的同时,刻意提高印尼共的地位。除了把印尼共的主要领导人拉入国家领导机构内,还同意印尼共成立以工人农民为主体的"第五兵种"(即独立于陆海空军和警察的一支民兵组织),以对抗陆军。这不可避免地导致了印尼共与陆军右翼势力的矛盾急剧尖锐化。

正当印尼各派政治势力矛盾日益激化时,苏加诺的健康状况突然出现恶化,这更加剧了印尼政治紧张的气氛,各派势力开始暗中较量。总统府警卫营营长翁东中校为首的亲苏加诺军官,以陆军中有个"将领委员会"在首都大量集结兵力、阴谋发动推翻苏加诺总统的军事政变为由,决定采

---

[1] [日]田中富久治等著:《当代世界政治体制》,光明日报出版社1988年版,第111页。

取先发制人的行动。该行动的总部设在亲苏加诺的空军哈林基地。由于他们感到势单力薄，于是与印尼共接触，取得了印尼共领导的在哈林基地受训的青年民兵的支持。1965年9月30日夜22时行动开始，到次日凌晨3时，在雅加达逮捕和处死了包括陆军司令亚尼在内的六名陆军将领和一名军官。苏加诺的政敌、国防安全统筹部长纳苏蒂安本是逮捕名单的头名，但他侥幸逃脱，这就是20世纪60年代世人皆知的印尼"9·30事件"。

"9·30事件"发生的次日，任陆军战略后备军司令的苏哈托纠集右翼军人势力，自称"陆军临时首脑"，宣布"9·30事件"是反革命事件。10月2日，右翼军队占领了左派军队的据点哈林基地，震惊国内外的"9·30事件"遂告失败，而以苏哈托将军为首的军人取得了政权，立即把矛头指向印尼共产党。从10月8日开始，右翼军人集团在全国范围内对印尼共产党人和进步人士进行逮捕和大屠杀。据不完全统计，遭杀害的印尼共产党和左翼人士达20万人，30多万人被投入监狱。① 由于印尼军方一直把中国视为印尼共的支持者和经济援助者，污蔑印共发动政变得到了中国共产党的幕后支持，从而使印尼与中国的关系降到了冰点。在两国关系恶化的同时，印尼军方在全国范围内掀起了排华高潮。从1965年10月起，印尼一些军政领导人、重要组织的负责人接二连三地散布华侨是"第五纵队"、干涉印尼内政以及支持印共的言论，挑起群众对华侨的不满情绪。各地贴满了歧视、侮辱华侨的口号和标语。民族阵线秘书长夏胡在群众集会上称，印尼政府将不负责华侨的安全，② 得到军队支持的印尼大学生统一行动组卡米和印尼青年统一行动组卡比的领袖要求把华侨驱逐出去。③ 正是在这种背景下，排华分子对无辜的华人肆意迫害，成千上万的华侨住宅、商店横遭抢劫和烧毁，许多华校和社团被捣毁和侵占，大批华侨遭到殴打和逮捕，④ 一时白色恐怖笼罩全国，弄得人心惶惶不可终日。

---

① 贺圣达、王文良、何平：《战后东南亚历史发展》，云南人民出版社1995年版，第48页。
② 美联社雅加达1966年4月28日电。
③ Charles A. Coppel, *Indonesian Chinese in Crisis*, Oxford University Press, Kuala Lumpur, 1983, pp. 60–61.
④ 据统计，被印尼军人当局投入监狱以及杀害的华人达数万之多，中国政府对此表示了强烈的抗议。1965年底到1966年中期，中国外交部和中国驻印尼大使馆先后十余次照会印尼政府，抗议排华暴行。参见唐慧《印度尼西亚历届政府华侨华人政策的形成与演变》，世界知识出版社2006年版，第158页。

(二)"9·30事件"之后的亚齐

"9·30事件"爆发后,亚齐成为重灾区,当地华侨华人也成为首当其冲的替罪羊,乌云笼罩在亚齐上空,一时谣言四起,亚齐华侨华人面临着死亡的威胁。

1. 受威胁的华侨华人

在亚齐地区,当时的华侨华人大概分为三类:第一类为华侨,即中国侨民(国籍为中华人民共和国者)、第二类为印尼籍华人、第三类为无国籍华人(持有与印尼无外交关系的台湾政权者护照)。虽然这次排华的目标是中国籍的华侨,但是在骚乱中已分不清谁是华侨谁是华人,因而印尼籍的华人也不能幸免。在动乱和恐怖的日子里,有两种谣言特别流行:一是亚齐华侨必须迅速离开亚齐,中国政府必须迅速派船来接侨,否则就用椰树船逼迫他们离开;一是所有华侨都不可能居留在亚齐。

虽然只是谣言,但是印尼相关领导的所作所为也印证了这些谣言并非空穴来风。1966年5月8日,亚齐省军区司令依沙·朱由亚沙(Ishak Juarsa 音译)于亚齐省府班达亚齐动员反共斗争的群众大会上,对拥有新中国国籍的侨民发出威胁,命令他们在8月17日(印度尼西亚的国庆节)之前离开亚齐地区,否则生命财产安全将得不到保障。此呼吁立刻得到当地学生统一行动组织的积极响应和配合。军方利用反共团体的成员及大中学生,四处追捕和屠杀印共党员,一方面破坏印共党部及其外围组织,如人民青年团、农民阵线、妇女运动会、人民文化协会;另一方面破坏各地的华裔商会、华侨总会、华侨青年会和其他华人进步团体,各地华校也先后被封闭和接管。

在班达亚齐(Banda Aceh),大中学生们(KAMMI/ KAPPI 组织的成员)还占领了班达亚齐振华中小学校,绑架和囚禁了10名教师和3名华总理事(正副主席和秘书),并对他们进行无理的盘问和恐吓。[①] 两个星期之后,警方才派相关工作人员过来接管学校,驱散占领的学生,释放被拘禁的教师和华总理事们。

不仅如此,在"8·17"前的一个星期内,亚齐接连发生驱赶华侨

---

① 印尼苏北华侨华人历史会社:《印尼苏北华侨华人沧桑历史》(下册),2015年印刷,第637页。

(中国侨民）的恐怖活动。亚齐各地许多地区都出现了无国籍者向当地掌权者宣誓效忠的声明，以确保自身的安全和保留他们在亚齐的居留权。在亚齐的某些地区，针对华侨进步人士采取了恐怖屠杀政策，只要名字一旦被点中，就毫无申辩余地，或被召报到，或晚间上门逮捕，就此一去不复返。据知情者透露，受害者先是遭受到残酷的虐待，然后加以杀害，有的人死后尸体都无法找回。这期间，在鹿树坤（Luksukon）、司吉利（Sigli）、班达亚齐（Banda Aceh）、美拉务（Meulaboh）、南必力（Lanbili）等地先后有17人被杀害。①在这样的恐怖气氛下，亚齐华侨华人真的是枕不安席、食不知味。

2. 白色恐怖笼罩下的亚齐华侨华人聚居地

在班达亚齐，大学生们每晚传召数十名华侨到指定的地点，幸运者只是受到责骂和恐吓，命令他们在8月17日之前必须离开亚齐地区；倒霉者则有被殴打致鼻青脸肿的可能。大学生还把个别华侨用黑布蒙住双眼，反绑双手，用汽车载到荒郊，声言处死，朝天开枪，吓得被挟持的侨胞魂飞魄散。据美达村陈松镇先生回忆：

> 当时的哥达拉查（今班达亚齐Banda Aceh）特别恐怖，每天就像做戏一样，晚上两点左右，大中学生就会过来抓人，只要是积极分子都是被抓的对象，然后把他们带到郊外杀人的地方，对他们进行恐吓。有一次抓了两个人，一个是比较年轻的老师谢澄基和中华总会的副主席李宝辉，把他们抓了之后，架着拉到荒无人烟的恐怖的地方，在他们前面挖一个可以埋下一个人的洞，并用长刀架在他们的脖子上，很粗鲁地问他们："你们领了多少人民币？"因为他们认为他俩是新中国的间谍，他们说并没有接受过中国的钱财，但是这些学生认为他在撒谎，说："再不承认、不老实，等下有罪给你受。"忽然之间听到枪声，那些人对他们说，再不老实枪就要打到你身上了。副主席听到枪声之后，脚都软了，站都站不起来，在那个没有人烟的恐怖的地方，如果真的被枪击了，怕也是没有人知道。华侨之前还没有经历过这样的恐怖事件。也有的华人会被拉到十三公里外的海军基地附

---

① 印尼苏北华侨华人历史会社：《印尼苏北华侨华人沧桑历史》（下册），2015年印刷，第639页。

近，在那边有沙滩，把华人带过去之后就把他们埋进沙子里，只剩下头露在外面，然后取一把长刀架在他们的脖子上，问他们要不要交代中国政府与印共之间的活动。被捕的华人蒙着眼，听到的是海水的声音、松树的声音，一把刀架在脖子上，这样的场面真的很恐怖。或者有的华人会被抓着头往墙上撞，恐吓他们，让他们必须回中国，而且要在 8 月 17 日之前离开。①

除了进步人士，普通的华侨华人民众的生命财产安全也受到了不同程度的威胁。如美达村华人村民 ML 回忆：

"九·三零事件"发生的时候，尽管我当时还小，仍然对当时的情景留有印象，因为在我们住的地方杀了人，当时，印尼军方抓了人之后就在我们房子对面的篮球场上把抓到的人处决，孩子们都趴着看，那时候我还小，听到声音都觉得很害怕。那个时候我们家里住的是两层楼，一楼前面开店铺，后面住人。在亚齐的时候，家里人都还是中国籍。当时反华是有政治背景的，中国籍的华人面临被迫害的可能，当时的华人女孩为防被强奸，都女扮男装，穿着男生的衣服。我当时还小，不用太在意这问题，但是比我年长的姐姐就要剪短头发。那个时候经常能听到枪声，时值动乱，父亲也没有外出干活。有时候会有人来查，父亲便把孩子们藏在暗道里，有些人当时被抓走了，晚上就会被处死。所以后来我们全家都搬走了，其中一个叔叔李云豹是印尼籍的（在印尼出生的孩子，呈报政府的时候国籍就变成了印尼籍），当时就留下了他，并把店铺留给了他。为什么当时他们要抓中国籍的人？因为他们排华，要消灭中国籍的人，他们认为中国籍的就是中国的共产党，是支持印尼共产党的。②

印尼骚乱分子还时常到华人家中进行破坏，当地华人经常受到被殴打的威胁。据美达村村民 XZ 女士回忆：

---

① 2015 年 7 月 24 日笔者在美达村与陈松镇的访谈。
② 2015 年 7 月 28 日笔者在美达村与 ML 的访谈。

1965年发生了"9·30事件",发动政变的印尼军方让华人离开亚齐,大学生们每天都会来敲门,开门之后就打人。幸好当时我丈夫认识一个大学生,那个大学生打丈夫的时候只是做个样子而已,不会用力打,一边打还一边说:"你们明天再不走,我们会再过来,到时就不会放过你们了。"但是其他人就没有那么幸运了,他们都被打得很厉害,有些人还被抓走,第二天放回来的时候,可以看到每个被抓的人都被打得鼻青脸肿。当时住在附近的主要有3家是亲中国的,属于红屁股(红派),隔壁家是亲台湾派的,属于蓝屁股(蓝派),蓝派的人没有被打,但我们几户红派的就被打的很惨。当时大学生闯进我家门口的时候,我跑到了外面,他们让我进去,我不答应,因为我知道,一旦我进去了就只能被打了。我还受到了威胁,但是我不怕,还跟他们顶嘴。后来大家都觉得这样下去也不是办法,便决定找车离开亚齐。20日前后,22辆载着难侨的车离开了亚齐,驶向别处。①

在美仑(Biruen)、司马委(Lhokseumawe)和鹿树坤(Luksukon)等地,当地的青年学生及一些反共团体的成员,配合来自首府班达亚齐的大学生策动驱赶中国籍华人,采取了极其恐怖的迫害行动。他们把拥护新中国的进步团体的理事和侨胞们集中在被接管的学校或社团内进行审问。他们或被恐吓,或被殴打,或被驱赶到广场上在烈日下只穿着短裤晒太阳,或者被迫在晒得发烫的海滩上来回奔跑,然后在头上和身上淋热油。不仅如此,他们还强迫华侨高喊:"GANYANG RRT!"(粉碎中华人民共和国)"ENYAHKER RRT!"(滚回中国去)的口号。他们在光天化日之下肆无忌惮地践踏人权,对华人进行人身迫害,然而,当局却视而不见。特别是在司马委(Lhokseumawe),暴徒强迫侨胞赤着上身,然后把整桶油漆从头淋到脚,还拉着他们游街示众,夜间,暴徒们又来捣毁华人的家门和窗户,男人被叫出门外,双手抓住自己的耳朵,不停地蹲上蹲下;有的头部被按下水沟喝脏水。他们竭尽百般之能事折磨华侨、侮辱华侨,其目

---

① 2015年8月25日笔者在美达村与XZ的访谈。

的就是让他们主动离开居住地。① 据 YS 先生回忆：

> 班达亚齐发生了"9·30"事件，操作者主要是印尼大学生或者要报私仇的印尼人，大部分抓的都是华人进步人士，如校长、老师都被抓，当时有一个老师是参与当地政治的，在政变还没开始之前就已经得到了风声，便逃到了椰城，躲过了一劫。当时父亲想要回国，不想进印尼国籍。因为当时的政策就是，不进印尼籍就得离开亚齐，所以父亲要带我们回国。当时家里不能做生意，父亲要走的时候被他们抓去了。因为表姐夫 SM 在政变开始的时候，曾经到家里来避难，但是住在附近的亲台派的华人向政府告状，说陈松茂到我们家里避难，虽然他也只在我们家里躲避了一夜，被告状之后，陈松茂就离开了。然后印尼军就以我们家窝藏 SM 为由，把我父亲带走了。恐吓并且质问父亲是否有参与 SM 的活动，父亲不承认，他们也拿父亲没办法，所以父亲只是遭到了恐吓而已。当时大部分的进步人士会被抓，有的人被抓去之后，头发被剃光，然后淋上油漆晒太阳；有些人在背后被写上"RRT"的字样，中国籍的家里都会被标上"RRT"。参与政治的华人都会被抓去挨打，父亲较为幸运，只是抓去了两个晚上。1966 年的时候，要求所有华人在 8 月 17 日国庆节之前必须离开亚齐。②

在司吉利（Sigli），当地青年学生与来自首府班达亚齐（Banda Aceh）的大学生们配合，采取预先已筹划好的恐怖行动，即每晚勒令一批华侨到被接管的学校，他们不分青红皂白，对华侨进行拳打脚踢。华侨们不明所以，质问学生为什么会有此举动，如此无理。但学生不但置若罔闻，甚至变本加厉发出威胁，命令华侨们必须在 8 月 17 日之前离开亚齐。面对这种威胁，华侨们只能把所有的委屈都往肚子里咽，敢怒而不敢言。侨社的领袖也是被打击的重点对象，个别侨领因此付出了年轻的生命。

---

① 印尼苏北华侨华人历史会社：《印尼苏北华侨华人沧桑历史》（下册），2015 年版，第 643 页。
② 2015 年 8 月 16 日笔者在美达村与 YS 的访谈。

表 4　　在被迫迁之前亚齐地区已经被害的华侨名单

地名	姓名	备注
南比力	叶柏祥（华侨）、黄沐祥（华侨）、曾裕民（华侨）、温达善（华侨）、曾明轸（印尼籍华裔）	
美拉务	何裕南、陈贻俗、李国能、陈贻屏等9位华裔青年（人青团员）	
打把端	曾明华（班达亚齐国籍协会副主席）	当时碰巧在该地料理商务
司吉利	黄宗智、李道南华裔青年（人青团员）	
鹿树坤	杨新运（华总秘书）	
班达亚齐	梁顺民（国籍协会文娱人员）	深夜在医院被拉走，不知死于何处

资料来源：陈松镇：《印尼亚齐省华人被迫迁的经历和现状》，2007年5月印，第1页。

从1965年9月30日至1966年8月17日，被驱赶、逼迁的短短一年的恐怖时间里，亚齐华侨受尽了欺辱和迫害。许多华侨的商店或者住宅被钉上RRT字样的牌子，有些住宅门口还会被画上骷髅图样，以证明是异类，是可以打击的对象。当地的排华分子可以随意对他们的商店或者住宅投石头，进行恐吓、勒索金钱甚至随意获取任何物品。政治上偶有风吹草动，首当其冲的就是这些华侨，所以他们在异国他乡过着战战兢兢又无可奈何的生活。

第 三 章

落户棉兰

在 1965 年这个非常时期所造成的恐怖气氛压抑下,亚齐华侨过着胆战心惊的日子,随时可能发生的暴乱更为华侨的生命财产安全增加了一份威胁。在其他地区如美拉务(Meulaboh)、打把端(Tapaktuan)、怡里(Ili)、冷沙(Langsa)、瓜拉新邦(Kualasimpang)等地,恐吓分子使用的手段虽然有别,伤害的程度也不同,但是目的只有一个,就是在 8 月 17 日前,驱赶华侨离开亚齐地区。曾生活在班达亚齐(Banda Aceh)的美达村华人 GZ 的话证实了这一黑暗的历史:

> 发生了"九卅事件"之后,班达亚齐的理事就先逃到了棉兰,小地方的没能力迅速撤离。其中我的一个同学就被杀害了。我的那个同学在美拉务的一个小岛,当时军队采取的是恐吓的政策,主要针对的是中华总会的理事,晚上把他们抓了去恐吓他们,使他们不得不离开亚齐,下一步就是比较广泛的政策,即到每家每户的华人家庭那里去,只要家里有一个是中国籍的,就会在家里门口处写上"RRT"的记号,晚上的时候,华人家里就会被扔石子。他们家里没有参与政治活动,也不能幸免,当时政变的人过来扔石子的时候,不能反抗的他们学鬼叫,原本是吓他们,但是没想到石子被扔得更多。年轻人,血气方刚,知道斗不过军部,但是又不甘心,所以就弄出这样的事情。发展到后来就是到华人家里去贴"RRT",然后就是挨家挨户地让华人在 8 月 17 日之前离开亚齐。还让华人们写声明书,证明自己会在 8 月

17 日之前离开。如果不写，其性命安全就没保障。①

在恐怖气氛的笼罩下，那些依旧保持中国籍的亚齐华侨只得变卖家产，毅然决定回到中国的故乡。但是亚齐当地民众对华侨却怀有深厚的感情，许多当地人在了解到华侨们即将离开的时候，都表露了他们的不舍之情。据 JJ 先生回忆道：

> 政变发生的时候，司马委的商店通通被抢、烧，就连我本人的书、桌子等物品都遭到飞来横祸，能抬的已经被抬出去，能烧的则会被烧掉，当时，我家里患病的爷爷躺在床上，可就连他躺着的那张床都被抬出来了，简直毫无人道。隔壁家住的是印尼人，印尼太太出来大骂他们，说你们怎么能这么对待一个老人。在那样的情况下，她可以站出来为华人讲话，实为难得。当时与邻居的关系很要好，临走的前一天，他们还在家里用草席装了一些吃的，宴请邻居过来告别。有一个 50 多岁的亚齐老人，每天早上都会从乡下到我家门口卖东西，他摆摊所用的板凳、桌子都是当时我父亲给的，为的是方便他摆摊叫卖。到我们走的时候，那个老人很是伤心，流下了眼泪。②

虽然华侨与当地印尼人拥有良好的关系，但是在印尼这场史无前例的的恐吓、胁迫浪潮下，华侨社团领袖大多因受人身威胁先开始撤离亚齐，而那些在群龙无首且处于惶恐不安的生活环境里的大多数亚齐华侨选择了离开亚齐，向棉兰进发，从而成为亚齐华侨政治难民。

第一节 逃离亚齐

1966 年 8 月上旬，亚齐华侨难民开始大规模的集体离开亚齐，开启了南下的迁移征程。最先开始撤离的是打京岸（Takengen）的华侨，他们迁移至美仑（Biruen）后南下，然后是美拉务（Meulaboh）的华

---

① 2015 年 8 月 16 日笔者在美达村与 GZ 的访谈。
② 2015 年 7 月 26 日笔者在棉华中学与 JJ 的访谈。

侨，他们先到班达亚齐（Banda Aceh），途经司吉利（Sigli）、美仑、司马委（Lhokseumawe）等地时，沿途不断有华侨加入，直至最后亚齐大部分地区的华侨基本上逃离了，他们从各地汇成一股逃亡大军，跌跌撞撞被迫逃往棉兰。

图14 亚齐华侨难民被逼迁的移民路线

资料来源：作者根据百度下载的原始图片进行制作。此图片中的地名是依美达村华人的口述整理的，其实与1972年中国地图出版社出版的《世界地图》，以及网络上下载的印尼相关图片的地名翻译并不一致，主要目的是想唤起亚齐华侨的历史记忆，因为一些地名他们一直是用客家话称呼的，所以地名的称呼是以客家音所标注。

从地图中我们可以看到，整个苏门答腊岛呈西北东南的走向，形状像一片柳叶，班达亚齐（Banda Aceh）就在亚齐省的最北端。在这次排华运动中受影响较严重的主要城市依次是亚齐省西海岸的美拉务、打把端（Tapaktuan），至班达亚齐（Banda Aceh），东海岸自北向南的城市是司吉利、美仑、司马委（Lhokseumawe）、怡里（Ili）、冷沙（Langsa）、勃拉（Bera）、瓜拉新邦（Kualasimpang），后至棉兰。

一　逃难中的亚齐华侨难民

在"9·30事件"中成为难民的亚齐华侨是从打京岸、美拉务、哥打占尼（Gedazhanni）、班达亚齐（Banda Aceh）开始，从东西海岸自北向南开始大批逃离到棉兰市的市郊，准备从勿拉湾港，（Belawan，也称为日里勿拉湾 Belawan Deli）那里离开印尼返回中国。谈到这次逃难，K 说道：

> 最先走的是打京岸、美仑，他们先走了，因为那里排华比较厉害。后来哥打占尼也走了，哥打占尼是一个小地方。哥打占尼走后，接下来就美拉务，美拉务是先到班达亚齐后，一直南下。打把端的是直接坐船来到实武牙这个地方。从班达亚齐来的华侨，我们就在车站接待，到冷沙就由当地的华侨接待，而到司马委就由司马委接待。亚齐地区的华侨就是这样一拨一拨地逃离，最后逃离的是瓜拉新邦的华侨。[1]

亚齐华侨难民每当提起这次逃难的经过就感到倍加心酸，他们在离家时低价变卖了家产，将衣物等一些生活必需品放到大木箱子里带走。这些木箱子在一些美达村民家中还有保存，可以看作他们被迫迁徙的见证。

图15　叶郁林家中的大木箱（邱少华摄）

---

[1] 2015 年 8 月 1 日笔者在美达村 K 家对其访谈资料整理。

图 16 叶志宽及家中的木箱子（郑一省摄）

美达村华人叶郁林的家中仍保留着离开亚齐时带的箱子，叶郁林保存的两个箱子都很大，正方形的箱子长有 50 厘米，宽、高各有 30 厘米。箱子是用木条订成，外面涂上黄色或是暗红色的漆。由铁做成的锁扣和两个提箱子的把手。叶志宽家中的红木箱子据说是他父亲从中国梅县带到亚齐，后又从亚齐司吉利搬到棉兰美达村。总的来说，美达村华人就是提着和抬着这样的箱子上车上船离开亚齐的。

据调查，亚齐华侨逃离亚齐时选择了三种交通工具，即坐汽车、乘船或坐火车。大多数亚齐华侨难民是租借卡车，一家或几家一起前往。1966年 8 月中旬，满载着亚齐华侨难民的各式车辆：客车、卡车、大型载货车等，以及火车和轮船，由亚齐的各个地区，陆陆续续地向苏北省棉兰地区迁移，被迫出走亚齐。

亚齐华侨离开当地的时候，由于走时匆忙，而且路途遥远，大多数亚齐华侨难民都只是带了点衣物或者带了点积蓄就离开了。[①] 一路往南，亚齐华侨难民都会得到途经地华侨的帮助，大部分华侨会主动帮助身处困境

---

① 据访谈，有的亚齐华侨难民逃离时只是带了一些简单的随身物品，等棉兰等局势稳定一段时间后，再返回亚齐将原先寄存在亲戚朋友家的家当陆续运到棉兰。

的亚齐华侨难民,因为他们知道,这些华侨难民今日的遭遇就是他们明日的写照,如若不施以援手,将来他们又该如何应对?如此一想,便毫不犹豫地向亚齐华侨难民们提供力所能及的帮助。"最开始是打京岸的华侨开始撤退,他们走的时候,沿途我们会给他们面包、水,所以他们在逃难的时候,每到一个小市镇都会有华侨的帮助,就这样,一路送到棉兰。"①一批批的华侨难民不断南下,各地的华侨也都主动给予方便,给他们送上茶水食物等。如 DX 先生回忆:

> 有一回,火车公司的一位印尼友人特意告知我们,今晚 8 点,有司马委的难侨 200 多人南下棉兰,将于冷沙停宿。经查证消息后,我即刻动员菜园好友,杀鸡煮粥,其他的男女乡亲闻讯也主动过来帮忙,有的人家捐赠了白米、食油、砂糖;有的人家将自己家养的鸡、猪都贡献出来了。大家都感慨道:我们迟早也是要跟他们一样会被赶走的,留着这些东西有什么用?那天晚上,我们将煮好的几大桶鸡肉粥挑到火车站,让难侨们饱食一餐,隔天一早,还送上了饭菜点心,让他们带上火车。当时局势不稳定,我们还组织了守夜团,保护他们的安全。②

就这样,从打京岸,再到美拉务、班达亚齐、司吉利、美仑、司马委、鹿树坤、勃拉、怡里、瓜拉新邦、冷沙、哥打占尼、打把端等地,华侨难民们逐渐一路向南,沿途不断有难民加入,他们相依相持,一路跌跌撞撞,历经艰险,终于来到了棉兰近郊。

二 中国政府的接侨行动

"九卅事件"发生之后,印尼与中国的关系已处于冰冻状态。鉴于印尼政府推行排华活动日益剧增,大批受害华侨生计已经断绝,安全失去保

---

① 2015 年 7 月 25 日笔者在美达村与 YEZHIKUANG 的访谈。
② 印尼苏北华侨华人历史社:《印尼苏北华侨华人沧桑岁月》(下册),2015 年版,第 644 页。

障，中国政府照会印尼政府决定接侨回国。① 根据印尼政府呈报给中国外交部的数据显示，被赶走的亚齐华侨是4000人左右。在这种情况下，中国政府答应派接侨船把滞留在棉兰近郊的这4000名亚齐华侨难民接回中国。当时棉兰的领事馆已经被当地的军部占领，为了处理亚齐华侨难民问题，中国政府特意派中国驻雅加达总领事徐仁、领事师晋侃、副领事邝叔明负责来棉兰处理这些事情。据说，当副领事邝叔明到达棉兰的时候，集中在棉中的几个华侨青年到机场接他，由于当时的驻棉兰领事馆已关闭，没有可以派遣的车，于是这些华侨青年租了一辆车过来接他。邝叔明副领事上车之后，坚决要在车头挂上五星红旗。当时开车的是华侨难民，碍于当时印尼军部的禁止，这位司机开始不敢在车头挂五星红旗，后来在邝叔明副领事的坚持下，这位司机把五星红旗挂了上去。邝叔明副领事上车后，就直接开往驻棉兰的领事馆。当时此举传遍整个棉兰，大家都在好奇为什么会有挂着五星红旗的车，此举在当时似乎是振奋人心的事情。领事

---

① 新华社一九六六年九月六日讯：中国外交部五日照会印度尼西亚驻华大使馆，通知第一艘中国接运自愿返国的受害华侨的船只将于九月二十日左右到达棉兰勿拉湾港口。为了使接运受害华侨的工作能够顺利进行，中国政府向印度尼西亚政府提出了五项要求。照会说：九月二日，印度尼西亚外交部亚洲太平洋司副司长玛佐尼先生答复中国驻印度尼西亚大使馆临时代办姚登山先生，印度尼西亚政府同意中国政府派遣船只到棉兰和班达亚齐接运自愿回国的受害华侨。中国政府早在五月十八日就通知印度尼西亚政府，中国政府决定派船前往印度尼西亚接回自愿返国的受害华侨。几个月以来，印度尼西亚政府一直拖延不复，致使中国接侨船只迟迟不能启航。现在根据印度尼西亚政府的上述答复，中国政府决定，第一艘中国接侨船将于一九六六年九月二十日左右到达棉兰勿拉湾港口。该船可接运七百人左右。照会说：鉴于印度尼西亚政府疯狂推行反华排华的活动，大批受害华侨生计已经断绝，安全失去保障，为了使接运受害华侨的工作能够顺利进行，中国政府提出以下要求：一、印度尼西亚政府必须立即停止迫害华侨，释放全部被逮捕和拘禁的华侨，切实保障华侨生命财产的安全。二、由于自愿返国的受害华侨人数众多，遍布印度尼西亚各个地区，接运他们回国必须分期分批进行。中国政府将陆续派船前往雅加达、泗水、望加锡和印度尼西亚其他有关港口，接运自愿回国的受害华侨。三、印度尼西亚政府必须切实保证中国接侨船只及其船员在进出印度尼西亚领海和在港口期间的安全，并且提供必要的协助和方便。四、中国派船到印度尼西亚接运受害华侨回国，是涉及两国关系的重大事务，必须由两国政府的代表商谈解决。中国驻雅加达总领事徐仁、领事师晋侃、副领事邝叔明将偕同必要的工作人员立即前往棉兰，安排接运第一批受害华侨的工作。中国政府要求印度尼西亚政府，切实保证他们的安全和提供必要的方便。并且要求印度尼西亚政府，派遣官员前往棉兰，会同办理此项工作。五、印度尼西亚政府应保证返国华侨在前往港口途中和在港口期间的安全，在交通运输和生活方面给予必要的便利，简化他们离境的手续，并且不得阻挠他们携带自己的财物和资金回国。参见《我外交部就接回自愿返国的受害华侨事照会印尼大使馆我国政府要求印尼政府保证接侨工作顺利进行》，http://www.71.cn/2012/0420/520557.shtml。

的车开往领事馆,当到达领事馆后发现有一些印尼便衣军人在领事馆里,邝叔明副领事对这些便衣军人说,这个地方是我们的,并要这些印尼便衣军人从领事馆出去。当时随同的有一位难民营里的华侨做翻译,这位华侨在翻译时不大敢直言,较为委婉,但副领事邝叔明说:"不用怕,我怎么讲你就怎么翻译,该硬就得硬。"后来,这些便衣军人在邝叔明副领事的一再要求下不得不离开了领事馆。

邝叔明副领事到达棉兰后不久,便着手安排第一批接侨船到来的事务,邝叔明副领事与负责亚齐华侨难民相关事务的印尼军官谈判。当时处理亚齐华侨难民事务的"遣侨委员会"主任是雅谷那威(Yacop Rawi)中校,开始他采取躲避的政策,后不得不与邝叔明副领事就接侨事宜进行了谈判。当接侨船(光华轮)来的时候,几位从光华轮下来的中国政府派来的负责人到了领事馆,与领事商量怎么安排接侨。开始商量的结果,主要是优先安排年老的、小孩尚小的回国,年轻的先留下。[①] 一位华人回忆中国派船接他们回国这样说道:

> 外公、外婆和妹妹回到了福建的华侨农场,当时可以选择是回到海边还是山上的华侨农场,外公选择了在海边。接侨船来的时候,首先选择接年迈的回去。他们家里小时候就跟着外公外婆一起住,所以,船来的时候,他是跟父母一起住的,妹妹则跟着外公外婆一起住,当时想的是大家都是要回去的,只是时间不一而已。所以,就让妹妹跟着外公、外婆先回去。但是没想到,最后大家都没有回去的机会了。[②]

据了解,从1966年8月底亚齐华侨难民抵达苏北棉兰至1967年5月期间,中国政府共派来了四次接侨船,船上工作组由袁庚领事负责,副领事邝叔明第一次由椰城来棉兰处理,后来张峪领事前来处理。接侨船在苏北棉兰市著名的勿老湾(Belawan)登陆,四次共接走了4276人[③]。在最后一批接侨船来之前,领事对协助办理接侨事务的年轻人说:"因为印尼

---

① 2015年8月13日笔者在亚齐与ZW的访谈。
② 2015年8月16日笔者在美达村与GD的访谈。
③ 陈松镇:《印尼亚齐省华人被迫迁的经历和现状》,2007年5月31日手印本,第4页。

外交部当时通知中国政府的亚齐华侨难民人数为 4000 人，所以中国决定派出 4 次接侨船，第四次之后，再也没有船过来了，你们要留在这边，与他们斗争。假如亚齐华侨难民全部都被接回去了，其他地区也会效仿亚齐，一次次地迫使中国政府前来接侨，这样下去可是不行的。所以，年轻的则应该留在印尼，与他们抗争，让他们知道他们这样做是不对的。"①就这样，每一次接侨船来的时候，当地华侨就优先把年老的，或夫妻一方已经先回去了的，或马上要读书的适龄儿童安排上船回国，而青年人则大多被留下来。据访谈，这些被中国政府用"光华轮"先后四次接走的 4276 个人中，第一批接走的华侨难民被安排到了广东省博罗县杨村华侨农场，第二批安排到福建宁化县泉上华侨农场，第三批安排到福建宁德县宁德华侨农场，第四批则安排在广东英德县英德华侨农场。②

第二节　棉中岁月

逃到苏北棉兰地区的亚齐华侨难民，有来自班达亚齐、司吉利、美仑、司马委、鹿树坤、勃拉、怡里、瓜拉新邦、冷沙、哥打占尼、美拉务、打把端、打京岸等地的。据访谈，这些亚齐华侨难民当时都是要准备回中国的，因此，苏北政府当局组成"遣侨委员会"，由雅谷那威中校任主任，专门处理亚齐华侨难民遣返事宜。据不完全统计，从亚齐各个地方逃难到棉兰近郊的亚齐华侨难民有 10000 多人，后来中国派出了"光华轮"接走了 4276 人，还剩下 6645 人。③

据调查，亚齐华侨难民到达棉兰之后，最先的一批亚齐华侨难民被集中安置到了棉华中学居住，当棉华中学容纳人数达到一定的数量之后，继续南下的亚齐华侨难民便被安排到其他地方，如棉兰民礼路山亭收容所、勿老湾路老人院收容所、巴烟赫菲蒂亚（Helvetia）烟寮四号寮收容所、巴烟赫菲蒂亚烟寮二号寮收容所、丹南呼鲁烟寮四十号寮收容所、丹南呼鲁烟寮四十一号寮收容所、丹南希里（Tandam Hilir）烟寮二十四号寮收容所、丹南希里烟寮二十五号寮收容所、丹南希里烟寮

---

① 2015 年 8 月 13 日笔者在亚齐与 ZW 的访谈。
② 2015 年 8 月 2 日笔者在美达村与 ZK 的访谈。
③ 这个数字可能有出入，因为没有官方的统计。但表明，亚齐华侨难民的人数是很多的。

二十六号寮收容所，以及实打挖市附近放入双溪加浪（Sunga I Karang）烟寮四十七号寮收容所、双溪加浪烟寮四十九号寮收容所、双溪加浪烟寮五十号寮收容所、双溪加浪烟寮五十四号寮收容所①，即棉兰市区和郊区共 14 个收容所。无论是棉中还是烟寮等各个收容所都有苏北政府派人员监守出入。

正像上面所说的，亚齐华侨难民来到苏北棉兰地区，先是要解决住宿和吃饭问题，最初各自为政，群龙无首。后各单位有自己的组织，为首的成为负责人和寮长。为了方便亚齐华侨难民之间，以及促使亚齐华侨难民与棉兰当局之间的沟通，也为了更好地管理亚齐华侨难民，需要建立一个难侨总部。由于棉中处于市中心，聚集在此地的人又比较多，棉中便无形中成为协调各收容所的总部，据说呈交印尼政府抗议迫迁亚齐华侨难民的第一封信就是由棉中单位负责人之一罗进翔代表全体难侨签上名字的。棉中的亚齐华侨难民总部形成后，为了更有效地统一协调各单位，总部成立了核心小组，成员有罗进翔（主任）、陈松茂、廖晏民、朱丽辉、黄德明，由他们共同管理亚齐华侨难民的所有事物。五人小组是在工作中形成的，主要任务就是联系各寮，协调各寮事务。② 亚齐华侨难民总部五个负责人同心协力，共同为亚齐华侨难民们服务。

一　入住棉中

棉中，即棉华中学，前身是棉兰华侨中学（又称"棉兰华中"，简称"棉中"），是一所位于印尼苏门答腊岛北部棉兰市由当地华侨创建主办的、以华语为教学语言、具有一定规模的中等华文学校。棉兰华侨中学创建于 1945 年 11 月 25 日，于 1954 年改为棉华中学（棉中），至 1966 年 3 月 26 日被印尼当局勒令关闭，前后办学二十余

---

① 印尼苏北华侨华人历史会社：《印尼苏北华侨华人沧桑史》（下册），2015 年，第 639 页。
② 据访谈，五人"亚齐华侨难民委员会"之中，罗进翔是美仑的主席，也是五人委员会的总负责人，其在来之前家里是卖糕的，他自己是打金的，做首饰的，也是小生意，受教育程度为小学，在民主同盟里接受过教育。罗进翔曾经写过公开信（其内容为政府为何要把他们赶走），而且还带头签名，这个举动也得到了许多人的支持。以上内容为 2015 年 8 月 2 日笔者在美达村与陈松镇的访谈。

载。①1965年9月30日，苏哈托领导的军人集团发动政变，掌权之后关闭了667所华文中小学校，其中也包括棉华中学。1966年3月26日，棉中被接管之后，一部分回不了家的外地学生便留下来料理宿舍的物品。据调查，最先抵达棉兰的亚齐华侨难民是打京岸的华人，他们到了棉兰之后到军部的基地司令部（Kodim）报到，让军部的人安排他们的住所。于是军部就将这些打京岸的亚齐华侨难民安排到了棉中。此时留校的学生一方面"留下护校"，一方面又承担了接应从亚齐逼迁过来的大批亚齐华侨难民的工作。曾来自亚齐在棉中读书，又经历过接待亚齐华侨难民的L说道：

> 当时亚齐没有高中，所有亚齐初中毕业的同学，有一点经济能力的家长都会把孩子送到棉中或者崇文中学去上高中，崇文因为没有宿舍，所以去的人比较少，棉中有宿舍，所以有五百多名学生，其中亚齐的学生最多，巴东的也多。当时我是穷苦孩子，家里十个姐妹，我是老大，那样的环境要养十个孩子都不知道要怎么养，像养小猪一样。那时候十五岁就初中毕业了，在亚齐的母校就叫我过去教书，当时教书要考印尼文，我就去教育局考印尼文，是教小学。我当时已经考了，但是我觉得我的学问不够用，如果一直在亚齐这样下去，我就很希望能到棉兰来升高中，但是家庭环境不允许，我就自己想办法，后来我来到棉中半工半读，就住在棉中宿舍，三年把高中修完。修完高中以后我就留在棉中教书，因为棉中给我免费读书，我当时在宿舍时一边工作一边读书，工作就是管理宿舍，每天下午三点我就要拿着一个喇叭，向那三层楼的同学喊"哪一个生病了，你可以下来了，我们的车要载你们去看医生了"。我们有校医，我每天都要做这样的工作，还要打扫卫生，我三年以后毕业了，老师说我很了解实际的情况，就让我留下来当舍监老师，然后还要上下午班教书，因为我有教员准字，没有教员准字是不可以教书的，我一边教书一边做舍监老师。就这样，我还在棉中的时候，亚齐发生排华，我当时没有在亚齐。因为亚齐发生了排华，就让他们来到了棉中。第一批亚齐难民到

---

① 施光碧：《棉华中学——棉中学子心中永远的丰碑》，《棉华中学校友会会刊》，第21页。

了棉中,打京岸的是第一批,7月份来的。那时候我们还有两种看法,觉得他们应该坚持待在亚齐,不应该过来,过来是前途渺茫的,但在那边白色恐怖的气氛又实在是待不下去,抓人然后被游街,之后又让你去晒太阳、活埋,这样担惊受怕的生活,所以当时突破了一个缺口,难民们就一个个的来了。我在那边挡都挡不住,一千人要来。当时打京岸的来了大概30户。

我父母是属于比较穷苦的,他们没有钱租车出来,是坐船出来的,出来的时候是几百人一起出来,还要住进棉中。虽然父母亲来了,但我无法接待,我当时需要代表宿舍领导,不能接,所以我的父母不住在棉中,住在老人院。为何我们棉中被接管后,我们还有学生住在学校。是这样的,当时住在宿舍的500名学生回去了几十名(大概有四五十人),学生们大多数不回去,坚守在宿舍,这是总会号召的,当时要坚守是认为学校很快就会复办,不要给他们占领,虽然学校已经被接管了,但我们学校还有很多实验室,里面有显微镜等仪器,我们还组织同学们去把这些东西拿出来,保护起来。我就是这样因为要做护校的工作而留下来。又因为我是舍监,难民来了也需要接待,所以就一直留在学校没有离开。[①]

当时住校的学生为了亚齐华侨难民工作而分工合作,一部分人负责内务,一部分人负责外务。负责内务的原棉中同学,每天都要为亚齐华侨难民们准备好膳食和生活必需品。当时的棉中宿舍有3层楼,初到的亚齐华侨难民都被安排在宿舍里住,后来亚齐华侨难民的数量越来越多,宿舍已经不能容纳那么多的人口了,便把饭厅、礼堂用皮箱堆砌间隔,或者用纱笼(Sarung)布来遮挡。这样处理之后,棉中可以接收更多的亚齐华侨难民。而负责外务的同学,主要的任务就是解决亚齐华侨难民一日三餐的"柴米油盐"的补给。他们天天都得往外跑,还得时时警惕是否有"暗探"尾随。因亚齐华侨难民人数众多,且离开亚齐时并没带有食物或足够的金钱,所以当时实行的是大锅饭,但是随着时间的推移,在没有米粮的情况下,大锅饭已经难以为继,一日三餐的供给都是每天需要担心的问题,幸好有当地的华侨(亚齐华侨难民们尊称他们为"爱国侨胞")经常

---

① 2017年4月7日笔者在棉兰与L的访谈。

冒着被盯梢的危险,偷偷来到各亚齐华侨难民收容所给亚齐华侨难民送来米、面粉等食材。负责外务的同学与捐助人接头联系的时候,都是用暗语沟通的,就这样,亚齐华侨难民每日的生活必需品都能及时地得到当地有心人士的帮助和解决。据资料显示,棉中收容所的负责人主要有罗进翔、陈松茂、陈松镇、黄德明、朱丽辉、曾祥强、李瑞临、赖文鑫、曾繁德等,他们为了棉中收容所的亚齐华侨难民的吃住而奔波,做了许多有益的工作。[①]

当时从亚齐逃亡棉兰的大多数华侨是不愿意加入印尼国籍的,所以绝大部分当时是想要回中国的。然而,尽管只是回国这样的小小心愿,印尼当局也设置种种障碍而不能让亚齐华侨难民们实现。为了阻挠和破坏中国政府接运自愿回国的亚齐华侨难民,军政当局还对棉中实施日夜监视,严加监控,偶尔还指使、煽动极端分子到棉中滋事。

二 "41 位青少年事件"

1966 年 10 月 10 日下午两点钟左右,棉兰陆军当局为了制造欺骗性的宣传,伙同美国记者前往"棉中难民收容所"拍照,以作为反宣传之用。[②] 但此举受到了棉中学生的抵抗,并导致了"41 位青少年事件"的发生。

(一) 余亚周与护校的同学

正像上面所说的,1966 年 3 月 26 日棉兰华侨中学被宣布停办后,大多数老师和学生被强行赶出校园,只留下一些外地守护校园的学生。在这些护校的学生中,有一名成为护校核心的人物,他就是余亚周。

余亚周是棉兰华侨中学学生会主席,在学校被停办后,他理所当然地留下来与其他同学一起坚守。在担负起守卫母校的重任时,余亚周鼓励护校的同学说:"华侨学校是华侨子弟学知识的圣地,任何人都不能剥夺我们学习的权利。"他组织护校同学在护校的同时,抓紧时间复习功课,学好本领。当地的华文报纸被取缔,留居在学校的同学听不到外面的声音,余亚周和其他同学就利用同学家的一个收音

[①] 亚齐人:《印尼亚齐华人被逼迁的经历和现状》,香港印尼苏北华侨华人历史会社《印尼苏北华侨华人沧桑岁月》(续集),2018 年印,第 81 页。

[②] 印尼苏北华侨华人历史会社:《印尼苏北华侨华人沧桑史》(下册),2015 年,第 650 页。

机，收听北京中央人民广播电台的新闻节目，由余亚周用速记本记下来，大家再分头抄几份，连夜分发到各个宿舍，起了鼓舞斗志的效果，被同学们称为"地下晚报"。7月，亚齐地区1万多名华侨被驱赶，他们涌进棉兰地区，滞留在郊外的烟寮，生活无着落时，余亚周带领同学们冒着被当局军人迫害的危险，为这些亚齐华侨难民送水送饭，照顾病人。在棉兰华侨中学校园成为受难华侨的收容所后，他们义不容辞地加入帮助亚齐华侨难民的行列中。

由于大量的亚齐华侨难民滞留在棉兰地区，其生活与生命得不到保障。对于印尼的这种排华活动，中国政府表示了强烈的抗议，也引起了世界爱好和平的国家的一致谴责，更遭到善良的印尼人民的不满。10月10日，一位外国（东欧或美国）记者在棉兰军人的带领下，试图拍摄亚齐华侨难民的生活照片，遭到了留校同学和亚齐华侨难民的抵制，他们把拍照者团团围住："不准拍照！""留下底片"。WF先生回忆道：

> 当时有美国记者过来拍照之时，受到了难民的仇视，因为在毛主席语录的教育下，他们认为美国人都是纸老虎，觉得美国人拍照会对他们不利，一位名叫刘权忠的同学上前一步，把美国记者的相机给夺了过来。后来，记者报告了当地警察，警察过来要抓抢相机的同学，为了保护那个同学，大家都不理会警察，当时我弟弟WL因为与其他同学在厨房打扫卫生，弄得整个脸都是黑的，出来的时候就被认为是抢相机的参与分子，也被抓上了车，前后上车的同学一共有41位。我看到弟弟已经上车了，我也想上去，但是母亲把我拉住，说如果两个人都去了，万一出现意外就不好了。结果我就留下来了。①

据后来一篇发表纪念余亚周纪念文集的文章记载，抓41位华侨青少年的事件是当时的棉兰陆军司令部的一名上尉带着几名士兵和两个便衣以"检查卫生"为名，来到棉兰华侨中学的"难侨收容所"，强迫拍带有侮辱性的不实照片。这篇文章记载了当时军人抓余亚周等41位华侨青少年

---

① 2015年8月21日笔者在美达村与WF的访谈。

的场景，文中这样写道：

> 拿督上尉气急败坏，拔出手枪，开了两枪，并强行抓走了9名华侨青年，不久，又来了一大队的武装军警，把32名华侨青少年押上囚车，就连一名13岁的少年也不放过。连同之前被抓走的9名青少年，共41名华侨青少年就这样被押往棉兰基地司令部监狱。①

被抓的这41位华侨青少年中，女的有11人，男的有30人，他们大都是留守在棉中的学生，其名单见表5。

表5　因被说成抢外国记者照相机41位被抓的华侨青少年名单

女性	郑仙彩、王桂花、林爱莲、廖彩玲、谭微笑、李春园、杨玉英、钟新秀、郑仙妹、刘翠娟、郭月玲
男性	余亚周、邱月豪、王金铭、吴招安、李绵新、王其禄、邢益成、刘瑞芝、温世昌、郭利华、蔡强霖、李明光、陈志文、黄富良、刘义志、张良明、苏平安、熊敬舜、黄顺才、谢文临、郑天书、肖远辉、廖盛昌、吴国明、苏立球、黄界仁、沈汉清、钟志明、何德荣、谢接芳

（二）狱中的41位华侨青少年

这41名华侨青少年因被说成抢夺外国记者的照相机，被棉兰的武装警察抓到了棉兰基地司令部的监狱里。这些被囚禁在监狱的华侨青少年，受到了种种非人折磨，但这些并没能让这些华侨青少年低头。华侨青少年们通过特殊的联络方式，于10月10日同时宣布绝食。

在华侨青少年绝食过程中，陆军当局采取个别审讯和威胁利诱的方法，试图摧残这些青少年的斗志。但这些华侨青少年仍然坚持绝食，以抗议军人对他们的不人道的待遇。10月16日，也就是华侨青少年宣布绝食的第六天，陆军当局被迫答应了给伤病的青少年送医治疗。有关这些华侨青少年在狱中的情况，一位被抓进去后又被放出来的L这样说道：

---

① 李建成：《英雄无悔——余亚周的传奇人生》，《余亚周先生逝世十五周年纪念特刊》，2010年版，第80页。

那时候他们是按照宿舍的名单来抓人，其实也有我的名字，我也去了，是要按照名单抓上车。我去了，然后和军长进行交涉，他们来抓人是因为，认为这些青少年参加了围攻美国记者，而我没有参加，我只是那边宿舍的负责人，因为名单上我是宿舍负责人，就以这样的名义他们就没有扣留我，我可以出来，出来就想办法营救他们，每天还要送饭送水去了解他们的情况，他们被打我们还要送药，他们被枪座打，打得很厉害，有些被打得重伤，重伤我们还要跟他们交涉，把重伤的人员带去看医生，这些都是不允许的。后来这41名青少年还进行绝食斗争，那个时候我们就担心会死人，一直劝他们，当时也有偷偷地泡葡萄糖水去给他们喝，他们没有吃东西。后来就将这种情况反映给领事。①

在41位华侨青少年被抓进监狱时，中国政府予以了极大的关注，并与印尼政府展开了反复的交涉。1966年11月18日，经过中国政府的严正交涉和中国驻棉兰领事馆的奔走营救，印尼陆军棉兰基地司令部被迫无条件释放41名华侨青少年。11月19日，被关进监狱整整40天的41名华侨青少年出狱。WF回忆道：

　　41位华侨青少年被抓去之后，遭到了警察的殴打，头破血流，警察不断质问是谁抢夺了美国记者的相机，但是没有人回答。后来负责人去交涉，张峪领事也参与交涉，最后，41位青少年才被释放。但是印尼政府规定这41位青少年不可以继续待在印尼。所以在1966年11月，第二批接侨船来的时候，41位青少年和其他自愿回国的侨胞一同踏上了回国的道路。回国之后，41位青少年还受到了周恩来总理、陈毅副总理的亲切接见，他们最先到的是广东湛江，后来根据祖国的安排，到了福建泉上华侨农场。②

正像这位访谈者所说的，这41位华侨青少年从监狱出来后，由于印尼棉兰当局政府规定他们必须离开印尼，所以这些华侨青少年在1966年

---

① 2017年4月7日笔者在棉兰与L的访谈。
② 2015年8月21日笔者在美达村与WF的访谈。

11月20日就从棉兰的勿老湾码头搭乘"光华轮"回国。据说,在勿老湾码头欢送这些华侨青少年的人数达到上千人,这41位华侨青少年与其他回国的华侨一起乘坐"光华轮"到了中国。①

从41位青少年事件可以看出,当时由于棉中越来越多的亚齐华侨难民在那里聚居,对当地棉兰军事当局来说,甚为头疼,他们从心里想把这些亚齐华侨难民赶出棉中,以达到把华侨彻底赶出印尼的目的。其实,制造"41位青少年事件"只是一个开始,而更大的驱赶事件正在逼近这些聚集在棉中、老人院等地方的亚齐华侨难民们。

三 升国旗事件

在中国第二次接侨船走后,滞留在棉中的亚齐华侨难民,与其他收容所的华侨难民一样,除了为自己的生存,经常与"遣侨委"作抗争以获得米粮。他们认为自己是华侨,最终要回到中国。

1967年10月1日,是中华人民共和国成立18周年的纪念日。在此之前,棉中,以及老人院和其他收容所的亚齐华侨难民做出决定:庆祝新中国的国庆,并在当天同时升起中国国旗和印尼国旗。他们认为,虽然当时中印尼两国关系已经交恶,但是外交关系还没有断绝,作为拥有中国国籍的人,在国庆节的时候既升印尼国旗也升五星红旗应该是很正常的事情。

其实,棉兰当局早都注意到了这个动向,这也正好是他们将棉中等地收容所的亚齐华侨难民赶走的绝好机会。他们先唆使棉兰的印尼大学生到棉中进行骚扰,暗中调动军警和卡车,做好了准备镇压和强迁棉中亚齐华侨难民到别处的准备。一位华人回忆了这种征兆:

---

① 这41位华侨青少年乘坐的"光华轮",于11月27日到达广东省湛江口岸。他们上岸后,当地政府组织他们参观了茂名市石化工厂、奋勇华侨农场。接着转乘火车经广西的南宁市、湖南的长沙,在湘潭参观了毛泽东的故居韶山后,乘火车北上。在当时的中国大陆,已经将这41名青少年称为"华侨小英雄"。为了接待这41名华侨小英雄,北京特地组成了以中侨委廖成志主任为首的接待委员会。1966年11月28日,当41名华侨小英雄乘坐的火车到北京站时,受到了早就等候在站台上的中侨委、中侨办的领导和干部职工的夹道欢迎,把他们接到北京华侨饭店。11月29日,北京举行了首都万人集会热烈欢迎华侨小英雄。国务院总理周恩来、副总理陈毅元帅、中侨委廖成志主任等国家领导人出席了万人大会。当日,41名印尼华侨小英雄在人民大会堂受到了周恩来总理、陈毅副总理和廖成志主任等中央领导人的接见,并与他们亲切交谈、合影留念。这41位华侨青少年被接到北京后,还被安排在301医院进行了一次全面的体检,医治好在狱中被打伤的伤痕。待身体康复后,他们又被安排到上海、天津参观。1967年春,余亚周等41名华侨青少年来到福建省华侨农场,开始了他们的新征程。

印尼政府早就有计划要逼迁我们，不让我们住在棉中了，9月份我们就已经跟他们展开了石头战，9月份时棉中要被接管成为师范大学，印尼的大学生就来挑衅，要赶我们走，他们还有组织有计划的准备了很多石块在路边，我们很奇怪那个石块那么大，怎么有力气扔到我们三楼，他们是在石头上绑绳子，旋转着扔上来。为了逼迁我们，开始的时候穿过学校冲过我们宿舍来，我们的人拿棍子擂饭厅的桌子，吓怕大学生，把他们赶走了，他们堆了很多石块在路边，经常骚扰我们，扔的我们头破血流，那时候有十多人受伤，我们还将这个事报告给中国驻棉兰领馆。为此，驻棉兰领事馆负责人就此件事向"遣侨委员会"表示了强烈的抗议，要求他们立即停止这些骚扰。但那些印尼大学生仍不理会，他们的目的是想把我们赶走。当时我们的妇女拿他们扔上来的石头往下丢，没有石块了，就抠下洗手间已破碎的砖块扔向这些骚扰者。[1]

10月1日早晨6点，居住在棉中的亚齐华侨难民在学校饭厅的楼上升起了中国国旗和印尼国旗。可是，刚升上去不久，棉兰当局就派人过来说，要把中国国旗降下来。亚齐华侨难民们认为没有理由降中国国旗，因为国旗早上6点升上去，晚上6点才应该降下来，而棉兰当局派来的人一定要亚齐华侨难民们降下中国国旗。双方为此事争执不休。有的亚齐华侨难民说，要下就一起下两国国旗，我们并没有犯法。有的亚齐华侨难民说，当时中印尼还有邦交，有邦交的国家是允许侨民庆祝节日，这是国际惯例。过去我们也是这样庆祝节日的，侨民是可以庆祝的，也是在我们的范围内。而棉兰当局派来的人则认为，目前中印尼关系比较僵硬，棉中又是棉兰的中心，一旦把中国的国旗升上去，一定会有印尼的大学生来闹事的，到时会发生流血事件，政府不允许这样的事情发生。就这样，亚齐华侨难民们不想降下中国国旗，而棉兰当局方面派来的人则要求立即降下。在双方僵持不下之时，忽然从外面冲进来几辆载有全副武装军人的装甲车，在这些装甲车前面还有一辆装满水的救火车。这辆救火车一开进来便用水龙头对准那些守在悬挂国旗的人群，

---

[1] 2017年4月7日笔者在棉兰与L的访谈。

顿时水龙头喷出巨大的水柱,直扫那些护卫国旗的人群。有关这方面的情况,一位华人回忆道:

> 当时他们用救火车去喷,我们女的排成一排站在前面,不让男的站前面,因为印尼对女士不敢做什么,所以我们一排女的手挽手站在前面,水柱像柱子一样冲过来,距离又近,胸前受不了了,就有人提出转身用后背来挡,但因为水柱力量太大,还是有人受不住倒下了。①

眼看站在前排的亚齐女华侨难民被巨大压力的水柱射得快倒下了,忽然从旁边跑过来一位亚齐华侨难民,他搬来一大块锌片(是亚齐华侨难民平时用来晒木薯片用的),将这块锌片猛地放在前排,想挡住水枪的冲击。正在亚齐华侨难民们与救火车僵持不下时,装甲车的机枪开火了,朝悬挂的中国国旗扫射,只射得中国国旗千疮百孔。即便如此,守护国旗的亚齐华侨难民们还是没有退却。突然,在学校栅栏外有人开始向里面放冷枪,几个亚齐华侨难民应声倒下。L回忆了当时的惨状:

> 因水柱喷射没有成功,他们就开始放枪了,一开始是装甲车射国旗,后来不知从哪里放出子弹打我们。那时候我们真想象不到他们会开枪,开枪打到我前面一个已经摔倒了,脑袋被打碎,脑浆都流出来了,好像他们用的是开花弹。有的被打中肛门,有的被打中手,我还算是大难不死,当时我已经滑倒了,我的脚向上,结果子弹打穿了我脚板。当时血流成河,我们也不知道谁受伤谁中枪。当时男同志们就叫趴下趴下,全部都自动趴下了。
>
> 男同志把我们这些受伤的人沿着地板拖进屋子里,里面有一个医疗室,医疗室里满满都是人,有的可能年纪还小,一直在喊我中枪了,有止血药水、刀枪药水在医疗室,医疗室内混乱成一片。当时已经知道负伤了,但是还不知道死人了,但后来就听到他们讲"已经不行了,脑浆都已经流出来了"。我是被他们拉进医疗室的,我们的那些负责人已经撤退到楼上的,那时候我们要

---

① 2017年4月7日笔者在棉兰与L的访谈。

商量是否要撤退，也还在那里坚持了一段时期，但后来想想，他们已经开枪了，再不撤退可能会造成更大的牺牲，已经没办法了。那时候在宿舍厨房有三四十个男士站在那里，几把枪就对着他们，叫他们不要离开。当时我在医疗室看见，想着如果再次开枪，不知道又要造成怎么样的伤亡。①

子弹冷不防地从学校的栅栏外射来，当场就有人中弹倒下，就连在楼上观看的也被打中。正当这种局面似乎变得无法控制时，在医疗队工作的李金奎主任举着一面红十字会旗，奋不顾身地从大楼里冲出来喊道："stop，已经有很多人受伤了，不可以再开枪了。"军警们看到出来的是一位穿着白大褂的医生，便停止了开枪。

枪声一停，屋里屋外的人们赶紧朝中枪的人群中跑去，只见有的华侨难民中弹浑身是血地躺在地上，有的中弹者似乎已经没有了知觉，人们慌乱着将受伤的人员从地上抬起来，准备将他们送往医院。正在人们乱成一团时，从校外面冲进来几十辆装满荷枪实弹军人的卡车，军人们跳下卡车后，用枪指着聚集在棉中的华侨难民，要求他们立即全部上车，迅速离开棉中。一位访谈者这样叙述当时被逼迁的经过：

> 实际上，棉兰当局早就想让这群聚居在棉中的华侨难民离开这里，而这次升旗事件恰好给军政府提供了绝好的大规模逼迁的行动机会。当时，聚集在棉中的将近1000多人的华侨难民全部被逼上已经准备好的车，军人们用枪逼着他们上车，而且不允许他们带行李，稍有反抗便遭到殴打，当时棉中的5个负责人中有3个被抓去军区司令部了，除了一部分人和其他负责人去交涉，剩下的华侨难民就被他们用四五十辆的卡车载到了烟寮，就在现在的巴烟附近，它离棉兰有2—3公里。在被逼迁过程中，有一位热血青年勇敢地表达了自己的不满，当一个军人用枪指着他的头的时候，他说："我们是合法的居民，我们从亚齐被赶到棉兰，已经有很多同胞被你们用枪打死了，现在你们还要把我们赶到哪里去？我们是人，不是动物，我们有自己的人权，你们有胆量的话就朝我的胸膛射吧！"这位不怕死青年的话，

---

① 2017年4月7日笔者在棉兰与L的访谈。

吓得那位军人后退几步，虽然这些军人的威胁行径有所收敛，但这位青年后来还是被军人赶上了汽车。①

在这次升旗事件中，5个华侨难民被打死，他们是田文粦、老锦华、曾祥伟、李竟华和李莉英，另有受伤者20多人，即重伤3人，轻伤十多人。②

升旗事件发生之后，棉兰军警趁亚齐华侨难民慌乱之际，征调了几十辆汽车，强迫聚集在棉中的1000多名亚齐华侨难民立即统统上车，连他们带衣服行李的要求都予以拒绝，将他们迁往巴烟赫菲蒂亚烟寮，安置在1号、3号和6号烟寮。③ 就这样，亚齐华侨难民们在棉中的日子结束了，而烟寮的生活即将拉开序幕。

第三节　入住老人院和山亭

老人院是接收附近地区华人老者居住的一个福利机构，在亚齐华侨难民来到棉兰时也成为一个安置地，而山亭本来是一个堆放骨灰的小庙，由于其在棉中的附近，棉中没有办法再安排亚齐华侨难民进入，所以这个小庙也成为亚齐华侨难民的憩息之地。

一　相聚老人院

老人院位于棉兰市民礼路，是亚齐华侨难民的第二大集中地。老人院的居住环境相对来说较好些。进入老人院的大门有一片草地，草地中间有一间西式的房子，上面写着"棉兰慈善华侨协会贫民收容所"，这就是老人院的行政办事中心。

---

① 2015年8月2日笔者在美达村与K的访谈。
② 印尼苏北华侨华人历史社会：《印尼苏北华侨华人沧桑岁月》（下册），2015年，第641页；在护旗中受轻伤的有朱丽辉、饶振强、严明任、李转富、李云端、张和仁和龙爱华等人。重伤的有伍爱珍、罗冰心和余丽英。在护旗中去世的五位青少年田文粦、曾祥伟、老锦华、李竟华和李莉英曾合葬在棉兰的福建义山，后因政府搬迁地工程，遵家长之意，迁至棉兰鹅城会馆义山，改建为五个普通坟墓。
③ 2015年8月2日笔者在美达村与ZK的访谈。当时在巴烟赫菲蒂亚烟寮已居住着500多名亚齐华侨难民，分居住在2号烟寮和4号烟寮。

图17 目前仍保留的老人院建筑（郑一省拍摄）

难民居住的房子就在这间房子右侧的一列房子中。当时老人院的规模并不是很大，只有一排平房，也是低低矮矮的东南亚风格的建筑。灰瓦白墙，每个房间连在一起，房间外是一排三米宽的门廊，主要是堆放杂物和给老人休息。房间后面也同样有一个三米宽的门廊，可以用来晾晒衣物，有一种集体宿舍的感觉。房檐低下来，也正好将两边的门廊遮住。整个长走廊共有20多个房间，每个房间一门一床。每个房间被隔成前、中、后三间屋子。每间房间很小，也就十多平方米的样子，房间被分成前后两间，后面主要是用来住人，前面放一些生活物品。而有洗漱池、卫生间和晾衣服的地方则要绕到房子的后面。总共有6间厕所，一个洗手台。厨房和活动室在房间东边的尽头。这就是老人院整体建筑的样子。现在的老人院区范围较广，除了建筑和休闲场所之外，还在空地上种满了果树，主要是种植杧果，等到杧果飘香的时候，也可以为老人们带来丰收的喜悦。然而，回忆起当时在老人院区的生活，美达村华人依然会带着伤感的心情。一位在老人院住过的华人这样说道：

"九·三零"事件发生之后，华人纷纷离开亚齐，有人坐船离开，有人坐汽车离开……当时亚齐的交通真的很差，我们是最后一批离开班达亚齐的华侨，在8月16日下午4点从班达亚齐坐卡车离开，20日早上才到棉兰。当时是军部处理亚齐华侨难民事宜，他们要离开的时候，军部的人还询问是否需要安排人护送。也还算比较有人情味。当时一起走的这一批共有七八个家庭，人数众多，大家一起租了皮卡车。偶尔经过桥，会发现桥上的木板已经被抽掉，如需通过，就得付钱给印尼人，让他们帮忙把桥重新铺好才可以通行。当他们一行人到了离棉兰比较近的地方——冷沙的时候，不知道该何去何从。后来，离开亚齐时雇的印尼军人决定把他们带进军营，他们大概是早上5点到了军营，6、7点的时候，把他们载到了老人院，让他们安置下来。①

刚到达老人院的时候，那里已经有之前逃出来的华人，而且已经在那儿住下了，看到他们之后，心里稍微安定了一些。老人院的很多设施已经完善，已经有公共厨房等配套设施。但是房子已经住满了人，所以后来的华人都被安排住在屋子外的走廊里，没有围墙，就用他们从亚齐出来时带着的用以装行李的箱子围成一圈，大家以家庭为单位住在"箱子围墙"里面。由于担心晚上的治安问题，晚上会安排年轻人守夜，中午，守了一整夜的年轻人感到疲倦了就在箱子上睡觉。一些刚到老人院的亚齐华侨难民，为了改善伙食，有时也做点有趣的事，一位较为调皮的华人这样调侃道：

> 我们在老人院集中的时候，也挺顽皮地带着大家闯荡过。在老人院集中的时候，一般吃的是青菜，有钱人家才会加菜吃肉，那个时候大家都没有钱，所以能吃肉的很少。当时住的地方附近是菜园，人家家里养有狗，老人院里一般有剩饭，狗经常会过来吃。狗来的时候，他们会让它进来，然后会安装一些暗器，想要把狗抓住。第一次实施的时候，以为已经把狗给弄死了，没想到它还能站起来走来走去的，大家都不敢打，我是第一个上前去打狗的，然后周围的人才跟着上前。但是因为狗被打的时候发出了一阵阵的哀号，很多人都知道我们在打狗，所以为了不让别人知道，还用麻包袋把狗的头装好，把它闷死。后来，周围的华人都有传闻说我们的狗现在没回来就是被这些华人给宰了吃的。但是煮熟的时候是凌晨1点钟，一直吃到3点，五六

---

① 2015年7月27日笔者在美达村与XA的访谈。

个人一大盆，全部都吃完了。①

老人院里的华侨难民主要来自班达亚齐（Banda Aceh）和怡里（Ili）。怡里的人数比班达亚齐的人数要多些。怡里是亚齐的一个较小的地方，它在亚齐曾被称为"小延安"②，这些来自怡里的华侨难民抱团意识较强，他们刚到老人院的时候，曾与班达亚齐的华侨难民闹过矛盾。其实，来自不同地方的人聚集在一起的时候，总会有一些磕磕碰碰的事情，不过在遇到外来冲击的时候他们还是较为团结的。据访谈，亚齐华侨难民刚到老人院的时候，附近的印尼人经常到他们门口溜达，他们出现的频率多了，老人院的亚齐华侨难民们就生气了。所以每当印尼人一来，老人院的亚齐华侨难民们就想方设法把他们赶走。不过，老人院的亚齐华侨难民事后也担心印尼人报复，因为平时他们到市场上买菜都要经过印尼人居住的地方，担心会发生意外。幸好印尼人没有为难老人院里的人。不过，这些事情给了亚齐华侨难民一个启示，就是要敢于与当地人抗争。

据访谈，老人院里亚齐华侨难民每天吃的粮食不会中断，大家都在说这些粮食是当地的"爱国华侨"捐助的。其实，无论是老人院还是棉中等其他的难民点，每个月都会得到一张去专门的一个仓库取米的单子。领米的时间，一般是每个月的5日、6日。到了仓库，对方问清楚来者是谁之后就可以把米领走。老人院有1000多人，一个月大概要10吨米。而当时整个棉兰有10000多名华侨难民，一个月需要60—80吨米，这种由"爱国华侨"资助的大米，一直持续了2—3年的时间。有关这种情况，到底是哪个爱国华侨能负担得起这个费用？事实上大家都心照不宣，一致说是爱国华侨捐助的。③

1967年10月1日，老人院区也升起了五星红旗。当时，为了防止军警的过激行为，年轻人都到老人院的门口守着，而老人小孩则留在后院。当红旗升起时，政府也派了许多军警到老人院，曾两次要求华侨难民将五星红旗降下来。第一次警察来时，大家都跑到门口与之对抗。由于遭到华侨难民的拒绝，军队开始开枪扫射，不过不是朝向人群，而是对着当时已

---

① 2015年8月21日笔者在美达村与GZ的访谈。
② 据说怡里的华侨对中华人民共和国成立较为热衷，也有的说其爱国观念较为浓厚。
③ 2015年8月19日笔者在美达村与GZ的访谈。

经升到空中的国旗开枪（当时同时升到空中的有印尼国旗和中国的五星红旗）。据说军警们打了1000多发子弹，有的子弹还射到了老人院的墙壁上。第二次警察们再过来要求降旗的时候，难民同意了，但提出条件，即要求军警把五星红旗归还给亚齐华侨难民，这个要求得到了军警的同意。

其实，当时老人院里知道棉中也在升旗，为了解棉中的具体情况，曾派了一个长得比较黑的亚齐华侨难民从后门偷偷溜出，欲到棉中打探消息。然而，这位亚齐华侨难民刚一出门就被抓起来了，因为在老人院的附近有很多的便衣警察，他们就等着亚齐华侨难民的出现。当时，这位亚齐华侨难民被抓到警察局里并受到了审问：为什么要出来，准备到哪儿去？这位亚齐华侨难民回答说，他是想到棉中看望亲戚才出来的。由于没问出其他信息，警察对他没办法，只好将他放了。当警察第二次来让老人院降旗的时候，棉中已经发生了流血事件，据说，老人院的华侨难民根据"有理、有利、有节"的原则妥善地解决了与印尼警察的冲突，不致发生过激的行为。[①]

二　山亭的生活

山亭，位于当时的棉中附近，也就是现在棉兰巴刹的地方，可惜现在已经全无踪影了。山亭原来是一个堆放死人骨头的小庙，在该庙宇大门正上方悬挂着一块"福建山亭"的牌匾，这表明这个庙宇是福建籍华人安放去世者骨头的地方。

据了解，山亭的面积占地200—300平方米，是一间中式的庙宇。庙宇正面有一个大门，紧靠大门有一间房间，房间内放有几十个一米多高的大瓮，里面装着去世者的骨头。据访谈者说，这个大门33年才能开一次，平时是不能开这个大门的。这个山亭左边还有一个侧门，从这个侧门可以进出。进入侧门后，是一间200平方米左右的大厅，大厅里有两间小房间（冲凉房），还有一间卫生间。在山亭的后面是一个面积为40多平方米的空地，放一些杂物，后来这里成为华侨难民的厨房用地。在1965年"9·30"事件发生的时候，来自亚齐勃拉（Brora）的80多位华侨难民于同年10月被逼迁来到山亭。一位来自勃拉的华人这样说道：

---

① 2015年8月19日笔者在美达村与GZ的访谈。

山亭好像是一个庙，比较古老，它是一个放死人骨头的地方，大门是不能随便开的，据说33年才能开一次。刚来的时候有一个守门的老人，钥匙在他那里，后来这位老人死了这个门也没有开，因为要开也要等到九几年才能开。我们刚来的时候还小，我十五六岁，我偷偷地从门缝看，看见里面有几十个大瓮，里面阴森森的，我有点害怕。

我们一进山亭里面，开始大家都抢好的位置，秩序比较乱，后来我们的亭长谭保林告诉我们，不能这样乱抢位置，要有秩序，所以大家才没有乱。按照谭保林的吩咐，我们各家就整齐地安顿自己的住处。我们从亚齐带来的箱子（里面放了衣服等东西）就作为床，大人在上面睡觉，我们青少年就睡在门口。我们刚开始时非常不习惯，因为有许多小孩叽叽喳喳，睡不好觉。特别是只有一个厕所，要上厕所就要排队。在山亭的日子，我们采取吃大锅饭的形式，即集体生活，每天有专门的人做饭，五六个人洗菜做饭，我们青少年就晚上站岗值班，以保护大家的安全。①

在山亭，主要是来自亚齐勃拉的华侨难民，有80多人。他们是一起乘坐租来的大卡车，带着行李来到棉兰的。到棉兰后，棉兰的基地司令部便把他们安排在这个山亭。与其他收容所相比，勃拉（Brora）的华侨难民人数不多。ZX 就是其中的一位，回忆起当时在山亭里的日子，也是一把辛酸泪，他这样说：

我出生于1939年3月13日，出生地为中亚齐的勃拉，父亲在1934年或1935年从福建龙岩漂洋过海到了勃拉，是跟朋友一起过来的，因为当时国内正值国民党统治时期，福建很是混乱。父亲出生于1905年6月5日，过来印尼的时候已经结婚了，还生了个女儿，即我的姐姐。后来生活稳定之后，把姐姐和母亲都带了过来。刚到这里的时候，先是给别人打工，有钱之后便开了杂货店，父亲的杂货店几乎是那一片区域里规模最大的。父亲善于与荷兰人打交道，关系比较好。当时父亲是勃拉华侨总会的会长，是一个爱国华侨，日本南进的

---

① 2018年8月7日笔者与HC的访谈。

时候，发动了华侨筹款。父亲管辖 30 多户华人，华人都很尊重父亲，有什么事情都找他。日本人看到父亲筹款救助中国，把他划入了华人中的黑名单。大概于 1942 年，日本人把父亲抓去当了劳工，因为工作辛苦，父亲的身体累垮了，还染上了肺病，父亲于 1946 年 3 月 25 日去世。母亲一直患有哮喘，父亲去世之后，母亲独自抚养我们兄妹几人，为了养活我们，还把车给卖掉。父亲去世之后，母亲和大哥由于经验不足，经营生意不善，来到了棉兰打工。我和哥哥都是在勃拉的中华小学上学的，哥哥小学还没毕业就出来帮忙家里了，我小学毕业之后，没有上中学，本来想到棉兰的上中学的，但是由于当时家里条件有限，我便跟着哥哥到苏门答腊岛打工了。

由于父亲去世，母亲常年身体不好，大概在 1949 年的时候，我已经在苏门答腊岛南部的巨港工作了 5 年，那里有我的亲人，我便到了那里打工。后来母亲病重，我便于 1962 年回到亚齐。1960 年的时候，印尼出了一个法令，规定县级以下的地区华人不能开店铺，所以当时家里的店铺出租给了别人。母亲去世之后，我便没有再回到巨港，留在亚齐做小生意，做一些小吃如咸花生来卖。1966 年，印尼爆发"九·三〇事件"，当地政府认为华人参加了中国共产党，要把华人赶走，当时整个气氛特别恐怖，有人打电话来说想回国的话，可以登记，然后到棉兰等接侨船来。我们家里当时受"九·三〇事件"的影响并不是很大，因为我们兄弟 7 个人都已经加入了印尼籍，但是听说可以回国，我们还是希望可以回到祖国。所以，听到可以报名的消息之后，我们便南下棉兰，到了集中营进行回国报名登记。当时是 1966 年，最先到达的集中营是棉中，但是当时的棉中已经住满了亚齐华侨难民，我们便被安排到了棉中对面的福建山亭上。山亭本来是存放骨灰的地方，但是也具有一定的容身空间，我们便在这里安身。后来，南下的人越来越多，山亭也主要是接纳来自勃拉的华人，场所不小，可以容纳 100 多人，接纳了 20 多户人家。大家都想着在那里等待接侨船，接侨船共来了 4 批，每一批接纳 1000 多人回国，当时接侨船是有条件的：先接老人和要回国念书的孩子。在第二批光华轮过来接亚齐华侨难民回国的时候，船上刚好有一个空位，二弟便坐了上去，回到了祖国的怀抱。回国之后，二弟被分配到了福建泉上华侨农场，后来他到了香港，单身一人在码头那里做工。在农场里待了五六年，认识了当地的归侨，与之相识、恋爱、结婚，但是家庭却遭遇不幸。二弟曾当过车队队长，某一天下班回家的时候，妻子正在大院里干活，天下大雨，打雷闪电，妻子不幸被雷击中而去世。当时二弟已经有了两个女儿。后来经过打拼，二弟也在香港取得了不错的成就。

接侨船不再来之后，我便到棉兰市区打工，到棉兰给老板卖花生，最先是在农村里卖，之后到城市卖，打了3年工之后决定自己干。当时我还住在山亭，集中营里的生活很艰难，大家一般铺个席子和蚊帐就坐下来了，因为在外面住的话，在集中营里的人会妒忌，所以大家一般住到集中营里。当时在集中营里，主要是做熟粉来卖，是用手磨的，生产量不多，挣不了钱，不划算，所以后来组织让难民们出去打工，但是打工的人也不多，有的是大市场卖鱼，有的是给别人做皮包生意。

住在山亭的时候，每个月都要给月捐，大约十万印尼盾，每个月都要交。因为我到外面打工，所以寮长有些不情愿，对我有些意见。在山亭的时候，晚上青少年们经常一起学习，当时我是青少年组长。当时我也加入了推销组，经常把成品拿到棉兰市区卖，爱国华侨都比较同情我们，都会买我们的商品。山亭里的华人提倡学习毛主席语录，青少年们积极学习。由于跟山亭组织里的人存在个别矛盾，后来我独自出来炒花生。请了20多个人帮忙剥花生，有两三位助手，成品一般到大商店里代销。有了炒花生的手艺，我后来也开了花生厂，现在生意的大部分交给儿子打理，现在只做代理商。①

据了解，勃拉的华侨难民到山亭居住过了几个月后，大家所带来的钱款已所剩无几了。于是根据总部的计划，亭长谭保林就组织居住在山亭的人自救。这80多人进行了分工，有几个生产小组，如生产面组、辣椒酱组、豆腐花、豆浆组、豆沙饼干组、石灰组产品。专门有十多个人出去推销，每人提着一个四四方方的篮子销售，里面装满了各种产品。主要销售的地方是棉兰本地，有时也跑到先达、实武牙等地销售，赚来的钱交给组织的财政，放在一起，再由山亭管委会分给各家。据说，卖东西主要按定

---

① 2015年7月25日笔者在美达村与ZX的访谈。

价,如果卖的高赚来的钱,除开交给公家的外,多余的可以自己留下来。比如,定价饼干是 4 元,如卖了 6 元,4 元交给公家,多 2 元就是自己赚的。

据访谈,棉中、老人院等收容所相继发生"升旗事件"时,[①] 山亭收容所由于人少,没有大张旗鼓地悬挂国旗,所以在那次事件中没有受到多大影响。

第四节 烟寮里的生存

棉兰地区曾是印尼最负盛名的烟草生产地,如棉兰的日里县从荷兰殖民时期开始就大面积开发烟草种植,因而在棉兰的许多地方建有"烟寮"。美达村华人称的"烟寮",即当地烟农用来熏烟叶和晾烟叶的场所。烟寮每个高 30 多米,长 100 多米,宽 50 米左右,屋顶是阿答叶搭成的,墙壁是用竹皮制成,编成草席的样子,然后围成一堵堵墙,烟寮的墙壁和屋顶都有空隙,并不能真正地挡风和遮雨。烟寮四周是窗户,有 1 人高,人可以直接从窗子进去,烟寮里面和外面的土地一样都是泥路。

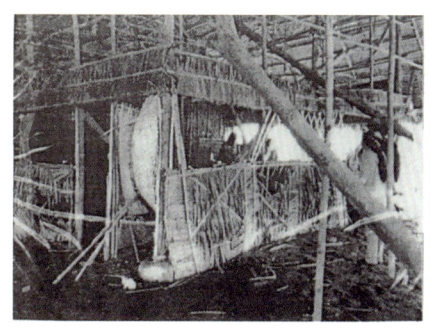

图 18 当年亚齐华侨难民居住的烟寮内外

在棉中搬入烟寮之前,早就有一批亚齐华侨难民入住烟寮。他们是因

[①] 据了解,除了棉中亚齐华侨难民住在地有举行升旗外,其他老人院、巴烟赫菲蒂亚烟寮、民礼路丹南区各亚齐华侨难民住在地同时举行了升旗斗争,一样坚持了很久,最后军警向中印尼国旗行礼,然后降旗并没有发生意外。

为当时棉中和老人院已经住满，才不得已住在这里的。亚齐华侨难民最早住下的烟寮是2号寮和4号寮，2号寮里大部分亚齐华侨难民来自哥打占尼（Kutazane），4号寮的来自司吉利（Sigli）和鹿树坤（Luhksukon）的亚齐华侨难民。居住在棉中的亚齐华侨难民搬来后，他们住在了1号寮、2号寮、3号寮、4号寮、6号寮。1号寮里面居住的都是从棉中迫迁而来的亚齐华侨难民，他们主要来自亚齐的司吉利）、打把端、打京岸、美拉务的亚齐华侨难民。2号寮杂居各地的难民。3号寮后来因太破旧，里面的亚齐华侨难民被迫搬到了5号寮。4号寮除了早先来自司吉利和鹿树坤的亚齐华侨难民外，来自美仑地方的亚齐华侨难民也住在这里。每个烟寮里可以容纳两三百人居住。① 棉中亚齐华侨难民的搬入，就使当地烟寮成为亚齐华侨难民最集中的地区。有关亚齐华侨难民刚到烟寮的情形，K介绍道：

> 把我们拉过去，就看见荒无人烟的烟寮，当时有些妇女就号啕大哭。那里什么都没有，水也没有、厕所也没有。怎么生存。政府不是不知道呀，就是要把我们丢下来，自生自灭。没有办法。哭是哭了，就把青年人组织起来咯。挖井，做公共厕所。然后按人口分配大家居住，安置下来。当地附近的华人，看到我们很凄凉就十分同情。就用三轮车，载了一些水过来。有的买些简单的菜送过来。当时真的很苦，没有米粮呀。怎么办呀，大家手中带着点钱去买一些。用完了没办法。当时棉兰的华侨总会的侨领，虽然都解散了，但还是相互组织起来。他们成立一个组织分配米粮的。因为整个华人，一万多人要解决他们的吃的。这个工作坚持了三年。政府只给我们一次米，大概每个人7盎司，就没有再给了。虽然当时生活很辛苦，大家也没有怨言。②

正如K先生所言，印尼当局以1965年发生的"升旗事件"为由，把居住于棉中、老人院等地方的华侨难民赶至烟寮居住，当时的烟寮是荒无人烟的地方，刚到烟寮的时候，妇女们哭得死去活来。但没过几天，年轻

---

① 印尼苏北华人华侨历史会社编纂：《印尼苏北华侨华人沧桑岁月》，第641页。
② 2015年7月22日笔者在美达村与K访谈。

人就被组织起来，开始打井、建厕所。附近居民，特别是当地的华人非常同情这些亚齐华侨难民，给他们送水、米、菜等过来，因为当地的华人认为现在他们遇到这样的事，以后可能也会发生在他们自己身上，所以他们就团结起来，能帮则帮。亚齐华侨难民们知道自己的状况如何，不能坐以待毙，只能自己组织起来搞生产，开始没有灯，每天晚上都有人守夜，当时的他们都是睡在泥地上的，他们在泥地上铺一些草，铺上草席就这样睡了。因为附近都是草，有时候会有蛇爬过来，有一次，一个妇女半夜听见响声，心想是什么东西在响，可是又看不见，第二天天亮的时候才看到原来是一条蛇，在那儿取暖，吓死人了。① 对于烟寮生活的记忆，GR 先生是这样说的：

> 烟寮是政府烟叶公司晾晒烟叶用的，刚到那里的时候，难民们都在纸箱皮上睡觉，烟寮高十多米，四边是窗子，人可以直接从窗子进去，有 1 人高，屋顶是阿答叶搭成的，墙壁是用竹皮制成，像草席一样，里面都是泥路。在寮棚里面架着很多横竖相架的竹子，一直顶到屋顶，是用来晒制烟叶的。寮棚外面是水泥路。直接挖井取水，在那里可以种菜，种过绿豆，种来卖的，到那里之后没有人组织干活，吃的东西是别人送来的面粉，煮饭是轮着来的，做饼干来挣钱，饼干组长是母亲 CJF，做好饼干之后就拿去卖，当时父亲没有做什么工作，因为父亲腿摔断了。②

面对如此艰苦的环境，亚齐华侨难民们并没有被打倒，反而变得越发坚强，亚齐华侨难民们为了解决生存问题，在简陋的烟寮里根据有序分布的竹子搭成一张张简陋的床，以家为单位住下，并开始在烟寮附近的空地里进行集体生产自救。

一 自治管理机构的建立

为了更好地组织生活，烟寮形成了自上而下的管理组织，这个管理机构由五人小组和寮长组成，该机构也成为后来的"美德互助会"

---

① 2015 年 8 月 2 日笔者在美达村与 K 的访谈。
② 2015 年 7 月 30 日笔者在美达村与 GR 的访谈。

的前身。

当时管理机构总部是五个人：罗进翔、陈松茂、廖晏民、朱丽辉、黄德明。五人组是在工作中形成的，主要任务就是联系各寮，协调各寮事务。

五个总负责人下面设置的负责人则是每个寮的寮长。其中包括棉华中学收容所的难民主要来自亚齐的打京岸、司吉利、班达亚齐、美拉务和美仑，负责人是罗进翔、陈松茂、陈松镇、黄德明、朱丽辉、曾祥强、李瑞临、赖文鑫、曾繁德等；棉兰民礼路山亭收容所的亚齐华侨难民来自勃拉，负责人是谭保林；勿老湾路老人院收容所的亚齐华侨难民主要来自班达亚齐和怡里，班达亚齐的负责人是谢任基，怡里的负责人是罗顺德；丹南呼鲁四十号寮和四十一号寮收容所的亚齐华侨难民都来自冷沙（Langsa），四十一号寮的寮长是李宗庆、四十号寮的寮长为丘桂兴；丹南希利二十四号寮和二十六号寮收容所的亚齐华侨难民主要来自司马委（Lhoksaumawe），二十四号寮的寮长为罗淼晶，二十六号的寮长是张德顺和余金庆；丹南茜利二十五号寮收容所的亚齐华侨难民主要来自冷沙，寮长是邓享德；双涯加浪四十七号寮收容所的难民主要来自司马委，寮长是谢健基，双涯加浪四十九号和五十四号寮收容所的难民主要来自瓜拉新邦（Kualasimpang），四十九号寮的寮长为曾吉平、林水生；双涯加浪五十号寮收容所的亚齐华侨难民主要来自冷沙，寮长是朱清辉。

难民们为了解决生存问题，开始自发组织救助。由各地侨领代表牵头，难民们形成了自上而下的管理组织。当时总领导（五人小组）主要任务就是联系各寮，协调各寮事务。

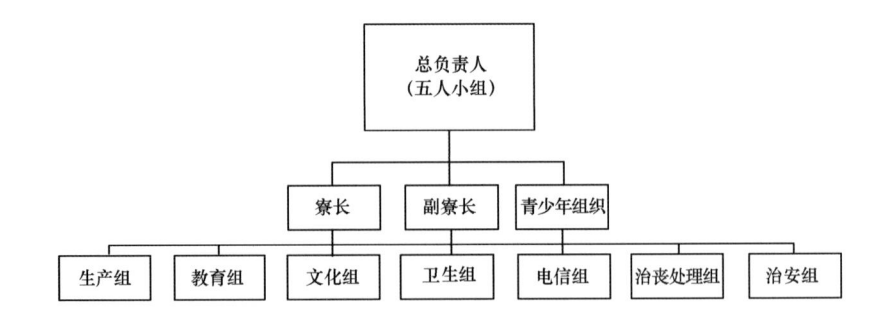

五个总负责人下面设置的负责人则是每个寮的寮长和副寮长。寮长负责管理本寮的事务，同时与寮长并列的有学生组织，积极配合和协调难民们的生产与生活。在负责人和各寮长的带动下，烟寮的亚齐华侨难民们组织成立了生产组、教育组、文化组、卫生组（室）、电信组、丧事处理小组和治安小组。总负责人将各负责人的职责也做了明确的划分。总负责人除了统筹全局以外，主要负责供销组。寮长负责本寮难民的生产、医疗、文化和丧葬。青少年更多的是负责教育和电信还有每晚的守夜工作。职责组织划分明确后，使原本荒凉的野地变成了一个井然有序的社区。

寮长负责管理本寮里事务，积极组织和协调亚齐华侨难民们的生产、生活。在烟寮时期，总负责人与各烟寮负责人的职责也做了明确的划分。总负责人除了统筹全局以外，主要负责供销组。寮长负责本寮难民的生产、医疗、文化和丧葬。在总领导（五人小组）的带领下，生产组就设置了供销部、销售部、粮食部、生产部、炊事部，在治安组设置了纠察部，在卫生组设置了医疗部，在文化组设置了教育部，在电信组设置了电信部，等等。在生产组中，供销部负责配给材料（原料），当难民需要某些材料进行生产活动时，就到供销部领取，领取时需要登记在册，如某人拿了100公斤白糖，多少钱成本等都要一一记录，等到生产部把成品制造出来之后，一般会交到销售部，由销售部安排华侨难民销售，销售完毕即把钱交回来供销组，且交回的金额不得小于成本。粮食部负责粮食的采购和登记。在烟寮时期，"爱国华侨"捐助米粮、寮里采购粮食等都是粮食部负责的。生产部负责外销物品的生产活动。炊事部负责寮里难民的日常生活，由每个家庭轮班负责，煮好饭菜之后就通知住同一个烟寮的华侨难民前来，以家为单位领取当餐的份额。纠察部负责治安工作，特别是晚上的守夜事宜，虽然难民们被赶到了渺无人烟的烟寮，但是周边的印尼人偶有挑衅，需要提防，即使没有人为的骚扰，周围动物的入侵也威胁着难民们的生命安全，所以，纠察部就是治安工作部门。医疗部负责寮里难民们的医疗情况。寮里也有部分女性学习相关的医疗知识，帮忙照顾寮里的病人。在烟寮里，亚齐华侨难民们也觉得教育是刻不容缓的，于是便有了教育部。教育部负责寮里小孩子的教育活动，由寮里较有文化的知识分子或者老师来担任教师，时间一般安排在晚上，因为孩子们白天都忙着销售，晚上才有时间。教材是自己编的，孩子们的学习积极性也很高。为了保护亚齐华侨难民的生命安全，亚齐华侨难民里组织了纠察队和抗暴队，以保证自己的安全。

烟寮里的难民根据自己的特长，自强不息搞生产，组成了各个工作小组：豆腐组、打铁组、饼干组、打金组、面干组、糕点组、木薯组等。而面对印尼当局的百般刁难，棉兰地区的许多华人总在需要的时候伸出友谊之手，为窘迫的亚齐华侨难民送去温暖，而亚齐华侨难民和当地的华人们在最困难的时候团结协作，特别是居住在寮里的亚齐华侨难民们总是同舟共济，共渡难关。

二 集中生产与集体生活

当得知中国政府不再派接侨船的时候，生活在烟寮的亚齐华侨难民开始了集体生活。在这个集体生活中，所有华侨难民集中生产、生产资料和生产所得归公有。当时亚齐华侨难民大多数自觉进入每个生产小组，共享生产资料和技术，生产出虾饼、面干、糕饼、刷子、衣架、黄酒等日用品。除了在烟寮里劳动以外，亚齐华侨难民也可以自己选择其他方式谋生，只需要定期向组织交一些生活费。由于亚齐华侨难民没有创业成本，所以他们只能从最原始的谋生方式开始，就是移动售卖。即将集体生产出的产品拿出去销售，以换取亚齐华侨难民生活中的日常开销。正是这样，大批的亚齐华侨难民，特别是妇女和孩子成为推销员，而男人多数采取外出打工的方式谋生。篮子军和打工仔成了集中时期亚齐华侨难民们最主要的谋生的方式。一位曾在烟寮生活的美达村村民谈道：

> 到寮棚里以后就管得比较松了，不像在学校里有人看着。我们就可以出去了嘛，那时候有很多人请我们做工。有的就给人洗衣服、打扫啦。我家的亲戚就带着我爸爸去修理汽车零件。我爸爸是修理脚车的嘛，所以我亲戚带爸爸去做脚踏车。一个月回来一次，过年在家待三天。有时候家里有些事情，亲戚给回，老板给回，就回两天。我的妈妈和姑姑，拿蛋糕出去卖，难民做的东西卖得很快。所以到现在人家喜欢吃难民的东西。我自己去卖面包，都没有鞋穿。早上拿一个篮嘛，等面包出来了，就赶快去一个寮、两个寮、三个寮、四个寮卖。我小只能在寮里卖。因

为寮里的大人要吃，小孩要吃嘛。①

（一）篮子军

提篮售卖是华人最初到印尼的谋生方式，直到现在仍有许多印尼当地人采用这种方式来谋生。在集中时期，烟寮里生产出的物品主要是依靠这种方式出售的。由于售卖的华侨难民很多，大多数人又集体行动，所以"篮子军"这个称呼在烟寮里就兴盛起来了。

篮子军中年龄不等，有小孩也有老人。他们将做好的成品放在两个竹子编的大篮子中，左右手各挎一个，沿街叫卖。难民们主要把商品卖到棉兰市区。难民卖的东西很多，主要有糕、面干、刷子、衣架和黄酒等。许多华人同情难民的境遇会主动购买。在当时难民们做的东西因为质量好所以在棉兰很出名。

图19　亚齐华侨难民自己制作和销售的刨子、捞子、刷子（郑一省拍摄）

为了讨生计，亚齐华侨难民们每天3、4点起床，6点出门，中午12点左右回家。提着两个大的篮子，篮子军的篮子十分有特色，这些装货品的篮子有的是四四方方用竹片编成的方形篮子，这种方形篮子是篮子军们骑着自行车时挂在后面用的，里面装满了各种货品，特别是骑自行车带着这种四方形的篮子走在坑坑洼洼或满是泥的路上时显得十分吃力。

一种是用竹子或麻绳编成的圆形的篮子。篮子很大，为了装更多的货物，篮筐内制作的很深，从远处看像一个大背篓或圆形的小水缸。竹篮的提手也制作的十分粗，空空的篮子提起来就有约2公斤。可想而知，难民们背满了货物沿街叫卖该有多辛苦。

---

① 2015年7月30日笔者在美达村与LIMEILAN的访谈。

图 20　目前棉兰市巴刹还在销售"篮子军"
曾使用的这种方形篮子（郑福兴摄）

图 21　"篮子军"使用过的篮子（郑一省摄）

沿街叫卖看似简单但其实并不是十分顺利，美达村的华人难民绝大部分是客家人，讲的都是客家话，印尼语也并不是十分流利。可是棉兰的华人更多是闽南人，在棉兰的华人社会中流行的是闽南话。为了尽快推销自己的产品，美达村的华人亚齐华侨难民也尝试用闽南话叫卖，由于发音不准也闹了很多笑话。

为了赚更多的钱，篮子军的销售范围越来越大，从最初的棉兰市扩大到附近的几座城市，据我们采访的 CM 介绍道：

在集体生产时我打过面，做刷子、衣架，后来退出做销售员。提着两个圆形的大篮子，到过 22 公里的民礼、75 公里的丁宜、125 公里的仙达、马达山，200 公里的实武崖。当时交通不便利，坐车要很久，晚上回不来为了省钱就住在庙里……①

除了销售范围扩大，美达村华人为了赚更多钱选择卖酒。在印尼的法律里这是不允许的，但是受生活所迫，美达村华人敢于和他们据理力争，维护自己的权益，这种英勇的行为，也一直传为佳话。一位美达村村民这样回忆道：

在老人院的时候卖过白酒，当时很好赚，因为这个地方是不可以卖酒的，除非有准字。但华人平时需要酒。而且老人院到外地交通不便，不像棉中，早上起来做了糕点再拿出去卖多来得及，离市场比较远，时间上来不及，到达市场人家都到吃午餐的时间了。所以当时老人院区的小生产就是做刷子、面干、扫帚等，比较耐放的。生产之后，就会有人用篮子把这些商品拿到外面卖，一般是妇女去卖，不仅到棉兰地区卖，还跑到很远的地方卖。走得越远市场越好，这些"妇女军"不畏艰险，四处开发市场。卖酒的时候曾经被警察抓过，警察说在印尼是不可以卖酒的，除非有准字。还欲帮助难民搞准字，并且把没收的酒都还给他们。也许这个也是可行的，但是大家没有采纳，之后还是接着卖。②

烟寮里生产的产品各种各样，也有做酒的。印尼政府不允许的，是犯法的。可是生存嘛，没有办法。我们的妇女很勇敢，就在街上，拿个篮子上去卖。他们看到有酒就给你买。有的调皮的警察就捉弄你，就抓你。看你卖酒，就把你带到警察局里去。我们当时在棉兰，有很多推销员的，卖七卖八的，拿着篮子。看到我们的人被抓去了，就回来报告。我们成群的人，就坐几十辆公车。到了警察局，就像孙悟空大闹天宫一样，打着他们的桌子说：岂有此理！我们都饿死了，

---

① 2015 年 8 月 20 日笔者在亚齐与 CM 的访谈。
② 2015 年 8 月 25 日笔者在美达村与 GZ 的访谈。

你们还不让我们做这些。你们拿米粮来,我们就不做。我们要吃饭咯,怎样你们要限制我们。好过我们去抢。你们想要我们怎样,总好过我们去抢吧。我们就向遣侨委员会抗议,你的警察部门抓我们的人在那边,希望你们把他们放出来,不然我们就闹事了。他的上司就打电话把他们放出来,上司看到很多难民后,就批评他的下属,说你的眼睛是瞎的。知道这些是什么人你们还把他们抓回来给我增添麻烦,以后路上遇到这群人啊,你就闭一个眼睛、睁一个眼睛不睬他们就好啦。你知道他们嘛,他们不是不怕死呀,他们是不知道怎样去死!你们还把他抓来给我增添麻烦,快放人。警察很怕我们,不敢到烟寮里面,怕被打的。①

如今生活在美达村的 73 岁的 ZLY 依旧以卖货为生。她现在依旧是"篮子军"。据她介绍,她们一共有 7 个姐妹,4 个人住在美达村,到现在为止姐妹四人都没有结婚,仍住在一起。自己排第五,是 1943 年出生。大姐 ZYY 出生于 1940 年。ZYM 出生于 1959 年,排行老七,还有一个叫 CY。父亲 ZDC,1905 年出生,大约 17 岁的时候从广东惠州过来。父亲刚到怡里(Ili)是做椰油和养猪,母亲 WYQ 也是从中国来的,与父亲一起过来的。"9·30"事件之后到了棉兰的老人院,在老人院实行的是合作社,姐姐 ZCY 的工作就是提着篮子到棉兰去卖,篮子里面装有豆干、豆浆、扫把、刷子、饼干等东西,刚开始的时候挺好卖的,卖给外面的人,他们会同情这些亚齐华侨难民,每天都会有人光顾,但是偶尔也会有剩的时候。一袋饼干会规定价格,但是如果她们以高一点的价格卖出去,她们就可以得到额外的收入。以前就是拿着商品到别人的家里去卖。以前最远的地方到过先达(Pertama),要在那边过夜才行,跟朋友一起过去,现在也那么早起。当时卖的东西一般是比较耐放的,如鸡蛋糕。做鸡蛋糕的手艺是自己学的,是在集中的时候学的。没有在巴刹占有摊位,因为当时主要就是走着去卖东西,二姐也是跟朋友一起去卖,姐妹之间是分开的。姐姐后来腿脚不方便了,她就自己出去卖。

ZLY 姐妹现在有固定的顾客,也会骑自行车去卖。现在主要也是卖糕和虾片,生意比较困难。每天 3、4 点起床,6 点出门,中午 12 点左右回

---

① 2015 年 8 月 27 日笔者在美达村与 YZK 的访谈。

家。每次骑自行车出门到棉兰市去卖虾饼和鸡蛋糕。由于干了几十年，积攒了许多的固定客户，也就不用沿街叫卖了。更多的是到顾客的摊位上或者家里。有想购买的客户只要见她一出现就主动上前买东西。

据了解，即使在这么苦难的情况下，ZLY 和她的姐妹们都曾经资助过一座小学，并领养了一个孩子。当我们询问资助的细节的时候，ZLY 并没有透露太多，她只是习惯性地说句"这个也没什么好说的"。①

（二）打工仔

除了"篮子军"沿街叫卖外，打工也是美达村华人最初生计方式的一种。烟寮里有一些手艺或者人脉但是缺乏资本的中青年，他们只能选择去城市里寻找工作机会，有的甚至到很远的地方谋生。打工的方式也有两种，一种是帮自家亲戚的忙，给家人打工；一种是靠自己闯荡。但是无论从事哪种，美达村的华人更多的是在亲戚和朋友的帮助下找到了谋生的工作。

就像我们采访的美达村的华人 DEN 先生，最早也是帮着自家亲戚的打工仔，他这样与我们说道：

> 1968 年，我的堂哥从亚齐到棉兰，带我一个人回亚齐。我哥哥跟人是做修理摩托车的，我就跟我堂哥一起做了。那是 12 岁的时候。后来做到 72 年，他就开始做椰油了。就把店给了我。那时候的店小小个，有 24 平方米左右。4 米×6 米。干到 1973 年，我有存一点钱，我的堂哥公司就买一辆载货车，就做亚齐棉兰载货运输。1973 年我就有一辆车，那时候有车就很厉害了，那时候我才 16 岁。面包厂也是在 1972 年我哥哥开的，但是晚上我要帮他忙。早上开店修理摩托车，晚上帮他看厂。②

如果没有亲戚投靠的美达村华人，只能依靠朋友到棉兰市区打工，我们在采访 HM 的时候他这样说道：

> 我是 1966 年开始给别人打工。我就在肥皂厂做肥皂。后来做

---

① 2015 年 7 月 24 日笔者在美达村与 ZLY 的访谈。
② 2015 年 7 月 28 日笔者在美达村与 DEN 的访谈。

了半年就不做了,就搬到了美达村。在肥皂厂打工就在亚齐。我也是没有什么技术,我就是帮忙而已。那时候感觉自己没做过这么累的工,很委屈的。手指都烂了,很痛。打工半年后就搬到这里。也是有个亲戚,是一个老师,我就去烧炭的厂子帮忙。做工就是印尼人,管理就是华人。我负责的主要是看木材合格还是不合格,结果就做了半年。老板没有赚钱,他要走私的,他不能走了,海关不能过,厂子就关闭了。我后来有一个朋友,也是同乡的朋友,就开始涉及汽车零件。差不多1968年的时候。那时候店是他们的,他们在那里做工,什么都要做。我负责采购,闲空就帮帮忙,扫个地或者开厂门都可以。工人回去了以后我再关门。我在工厂里名义上是采购,其实是什么都做。每天搭脚车要骑16公里去上班。那个时候就能贴补家用了,老板对我很好。过年过节店里也会给,他另外给。好像我第三个孩子出世,手术费是他出的。所以我做了14年,一直寄货、点货、上货。①

除了在棉兰附近打工以外,美达村华人也去过更远的地方。居住在美达一路的ZW在朋友的帮助下也经历过一段曲折的打工经历:

1966年开始住老人院,1970年到了美达。爷爷、奶奶还有叔叔被第四批接侨船接到中国,后来听说接侨船不来了就去棉兰打工。分了房子以后自谋生计,自己就跑去雅加达给华人老板做工,做三合板。当时有上千名工人,四个工厂。后来就到各处去买树。去过中爪哇岛的三宝垄附近,去找一种叫椰地树的木材。2个月去一次,大概做了两年。后来就找木材自己做。一共有三个华人一起合作,一个是当地华人,一个是先达华人。一共干了四五年。当时是70年代,1立方米就可以卖到400千盾,自己可以赚到200千盾。后来苏哈托时代下令不让砍树桐,就不干了。后来在1978年前后,8个人开了一家小赌场,干了四五年,买了5辆大车搞运输,运甘蔗、西瓜在雅加达。当时一车能运1吨多甘蔗,一天运十次左右。②

---

① 2015年8月20日笔者在美达村与HM的访谈。
② 2015年8月1日笔者在美达村与ZW的访谈。

CZW的打工经历其实有一定的历史背景，印尼的木材加工工业是70年代兴起的。1967年苏哈托执政后，为发展经济，改变了苏加诺时代为保护民族资源而严禁大片砍伐森林的政策，鼓励民族资本开发森林，砍伐原木出口。当时一些华人企业家乘机实行产业转移，申请到不少的森林开发权，组织人力财力，大量砍伐原木出口日本、中国台湾、韩国以及欧洲一些国家，形成木材业一枝独秀的局面。70年代末政府制定新的法令，规定禁止原木出口，并规定执有森林开发权的企业，必须建设以胶合板工业为主的综合性木材加工工业。从80年代初开始，印尼的胶合板厂如雨后春笋，在短短几年内就建成了一百几十家，进而控制了世界的胶合板市场。印尼的胶合板厂及其他的木材加工业大部分是印尼华人经营的。和ZW一样，JH也有过在木材厂打工的经历，他这样与我们解释道：

> 一直到1988年，那时候我手里有6辆车，后来就做木材，买木材出口。跟一个印尼的朋友合作。出口是我跟我老板先做的，等我出来的时候，我的老板也让我做，最初做木材是我想出来的，差不多半年以后我就单干了，后来老板就让我做，我们的木材是出口荷兰的。这个生意是来自新加坡的朋友。这个朋友也是朋友介绍的。当时的木材是亚齐的红木，木质高，在亚齐很出名的，我出口的时候一立方米卖450美元，做成一块一块的板。看你出多少了，有一千的、有两百的、也有一百的，我直接从亚齐出口，我从人家做木板的工厂买，再打包再运出去，出口。赚多少不能算了的，做到1990年政府就不出口了，它要求加工了，没有加工不可以。要加工，不然不能出口，政府让我开一家加工的工厂。我们在德国的买家也支持我在亚齐开工厂，德国很大的做门的工厂，世界前五名吧。政府也答应接管，后来政府的银行要给我贷款，那时候的钱大概要125亿货币建这个工厂。德国的买家支持建工厂，但没有出资，他的意思是你可以做，你的货没问题，做的怎样他们会教我做。现在这个工厂还有在但是没有做，失败，我的本钱全部都赔在这里。①

---

① 2015年8月2日笔者在美达村与JH的访谈。

由此可见，打工的经历并不是一帆风顺的，除了辛苦以外，也承担着很大的风险。另外70年代初的美达村华人难民还没有国民的身份，也没有任何的证件。所以外出打工更多的是依靠华人老板的包庇。有的是老板帮忙做一些假证件，有的则是在警察的检查中能躲开就躲开。

除了华人擅长的小商业以外，难民也在烟寮旁边的空地上养鸡、种菜，来解决食物不足的问题。以下几位美达村村民谈到他们所从事的生计活动。

> 我当时在寮里种菜的，他们做薯粉，男的拿去卖。还有人酿酒，还有红酒白酒，还卖薯粉。那时寮里有人种菜，有芥菜、油菜。那个地是印尼政府的，很大。①

> 我们住烟寮这一块地很大，他们就用来种烟咯，等我们去的时候就种蔬菜，种果子树。结果他们就不乐意了。我们就说好啦，你们不乐意也行，我们是被你们赶到这里的，你们给我们生计咯，给我们吃的咯。你们不管我们，我们自力更生也不行么？因为我们种木瓜，他们的地也不会肥了，要放5年后才能种的，日里的烟是最好的，他们用来种雪茄的烟叶。他们采一次烟要等五年，我们种了他们的地，这个地自然就不肥了。我们就跟他们讲道理呀，你们不管我们，我们自立更生呀，而且建国五原则都有写呀，就这样跟他们讲。可能我们这里有人跟他们的头目有一些来往，后来就相安无事了，不要太过分就好了。我们自己的地就自己种菜咯，不行就跟他们斗争了。②

在集体生产的同时，难民的生活也越来越井然有序。首先大家对烟寮进行了修复。每个家庭划分一块空地，用从亚齐带的箱子铺在地上，用竹席将每家每户分隔开。由于烟寮很高，人口多的人家就像学生宿舍的上下铺一样，往高搭建。除了睡觉以外，还可以留出少部分的空地放生活用品。同时还在烟寮的外面架起两口大锅，每家每户轮流给大伙做饭。饭做好后，就敲铁钟通知大家来打饭。同时还在烟寮的后院修建厕所、冲凉房

---

① 2015年9月1日笔者在美达村与ZJ先生的访谈。
② 2015年8月23日笔者在美达村与QF的访谈。

和水井。一位村民这样说道:

> 升旗事件的第二天,他们就开车把我们拉到了寮棚。寮棚什么都没有更惨。就没有空地打地铺的,全部泥地,都是一粒一粒的石头。是晒烟叶的地方。我们就把布呀,衣服呀放在那边睡咯。蛇呀,很大条蛇呀,从身上过。那边是草地的呀,没有东西的。自己的东西就围着了。你的箱子就围着一家,大家就在里面睡咯。我们带的东西像干饼、面包不可以吃到完嘛,就留着。后来睡了几个晚上。他就分配了。一个寮棚大概有20家,大概那里有六个寮棚。我是住第三个寮棚。它不是分一二三四五六号寮嘛。刚来的时候我们就先一家人一家人地住进去,但是到了后来就给分了。我们就抽签。一个人给小小的。如果你人多分的就比较大,它里面的寮棚可以盖房子咯。看你亲戚给你什么。有的人盖得很好,有的人很随便啦。到寮棚里以后就管的比较松了,不像在学校里有人看着。①

生活问题基本解决后,难民们也在烟寮建立了补习班、卫生队和文艺队、通信小组等组织。由于当时的印尼政府关闭了华文学校,所以许多华人孩子没有书读,特别是烟寮里的难民孩子也没有钱去当地学校读书,许多高中毕业的或是曾经是老师的就临时担任烟寮的补习老师,为孩子们教授中文。同学们就在烟寮外搭桌子补习。十几个孩子挤在一张大桌子上。直到现在美达村30岁以上的村民依旧可以讲一口流利的中文,他们认为自己中文能达到这样的水平跟在烟寮时补习是分不开的。

医疗看病也是烟寮中难民生活面临的大问题,由于当时烟寮居住环境恶劣,很多难民经常生病,当时大家都很苦,没有钱去医院治疗,刚到烟寮时只有棉中的校医李金奎医生。正当亚齐华侨难民一筹莫展时,出现了一位被亚齐华侨难民称为"救命恩人白求恩"的大夫杨招国医生,为亚齐华侨难民治病很长一段时期。杨招国医生是棉兰市有名的老西医,为人和蔼可亲,风趣幽默。在当时"白色恐怖"阴影笼罩下,冒着生命危险,不怕坐牢,克服困难,风雨不阻,到十多个烟寮收容所巡回医疗,诊病送药,体现了救死扶伤的大无畏精神,

---

① 2015年8月23日笔者在美达村与QF的访谈。

他不仅免费替难民看病，还带了一个护士前来照顾亚齐华侨难民。①这位被称为"救命恩人白求恩"的杨招国，每周都来到烟寮给难民们义务看病，一位村民感激地说起：

> 在讲我们当时在烟寮集中的时候，来了一个医生叫杨招国。我们叫他救命恩人白求恩，亚齐华侨难民里面的白求恩。我们集中了没有钱，亚齐华侨难民里面一万多人一定有生病的。怎么到外面去医病去，他就请外面的爱国侨胞捐献了一批药。这样他们就到我们烟寮来看病，不收费的。周一到周五都不休息，一个地点一个礼拜一次。五个地方就一遍了。②

图 22 亚齐华侨难民在烟寮中的合影

后排站立者左起：刘集炳、李宗庆、谢伟强、叶志宽、苏明新、朱丽辉、郭华新（故）、郑秀梅。前排左起：张和仁（故），郭冬玲（故），何慧燕，余丽英，郭红。

烟寮里自己建了一个医疗室，有一些治疗简单病症的药。药品更多的也是来自这位杨招国医生。烟寮的华人为此组建了医疗队，有七八人，他们协助杨招国大夫的工作，晚上一到两个人轮流守夜，还定期做好饭给住

---

① 2015 年 8 月 2 日笔者在美达村与 ZK 的访谈。
② 2015 年 9 月 2 日笔者在美达村与 ZK 的访谈。

在医院里的伤员送饭。但是没过多久，当时的印尼政府不允许杨招国继续在这里行医，并吊销了他的医师资格。

图 23　1970 年 11 月 14 日美达村居民欢送杨招国（中间一位男士）离开时的合影

亚齐华侨难民们也有自己的娱乐生活，许多爱好乐器的华人难民组织起来成立了难民乐队，平时练习演奏，到国庆节和儿童节的时候来表演节目。XWF 就是其中的参与者之一，他说起这方面的情况：

> 住在烟寮里的时候，六一、国庆的时候都会有庆祝活动，在烟寮的空地上庆祝。在烟寮的时候就组织乐队了。在亚齐的时候都没有接触过国乐，到棉兰上课的时候才发现有乐队，我本来对国乐就充满了兴趣，14 岁左右开始学习拉二胡。1967 年开始筹备组建乐队，乐队里有十几个人，到了烟寮之后成员逐渐增多。到了棉兰之后，乐队仍然存在，但是成员们很多都忙于自己的事情慢慢地退出了乐队。美达村里现在只剩下他一个人仍活跃在乐队里。乐队没有名字，现在因为主要在江夏表演，所以现在叫江夏乐队。①

---

① 2015 年 9 月 17 日笔者在美达村与 XWF 先生的访谈。

为了保护难民的安全，烟寮里还组织了抗暴队，负责维护烟寮华侨难民的安全，晚上专门派人巡逻，有紧急情况便通知大家。

1974 年，海燕乒乓队成立，有男女队。刚成立的时候有 21 个人，海燕乒乓队也是刘德亮、朱丽辉等人搞起来的。当时刘德亮是队长，他是领队，伍爱珍也是队长，曾经参加过比赛，最好的成绩是由女队获得的，邱春英就是其中的杰出代表，与刘德亮的妻子李竟娣搭档，夺得了很多奖项。现在乒乓队还存在，但是很多成员已经老去，也有很多人搬到其他地方居住了，没有专职的教练，也没有固定的球员。

图 24 亚齐华侨难民在烟寮屋前的合影

左起：郭红，张和仁（已故），朱丽辉，郑秀梅，郭冬玲（已故），赖凤玲，何慧燕。

集体生活虽然辛苦，当问起集体生活是否愉快时，美达村华人的回答一致都是很愉快啦。因为大家生活在一起，工作在一起，特别是当时还是小孩子的亚齐华侨难民。

早上拿一个篮，嘛拿面包就赶快去一个寮、两个寮、三个寮、四个寮卖。寮里的大人要吃。小孩要吃嘛。我卖了两年，就有零花钱了嘛，就搭脚车去买喜欢的衣服东西啦。我的那个脚车就有很大梁嘛。我们就去看戏，偷偷去看戏。以前在寮里呀，快过年的时候，年三十呀。过年的新衣服有亲戚给。我为什么会做衣服？是因为我没有钱，就买一点布自己缝，我那时候和我姐姐在寮里很出名的啦。因为我们很会唱歌呀。十月一日或者六一儿童节我们两姐妹就组织节目嘛，我们很会唱歌嘛。唱"敬爱的毛主席"，那时候我最喜欢唱这个歌，还绑着一条红色的领带呀，虽然没有钢琴，有手风琴。那时候手风琴很流行的。①

在烟寮里的时候，还跟小伙伴挖了一个井，蓄了水之后就在里面游泳，还跟小伙伴们去捉过田鸡，还捡过田螺，有很多很有趣的事情。②

生活在各烟寮的亚齐华侨难民，既有许多意想不到的劫难或磨难，但也有苦中之乐，就这样，他们在烟寮里生活了4年。

图 25　亚齐华侨难民在烟寮前的合影

自1965年"9·30"事件后，中国与印尼的邦交开始冻结。在中国政府派船四次接亚齐华侨难民后，接侨船不再来了。到了1970年，印尼

---

① 2015年9月3日笔者在美达村与ML的访谈。
② 2015年8月23日笔者在美达村与XW的访谈。

棉兰政府下令不可以再有难民这个名称，难民营都要解散，但允许难民继续在苏北棉兰地区生活，只是居住的地方需要自己寻找，政府可以协助搬迁。当时，滞留在各烟寮的6000多名亚齐华侨难民开始纷纷寻找居住的地方。据调查，结合美达村福利部提供的信息和访谈资料，难民们找到的落脚处主要有以下几个。

1. 棉兰郊区丹绒巫利亚村，即现在的美达村。1970年爱国华侨商人陈丰盛先生义务捐赠十多公顷土地，居民是由原居住在棉中、巴烟赫菲蒂亚2号寮、4号寮、老人院、山亭的亚齐华侨难民共400多户2000多人落户在此，是最大的安居点。

2. 民礼路8公里的路颂牙。这个安置点落户了100多人，主要是原来居住在双涯加浪49号寮的亚齐华侨难民，他们居住的土地是自行购买的。相对而言，这里的生活条件比较艰苦，华人大多外出打工。当时的负责人是曾吉平及林水生。

3. 民礼12公里处的布禾他蒂村。这里大约落户1300人，主要集中的是来自原来丹南呼鲁40号、41号及25号寮的亚齐华侨难民。他们居住在这里的土地先租后买，面积大约为6公顷。后发展出手工汽水、薯粉厂及其他的行业，相当多人到雅加达、中国台湾、澳洲、日本等地工作，迁离人数较多，现在大约有800人。当时此地的负责人是40号寮长丘桂兴、41号寮长李宗庆、25号寮长邓亨德。

4. 民礼路13.5公里的明当得朗（星光）村。这里落户1000多人，主要是原来居住在丹南希利24号、26号寮和部分双涯加浪47号寮的亚齐华侨难民，这里的土地是华人自行购买的，面积大约为5公顷，现有部分手工业工厂，许多人也已迁离或者外出打工。当时此地的负责人是47号烟寮的谢健基、罗淼晶、余金庆、张德顺和古贵基。

5. 民礼路40公里的和平村。这里落户120多户800多人，主要是来自双涯加浪50号烟寮的难民，这里的土地也已经买下，面积约为8公顷，村里多以养猪、进行手工生产或者外出谋生为主，整体生活环境还不错。当时此地的负责人是朱清辉、洪民平。

6. 棉兰郊区吧烟附近的双湿亚古村。这里大约落户45户，大约250人，土地也已经买下，多经营手工业和出外打工，经济条件也可以。当时此地的负责人是罗顺泉及杨思隆。

第 四 章

美达村的建立

20世纪70年代初,由于国际上对印尼政府对待国内亚齐华侨难民做法的一些批评,以及亚齐华侨难民的不懈抗争,印尼国内排华反华的浪潮有所降温,当时棉兰政府允许居住在烟寮的亚齐华侨难民自行寻找居住之地。一位马达山的"爱国华侨"陈丰盛本着照顾同胞的大爱精神,决定把自己在棉兰的一块15公顷的土地借给一群亚齐华侨难民居住。于是,美达村在这些既勤劳又有头脑的亚齐华侨难民的努力与奋斗下,终于得以建立起来。

第一节 建设自己的家园

美达村主要居住的是来自棉中、老人院的绝大部分人,以及其他烟寮的亚齐华侨难民。美达村的建设路途是充满着艰辛而曲折的。在"爱国华侨"的陈丰盛先生的支持下,来自亚齐的亚齐华侨难民终于有了安身之地,而当时美达村所处的环境又使这些亚齐华侨难民为建设自己的家园付出了很大的心血。

一 陈丰盛与亚齐华侨难民

陈丰盛,马达山的商人,同时也是马达山甲必丹的后代,他不仅在马达山拥有很多土地,在棉兰也置地不少。在亚齐华侨难民被当局赶离烟寮的时候,陈丰盛曾经跟华侨难民的负责人讲过,这块地他是有意给难民居住的,只是现在中印尼两国关系不好,不能做证证明你们这些难侨都是中国籍的居民,所以做了一个可以长期使用该土地的证明,条件有三个:第一是居民不可以在这里养猪,第二是居民不可以在这里赌博、开赌馆,第三是居民不可以在这里开妓院。等到中印尼邦交恢复之后,就把整个地契根据现在居民的情况整理好,交给各户人家。当时难民负责人还担心这块地会不会是一块纠纷地,为了解决这个问题,陈丰盛把地契给难民复印了一份,让他们把这个复印件拿到"遣侨委员会"(专门处理亚齐难民的委员会,下设警察、检察官、法院)审查,得到的答复证实这块地是陈丰盛的,可以给亚齐华侨难民使用。就这样,5位负责人便与陈丰盛签订了使用该土地的协议。①

图26 当年陈丰盛借给亚齐难民的那块15公顷的生存之地

于是,亚齐华侨难民到达了建设美达村的地方,得到了建设美达村的土地使用权。一位陈丰盛的后人CTS回忆此事情说道:

> 陈丰盛是我父亲的大哥,也就是我的伯父。我父亲很早就去世了,所以我就跟他住,他就像我的父亲一样,对我特别照顾。我伯父陈丰盛是一个很真诚的人,但是他太固执了,固执到什么程度呢,当时他住的房子很大,我小时候是跟他住在一起的。当时,可能是一九七几年的时候,有一次打官司,当时一个很有名的律师就跟他说,到时候给一点钱法官就可以胜诉了,但是他死活不同意,他说不要了就不要了。我们小的时候跟他在一起每天都要做工的,就是要跟着他拿着汽油,帮他的货车加油,自己买汽油自己加油。他虽然很固执但是也很勤劳,本来也很吝啬,但是不是那种地主的吝啬,就是很勤俭。
> 美达村的这块土地是陈丰盛在1920年代从当地的苏丹那里买下的。本来他当时买的土地差不多有100多公顷,土地范围包括现在的

---

① 2015年8月2日笔者在美达村与K的访谈。

美达村。1970年6月,政府想找一块地安置这批难侨。省政府和军区找到我伯父,希望我伯父可以把土地贡献出来安置难侨。于是,某一天,伯父带着我和陈松茂等其他几位老人一起来到今天的美达村查看土地。当时我们是坐车过来的,但是当时的地,汽车根本进不去,全部就是稻田,我们就停下走路到这里。看完土地之后,伯父便答应把该土地给难侨居住。①

据我们的访谈,当时美达村这块土地是陈丰盛先生20世纪20年代从GE-LI苏丹那里买来的。印尼独立后,政府对个人拥有土地有明文规定,特别是华侨是不可以拥有很多土地,个人不能拥有很多土地证。当时怕政府清算,所以陈丰盛先生买了这块土地之后只能搁置起来。由于这块没有开发的土地逐渐荒芜,居住于附近的马达人便在这块荒芜土地上种植稻米和薯类等作物。正像陈丰盛的后人所说的那样,陈丰盛当时曾将土地交由其手下的马达人管理,从而衍生出后来使美达村居民饱受折磨的"土地问题"。

二 建设家园的艰辛

在"爱国华侨"陈丰盛的帮助下,美达村的华人终于有了自己安身之地,但是这里的情况并不比烟寮好到哪里去。美达村的这片土地其实是一片多年荒置的沼泽地,初来之时这里全部都是黏土和水坑。没有硬化的道路,长满着高高矮矮的灌木丛,到处都是白蚁毒蛇的巢穴,没有可以落脚的地方,土地坑坑洼洼,到处是泥淖。想要在这建造房屋,首要的任务就是先把土地弄平整。

为了尽早能有新房屋,Helvetia烟寮收容所、老人院收容所和山亭收容所等收容所的居民每天都会派出一批人到建美达村的地方,大家分工合作,铲草、砍树、烧水、填土和做饭。原来工地南端与邻区交界处有一条大沟,由于没有堤岸,沟水可以毫无阻拦地直接流进来,推土机先把高处的泥土推向大沟旁边,筑成一道1米高、2米宽和几百米长的大堤,保证水不再流入。② 然后开始弄平土地,把土地整平之后对土地进行测量,以

---

① 2015年9月8日笔者对CTS的访谈。
② 印尼苏北华侨华人历史社:《印尼苏北华侨华人沧桑岁月》(上册),2015年版,第102页。

图 27　美达村建立时的周边路况

确定沟渠、道路和房屋的位置，除了难民们倾力相助之外，他们还相应地雇了一些熟练的工人，做挖沟、铺路和建造房屋的工作。JK 先生回忆道：

> 搬到美达村之前，老人院有 7 个人一起过来帮忙做房子，每个人有 1000 印尼盾的收入。当时美达村的房子都是他们和其他的工人一起建起来的。①

建设家园，得到了棉兰及其周边许多"爱心华侨"的资助，他们捐赠了建房的材料，五名负责人对土地做了细致的规划。由于当时经济条件有限，而且时间紧迫，建筑材料只能选用较为廉价的圆木、竹席和阿答叶：圆木用以固定房屋结构，竹席用以围成围墙，阿答叶铺成屋顶。由于房屋建造简单，不需多久，一百五十幢房屋全部竣工。最初的房屋是鸳鸯式的一幢两户（两家只用一道竹篾席隔开），接着道路、沟渠也相应完成。②

美达村早期的建设者们运用智慧，将土地分为东西走向六条街道，分

---

① 2015 年 8 月 26 日笔者在美达村与 JK 的访谈。
② 印尼苏北华侨华人历史社：《印尼苏北华侨华人沧桑岁月》（上册），2015 年版，第 103 页。

别标为一至六路。在土地的中间开一条南北走向的宽 5 米左右的路，成为中路。道路两旁面向公路分别建有不同面积大小的房屋。早期屋的大概设计为：以道路为界，两条道路之间是两列房子，这两列房子相对而立，因为房子的门口都朝向道路一端，所以美达村的房子都是末端对着末端，且两列房子之间还有一个大概宽 1 米的过道。出行的时候，居民可以选择从正面出发，也可以从后门进出。同时，房屋与房屋之间基本都会有一定的间隔，这一块块的空地也成为小孩子们的游戏场所，许多人在这空地上留下了美好的回忆，后来，这些空地慢慢地被房屋和道路所涵盖，游戏场所也早已转移了地点。据访谈，难民按家庭人口的多少来分配住房的面积，一共 4 种户型。第一种是 1—3 人，分的是 A 型。4—6 人是 B 型，7—9 人是 C 型，10 人以上的就分在最大的 D 型里。

图 28　美达村建立时的 A/B/C/D 房屋结构[①]

美达村建立时，就显示出美达人的智慧。有关房子的分配，一位美

[①] 刚建美达村的时候，房子的规模也是根据每家家里现有人口的数量多少来定的。1—3 人的房子属于 A 型，大小是 5 米×23 米；3—5 人的房子属于 B 型，规模为：8.5 米×23 米；5—10 人的房子属于 C 型，规模为：12.5 米×23 米；10 人以上的房子属于 D 型，规模为：16 米×23 米。

达村居民说道：

> 当时我家里有 11 个人，分配到的美达村的房子是最大的：长 23 米，宽 12.5 米。抽签以后就开始量，开始建房子，野地变成了阿答叶的房屋，盖成了一个类似干崩的房子。那时候他们不用出钱的，起初的简单棚子是别人帮忙盖的。但是那个房子很容易被别人从外面看到，后来我们把它改成了下面是砖头，上面是木板的结构，这样可以省些钱，在屋顶上放着阿答叶……知道分房了，我们就有个家啦，我们就一直住在这里。我们刚到的时候是一片草地来的，我丈夫家抽到了五路，那时候他们的亲戚有钱，给他们寄了钱。当时被赶的时候，有钱的人就会自己在棉兰买房。我的姑丈是做汽车零件生意的，他们很有钱，从亚齐被赶之后他们就直接在棉兰买了房子。①

美达村在刚建立起来时，没有自来水，喝水全靠村民 LHA 用大桶卖水。200 盾一桶，水是自己用漏斗过滤。② 还有一些家里自己打井，以便用水方便。到了 1976 年，美达村才通了水电，大多数居民安装了自来水管，用水比较便利。不过，一些村民会还是使用自家的水井，自己抽水使用，但是目前这种情况比较少了。电为工业及家居照明必不可少的，早在 70 年代初，就已经申请了，电的使用现在也是百分百覆盖。1987 年，美达村安装了第一批 100 架电话，随后又分期陆续安装。③ 现在大部分华人家里都有移动电话。最初，街上没有路灯，居民晚上出行的时候曾经发生过遇袭的事情，后来，为了保障居民的安全，美达居民自觉地在每条道路上安装了路灯，不仅为晚上出行的人们提供了便利，也减少了安全隐患。说到基础设施安装的问题，DL 先生这样说道：

> 美达居民需要领头羊才能把事情做好。当时接电的时候，也是有人牵头，大家才一起把电都连起来了；水也是如此，先是有二十几家率先安装了自来水管道，使用自来水，其他居民才开始接受并安装，

---

① 2015 年 8 月 17 日笔者在美达村与 ML 的访谈。
② 2015 年 8 月 17 日笔者在美达村与 HY 访谈。
③ 印尼苏北华侨华人历史会社：《印尼苏北华侨华人沧桑岁月》（上册），2015 年，第 104 页。

最后实行自来水管道的全方位覆盖，当时也有部分家庭现在依然使用井水。现在想要实现煤气的全方位覆盖，但是没有取得成功，因为有些人不愿意。①

由于美达村本身就是一片沼泽地，会出现地面下陷的情况，所以现在村中的排水问题还没有妥善的解决。村里的排水系统不是很好，沟渠多是之前建屋时留下来的，偶然碰到下雨时把泥土沙石冲进沟渠里，再遇上下雨的时候，沟渠就容易堵塞，造成排水不通，水漫到街上的情况。

第二节　从亚答屋到现代居所

虽然早期建的房子比较简陋，但亚齐华侨难民毕竟有了避风雨的地方。对于他们来说是十分宝贵的。美达村的房屋，随着时代与经济的发展，也发生着变化，现在已经经过了几代人的改造，完成了从亚答屋到附近购买别墅的完美蜕变。

一　居所类型的变化

美达村华人的居所类型经历了从亚答屋，到木板屋再到砖头屋，以致自己建立或在其他地方购买别墅的变化。

（一）亚答屋

美达村最开始建的房子是亚答屋。亚答屋，墙是用竹篾编成的竹席，屋顶是用亚答叶做成的。这样的房子，是最开始把定居地确定在美达村之后，由负责人带动，华人们共同努力一起建起来的。由于当时的华人经济条件有限，没有办法把更多的钱投到房屋建设上来，而且印尼政府急于把烟寮收归管理，于是，华人们只能先搭建一些较为简单的房屋；由于地处热带地区，棉兰市盛产亚答叶，这种野生的、随处可见的大片叶子，具有很好的遮阳挡雨的功效，也就成为华人建房的首选材料。由于美达村最初是一片沼泽地，华人们先是把泥淖的土地弄平整之后，才在上面搭建房子。房子是批量建设的，最开始的时候，华人们用卡车把木材拉到了美达村，把房子的支架弄好之后，根据房子的规模，把竹篾编成席子，然后围

---

① 2015年9月2日笔者在美达村与DL的访谈。

成墙，固定在房子的四周，留下门和窗的空间。就这样，一间间的亚答屋房子建好了，华人就开始入住。目前，这种居所已经没有了，它只存在美达人的记忆之中了。

图29 早期的美达村亚答屋

（二）木板屋

所谓木板屋，就是一半砖头一半木板的房子。定居美达村之后，部分美达人通过拼搏，取得了一定的经济收入，生活条件改善之后，就开始改造房子，把原来的亚答屋改造成半砖半木板的模样。因为亚答屋虽然比较通风，比较凉快，但是毕竟是树叶做成的房子，安全系数低，偶尔刮风下雨，房顶还会漏雨，极不方便。所以，美达村华人便把亚答屋改为稍微坚固的木板房。把原来的亚答叶撤掉之后，先在地面上砌起约为1米高的砖，然后在砖头的上方堆上一块块的木板，连成四面墙，待到墙高为3米多的时候，就在房顶上盖上铁皮，这便成了美达村第二代房子。

（三）砖头房

随着经济的不断发展，美达村华人的经济条件越来越好，大部分华人住上了木板房的时候，部分华人已经把木板房拆掉，建成了由砖头砌成的房屋。美达村华人的房屋，大抵不会超过三层，一般为一层，有些人家会做成两层，房屋的建设没有千篇一律，一般有自己的特色，而且他们会根据自己的喜好，给外面的墙粉刷颜色，也会在里面的墙抹上石灰。大部分华人家庭已经住进了砖头房，每家每户门口靠右的地方都会写着各个家庭的门牌号。

图30 美达村现遗存的第二代住房"木板屋"（郑一省拍摄）

图31 美达村的砖头屋（郑一省拍摄）

（四）购买别墅式居所

美达村华人通过筚路蓝缕、艰苦创业，大多已经取得了不凡的成就，生活越来越富足。有些华人因为家里兄弟姐妹较多，在取得一定的成就之后，便搬离家里，到距离美达村比较近的地方置地建房，Cemara Hiau 和 Cemara Asiri 便成了美达村华人的首选之地。现在很多美达村华人都到这些地方建造了别墅，这两个地方都是别墅区。华人所建的别墅大多具有欧洲风格，装修简洁却不失典雅。

现在，美达村里已经没有亚答屋了，第二代的木板屋也仅剩无几，绝大部分的房屋都是砖头砌成的，只有几户比较困难的家庭和印尼人家庭还住着木板房。

图32 美达村华人在附近的"青松村"
（Komplek Cemara Hilau）购买的别墅（郑一省拍摄）

有关美达村华人的住宅变化，一位当地的印尼友族既惊叹美达村华人住宅的演变，又十分佩服这些亚齐华侨难民的奋斗精神，他曾经谈到这些亚齐华侨难民刚来到这里的窘况。他说："这些华侨难民来到这里是很艰苦的，他们住的是亚答屋，没想到他们来时住的比我的还要差。可是经过几十年的变化，这些华人从以前的亚答屋过渡到木板屋，又建起了砖墙屋，有的建起了大房子，还有的在隔壁村买了别墅。我在这里居住期间，得到了这些华人的帮助，虽然我的房屋也有所改变，但与这些华人现在住的房屋是没法别的，他们的房屋比我的住宅要好上许多。"[1]

二 美达村房屋的特点

美达村并不是一个自然形成的村落，而是一个经过规划和设计建成的生活社区。每间房屋都面向道路建房。房门相对，房尾对着房尾。据调查，美达村的建筑设计规划体现了美达人的智慧。在建设美达村房屋时，房屋的建筑面积是经过规划和分配的，当时规划建造房屋的负责人根据每个家庭人口的大小分配土地建房，共有以下四种：

---

[1] 2016年8月29日笔者与印尼友族AL的访谈。

表 6　　　　　　　　美达村初建时期的房屋类型及面积设计

房屋类型	家庭人数设计	住房面积
A 型房屋	1—3 人的家庭	5 米 ×23 米
B 型房屋	3—5 人的家庭	8.5 米 ×23 米
C 型房屋	5—10 人的家庭	12.5 米 ×23 米
D 型房屋	10 人以上的家庭	16 米 ×23 米

美达村设计者在规划村庄时，为了能实现土地利用的最大化，每条街道四个户型的房子交叉建立，A 型的房子旁边有可能是 C 型和 D 型，两个 B 型房子旁边可能会有一个 A 型。到后期美达村华人分家或者重新建房，也基本依照原有分配的土地面积进行规划和分配的。由于在分宅基地时有了明确的规划，房屋用地刚刚好合理分完。

目前，美达村的房屋主要有三种类型，一种是平房，一种是楼房，一种是店家合一的建筑。和中国大陆的建房不一样，美达村的房子采用东南亚的建筑风格。平房的建筑多用砖料，整体看上去比较低矮，房顶是用红色的铁皮做成尖尖的顶。房子的窗户和门都开得比较大，有用瓷砖铺成地面的门厅，或者水泥铺成的庭院。也有围墙。围墙多是绿色的或是红色的铁栅栏，同样比较低矮。一般华人有属于自己的车，大门会做得很宽敞。

随着美达村华人生活水平的不断提高，美达村里的楼房数量越来越多。一楼的基本结构与平房无差异，同样有低矮的栅栏围墙，门厅，开很大的窗子。在这个基础上起了第二层。没有了铁皮的房顶，而是改成了我们常见的水泥平顶。华人喜欢将自己的房子涂上颜色，浅橙色是他们的最爱。

而作为商铺的家，集合了两种房子的特长，门厅改成了商店，商店后面和二楼是店主生活的起居室。为了保护自己的财产，门厅的栅栏围墙换成了铁器的大门，将整个门厅全部包起。做生意的时候就敞开大门欢迎客人，休息的时候就大门紧闭看不到里面一点东西。

虽然从外表看起来美达村的房屋各式各样，但房屋结构也有着一定的相似性。一般来说，美达村华人的房屋外面会有一个庭院，庭院里会有一个带凉棚的门厅，大家把鞋放置在门厅上，进门就是房间的客厅，后面是厨房，连接厨房和客厅之间有上到二层的楼梯，二楼更多的为卧室。在厨房的旁边,会有一个小的杂货间,或者可以说是家庭的小作坊。美达村华人每个家庭会有这样一个小作坊,在生计之初都是在家里搞生产。

比较特殊的是,每个华人家庭的后面都会有一个小门。小门打开都有一个互通的暗道,可以通往其他的住家或者另一条街道。生活在这里的华人告诉我们,这是为了避难用的。如果再遇到什么危险可以从其他地方逃走。每个家庭都有,不过在和平的当下,用得很少。

同时只要是生活在印尼的华人,在门旁都会有一个"天官赐福"的门牌,这是华人对传统文化的保留,是印尼华人的象征。

第三节 1998年"五月骚乱"中的抗暴风云

从亚齐迁徙到棉兰后,美达村华人在建设美达村时经历了种种困难,而也遭受了意想不到的苦难,但他们仍敢于同各种苦难做顽强的抗争。1998年,印尼发生了骇人听闻的"五月骚乱",而这次骚乱也波及美达村,美达村的华人为了保护自己的生命财产,与来袭的暴徒展开了面对面的对抗,其事迹传遍了整个印尼,因此美达村在当时的华人社会被称誉为"英雄村"。

一 1998年的"五月骚乱"

1998年在金融危机和国内困境的夹击下,印尼局势发生急剧变化,同时发生了直接针对华裔的大规模暴力事件。华裔财产、生命、家庭都受到巨大的破坏,1998年5月中旬,在印尼首都雅加达发生了大规模骚乱,不法之徒洗劫华人华侨商店、攻击华侨华人妇女,其暴行残忍之至,令人发指。据统计,共有5000多间华侨华人商店和住宅被抢劫或烧毁,1200多人在暴乱中丧生,数以10万计的华人和外国侨民逃离印尼。[①] 这次震惊世界的事件,被称为印尼1998年"五月骚乱"。

1998年"五月骚乱"也波及苏北省的棉兰市区,一篇有关《棉兰等

---

① 吴迎春:《野蛮暴行,必须严惩——国际社会强烈谴责迫害印尼华人》,《人民日报》1998年8月4日,第6版。

地区暴乱杂记》这样写道：

> 五月五日、六日两天两夜，不但棉兰市郊地区受到众多破坏，暴乱也蔓延到棉兰市外十多公里、二十多公里，甚至三十公里到一百公里以上十多个市镇（那些市镇是栋蒙汉冬贵、丹绒勿拉哇、巴敢、班得拉务、涯浪、新邦蒂加、直名丁宜、先达、三板头、英叻坡拉、峇都抛拉以及棉兰勿拉湾公路的一些菜园区），都遭受到不同程度的破坏。
>
> 暴徒连居住在菜园以种菜、卖鸡鸭为生的华裔农民也不放过。在新邦帝加镇（又名网眼）附近的菜农民的财物，家畜被抢劫一空，连汤匙和盛薯菜的篮子也拿走，一家人只剩下身上穿的一套衣服而已。
>
> 大批暴徒也到峇冬贵附近海边的数百个养虾塘，捞起成吨成吨的大虾运出销价销售。各地的有近十家碾米厂也遭抢及破坏，有的甚至被烧毁。
>
> 棉兰市还没有受到破坏的店屋，特别是机器车辆零件店、罐头食品店及日常用品店等，自动卸下招牌，避免引起抢徒注意；有的店屋虽然有安全铁门，但为了加固，还加装了铁板门以求安全。
>
> 当地的原住民，为提防被波及，在屋前贴上了"原住民所有"字样，也有挂上回教徒祈祷用的垫子等标志，以资区别他们不是华裔代罪羔羊。这岂不是排华的标志？
>
> 数以千计的华裔难民，房屋没被烧毁还有栖身之所，房屋化为灰烬的，只好分散暂居亲友家或当地的公所。棉兰有若干宗教团体与同乡会有派人慰问受难者，分赠一些旧衣服与捐助一小笔钱……①

与印尼雅加达等地区一样，棉兰地区所发生的骚乱，不仅使当地的华人惨遭损失，当地居民也同样遭殃。由于发生骚乱，棉兰地区华人商店大都关门歇业，街上行人稀少，在形同死市的日子里，赚一天吃一天的小市民生活苦不堪言。三轮车车夫，公共汽车司机，由于没有乘客，毫无收入，面临断炊之苦。在亚沙汉以捕鱼为生的渔民，捕获的鱼没有人收购，

---

① 《棉兰等地区暴乱杂记》，《一九九八年印尼社会档案》2003年2月印，第215页。

因为鲜鱼市场被破坏，没有买主。附近的洛尼湾港口瘫痪了，好些日子没有船只来往新马，码头工人没有工做，船员也面临失业。

二 1998年"五月骚乱"中的美达村华人

在这场骚乱中，棉兰郊区的美达村首当其冲，因为美达村的四面都有印尼原住民住的村庄。不过，美达村华人并没有被这场突如其来的风暴所折服，他们为了保护自己的生命财产的安全，首先自动组织起来，采取了防治暴徒袭击并予以对抗的自救行动。陈松茂先生在其回忆录中写道：

苏北棉兰市于1998年五月四日政府公布提高油价的第二天晚上，在市内东区Panging路、Aksara路、Denei路、Sutrisnd路等处，首发排华暴乱，暴徒捣毁和抢掠华人住宅、商店、超级市场、银行、仓库等，甚至纵火焚烧房屋。

第二天（五月五日）暴乱蔓延开来，迅速向市中心发展，因治安当局出动大批军警维持市中心治安，才不致遭受严重破坏。可是接着是郊区及各地城镇，亦连续发生暴乱，华人住宅、商店、工厂、仓库多被捣毁洗劫，或被纵火，损失惨重。

我处—丹容母利亚Metal街区，属棉兰郊区，且是华人聚居的住宅区，区内约有四百户居民，便首当其冲。五月五日晚上约八时许，在住区内的一条主要街道（Metal），突然由东西两头涌进大批暴徒，有三四百人（夹杂有跟来准备抢物的妇女孩童），向房屋投掷石块。当时有一家杂货店已开始遭抢劫，有一家人的摩托车已着火燃烧，甚至西马路段有一个咖啡摊已被纵火，若火势蔓延开来，后果将不堪设想。在如此危急的情形下，我处居民便大敲警钟，其时全体居民都手持棍棒、铁条等赶紧出动抗暴和救火，经过一番激烈的石战，终于将暴徒击退，被纵火处的火势也及时被群众扑灭，一场大火灾的惨局才得以免除。与此同时，在西北面Metall 7路路口，亦有两家受到突然来的暴徒捣毁，玻璃窗被石击破，家私遭破坏，一辆轿车的玻璃被打碎，车主急把汽车驶离现场，后来，附近群众都赶出来抗暴，经过一场石战，把入侵暴徒驱走，才保住该路段其他住户的安全。这晚事件初发时，我们即刻打电话通知治安当局，但至石战结束，暴徒退去，军警还未赶到。①

据访谈和调查,美达村 5 月 5 日遭到暴徒的攻击后,美达村管理层马上安排村里的人力把守所有通道,以应付暴徒卷土重来。在美达村的"阿香咖啡店"旁边至今还悬挂着一个黄色的铁钟,每当有紧急情况时,美达村居民便敲起这个铁钟,呼唤美达村村民起来保卫村庄。

图 33 至今还悬挂在美达村 76 号"阿香咖啡店"旁的铁钟(郑一省摄)

在村民自己保卫美达村的同时,还联系 IPK 人员②和 AMPI 青年团,请他们 40—50 人来协助防守。不久,更多的暴徒分路向四方通道口袭来,群众奋力抵抗,于是一场更为激烈的石战爆发。当时东北西的路口(通 Pasar Tiga 和 Pasar 、Empat 原住民居住区的),受到压力最大,石战最为激烈。其时,军警仍未到来,美达村只好依靠自己的力量,在当地青年团成员的协助下,严守阵地,暴徒虽轮番进袭,但都不得逞。后来暴徒竟然采用火攻,不断投掷汽油弹(瓶装汽油制成),这时美达村村民见势不妙,便把阵地推前冲出路口,以便能及时泼救房屋着火的地方,这才避免

---

① 陈松茂:《棉兰市丹容母利亚 METAL 街区——源亚齐难民聚居地之一,遭受暴徒袭击全体居民奋勇自卫保家的情况》,1998 年 5 月 12 日写的文件。

② 棉兰 OLO 属下成员。

引起火灾的严重后果。这时石战约有半个时辰，一车防暴军人赶到，立即上前驱赶暴徒。军人不断用橡胶子弹射击，但暴徒仍不后退，还是轮番进攻。后来军人叫群众亦跟随军人后面前进，再经过三番四次的激烈战斗，相持到深夜，暴徒才退走。

图34　该路口是1998"五月骚乱"中
美达村华人与攻击者对垒的地方

5月6日晚上，军方陆续派来四辆车军人，有120余人，到来布防，约晚上9时许，暴徒再度纠集更多的人前来骚扰，其重点攻势在东北面通道路口，于是更为激烈的攻防战再度爆发。从这次暴徒攻势来看，意图在这晚必须攻击成功，故不断猛烈进袭，军方也无可奈何，经过相当久的相持阶段，暴徒仍坚持不退。后来，军人采用包抄策略，由美达村民配合少数军人严守路口，大队军人则由左翼迂回包围过去，结果先后在田野里捕获暴徒四人，经审问，其中两人承认由Tembung来的，在他们身上还搜出100美元面额的美金，可能是外来煽动的人。此后不久，暴徒才退走。但此时，在东面另一路口，又出现大批暴徒来袭，经过一段时间的石战，军人再用包抄的策略，可惜扑了一个空，没有成功，军方怀疑可能有内线透露消息，所以未能成功。这晚美达村的保卫战，自至深夜两点才告结束。

我们从陈松茂先生的回忆录，以及我们在调查和采访中从访谈者那里也得知：当时一些印尼的暴徒从四面八方涌来，美达村的男人们全部出动，手拿武器站在每个路口跟印尼人对打，有的勇敢的美达村妇女就在后面帮忙捡石头。K回忆当天的情形还十分的激动：

就用一个晚上跟他们拉锯战，丢来丢去，花了一个晚上没有睡觉。第二天早上没事，但是气氛紧张，到了晚上就又有敲钟的声音。他们那边有煽动者，他们说我们这边的华人要去强攻他们的地盘。就这样他们那边的人冲过来，我们这边的人也冲过去就又发生石头战咯。这个已是第二天。甚至他们用瓶子里面装着汽油，汽油丢到路上就会破裂，然后就会起火嘛，有的丢到屋子来，就将屋子烧着了。那个时候他们在路口那里放轮胎来烧，烧了表示要集合。当时我们也麻痹，我们以为他们要抢的是选择好的对象，我们这里也没有什么可以被他抢的，也许他不来我们这边，就在大路边放点煤气，提高警惕。原来他们就是要攻我们。当时我带着我的小孙子，我要放他去大小便，牵着他的手。就遇到好的女人，她们就通知我说，阿叔快回去，他们要进来了，他们怕我们有危险。那时我就回家了，回家就关门，他们就上来了，丢石块，一进来就丢在我家的门窗那，是玻璃的嘛。我们离他这样近，原来健翔这边的被抢了，然后就有青年来抵抗了，经过两天两夜的打斗。我们就叫警察，你们也知道的，这个警察也是姗姗来迟，他们也希望我们这被抢后再收拾残局。他们两个小时以后才来。等他们来了以后看见我们拿棍子、拿刀在路口抵抗，他们就问我们说你们这是干什么，拿枪拿棍的。我们说我们自己自卫呀，不然我们的家园就被人破坏了。他们讲回去回去。我们就不回去。然后我们又打电话到军队去，有些人在生意上和军队有来往，叫他们来。所以大家就出钱。叫他们来是要给钱的。第三天，我们认为我们人少他们人多我们吃亏了，而且两天两夜没有休息大家都累了喘了。因为我们平时就搞好睦邻关系的，平时会给些米呀给那些清真寺。我们就想到叫负责人把那些长老、社会贤达各个组织的头头一起到我们的福利部来吃一种香蕉叶包的饭。大家就坐在一起，讲明白我们的处境，我们是怎样来的，我们来了以后共同生活几十年大家都平安无事，然后讲解我们不明白你们来破坏我们的村庄，我们的村庄被破坏了，双方的利益都损失很大的。首先你们也损失很大，他们问为什么。我们说你们很多的用人呀，在这里做工，至少一千几百个。因为每一家人都有一个或是两个，全部失业了。他们说我们是听到你们要来破坏我们的乡村，我们就跟他讲，华人向往自由，不去侵犯人家的地方，不可能的。他们就说那你们干吗拿刀过来。我们说我们自卫呀，我们这里有暴徒来过呀，后来他们就讲原来如此，有人来煽动，影响组织沟通。希望各自的青年，今晚都回到家里去，不要再骚乱了，不要再集合了。平静过一个晚上，以后也不要这样，还是睦邻。这样就没事了，所以斗争也要各种手段呢。这边的村庄，马来人也有，马达人也有，附近的村庄都是他们的人。①

住在美达二路的 WF 也为我们回忆了当时的情形，他这样说道：

1998 年 5 月 4 日，事件发生的时候，印尼人最先抢的是位于棉兰东部的一个村庄，距离棉兰十多公里。5 月 5 日，美达村民听到风声说，印尼人要过来抢他们的东西，印尼人过来之后最先到曾繁德的家里去抢他们家的东西，还抢了美达大路凌华的杂货店，当时听说有印尼人要过来抢东西，他拿了很多石头在楼顶，用来砸他们。印尼人抢的东西主要包括糖等日常生活用品。当看到有人过来的时候有人敲响了位于阿香咖啡店的那个钟，为了抵御印尼人的进攻，他还自己做了一个矛，有 180 公分，很重，铁管是跟别人买的，然后自己做成矛的样子，用以攻击对方，有的人用长刀。对方看到他们出来反抗，有些人把拿到的东西扔了，华人一路追击，印尼人一路逃一路丢。当时的巷长黄庆生还到入口拦截印尼人，后来，有警察来到处理这件事情，大部分印尼人已经逃走，但是还有一些亡命之徒留下来与华人进行石头战。陈志文是打架的主力，打了两天两夜，7 日基本结束，两边讲和。②

正像以上两位美达村华人所说的，美达村华人与偷袭美达村的周边的印尼村庄村民经过两天两晚的较量已经筋疲力尽，感到有坐下来

---

① 2015 年 8 月 3 日笔者在美达村与 K 的访谈。
② 2015 年 7 月 28 日笔者在美达村与 WF 的访谈。

谈判的需要，再加上棉兰军警的直接干预，到5月7日，美达村领导层通过关系（包括利用私人关系），邀请Pasar Tiga和Pasar Emppt以及附近的各巷长和社会上有影响力的人（包括青年人）来座谈，以联络感情，借以消除误会，希望能恢复和维持一向来相互间的和睦关系。美达村村民请这些来座谈的人士帮助劝说村民别轻信谣言，或受别人挑唆，而盲目跟随参与骚乱行动。在这次座谈会上，会场气氛融洽，大家坦诚发言，最后共进晚餐后才散去。当晚，美达村没有再发生骚扰。5月8日以后，随着印尼各地骚乱的逐渐平息，美达村开始恢复平静，但美达村居民仍保持着高度警惕，组织人力继续轮流守夜，直至骚乱的威胁真正消除为止。

笔者认为，这次美达村华人能在防抗暴乱中获得成功，主要是美达村华人团结一致，敢于面对突发事件，灵活结合当局军警、青年团成员加强守卫，以及美达村在村庄建立后一直与周边的原住民村庄的村民保持良好的互动及和睦的关系，并用实际的自卫行动渡过难关。为何美达村村民有这种坚毅的自卫精神与能力？这其实与他们曲折的经历有很大的关联，比如在集中时期，美达村华人就敢于坚持抗争，当时各集中营成立纠察部，主要负责治安工作，特别是晚上的守夜事宜，虽然难民们被赶到了稀无人烟的烟寮，但是周边的原住民偶有挑衅，不时来找麻烦，需要提防，即使没有人为的骚扰，周围动物的入侵也威胁着难民们的生命安全。在烟寮时，美达村华人主动找吃也并不是那么一帆风顺，经常会被一些警察捉弄，当时的美达村华人就敢团结起来，直面不公。

无论如何，在这场暴乱中，美达村的华人选择拿起武器保卫自己的家园。这一事件使美达村在印尼华人社会里名声大振，各地华人纷纷效仿，美达村一时间成为人们心中的"英雄村"。

第四节　美德互助会与亚齐大海啸

海外华人社会有着很浓厚的公益慈善文化，在印尼华人社会，不仅成功的华商关心当地社会公益慈善事业，即使收入不高的华人也会抱着有钱出钱、有力出力的精神，捐款救济因各种灾难困扰的同族和友族。在美达村，当地华人曾经作为难民获得过社会的救济，他们也力所能及地为当地社会的公益慈善事业做出自己的贡献。最典型的例子就是 2004 年亚齐大海啸，大批的难民逃难到美达村，美达村华人给予了他们最大限度的帮助。

一 亚齐大海啸

2004 年 12 月 26 日印尼苏门答腊西北海岸发生里氏 9.0 级，引发印度洋沿岸的印尼、斯里兰卡、泰国、印度等国家先后遭受强烈海啸。印度尼西亚亚齐省是遭受海啸灾害最严重的地区之一。据当时报道，涛涛巨浪摧毁了亚齐西北部地区沿海的若干市、镇和村，将之夷为一片废墟，满目疮痍，横尸随处可见，惨不忍睹。据报道，遇难人数逾 12 万（包含华人约 2000），占印度洋受灾诸国遇难总人数的五成以上。失踪者逾万，灾民逾 50 万。被摧毁的建筑物超过 3 万间，人们的生命财产遭到严重损失。对于灾民，媒体有以下的描述：

> 突然到来的灾难给每一户亚齐灾民带来悲欢离合、辛酸苦辣的不同遭遇；有的家破人亡，有的人失去家庭支柱，前路茫茫，有的人丧失父母，失去依靠，有的人家毁失业，有的人失去生活根点，有的人无家可归，有的人疾病缠身……对他们不但要解决暂时的三餐温饱问题，也要协助解决今后的生存道路问题……①

据印尼政府当时粗略地估计，亚齐省和北苏门答腊省因海啸袭击造成的孤儿近 10 万个，其中连一个亲属也不存在的孤儿高达 2 万人。而分布在亚齐省 18 个县区的 66 个难民营有难民 42.2 万多人。②

苏北华社赈灾委员会 2005 年 2 月 19 日初步调查，受灾的亚齐班达亚齐市华人有 1011 户，美拉务市华人有 188 户，司吉利市华人有 23 户，司马委市华人有 4 户，其他各地华人有 12 户。初步调查遭受损失的华人灾民有 1249 户，人口 5848 人。损失程度分为 5 个等级：

---

① 翁克敏：《亚齐海啸灾难十周年回望（2004—2014）》，《印尼苏北华侨华人沧桑岁月》（下），印尼苏北华侨华人历史社，2015 年，第 709 页。
② 《历史性的跨越——记中华慈善总会首次到受灾国提供民间援助》，《慈善》2005 年第 6 期。

表7　　　　　　　　亚齐海啸时当地华人的粗略损失统计

级别	损失程度	户数（户）
A级	房屋全毁者	318
B级	房屋严重损坏者	304
C级	房屋中小程度损坏者	334
D级	房屋没有损坏者	106
E级	房屋是租赁者	189

资料来源：巫敏：《苏北华冠赈灾委员会简报紧张工作3个月》，香港印尼苏北华侨华人历史会社《印尼苏北华侨华人沧桑岁月》（续集），2018年，第196页。

二　亚齐大海啸中的"印华美德救济站"

震惊全球的印尼海啸，发生在2004年12月26日。据说，灾难发生的翌日，即27日已有灾区难民逃到棉兰市。美达村由于许多家庭与亚齐有很紧密的联系，因而最先获知亚齐发生海啸而逃离的难民消息。美达村村民在美德互助会的组织下，也是最先开始接待这些难民的[1]。

据访谈，面对亚齐难民的到来，美达村美德互助会开始做好应对的准备。2004年12月28日，应美达村美德互助会的要求，苏北印华总会棉兰市分会联同美德互助会在美达村设立"印华美德救济站"（Posko Inti-Metal），其主要成员有陈松茂、陈松镇、黄广政、陈增志、刘德亮、廖晏民、叶志宽、曾繁德、陈贻秀、谭保林、冯焕璋、黄庆生、郑秀梅和黄群雄（医生），还有一些棉兰印华总会的骨干。"印华美德救济站"的建立，获得了苏北省印华总会、苏北省印中商务理事会及苏北佛教总会的大力支持和合作。"印华美德救济站"成立后，便开始接待和协助来自亚齐的难民，并在棉兰机场设立服务组，备有茶水、食物接待来自亚齐的难民。他们对华族和友族的灾民一视同仁地予以接待，并发给救济物品，并区别不同情况给予安置。一位随同中国慈善慰问团访问美达村的记者这样写道：

---

[1] 亚齐海啸之时棉兰与亚齐建立了六个救济站或接待站，即美（达）德村救济站、星光村救济站、日月精舍救济站、丁宜市印华总会救济站、万达亚齐接待站和美拉务接待站。

夜幕中，中国慈善慰问团在苏北华社赈灾委员会几位负责人的带领下，驱车来到离市中心7公里的棉兰美达村赈灾委员会，美达难民营救建在那里。难民营是由一个仓库临时改建的。敞开的大门前，许多华人难民和在那里服务的志愿者正微笑着迎接中国慈善代表团的到来。大门正对面的一面墙上，挂着"苏北华社赈灾委员会 美达村赈灾委员会"的横幅。海啸发生在2004年12月26日，从28日就有无家可归的华人难民陆续逃离到这里。到现在，在那里登记的难民有近7000人，其中一部分有亲友可以投靠，另一部分则由赈灾委员会负责安置。难民营里居住了200名灾民，还有更多的则分散在美达村居民家中，有的分散居住在当地华人富裕的房屋，以及临时腾出的车库里等等，每日到美德救济中心吃饭的灾民大约有2000人。[1]

在"印华美德救济站"，用来收容亚齐的难民之地主要是美德互助会的会所和篮球场。美德互助会的会所是一个典型的多功能的乡村大礼堂，其是一个长方形的房屋，它分为两个部分，即两个大厅，靠里面的一个大厅平时是乒乓球队练习或开会的场所，而靠外面的一个小厅主要用作村民逝世时停放遗体和做法事的地方。篮球场是一个标准的球场，上面有遮雨的顶棚。既可以打球，又可以作为美达村村民聚会的场所。在这次亚齐海啸中，美达互助会的会所和篮球场发挥了巨大的作用。陆续从亚齐灾区来到美达村的灾民以家庭为单位，在会所的两个大厅打地铺休息，难民太多了，有的就睡在篮球场里。据访谈，这些灾民不仅是华人灾民，还有受灾的印尼原住民。曾参加救济活动的刘德亮说当时也适当收容包括印尼原住民在内的灾民。"只要印尼原住民灾民找到救助站，情况特殊的，救助站照收。"[2]

无论是亚齐华人灾民，还是印尼友族灾民都在美德救济站真正

---

[1]《历史性的跨越——记中华慈善总会首次到受灾国提供民间援助》，《慈善》2005年第6期。

[2] 2015年7月21日笔者与DL的访谈。

做到食住无忧。① 由于"印华美德救济站"设在美达村的美德互助会福利部，美达村华人将福利部的办公室改为临时食堂，各地华人捐献了大量的鸡蛋、方便面、咖啡、纯净水等。救助站24小时有义工值班，每日开饭三次，并设有公共淋浴间。所有来接受救助的人员都要接受专职医生的体检。一旦发现重大病情，立即进行转院处理。当时由于时下印尼正值雨季，美达村华人还请来工人彻夜修理屋顶的排水管。

据访谈，从2004年12月28日起就有无家可归的华人难民陆续抵达这里的"印华美德救济站"，至第四天，灾民人数已超过几千人。以致美达村感到压力巨大，棉兰一些华人社团的领导意识到事态严重，力量分散不利于应对日益繁重的救灾工作。于是美达村美德互助会派人直接向苏北印华总会②汇报，当时苏北印华总会的主席是黄印华先生，他回忆这件事时这样说道：

> 当时美达村村民有很多是印华总会的成员，还有很多是干部。其实早先成立的"印华美德救济站"，就是在苏北印华总会支持下建立的。所以这次海啸救灾告急的问题首先由美达村的印华总会成员向我们苏北印华总会汇报，当我们接到"印华美德救济站"的求救后，马上召集全棉兰市71个华人社团负责人共同协商，决定集中力量组织苏北华社赈灾委员会统筹赈灾工作，到了第7天，即2005年1月3日"苏北华社赈灾委员会"成立，该会秘书处设在棉兰鹅城慈善基金会会馆处。③

"苏北华社赈灾委员会"建立后，该委员会并适时发布简报，一份有关该委员会成立后的活动简报录写如下：

> 苏北省印华总会及苏北印中商务理事会邀请棉兰全市60个华团

---

① 在印尼友族灾民达到美达村后，本来是想将他们安排在庙里，但考虑到他们是穆斯林，就交给当地的穆斯林长老来接待他们，美达村的"印华美德救济站"就专门接待华人海啸难民了。
② 苏北印华总会即"苏北省华裔总会"的简称。
③ 2018年8月3日笔者与黄印华先生的访谈。

开会，共商大计。

一、集中力量组织苏北华社赈灾委员会联合行动

二、澄清不利安定和团结的传言①

大会一致通过组成全市华团参与的"苏北华社赈灾委员会"，大会听取印华总会、百家姓协会及卫理荣耀堂三个调查小组从灾区带回来的调查报告，证实了的确有零星的抢劫事件发生，但并非单独针对华人；至于妇女被强奸和教堂被烧毁事件并无此事，因为灾区政府已经不能发挥工作效率，致使救济品的分发工作极为困难，你抢我夺的情况再所难免。

苏北华社赈灾委员会设在棉兰鹅城慈善基金会的秘书处开始运作。首先联系苏北宗教长老联络机构 FKPA 及苏北民俗团体联络机构澄清传言，以定民心。苏北华社赈灾委员会尽量设法向社会各界阐明，华族的救灾工作不分种族，一视同仁。

苏北华社赈灾委员会于1月18日举行常务顾问、顾问团及执行委员联系会联席会议，听取支持委员工作报告，检讨组织，落实集中力量，联合行动的赈灾计划，会议圆满成功，参与华团共71个单位，大家一致强调，集中力量，联合行动的重要性，并将个华团单位收到的义款，全数交给苏北华社赈灾委员会统一办理。会议对美达村美德互助会主席陈松茂先生领导赈灾，不辞劳苦，精神可嘉而给予高度评价，并敦请陈松茂先生为常务顾问。②

为了加强对亚齐难民援助的领导，苏北华社赈灾委员会建立起一套指挥与处理事务的机构（见表8）。

---

① 灾难中外间谣传有华人灾民受到歧视，不发给救济品、遭抢劫及有妇女被强奸等事件，引起华人社会不平，手机短信频频传播。对印尼友族则大量传播说华人赈灾是另有企图，他们将把所有的亚齐人基督教化、天主教化和佛教化，引起社会不安，族群间的感情受到挑拨，国外华文媒体不明真相，报道有关亚齐排华事件更令华人社会不安。针对这些问题，棉兰的社团如苏北印华总会、苏北百家姓协会及卫理荣耀堂专程派三个调查组赴亚齐调查，后据其调查报告，证实确有零星的抢劫事件发生，但并非单独针对华人，至于妇女被强奸和教堂被烧毁事件并无此事，由于灾区政府已经不能发挥工作效率，致使救济品的分发工作极为困难，你抢我夺的情况在所难免。

② 苏北华社赈灾委员会：《苏北华社赈灾委员会简报》，第1—4页。

表8　　　　　　　苏北华社赈灾委员会机构及其成员

常务顾问	黄印华（苏北印华总会主席）、陈明宗（苏北印中商务理事会主席）、刘奕升（印尼中华总商会主席）、庄钦华（苏北印华百家姓协会主席）、徐权（印尼狮子会307-A区前总监）、曾启福（棉兰鹅城慈善基金会主席）、陈松茂（棉兰美德互助会主席）
顾问团	定雄法师（先达观音亭主持）、宗如法师（国际佛光会印尼苏北协会）、黄瑞金（棉兰江夏公所）、张福开（苏北福州三德慈善基金会）、陈宝安（棉兰颍川宗亲会）、王亚辉（苏北棉兰太原王氏宗亲会）、张万光（苏北广肇同乡会）、林福鼎（苏北西河九龙堂林氏宗亲会）、苏用发（苏北苏氏宗亲会）、张洪钧（苏北客属联谊会）、林学华（印尼苏北潮州公会）、郑祥南（棉兰佛教慈济基金会）、杨清木（印尼弥勒大道苏北分会）、丘怡平（棉兰苏东牧校友会）、刘其俊（苏北印尼留台同学会）、周永安（棉兰培育博爱基金会）（前福建会馆）、方德润（苏北六桂堂宗亲会）、关祝坚（棉兰刘关张赵古城堂会馆）、林美源（棉兰大同慈善基金会）、林文志（棉兰善德老人院基金会）、张景煌（棉兰龙岩慈善基金会）、郭胜昌（棉兰黄王温郭堂）、吴其生（棉兰延陵吴氏宗亲会）、卓缜贵（棉兰卓氏宗亲会）、庄成来（棉兰庄氏宗亲会）、詹达耀（棉兰海南会馆）、伍湘权（苏北伍氏宗亲会）、戴天送（棉兰励志会）、汪义方（苏北湖北同乡会）、叶锦城（苏北叶南阳堂）、潘绘吉（棉兰荥阳堂潘郑毕氏宗亲会）、李远方（棉兰茶艺联谊会）、洪梓升（棉兰国民慈善基金会）、丘贵兴（冷沙旅棉同乡联谊会）、洪茂镇（印尼旅苏福州瀛州同乡会）、谢建隆（苏北中医协会）、章国发（星光村心连心联谊会）、杨国山（Rasa Sayang基金会）、叶明友（老武汉五祖庙基金会）、陈保成（苏北象棋总会）、张天得（苏北省佛教协会）、陈毓仁（苏北大乘佛教协会）、黄津隆（苏北大乘佛教协会）、陈锦守（国际佛光会印尼苏北总会）、姚怀贤（棉兰卫理荣耀堂）、杨汉全（印尼孔教协会苏北省分会）、曾耀全（镇佛宗圆月堂）、黄玉汉（棉兰东岳观）、廖奕亮（佛教金刚联谊会）、刘用泉（棉兰福镇殿）、林如凤（印尼一贯道分会）、钟云涌（棉兰活力中心）、黄清源（苏北棉华中学校友会）、宋清良（苏北书画学社）、黄世平（苏北华文教育促进会）、尤芳美（苏北华文教师联谊会）、黄丙承（棉兰崇文教育基金会）、林星东（棉兰早报）、吴奕光（印广日报）、梁智灵（棉兰民族统一机构）、罗良友（棉兰夕阳红剧艺社）、杨振忠（棉兰玛利武狮子会）、黄明川（棉兰江夏乐龄合唱团）

续表

执行委员	统筹人	廖章然（苏北省印华总会、棉兰鹅城慈善基金会）
	秘书	林庆侠（棉兰鹅城慈善基金会）
		陈昂琊（印华总会棉兰市分会）
	秘书处	林文裕（苏北印华百家姓协会，棉兰东岳观）
		黄居安（棉兰鹅城慈善基金会）
		陈进强（棉兰鹅城慈善基金会）
	银行账户及财务	张家楚（苏北印华百家姓协会）
		林庆侠（棉兰鹅城慈善基金会）
		吴家声（苏北延陵吴氏宗亲会）
		陈增志（棉兰美德互助会）
	物资	杜宝国（棉兰崇文教育基金会）
		黄发明（苏北印中商务理事会）
		黄建彬（棉兰江夏公所）
		吴明辉（苏北延陵吴氏宗亲会）
	宗教	詹席海（苏北弥勒佛堂）
		李富嵘（卫理基督荣耀堂）
		陈秀梅（棉兰活力中心）
	卫生保健	陈民生（苏北福州三德慈善基金会）
		陈秀梅（兼）
	媒体	陈琪瑚（兼）
		伍永滨（苏北广肇同乡会）
		伍辉贤（棉兰伍氏宗亲会）
	外宾接待	王春成（苏北太原王氏宗亲会）
		陈民生（兼）
	儿童教育	黄绍新（棉兰黄王温郭堂）
		郭玉凤（棉兰黄王温郭堂）
		黄蓉香（棉兰崇文教育基金会）
		伍永滨（兼）
		伍辉贤（兼）

续表

动员重建	陈松镇（棉兰美德互助会）
	叶志宽（棉兰美德互助会）
	黄广正（棉兰美德互助会）
	叶郁林（棉兰美德互助会）
	刘德亮（棉兰美德互助会）
	谢礼讯（冷沙旅棉同乡会）
	张国峰（星光村心连心联谊会）
社会联络	章生荣（苏北印华百家姓协会）
	庄恭德（棉兰庄严宗亲会）
	游惠茗（棉兰鹅城慈善基金会）
	曾礼桦（棉兰鹅城慈善基金会）
政府注册会计师	Robby Sumargo JL. Palang Merah No.40 Medan，2011，Telp：061－4557925－4157295

资料来源：苏北华社赈灾委员会。

苏北华社赈灾委员会成立后，将逃离灾区、流落苏北省棉兰市及其邻近地区的华人难民，除了安置在"印华美德救济站"外，还安排在星光村及丁宜市等地。据统计，"印华美德救济站"在2004年的印尼亚齐大海啸中共接待了亚齐难民总人数已达6853人（见表9）。

表9　　苏北华社赈灾委员会"印华美德救济站"登记亚齐海啸华人灾民数量

年龄	男性（人）	女性（人）
5岁以下	366	390
6—15岁	596	550
16—20岁	348	389
21—40岁	1083	1091
41—60岁	799	740
60岁以上	261	240
合计	3453	3400
总计	6853	

资料来源：美达村美德互助会福利部。

其实,"印华美德救济站"接待的难民并不止这 6853 名亚齐灾民。据另一份资料显示,收容在美德救济站救济的,包括安顿在美达村的灾民共有 1543 人,由美德救济站供应每人三餐;安置寄宿于棉兰市亲友家的灾民共有 6511 人,由美德救济站定期供应生活必需品,① 两项合计已达 8054 人。

"印尼美德救济站"成立前后,美达村的许多华人自愿参加了救灾行动,LML 就是自愿带着她的朋友一起加入救助华人难民的行动中。回忆当时的情形,她说:

> 狮子会的钱都是一些有钱人捐助的,他们认为自己赚了钱就应该拿一些出来,回报社会,所以不一定多嘛。20 多个力量就有了。我已经 12 年了。我在里面是领导。我是管着 27 队的。开始最早的是我们两夫妇。所以我们的夫妻权利就比较大。狮子会的捐款我们不会用的,那些钱是救人的。比如说这个人,被烧的,我就把他带过去到槟城治好了。他是亚齐海啸的难民。我在海啸做义工,煮 3 个月饭,给 2000 多人吃。我们当时都没有去做工的。我让我的有钱的朋友,让他们捐肉或者菜呀,我们煮给他们吃。所以我到亚齐他们很尊敬我们。这里的美达人都是很善良的,因为我们是难民嘛,当时我们被迁的时候也有很多好心的人接济我们……我们现在是狮子会的,创建了十多年了,我们是全世界的第一对夫妻。一共 27 对。以前我生病了我就想,如果我好了,我就为人家做好事。我做了善事,上帝一定会安排我们好……②

在美达村,为赈济因海啸而逃来亚齐难民的美达村华人非常之多,当一位记者问当时为接待亚齐难民跑前跑后的"印华美德救济站"负责人陈松茂时,他告诉这位记者说,20 世纪 60 年代,华人在印尼遭难时,他

---

① 苏北华社赈灾委员会:《苏北华侨赈灾委员会简报》,第 2 页。
② 2015 年 8 月 24 日笔者在美达村与 LMI 的访谈。又据设在棉兰空军基地的苏北省全国救灾指挥部发言人伊迪·苏菲安阐明:已抵达棉兰市及邻近各县、市的难民有 7441 人,他们分散在 41 个民间救济站,很少人愿意住在政府提供的三个收容所,灾民更愿意住在亲友家或靠近亲友的民间救济站。

是逃到这里的难民。他称自己是老难民,说自己是老难民救济新难民。①

不仅美达村的华人这样尽力帮助因海啸而逃到美达村的亚齐难民,一些居住在美达村周边乡村的印尼友族也参与了"印华美德救济站"组织援救亚齐难民的行动。据访谈,美达村在 2004 年的这场亚齐海啸救援中也出现了一个传奇的人物,这便是"海啸三轮车夫"。这位被美达村华人称为"海啸三轮车夫"的,是一位爪哇族人,名叫斯里·拉瓦德(Siir Irawade)。一位美达村华人这样讲到他:

> 2004 年亚齐海啸发生后,有几千名亚齐难民来到美达村,许多志愿者参与到救灾的活动中。其中,就有这位 Siir。当时,Siir 是一位三轮车夫,他住在美达村附近的一个叫罗布拉央本克尔(Pulo Brayan Bengkel)的村庄。每天做往返于美达村到棉兰的乘客生意。当他得知美达村需要接送往返棉兰的亚齐难民时,他就主动参加进来。每天他早出晚归,去棉兰车站接从亚齐来美达村的海啸难民,或者又送一些难民去棉兰,以及附近等地投亲靠友。据说,他接送这些难民,许多时候都没有收车费。他曾经对他的老婆说,这次接送海啸难民,可能会赚钱,也可能没有任何收入。他老婆同意他这样做,说没有钱就当做点善事吧。②

这位被美达村人称为"海啸三轮车夫"的斯里·拉瓦德是爪哇人,其祖籍地在爪哇岛的梭罗。他身高 1.6 米多,黑黑的皮肤,微胖的身材,不过显得非常有精神和有力气。乍看,并不能感觉到他是一位三轮车夫,倒像是一位有钱的爪哇人。他十分喜欢笑,与人讲话总是面带笑容,讲起话来也显得十分有幽默。

在"印华美德救济站"主导的这场救援海啸难民活动中,这位"海啸三轮车夫"斯里·拉瓦德不仅积极为难民做了很多事情,而且与美达村的华人也建立了深厚的感情。据说,美达村华人陈松茂生病住院一直到去世之前,这位斯里·拉瓦德受委托在医院照顾他,他照顾得非常细心,

---

① 《历史性的跨越——记中华慈善总会首次到受灾国提供民间援助》,《慈善》2005 年第 6 期。
② 2015 年 8 月 21 日笔者与 DL 的访谈。

图35 "海啸三轮车夫"斯里·拉瓦德（郑一省摄）

每天帮陈松茂冲凉（洗澡）、擦身子，整理他所撰写的资料和文件，一直到陈松茂去世。

从这位"海啸三轮车夫"斯里·拉瓦德可以看出，美达村的华人与当地的印尼其他友族关系一直都处理得很好，正如这位"海啸三轮车夫"斯里·拉瓦德与我所说的：

> 我现在每天早上都会到美达村咖啡店来喝咖啡。美达村，在我看来，美达人好客，这里是一个适合各种人聚集，是一个较为包容的地方，这里可以包容不同的宗教、人群。比如，这里佛教寺庙、附近有基督教徒、回教堂。再比如咖啡店就有许多不同的人来喝咖啡，大家都能相处。巴刹有许多爪哇人、加罗人、尼亚斯人、马达人到可以这来做生意，这里没有互相排挤的现象。假如美达人不包容，不同的民族就不会来这里喝咖啡或做生意了。
>
> 70年代以前，这里是一个沼泽地，没有人在这里居住。当时这里是一个不能住人的地方。后来，华人来到这里，与周围的人来往密

切，从大的来讲，美达人能够互相帮助，并能包容其他民族的人。大家能够坐在一起，处理各种事情。

在没有建立美达村之前，我们的村民是没有什么事情可以做。当美达人建立美达村后，我们村庄的许多村民会来到美达村做工，也学到了一些手艺。比如，中路咖啡店的老板以前是修理电单车的，我们村的一位村民在他那里打工，后来这位华人不修电单车而是开咖啡店了，而我这个村民回到村里后自己开了一个电单车修理店。还有一位村民，刚开始是在美达村一位华人做面的店打工，后来这位村民也回到村里开了一个面店。①

在这次援救因海啸而被迫逃离到美达村的亚齐难民活动中，美达村美德互助会作出了很大的贡献，它不仅是最早救援亚齐难民的，而且是第一个在苏北印华总会的领导下建立起"印尼美德救济站"，并促使了"苏北华社赈灾委员会"的成立，并带动了整个苏北省华社的赈灾活动。在"苏北华社赈灾委员会"的统筹下，使几千名无家可归的亚齐海啸难民获得了暂时的安置，美达村华人的这些行动不仅感动了亚齐海啸难民们，也吸引了众多包括印尼友族的志愿者参与到救援之中。

第五节　美达村土地所有权的纠纷与风波

正像上面所说的，20世纪60年代中期因"9·30"事件被迫从亚齐迁到棉兰地区的亚齐华侨难民在"收容所"待了长达三年半后，经过与印尼当局的说理斗争，且在苏北各地华侨华人的大力援助下，这些亚齐华侨难民终于在1970年陆续迁出"收容所"，建立起美达村、Sungai Agul、民礼路8公里、民礼路12公里、民礼路13.5公里和实打挖（和平村）6个新村。亚齐华侨难民在迁到新村时，有些居住的土地是租用10年（房子自建或公家建），有些是当时就买断的。这些新村，即Sungai Agul、民礼路8公里、民礼路12公里、民礼路13.5公里和实打挖（和平村）的土地已是居民拥有权，唯独美达村的居民在当地居住了6年后，即从1976年开始便发生了日后长达几十年的土地权纠纷与风波，使美达村人深深陷

① 2015年8月28日笔者与斯里·拉瓦德的访谈。

入面临即将失去家园的困境之中。

美达村的土地纠纷始于20世纪70年代中期。正如上文叙述到,被称为"爱国华侨"的陈丰盛在20世纪20年代从当地的苏丹那里购买了100多亩地,这些土地里面就包括现在美达村的土地。然而,根据建国后印尼当时的条例规定,一个人拥有的地产不可以超过15公顷。因此,陈丰盛先生当时为了获得这100多亩地就采取了一个变通的方法,即将100多公顷分为几份,以几个人的名下拥有。有关这方面的情况,一位熟悉陈丰盛的华人讲道:

> 1960年陈丰盛让他的助手帮忙处理这100多公顷的土地。当时帮忙处理土地问题的助手,其中有一个叫阿曼·巴巴汉的马达人,他跟着陈丰盛做了很长一段时期的工作,陈丰盛对其比较信任,所以便让他着手处理土地问题。陈丰盛是开塑胶厂的,塑胶厂里有一部分是老工人,当时陈丰盛的意愿是把土地分成15公顷一块,然后把每一块土地分给厂里的老工人。简而言之,就是用工厂里的老工人的名义登记这些土地,但实际上,这些土地仍然属于陈丰盛本人,利用工人的名义只是一个权宜之计。陈丰盛试图以这样的方式保留他对这些土地的所有权。于是,这块土地被分成了9块,一块土地15公顷,借用了9个人的名义。然而,阿曼·巴巴汉在处理这个事情的过程中,耍了一点手段,他去工厂找老工人签字的时候,拿的是9张空白纸,说是地契,让工人们在白纸上面签上自己的名字,工厂里的老工人并不知道这个地契是否真假,只会听从他的安排,让签哪里就签哪里。阿曼·巴巴汉拿的是9张空白纸,却只让7个老工人在上面签了字,给自己私下留了两张,一份留给自己,一份做成了他的哥哥阿曼·道蓝巴巴汉的名字。由于老工人们在工厂里面做了一辈子的工,也没见过什么世面,也看不出阿曼·巴巴汉在玩手段。从表明上看,阿曼·巴巴汉把全部的土地分别卖给了七个老工人,实际上只是让这7个老工人签了一张白纸而已。

陈丰盛1920年代从当地苏丹那里买到土地后,并在1960年委托助手阿曼·巴巴汉帮助他处理土地,但并不知晓他的助手阿曼·巴巴汉玩弄这个手段。所以到了1962年、1963年、1964年、1965年、1967年的时候,这个阿曼·巴巴汉却开始将土地陆续地转卖给别人。

他将这些土地分开卖,这个5公顷那个5公顷的,如果你们到美达村那边就会看见那边有空地,本来是陈丰盛家族的。可是被阿曼·巴巴汉的哥哥转卖给别人。这些土地都被阿曼·巴巴汉转卖了,就只剩下美达村这一块地,他还准备转卖。刚好到了1970年发生了难民事件(升旗事件),这年的6月,政府需要找一块地安置这些人,因为他们是住在烟寮,如果这些人得不到安置怎么办呢,所以就找当地的地主,这个地主有一块地,但他不想给政府。之后政府就找到了陈丰盛。当时陈丰盛与陈松茂,还有几位老人就坐车到这块地来看,当时坐车也进不到那里,因为当时还没有路,全部是稻田,坐车到一段后就走路一直走到那块地里察看。因为陈丰盛是个好人,后来他就同意让这群难民们在这块地上住下。

1971年到1975年是我们的辛酸史,1971年到1975年这四年陈丰盛被他们(政府)抓了三次,因为说陈丰盛帮助共产党,在当时帮助共产党是很大的罪名。我当时跟随陈丰盛,他被抓进监牢时,我什么都做不了,那时候我还年轻,我的工作只是把他的文件给他签,送饭和送衣服,我看到他被军队用枪头打,当我看到这些我会很痛心。1974年的事情我记得比谁都清楚,因为他们实在是很残忍。1975年12月陈丰盛去世了,享年59岁。他去世以后他的孩子就接替了他的事业。然后就在陈丰盛去世不久,有一个华人和阿曼·巴巴汉关系很好,就挑拨他,即然地契写着你的名字就把那块地抢过来啊,所以争地的官司在陈丰盛死后的半年就开始了。这场官司持续了很多年,一直争来争去的,到了1981年,由于陈家的生意也不好,没有多余的钱打官司,因此陈丰盛的孩子就输了这场官司。直到1983年,我开始介入后,才赢得了这场官司。①

从以上一位熟悉陈丰盛的华人讲述来看,实际上20世纪70年代亚齐华侨难民来建设美达村的时候,其土地纠纷就已经开始了。由于陈丰盛聘请的助手阿曼·巴巴汉在让工厂老工人签订契约时玩弄手段,使陈丰盛20年代从苏丹那里买来的100多亩土地丧失殆尽,美达村华人居住的这块15公顷土地,也处在不断的变数之中。虽然陈丰盛的亲戚代表陈氏家

---

① 2015年9月8日笔者对TS的访谈。

族在1983年赢得了与阿曼·巴巴汉的官司。但一场更大的土地纠纷，正朝美达村村民袭来。

一 Soh Pek Soel 与美达村土地纠纷

在美达村，我们刚开始访问美达村华人时，只要一提起 Soh Pek Soel，村民们似乎都会露出一种愤怒的表情。大多数村民认为，这个 Soh Pek Soel 想霸占他们的土地，将美达村人变成无家可归的人。有关 Soh Pek Soel 的为人，一位华人这样说道：

> 这位 Soh Pek Soel 是一个很厉害的人，不仅是一位精明的生意人，而且是很霸道的人，他建立了许多不同寻常的关系网，跟他合作的人有许多大人物，其中就有苏哈托的孩子，还有在当时是一个很有势力的强人，即一个陆军司令。正因为这样，Soh Pek Soel 就显得目中无人，很狂妄。他开始也是一个普通的商人，到他去世的时候已经拥有矿场。
>
> 1985年的时候我们刚开始打官司，那个时候我要找他谈话，所以我就找到一个人带我去他的办公室。其实我本来是认识他，但那也只是一面之交。然后他就跟我讲，你啊，我们买地啊，是不会退的，你不要想着要我退了这块地。他态度很生硬，我们话不投机，那次谈话也就不了了之。
>
> 回来之后我们就开始打官司了，其中有四次和解我跟他见面了三次，他也是有头有脸的人，1996年我们和解过，1999年和解过，2003年的时候也和解过。但是都没有和解成功。刚开始是因为钱数目的问题，1996年他要给我一个当时的数目，但是又不成，为什么不成呢，因为他不想先给我约定的数目而且要求美达村的人要全部搬走才给。三次都是因为这个原因。2003年的时候，有一个银行的董事长，和我很好，也和 Soh Pek Soel 很好，所以就由他来调解，那时候我们已经说好了。去到当地去问难民们怎么去赔偿，就想着这块地留给难民们住，但是2004年的时候他就毁约了。①

---

① 2015年9月8日笔者对TS的访谈。

据了解，1983 年 Soh Pek Soel 就开始着手与陈丰盛家族抢夺这块 15 公顷的美达村土地，而且在官司诉讼期间，曾私下在日里苏丹的后裔那里暗中买下一块属于 Grant Sultah NO 265 的 73 公顷土地，其中包括陈丰盛先生拥有的已经借给亚齐难民而使用的那块 15 公顷美达村土地。1985 年，Soh Pek Soel 让日里苏丹后裔出面与陈丰盛家族打官司，美达村便开始陷入迟日旷久的官司之中。有关这个官司，陈丰盛的一位亲戚说道：

> 1985 年开始，Soh Pek Soel 就开始征这块地，利用打官司的形式，所以我从那时候开始就跟他周旋了。我跟他打官司打到了 2012 年，总共打了 28 年的官司。中间有胜败，其中涉及民事案、刑事案还有一个是有关政府的纪律的案件，全部打了 17 场官司，都是这块土地的问题。打刑事案官司是因为有一次我伯母去世，伯母就签了一个合同说这块地已经给亚齐华侨难民了，我在里面是公证人，所以政府又抓了我，抓了我父母，又抓了陈松茂。本来是 Soh Pek Soel 买卖我的土地，但是到了他那边就成了我买卖他的土地。因为打这些官司我还得到了一个头衔"专门打官司的人"，用现在的话来说就是"官司控"。①

据调查，Soh Pek Soel 1985 年让日里苏丹后裔与陈丰盛家族打官司后，陈氏家族被迫应对，但陈氏家族在第一次官司中败诉。1993 年陈氏家族提出翻案上诉（PK），此翻案上诉在 1996 年被最高法院认定为"Tak Dapatpiterima"（NO），即未判胜负。最高法院的这个判决，本来可以让陈氏家族有权重新从地方法院再控告，无奈陈氏家族这时又因内部分歧而错失良机。随后，棉兰地方法院发出通知，告诫美达村居民，谓因苏丹继承人已与 Soh Pek Soel 签了和解协议，承认其与 Soh Pek Soel 在 1983 年达成的买卖土地契约，故 Soh Pek Soel 已成为包括美达村土地在内的 73 公顷土地的合法主权人。在这种情况下，美达村居民虽然明知 Soh Pek Soel 在法律上存在不合法之处，但为了能早日解决此土地问题，也只好试图通过和谈的途径来争取解决美达村的土地问题。

1996 年 3 月，印尼雅加达华人林如光作为美达村土地案的调解人，

---

① 2015 年 9 月 8 日笔者对 TS 的访谈。

美达村派出了陈松茂、朱丽辉和冯焕璋三人为和谈代表，前往雅加达林如光先生的工厂办事处与 Soh Pek Soel 进行谈判。双方就美达村的土地价格进行了谈判，结果议定地价为印尼币 72500 盾/平方米（1995 年官定收税地价为 82000 盾/平方米），包括做出土地证费用。双方约定美达村居民应将买地之款先存入银行，待土地证做出后，Soh Pek Soel 一方才可以领出村民们存入银行的存款。当时，美达村的代表提出应立即立书面协议，但对方借口其土地证还需费时间加以办理完善，并承诺当年年底可以签订书面协议。

可是时间到了 1997 年 9 月，未见到 Soh Pek Soel 的书面协议，而在棉兰当地的一份报纸上却出现了一则棉兰土地局的通告，谓根据 1997 年 9 月 1 日国家土地部长的决定书规定，美达村的土地由国家直接管制，居民有优先权申请土地证，但需赔偿 Soh Peh Soel 的损失。这样 Soh Pek Soel 方面便告知美达村方面，由于他们在料理这种手续过程中再多花了不少钱，土地的卖价已不能按照议定的旧价。在这种情况下，美达村居民的三位代表于 1997 年 10 月再赴雅加达在原调解人面前与 Soh Pek Soel 重新谈判。Soh Pek Soel 提出新土地价为每平方米 10 万盾，调解人建议改为每平方米 86250 盾，美达村代表当时表示同意，但 Soh Pek Soel 却推说他需要同合股人再商量。谁知，这次也与上次一样，从此杳无音信。

然而，在 1998 年 12 月美达村的居民们突然接到当地区长（Camat）分批传召到其办公署，居民们被告知：Soh Pek Soel 已是纠纷地的合法主人，他有权卖地，价格是每平方米 20 万盾。如果居民不买的话，Soh Pek Soel 有权申请法院驱走居民，收回其土地。当时，美达村人的经济状况普遍不好，如此高价（官定收税地价才 128000 盾/每平方米），大部分美达村居民表示无能力购地。结果，美达村全部 400 余户居民，只有 7 户按此价格买成地。

由于美达村绝大多数的居民没有办法购买 Soh Pek Soel 开出的高价地，1999 年 2 月 18 日 Soh Pek Soel 通过报刊登出通告，限期美达村居民必须在 14 天内向其交付赔偿费，否则他要把土地转给愿付赔偿的外人（非居民）。而在通告发出的第二天，Soh Pek Soel 又向地方法院控告美达互助会主任，也是美达村土地的代理人陈松茂，控告陈松茂签了"声明书"，曾答应向 Soh Pek Soel 买地而失约。地方法院根据 Soh Pek Soel 的控告，判定陈松茂败诉，并判决陈松茂需自动搬空房屋，陈松茂不能接受。

于是地方法院根据 Soh Pek Soel 的要求，下发强行 EKSEKUSI（执行），从而引起了轰动一时的"反迫害"事件，棉兰的《印广日报》全程报道了此次事件：

>　　法院也不顾议会的劝告，终于九月十三日一定要强行 EKSEKUSI 陈松茂的家，美达村居民无奈被迫起来维护已定居 30 年的权益，集体拒绝不公正的迫害的行动。
>　　是日早晨，居民纷纷准备阻拦"新地主"的迫害，挂起横幅标语，张贴标语于墙壁上，谴责"新地主"的行动就是迫害，得到许多周围居民的同情与支持，到现场采访的新闻和镜头者有五家电视台和很多报刊的记者，紧张气氛笼罩素来平静的美达，今天美达学校放假，全部内外读书的学生停课，九时起美达关闭集市，男女老少自动地出动，人数有千多人，同情美达村居民遭遇的斗争民主党和大同党及民间团体成员纷纷前来，人数众多，形成了一支说理争取安定、权益的和平大队。
>　　棉兰日里镇的三位官员、警长，地方警员提前到场，先到场，先作十点观察与了解，也有军方人员到场观察。
>　　约上午十时，三辆小汽车来到，有一车是法院执行任务的人员，另两辆是机动警察。地方官员与居民迎上前去，地点是在美达村进口处的大路上，气氛有点紧张。商谈花了许多时间，执行 EKSEKUSI 者还是坚持一定要行动，不时以手提电话跟地方法院联系。院长难作决定，问苏的律师马质意见如何，马质在指挥似的，回答一定要执行。最后军方与地方三位长官一致表明，如此人多严峻的局面，强行会引起不愉快的事件，我们不敢承担责任，要法院承担，或请法院长亲临现场体会实况，这才促使签下暂停执行的决定，时间已是十二时多。
>　　在现场上，群众非常斯文有秩序，会乘机与警察们交谈说理，供应茶水，呈现和善气氛。当大家听到 EKSEKUSI 不成执行，欢呼叫好，居民们唱印尼歌曲。本来前来执行行动的武警，脸显笑容，挥挥手，有的还伸出大拇指表示赞意，而居民乐得更欢了，同时挥手，声言多谢送行。
>　　今日的 EKSEKUSI 本属凶险极令各方担忧的大事，毕竟市场不

佳，大众欢迎如此妥善结束。①

正像《印广日报》所报道的，2000年9月13日针对美达村村民陈松茂家的EKSEKUSI行动，由于美达村村民的团结一致抗争，以及当地一些地方官员的劝阻，最终没有引起大规模的冲突事件。面对棉兰地方初级法院暂时宣布停止EKSEKUSI，事主陈松茂于是向苏北省高等法院提出上诉，抗诉给予他的莫须有的罪名，而原地主陈丰盛的家族因发现有新的证据②在此之前也向印尼中央最高法院提出新的诉讼。2002年8月，印尼最高法院重新判决陈丰盛家族胜诉，但Soh Pek Soel一方不服，仍再次上诉要求复审，2004年9月8日印尼最高法院再作出终审判决，陈丰盛家族胜诉。然而，Soh Pek Soel于2005年7月借口有新证据翻案，再起新官司。就这样，陈丰盛家族与Soh Pek Soel有关美达村的土地纠纷官司反反复复，没完没了，而美达村居民则每天生活在这种保卫家园或失去家园的煎熬之中。据资料显示，美达村居民曾于2006年12月27日在《国际日报》上刊登"棉兰美达居民告社会人士书"，表达了他们的无奈并渴望获得社会的帮助，该书这样写道：

棉兰美达村居民告社会人士书

棉兰美达居民是亚齐难侨，于1970年，经遣侨委员会主任耶古拉威中校苏北政府审查慈善家陈丰盛义借10公顷多的证件后，批准与协助出收容所，人数二千多名，落户在美达，重建了家园，成为合法的公民。当时中校代表苏北政府还函谢陈先生的善举。

1992年，椰城Soh Pek Soel炒地商，突然以"新地主"之名，要求居民签名承认其主权，可以购地，做出地证。他还甜言说，乃父苏用炉，前南安理事，其志行善。我会遵其志行事，免被人指骂。但事实差矣，居民却被种种欺压多年。

后来陈家控告苏炒地商，以他1926年8月16日（有棉兰土地局注册）的苏丹地证内之地，非对方1916年7月1日（没在棉兰土地

---

① 何明：《千多美达居民促使凶险EKSEKUSI妥善收场》，（棉兰）《印广日报》2000年9月19日，第8版。

② 1999年3月陈丰盛夫人控诉苏清志与日里苏丹后裔1985年签的买地证据是非法的，因为1985年苏丹后裔已根本对此土地无拥有权了。

局注册）的苏丹土地证之地为由，连胜三场官司：一是 2000 年胜于棉兰高等法院，二是 2002 年胜于中央高等法院，三是 2004 年胜于中央 PK（终审）。同时苏炒地商与苏丹后裔在 1983 年官司中法院冻结土地期间的 22 号购买证被吊销。

我们居民在美达土地上住了三十六年，并得到陈家授权集体申请土地证，已办妥测量、绘图、申请等手续，土地证将要发下之时。Soh Pek Soel 则在地方法院制造案件企图阻挠。最近一次以他本人提控，控词谓见到美达地段竖牌（2004 年立的）才惊知自己的地被人占去，而陈丰盛的地则不知在何方。谎言骗不了人，却骗了地方法院接下案件，没有现场实地调查，认定美达的地不是陈家的。令人质疑：处理难侨落户在美达的耶古拉是个活证，数千居民住了三十六年的铁证；陈家三次官司获胜的证件；Soh Pek Soel 官司已败失去同类案件的提控资格；Soh Pek Soel 执的苏丹地证（1926 年的）之土地真不知在何处等等实证资料不被重视。

美达居民对地方法院如此不马虎不公正的处理，认为后果严重，失去法律尊严，破坏数千居民三十六年合法定居的土地权益，不利于社会和谐与外国投资支持印尼建设。我们居民坚决反对 Soh Pek Soel 胡作非为，制造"人为海啸"加在美达居民的头上。忍无可忍专此端出真相，让诸公明察。并疾声吁请社会团体及人士给予正义的声援，是人民、社会、国家之幸。

棉兰美达承权处理土地小组　敬启
2006 年 12 月 22 日①

二　美达村土地纠纷的和平解决

正像上面所述，美达村的土地自 20 世纪 70 年代中期就开始发生纠纷，其间经历了陈氏家族与其助手阿曼·巴巴汉的官司，以及陈氏家族与 Soh Pek Soel 的官司。特别是 1985 年开始的陈氏家族与 Soh Pek Soel 之间的官司，经历了要么陈家胜诉，要么 Soh Pek Soel 胜诉的曲折起伏过程。陈氏家族与 Soh Pek Soel 之间官司打了 28 年，其不仅给美达村居民带来

---

① 《棉兰美达村居民告社会人士书》，《国际日报》2006 年 12 月 27 日，A1 版。

了无尽的烦恼和不安，而且让陈氏家族和 Soh Pek Soel 双方都感到十分筋疲力尽。时至 2012 年，美达村的土地纠纷官司终于迎来一个转折点，即出现了愿意就美达村土地纠纷官司进行调解的二位中间人。一位是时任苏北印华总会主席的黄印华先生。他在得知 Soh Pek Soel 已经赢了最终的官司后，感到十分不安，于是运用个人的魅力，找到他的好朋友和老同学，即时任苏西洛总统府办公室的秘书长，以及最高法院院长叙述了有关美达村土地纷争的来龙去脉，有关这件事处理的过程，黄印华这样说道：

> 在美达村土地上官司问题，他们打了几十年的官司，到后来最终是那个 Soh Pek Soel 打赢了这场官司，造成美达村村民要面临着被逼迁的危险。我们都觉得这个比较麻烦，刚好当时那个苏西洛总统府办公室秘书长是我的同学也是好朋友，最高法院院长也是我们的同学。因此，为了解决这个问题，我就带着美达村的朱丽辉、黄广政和刘德亮三人来到总统府。到那以后，我与总统办公室秘书长讲，如果这两个官司是两个发展商在斗，我们大不必参与在里面。不过，这里涉及很复杂的一面，其实中国政府在道义上负有一定的责任，现在是中国驻棉兰领事馆希望我出面，帮他们处理这个事。因为本来这批人在 60 年代是准备要被"光华轮"接回的，后来由于中国国内的种种原因，所以这些人就留在这里了。本来那个土地是不值钱的，后来发展下去就值钱了。所以这个发展商就进来了，想要这块土地。当时，总统办公室秘书长就问："官司既然打到最后一步了，那怎么办？"我说，最终这场官司我是希望大家能坐下来重新再谈，不过以目前的处境，他已经打了几十年的官司，再这样坐下来谈哪有这样的道理。唯一能够逼他坐下来再谈的是，就是不能让他执行逼迁的行动。如果不能逼迁，即使打赢官司也等于零，是没有用的。后来，总统府办公室秘书长说，你把这件事告诉中国驻棉兰领事馆，让领事馆采用信访的方式给总统府一封信，要求公正，再由总统府办公室交给最高法院。
>
> 后来我又带朱丽辉、黄广政和刘德亮来到了最高法院院长的办公室，直接见院长，总统府办公室秘书长随同我们一起去。当我们在最高法院院长办公室见到院长时，总统府办公室秘书长对我说，院长是我们的老同学，直接见他就行了，何必要见我？我说，这不行，这是有关公事，既要见你，也要见他，因为他是法院院长，让懂法律的来

审查这个案子。院长让我们坐下来后，他对我说道，今天我们是以同学的身份，不讲官司，因为不能在办公室面见打官司的人。我说，如果不是官司的问题，我也没有，你也没有这多时间来与我见面。与院长见面后，我就给他从头讲述这场官司的来龙去脉，并说现在 Soh Pek Soel 赢了，我们现在唯一的要求是不能让他执行逼迁的行动。院长听了我的叙述后说，这在法律上是可以。我问，法律上怎么可以？院长说，这场官司当时打的是两个人，现在陈亭墅输了，Soh Pek Soel 赢了，不过这个官司在法律上是有缺陷的，因为他们两个在打土地官司，而居住在土地上的人却变成法律的牺牲品，这是不公平的。后来，我才明白，如果 Soh Pek Soel 打土地官司不单单是针对陈亭墅，而如将美达村的村民放在案件中一起来打，那就比较麻烦，所以这场官司就存在这种法律上的缺陷。

我们去总统府办公室和最高法院后没到一个星期，高等法院就收到了最高法院的一封信，信虽然写的较为笼统，但信的内容大概是："这次官司如果要逼迁，会牵涉到很多人，所以在逼迁前首先需向最高法院申请准字（证）。"高等法院见到这封信后，就感觉到最高法院已经知道了详情。所以，后来高等法院就让这场官司的双方再坐下来继续谈了。①

除了黄印华先生通过个人的关系来处理美达村的土地问题向好的方面发展外，还有一位居住在雅加达的华人张德超先生，他一直在高度关注美达村的土地纠纷，受到好多好友的要求，愿为争取美达村土地纠纷的和平解决尽点力。为此，他找到棉兰的华人廖章然，并委托廖章然邀请美达村代表及涉及诉讼的各方，到雅加达协商寻找土地纠纷的解决办法。调解人张德超在其授权人黄琛明的陪同下，与涉讼各方即 Soh Pek Soel、陈亭墅和美达村代表朱丽辉等，前后四次举行协商，涉讼各方都展现出了前所未有的诚意，积极支持张德超提出的"停止讼诉，和平解决"的建议，并以互相尊重、互相谅解、以和为贵的精神授权黄琛明先生代表 Soh Pek Soel、陈氏家族两方于 2012 年 12 月 19 日在棉兰 Soeparno, SH 公证处落实并签订了和解协议书及授权书。有关和解过程，陈丰盛的一位亲属这样

---

① 2018 年 8 月 3 日笔者在棉兰与黄印华先生的访谈。

说道：

> 2012年要签和解书的时候，他的代表来了，我就跟他讲，一定要在和解书上写上"这块地本来是陈丰盛的"，后来他也同意了。再后来的官司的事情是官司的事情，也要写进去，28年的官司总是输输赢赢，没完没了。现在已经和解了，签了和解书半年Soh Pek Soel 就去世了，他比我大六岁。[1]

2013年4月24日晚上8点，棉兰美达村土地纠纷和解成功发布会在该村的美达互助会礼堂举行。已故陈丰盛家族代表华鲁汀法学士，Soh Pek Soel家族代表马日·胡达卡奥法学士，调解人张德超的代表黄琛明，调解联络人廖章然，美达村的陈松镇、谭保霖、朱丽辉、黄广正、叶志宽、刘德亮、陈增志及美达村村民三百余人出席了这次发布会。

在这次美达村土地纠纷和解成功发布会上，美达村土地小组成员陈增志主持会议，他在会议上说明了开会的目的，并代表其父亲，美达互助会前主席已故陈松茂向社会各界多年来对美达村的关怀和支持，表达衷心的感谢和敬意。对美达村村民长期来坚持团结，互助合作的精神表示感谢和赞赏。他在会上强调，美达村448户居民，于2004年4月19日在H. Achmad, SH公证处，以第6号至第20号公证书委托他等为代表，参与一切有关美达村土地问题的协商和采取必要的决定。作为美达村村民代表，针对美达村的土地问题，秉承前辈领导人的指导和村民的意愿，他始终会以村民的利益为前提，不敢有丝毫遗忘。

就和解的法律依据和法律定位，廖章然在会上邀请在座的涉讼双方的律师Abdul Majid Hutagaol, SH及Fachruddin, SH分别代表Soh Pek Soel、陈氏家族两方正式宣告终止有关美达村土地纠纷在棉兰地方法院及高等法院的诉讼，并已把公证处签订的和解协议书呈交棉兰法院，以法院判决书的形式宣告终止讼诉。双方的律师在会上相拥发言，郑重宣布：美达村的土地纠纷诉讼，已经终止了。[2]

至此，长达几十年的美达村土地纠纷的官司，终于画上了句号。根据

---

[1] 2015年9月8日笔者对TS的访谈。
[2]《棉兰美达村土地纠纷宣告和平解决》，《讯报》2013年4月29日，第6版。

陈氏家族与 Soh Pek Soel 家族达成的协议，美达村村民便开始进入办理土地转让权的过程中。陈氏家族与 Soh Pek Soel 两家的授权人黄琛明为了方便村民办理土地权事宜，特委任村民代表朱丽辉、黄广政、叶志宽、刘德亮及陈增志组成五人小组，协助授权人，为村民提供方便和协助。有关办理土地转让权的情况，一位美达村村民说道：

> 美达村土地转让权是非常复杂的，也有很多争议。根据协议，美达村民获得土地权需缴纳一定数目的费用，其费用分几次缴纳。一开始，美达村华人中有50户人家已经交了30%的钱，这个钱交给银行，一年之内如果没有得到土地证，将把这个钱返还。这30%的钱是用以制作土地证的，等到土地证上出现了户主的名字之后，户主再交纳另外30%的费用，等到土地证的所有手续都办好之后，户主再缴纳剩下40%的费用，相当于分期付款。以前交给陈亭墅的钱，先扣掉那部分钱的50%，后期再把剩下的50%扣掉，这样就把之前给陈家的钱全部扣掉。这个钱的处理全权托付黄琛明处理。现在很多人都处于观望状态，还有很多房子已经几经易手，比较复杂。
>
> 房子转卖一般找证人就行，证人可以是朋友和巷长，如果证人不在了的话，就难办了。现在美达村华人有550多户人家，还有100多家当时没有交纳30%的钱。如果按照以前的房子来算的话，就只有400多户人家而已，但是很多大家庭都在原来土地的基础上进行了再划分，从而使户主越来越多。进行了土地转让的人家超过20多家，单是第五路就已经有十多家，那里有很多工厂，如果一个户主有几间工厂，把其名下的土地都申请为一个户主下的财产的话，这些土地就只属于一个户主。
>
> 没有门牌的地方是之前不属于陈家的土地，是原住民住的地方，后来卖给了华人。在六路住了很多印尼人，不属于陈家的地，但是里面又有3间左右是陈丰盛先生送给他的亲戚住的，又有几间是属于组织上分配到的美达村华人居住的。很多印尼人的土地已经卖给华人居住了。组织上分配的土地长度为23.5米，第六路的土地有两列，第五路的一边房子的深度是23.5米，另一边原来是印尼人居住的地方，房子的深度是30米。
>
> 如果现在还处理不好这个土地问题，到了第三代的话，更难处理

了。现在很多人都到外面买房子，可以直接得到土地证。50 家已经做出了反应，如果能够直接得到土地证，其他人可能也会顺从这个做法。就像当时接电的时候，也是有人牵头，大家才一起把电都连起来了，水也是这样，有 20 几家率先拉起了自来水，后来才实行全方位覆盖，当时也有部分家庭家里打井使用。现在想要实现煤气的全方位覆盖，但是没有取得成功，因为有些人不愿意。购买土地的 50 多家也是怀着闯一下的心态进行的，希望可以得到完美的解决。这 50 多家有相信组织的，有有钱的，也有不是很有钱的，但也想闯一下。建一个房子要五六万货币，办土地证需要 50 多万货币，所以很多人都在观望，村里也有很多人还是很辛苦的，陈松茂先生去世之前提出了一个呼吁：大家都是一起过来的，希望大家可以妥善解决这个问题，同时不要把困难的人家落下。要妥善解决这个问题也不容易。①

图36　目前棉兰住房管理局给美达村村民颁发的房产土地证（郑一省摄）

---

① 2015 年 8 月 25 日笔者在美达村与 DL 先生的访谈。

根据调查，目前美达村有400多户，已经有337户申请办理房产土地证办证的手续，到目前为止已正式拿到房产土地证的有131户，其余会陆续得到土地局办理土地证的通知。另，在全村400多户中，还没有申请办理的有100余户，其中有30%是无能力办理的。这些现在还未申请房产土地证手续的住户都要等上面300多户处理完毕后才可能再给予办理。[①]

其实，办理房产土地证的事情在美达村村民之间引起了一些争论。老一辈的村民盼望着早日处理完房产的事情，他们认为美达村的土地能和平解决，对于村民来说是一个机遇。而一些村民则认为，陈丰盛先生当时是无偿让我们住的，现在已经住了30多年，而且根据印尼的习惯法惯例，凡在一块土地上居住了20年，这块土地就可以归居住者所有。还有的村民认为，2005年时陈氏家族让他们交购买土地的钱，但有的交了后从此杳无音信，也没有看见土地证。这次又要美达村村民交钱买地，前车之鉴不可以不思考。村民之间的种种议论，由于不同意见的村民之间没有沟通清楚，从而导致某些村民之间产生了一些误会或矛盾。

---

① 2018年4月30日笔者在微信上与DL先生的访谈。

第五章

美达村华人的经济与商贸网络

由于美达村接近棉兰市区，出入方便，市场广阔。因而刚搬到美达村的时候，大部分人做起了小规模的手工业，如做些皮包、衣服和鞋子等，赚些加工钱；部分人在家里做起了家庭手工业，加工饼干、面干、花生、糖果、冰块等小物品；小部分人开起了杂货店，专营日常生活用品，为居民的生活提供了许多便利；另还有小部分人开了饭店、面食店，凭借自己的手艺也赢得了一片市场。还有的抓住周边的发展机会，从开始销售汽车配件，到做汽车运输业；还有的从小食品作坊发展到现代化的食品厂。

据调查，美达村内的商业经济活动较为发达，主要体现在两个方面：一是繁荣的巴刹（市场）；二是林立的店铺。美达村的商户主要集中在美达大路（Jalan Metal Raya）和美达中路（Jalan Metal Tengah）两旁，特别是在美达中路，仅有5米宽的小路上，形成了一个约500米长的市场，当地人称为"巴刹"。市场两边的固定摊位约有170家，主要经营除蔬菜、水果、糕点等食品外还有服装、鞋帽、日用杂货等生活用品。经营的商贩除本村华人外，大部分是来自附近村庄的马达人和爪哇人。美达村固定商店共有58家，种类多样，其中有小吃店14家、杂货店14家、咖啡店7家，除此之外还有蛋糕店、超市、服装店、手机维修店点、干洗店等。除了商业的繁荣以外，家庭式的手工工厂也发展迅速，美达村的许多住户将房屋租赁或专卖给本村或外村人来从事手工工厂的生产。据我们了解到，仅在美达村村内的工厂就有49家。这49家工厂中有汽车修理厂、家具制造厂、铝产品生产厂、果冻制造厂、糕饼制造厂、皮包皮箱制造厂、印染厂等。

随着生活水平的不断提高，一些服务性质的行业也在美达村出现，现在美达村有网吧两间、美发沙龙两间、旅行社一间、KTV一间。还有一间健身房。

第一节　村中的"巴刹"

"巴刹"一词来自马来语，原来的拼法是 Pasar，词源来自波斯语。意思是市场、集市。在闽南语里也一直把集市叫"巴刹"，这有可能是与明朝时期泉州港的波斯人有重要的关联。我们知道集市是人类社会发展的产物，是现代乡村经济与文化生活的中心，集市贸易反映了乡村社会最主要的经济文化活动，因此研究华人的经济文化发展现状，集市也是十分重要的一个内容。

一　巴刹的出现与兴旺

美达村的"巴刹"（Pasar，市场），是在被称为"美达中路"的地方，这个地方刚好是美达村的中心地带，它从棉中区的美达五路一直延伸到老人院区的美达一路。这个"美达中路"宽5—6米，长500米，其两旁设置了许多卖菜的、卖衣服的、卖早点的固定摊位。据说，早期刚建立时美达村的居民为解决生计问题，在美达中路和二路的交叉口位置放上个木头桌子就做起了生意，有的将自家做好的糕饼拿来卖，有的则从中央市场将水果蔬菜批发回来之后摆在巴刹里卖，这些卖家大多属于临时性的，摊位谁先来，谁就先占，也不需要费用。最初做生意的很少，只有几家。一位曾在巴刹做过生意的村民说道：

> 巴刹很久就有了，当时人很少，大家拿着桌子就摆来卖。后来摆着摆着人就越来越多。[①]
>
> 我们在烟寮的时候不给单干，做饭或者做菜的一包包的包起来用篮子卖，我父亲就是这样做糕的也是这样拿去卖的。有的做豆腐水、有的做面干就拿去卖。搬到这里来以后就去中央市场进菜到美达村的巴刹卖。刚开始摊位没有人要的，就搬个桌子在那一放我就卖了，没有别人要，我开始卖菜到九点，卖完了以后就卖水果。1975年左右印尼人就来卖水果。他们刚一来的时候还有些担心，可是人越来越

---

① 2015年8月1日笔者在美达村与H的访谈。

多。我到 1976 年就不卖菜了，因为印尼人越来越多。印尼人不进来还好赚，中国人当时只有 5 个中国人卖菜，一千盾的菜我们卖 5000 盾。生意很好，印尼人一来就很便宜。①

1975 年左右，周围村庄的其他民族销售者也进入这里，村里管理机构开始设置固定的摊位，收取租金。而除了卖菜、卖肉外，一些服装、咖啡等小商贩也进入其中，街两旁的房屋也改造成诸如咖啡屋，而卖各种杂物的亚弄店也逐渐多了起来。随着巴刹卖东西的商贩越来越多，巴刹的范围也在不断地扩大。如今的巴刹从最初中路和二路交叉的位置不断向两边扩展，向南扩展到第一路和美达大路两侧 30 米，向北则一直扩展到了第五路，并在中路与每个路口的交叉口处向东西延伸并不断扩大。

图37　美达村的巴刹繁荣景象（李晨媛摄）

在市场上卖东西的商贩也不再是流动的，而是变成固定的。现在摆摊用的台子也不再是简单的一张桌子。华人们将每个摊位用木条订成长方形的台子，台子上面用来摆放商品。台子里面是空的，回家的时候可以将没有卖完的物品放在里面。并在台子上面改上棚子，可以遮阳或避雨。台子除了木条订成的以外，还有的摊位是用砖头和水泥做成的。由于美达中路宽度是一定的，有的华人将自己的房子打通，将摊位改成了木头房子，并在外面摆上桌子。做生意的时候就将门打开，休息的时候再将门关上。

美达村的巴刹建立起来后，其销售范围覆盖很广，美达村周边的几个比较大的华人村落和社区的华人，以及一些当地人也到这里来采购。从每

---

① 2015 年 7 月 29 日笔者在美达村与卓别林店主的访谈。

天早上的 5 点多钟开始，巴刹都显得异常热闹，人来人往，熙熙攘攘，就像过节一样。不过，一过中午 12 点，所有小贩都收摊回家，商店也关上门。整个巴刹冷冷清清，好像空无一人，只剩下空空的货架，或满地的垃圾和一只只懒洋洋的猫。

图 38　每天中午 12 点后空荡荡的美达村巴刹（邱少华摄）

在询问为什么一到下午，整个巴刹各种商店门紧闭，货架空置，就连一个行人都找不到的时候，一位美达村华人告诉我们：

> 这里乡下很多人做完工，一到下午就玩玩或者在家睡觉，就没有人了。做工回来就没人出去了。[①]

其实，造成这种"半日集市"的原因除了常年高温的热带气候以外，也显示了美达村华人的勤劳，据说许多华人在吃过午饭后会继续到其他工厂里做工，而在此进行销售的当地印尼友族也需要回去干自己地里的活。所以附近的人们每天会在早上买好一天的吃食，过了午后便不再出门了。

据调查，美达村巴刹最早进行买卖东西的是本村华人，后来周边村庄以及其他地方的华人、友族（印尼其他民族）不断参与进来，卖东西的人越来越多，民族成分越来越多元化。在销售群体中，华人从最初的卖蔬菜、水果转换成卖日用杂货、糕点、进口水果、进口食品、猪肉和食品等。而友族主要卖蔬菜、时令水果、调料、鱼肉、鸡鸭、椰粉、服装等。不过，友族销售东西的种类也有一定的差别：爪哇人多卖菜和水果，尼亚

---

① 2015 年 7 月 29 日笔者在美达村与卓别林店主的访谈。

斯人卖鱼，巴东人卖服装，马达人卖日用杂货，等等。为了摸清楚美达中路巴刹的经营情况，我们曾对巴刹的经营者做过民族成分及籍贯的调查，其统计数据如下：

表10　　　　　　　　　　美达中路巴刹民族成分及摊位数

民族/籍贯	华族		印尼友族						外国人
	客家籍	福建籍	爪哇	马达	巴东	马来由	尼亚斯	达米尔	中国人
摊位数	35	14							
	\multicolumn{2}{c}{49}	37	67	6	6	2	2	1
合计	\multicolumn{9}{c}{170}

资料来源：美达村巴刹商铺及人员调查统计。

市场两边的固定摊位约有170家，主要经营蔬菜、水果、糕点等食品之外，还有服装、鞋帽、日用杂货等生活用品。从销售者的民族成分来看，印尼友族居多，而华人也占很大的比例，特别是客家籍华人较多。由此可见，美达村巴刹的市场参与主体日益扩大，并呈现多元化和以印尼友族为主的格局。

1. 果蔬销售

贩卖蔬果的商贩既有固定的摊位，也有流动性的，并没有聚集在一起，多数集中在市场的最外沿。也就是美达大路的两侧或是第五路篮球场的旁边。也有一些穿插在小百货和服装摊位的中间。

贩卖蔬菜的商户一般为当地的爪哇人，也有马达人，只有一家是华人，其来自郊区以种菜为生。一般固定摊位的果蔬都是来自棉兰的大市场。蔬菜的种类有很多，也是我们常见的，如土豆、西红柿、花椰菜、冬瓜、辣椒、豆角、胡萝卜等。也有一些叫不上名字的本地产的蔬菜，老板把菜按种类一摞摞地放好。他固定摊位的老板就坐在摊位的台子上叫买，把蔬菜就摆在自己的身边。有顾客挑中自己满意的蔬菜，他们就把菜放到身后的电子秤上称重量。

相比固定的摊位，流动的摊位卖的种类比较少，只有两三种，有的就是卖自家地里产的菜或者水果。流动摊位的印尼友族老板会在地上铺一块布，把自己的蔬菜放在最前面，自己则坐在菜的后面，等待顾客的挑选。

水果更多的是卖香蕉和菠萝。印尼当地人喜欢把香蕉和菠萝用绳子穿起来招揽客人。有时也会有附近的印尼村民将刚才下的新鲜的红毛丹或是榴莲拿到巴刹来卖。将它们放在竹子编的框里，把红毛丹分成一份一份，一样的价钱，你喜欢哪个就拿走。市场中有卖苹果、梨子、柠檬、猕猴桃等水果，这些水果大部分是进口的，价钱比较高。

经营水果的摊主多数为华人，每种水果成盒放置，包装也十分精美。不过，这些卖水果的美达村华人不仅卖水果，还随便卖一些自己现炸的"炸香蕉"等水果食品。

图39　卖水果的美达村湖北籍华人（郑一省摄）

图40　卖芭蕉叶的美达村华人（郑一省摄）

2. 副食品销售

在巴刹中,副食品摊位较多,有大大小小的 17 个摊位。其中属于华人的有 12 家,属于友族的有 5 家。

巴刹中的美达二路靠右第一家副食品摊位,是美达村村民 LILYING 开的,其主要经营:米、面、油、豆子、酱油、醋、酱、各种调料,还有腐竹、木耳、香菇的干货,以及鸡蛋、花生等林林总总几十种百货。据了解,LILYING 和其丈夫一起经营着这个小摊位,丈夫负责上货,她就负责售卖。夫妻俩用木条将摊位四周包围好,两边挂上各种干货和料条,后面的货架上摆满了酱油醋的瓶子。他们也把卖东西的台子用水泥做了加固。上面整齐地摆着鸡蛋、木耳、调料等常卖的日用品。LILYING 对笔者说:

> 我自己是客家人,最早是父亲在这摊位来卖猪肉。后来自己接了父亲的班开始卖鸡蛋。鸡蛋采买自民礼路。现在的货主要是从棉兰的大市场批发过来的,虽然不用天天去进货,但是一周还是要有两天去办货。一般是丈夫去,办货的时候要三四点钟到那里,也是十分的辛苦。①

第二家比较大的副食店也是在美达二路,即 LILYING 摊位的斜对面。这是一家为了卖东西临街修成的商店。这在巴刹里并不常见,可能是因为道路固定,这位店主就把自己靠近美达中路的房子打通,改成商店做生意。

这家副食商店不算小,5 平方米左右。前面是一个玻璃的展柜,后面的墙壁上也摆满了货架。卖的东西既不是干品也不是米面,而主要卖的是各种零食。卖的最多的就是饼干。这些饼干有雅加达出产的,也有许多是从中国台湾、新加坡、马来西亚等地进口的,售价也在 5—20 元人民币不等。除了饼干也会有一些饮料、牛奶、糖果等,售价自然会比较高。这家店的老板是一个"90 后"的华裔新生代,我们在跟他交流时他只会说一些简单的华语。所以他用英语告诉我,自己大学毕业就帮妈妈来卖东西,这些东西也是从大市场批发来的,因为价钱较高主要是卖给华人。印尼人也有来买。平时也会让人寄放一些东西在这里卖。自己毕业了以后不想去

---

① 2015 年 8 月 10 日笔者在美达村与 LY 的访谈。

打工，喜欢做生意，所以就接替了母亲的位置在巴刹里卖东西。

同样也是卖进口副食品的还有一家华人摊位在美达三路。主要是卖面，但是也在面店前面摆一张桌子卖进口的食品。只是卖的品种比较少，和其他卖进口食品不同的是，这家店不仅有各种饼干、虾片等小食品，还有日化产品。最右边的是一袋一袋的奶粉和威化饼干，中间是比较大的一盒一盒的进口饼干，左边放的是黑人牌牙膏、多芬牌香皂，还有我们从国内超市中可以买到的潘婷、轻扬、海飞丝等品牌的洗发水。

图 41　卖进口商品的摊位（李晨媛摄）

图 42　卖小吃的摊位（李晨媛摄）

3. 糕饼摊位

除了副食品外，卖糕点的都是华人，在巴刹里共有 6 家卖糕点的，每个摊位有的也会零零星星地放上糕点食品。在这些卖糕点的铺面中，一位名叫 C 阿姨的糕点摊顾客较多。

C 阿姨的糕点摊在巴刹的第三路，已经开了 20 多年。摊位只是简单摆了两张桌子。她卖的糕饼红红绿绿看起来非常的诱人。每种糕都用一个透明的塑料餐盒装好，用订书机的钉将盖子封住，面包也套着袋子。但是阿姨还是把这些糕点装在托盘上，整齐摆在桌子的最前面。

C 阿姨的糕点摊糕饼的种类很多，大多还是客家传统糕点如：粉红色钵粄、绿色的蒸糕、红色的发糕，当然还有白色的米糕粄，也会有加了很多椰浆的绿色的水晶糕。除了这种传统的糕点，还有很多做得十分好看的西式糕点，也有面包。面包的后面摆放着用百香果做成的一瓶瓶的果汁和辣椒酱。除了这些还有烤成花朵状和塔糖一样的饼干。C 阿姨也会卖一些成包炸好的虾条、鱿鱼丝和火腿。这些商品中，并没有很美丽的包装。因为这些糕主要是来自家庭的手工作坊和一些小工厂。C 阿姨告诉我们，这里的糕是她姐姐做的，西饼和饼干是进口过来的。像这种炸的虾条就是别人放在她这代销的。[①]

图43　C 阿姨的糕点铺及其商品（郑一省摄）

4. 水果食品

印尼是一个热带水果异常丰富的国度，不仅到处是香蕉、菠萝、莲雾、杧果、木瓜，还有一些在中国看不到的水果如 Kong kaling、Kedon-

---

① 2015 年 8 月 23 日笔者在巴刹与 C 阿姨的访谈。

dog 等。在美达村，当地的华人在享受这些水果时，还别出心裁地开发出美味的水果食品。在美达大路就有一家销售"Yung Rujuk Aceh"（亚齐鲁杂）食品的，开发这个食品的是美达村华人老秀瑢。有关这个食品，老秀瑢这样说道：

> 我做这个水果食品之前，除了做司仪外，我自己也做裁缝，还学做食品。大概是 90 年代中期。那时是与我在亚齐的大姐学的，刚开始是做食品，如蛋糕等。在 2012 年开始，我就开始做这个水果食品。
>
> 我这个水果食品名叫"Yung Rujuk Aceh"（亚齐鲁杂），该产品主要的水果配料有芒果、番石榴、猕猴桃、木瓜、黄瓜、地瓜、凤梨、Kedondog，外加糖、白米醋和一些辣椒。杜果需选择本地的，即棉兰的杜果，因为这种杜果比较香。
>
> 那时做的不多，那时还没有几个人知道，只是到了 2014 年我才开始做得比较多。有商标和招牌的形式，是在 2016 年年尾。这个水果食品开始是通过熟人，也是靠朋友一个传一个传，吃了我这个水果食品的人相互传开而销售的。有时我女儿也在网络上，像利用维阿（像中国的微信）收一些订单销售。
>
> 现在的销售量不大，因为生产的量不大。不过，如果谁急着要，我还是会尽力生产的。记得是今年，有一个叫 Bali kado 小超市要开张，她 7 月 6 日给我打电话说，8 日能否给我订 100 公斤，我说，可以。当时老公对我说，你真是胆大，交货的时间只有两天。两天后，我也按期交货了。有时我也将制作好的产品，直接发给大批量需要这个"亚齐鲁杂"的客户，我可以不提供我的商标。由他们自己销售即可，因为他们觉得这个产品较好。①

美达村华人制作糕点、水果食品的手艺从集中时期就有，一直延续到现在，许多糕点、水果食品看似比较简单，但只能在美达村才能吃得到，所以许多居住在棉兰市区的华人为了吃到比较正宗的糕点、水果食品，就会驱车到美达村来逛巴刹，品尝美食。美达村华人不仅延续了集中时期制

---

① 2018 年 8 月 4 日笔者在美达村与老秀瑢的访谈。

图 44 老秀瑢的 "Yung Rujuk Aceh"
（亚齐鲁扎）水果食品及其店铺（郑一省拍摄）

作糕点水果食品的传统，还创新出许多新的食品，其中老秀瑢的 "Yung Rujuk Aceh"（亚齐鲁杂）水果食品就是一个代表。

5. 生鲜摊位

美达村的生鲜摊位有很多，有卖猪肉、鸡肉、鱼虾的。其中卖猪肉的 7 家，华人 6 家，马达 1 家；鸡肉 4 家，其中 2 家爪哇人，两家马达人；卖鱼有 10 家，其中华人 1 家，3 家马来由人，其余几家都是马达人。

印尼是个伊斯兰民族为主的国家，所以猪肉只能在华人社区里卖。市场上卖猪肉的除了华人，还有马达人，而美达村华人卖猪肉的只有 1 人，在美达二路，其余华人是来自农村靠种菜养猪的福建人，比较集中的分布在三四路之前，还有一个就是马达人，在美达大路上。

QYN 就是最早在巴刹卖猪肉的美达村华人，祖籍是广东惠州。爷爷最早从中国来到亚齐，家住在大亚齐的蒂斯堆（Disidun）。父亲叫 QHQ，母亲叫 ZZD，家里一共五个孩子，有四个妹妹嫁去了台湾。在烟寮时，老人院时就养猪，当时是养小猪长大了卖出去，打架事件后他父亲就在老人院卖猪肉。后来 70 年就开始在巴刹继续卖。当时巴刹卖东西的人很少，主要从大市场进过来。大概 1988 年，也就是 QYN 父亲 67 岁的时候，他接了父亲的班，现在的猪肉大概一斤卖 15 块钱人民币。QYN 这样告诉我们：

图45　美达村巴刹的猪肉摊（李晨媛拍摄）

　　养猪的不知道在哪里。我在这里卖东西卖了45年了。是我爸爸就在这边卖，以前的猪肉都是从菜园进的，一公斤猪肉卖6万盾。这个是两三年的价钱，美达村的物价变化不大。以前的钱很大，现在不大了，我们集中的时候黄金才200盾。我也是从亚齐过来的。我们70年的时候。最早就是我们先，我的父亲和几个人就在这里。这个路更大，所以我们就在这里卖咯。我爹以前也是养猪的，亚齐也是杀猪养猪，我是客家人。1958年3月10日出生。我是从大亚齐来的。我是广东惠州人。最早来中国的是我公公，我的父亲叫QHQ。我有兄妹五个，妹妹4个都嫁去台湾。家里没有人家要所以才嫁出去。我的妈妈叫ZZD，住在大亚齐的斯对，斯对的人全部养猪。以前在亚齐可以养猪，现在就不可以。印尼人不让呀。现在亚齐人想吃猪肉要从棉兰寄去呀。我不喜欢亚齐，棉兰更好，亚齐没有这么漂亮的菜卖的。华人更多人做生意。我们后来就搬到老人院，也是卖猪肉。跟组织上养猪。组织上有钱买小猪来养。在老人院卖的猪肉是小猪养大的活猪，我们卖的是从外面采购进来的。打架后我们就可以卖猪肉了。我们那时候还小不能打架。看人家打架咯。我们自己在外面买。我父亲卖的时候我也不记得多少钱一公斤。我父亲67岁的时候我接手的。那时候得有30多岁。在这之前我什么都做，跟广政一起做，帮他拉货咯。我也有汽车，家里用的。他的车在外面出去拉货，我们就帮他做工咯。华人没有很多，印尼人后来就进来咯。印尼人跟我们卖的不一样。这个菜他们从马达山拿过来的。我们卖的就不一样。他们印尼人一有钱就不干了，马达人不一样，找钱，像我们中国人。市场现在更多的人卖东西的。1993年之前在大路上卖东西，后来被撵进来到第五路，后来越聚越多。我现在也不知道这个摊位多少钱了。每天有新货开车将猪肉载去我们家。①

除了QYN，其他几家卖猪肉的华人是来自勿拉湾路菜园的福建籍华人，离美达村很远，每次都开车来卖猪肉。

市场上除了卖猪肉以外，还有卖鸡肉的。卖鸡肉的类型主要有两种，一种是卖活鸡，一种是卖生鸡。生鸡就是宰过煺过毛之后的白条鸡，小贩把鸡切成一块一块的摆好，顾客需要多少就称多少。还有一种就是卖活鸡，活鸡被关在笼子里等待顾客挑选，顾客选好以后小贩就将鸡杀掉，拔毛，取出内脏，如果需要切成小块商家会帮忙切好，切好以后整只鸡就可以带走。

在巴刹的活鸡摊位共有两家，其中一家是马达人，是个30岁左右的妇女叫Sei Pramulaish。平时看这个妇女其貌不扬，但她是印尼大学法律系毕业的本科生。我们在跟她的聊天中知道，最早在美达村卖鸡的是她的父亲在美达四路。她父亲是一位参加过印尼民族独立战争的军人。1994年搬到现在的这个摊位。当时的巴刹人很少，只有30多个摊位，之所以搬过来是因为1993年的时候政府不让在大路边上摆摊。她是1997年大学毕业的，当时响应政府要自力更生的号召开始自主创业。在美达村里卖东西感觉很开心，很安全，说到对华人的印象，她认为华人比马达人更勤奋，每天4、5点钟就到这里来摆摊卖东西。

还有一家卖活鸡的商贩是一对夫妇，丈夫是马达人，妻子却是一个华人。但她不是美达村人，而是来自附近农村的福建籍华人叫LN。夫妻两个人经营的摊位很大，用蓝色的塑胶布裹好。上面放了一个圆形的案板和一把刀，用来剁鸡。案板的后面被做成了一个屋子，里面放置了一口大锅，煮着开水，用来煺活鸡的毛。

这位卖活鸡摊位的马达族男子性格非常豪爽，总是激情四射地在摊位门前招揽生意。LN则瘦瘦小小，总是戴着一副眼镜，扎着一个围裙，我

---

① 2015年9月11日笔者在美达村与QYN的访谈。

第五章　美达村华人的经济与商贸网络　/　153

图 46　LN 与其马达族丈夫（李晨媛拍摄）

图 47　林兆祥与 LN 夫妇（李晨媛拍摄）

们每次路过，马达族的男人总是热情地和我们打招呼，而 LN 总是在摊位上忙活着。

6. 百货与日杂摊位

市场中的百货和日杂摊位 5 家，多数是由马达人经营。但市场上的百货和日杂销售摊位基本上集中在美达三路上，与蔬菜、瓜果、服装、鞋帽混杂在一起，有意思的是，笔者在随机访谈了数位日杂、百货的商户老板后发现：他们对这种随意摆放商品、架设摊位的行为"习以为常"，而且商贩们也觉得这种市场状态有利于其做生意。随后，笔者对前来集市上购买商品的消费者进行了随机性的访谈，在访谈中发现：前来集市上"赶集"的消费者对于巴刹的这种"混乱"现象,不觉得"混乱",而且认为"很热闹"。从这一点来讲,巴刹中的参与者并没有因为市场内百货、日杂、服装、鞋帽等摊位夹杂着进行交易而感到很大程度上的不适应,反而对这种热闹场面产生了一种习惯性的适应感。从前来消费者角度来分析,人们逛巴刹一方面是为了购买生活或是生产所需的商品,集市在实现消费功能的同时,还提供了一种"热闹"的场所,这在某种程度上实现了巴刹对当地居民休闲娱乐性需求的满足,集市的这种"热闹"现象,构建了美达村中独特的休闲娱乐场所。

除此之外,笔者在巴刹里的参与观察中发现:在集市的"热闹"氛围之中,经常能够看到华人与印尼摊主之间打招呼或是握手问好的情感传递方式。并且,笔者在多次前往美达村的巴刹之后,由于同当地商贩的交往,使笔者自己从最初的"陌生人"逐渐变为"熟人",除了华人互相问好,也会有印尼人主动点头微笑。笔者认为:集市上人与人之间基于商品交换的问候交流,在于买卖两者之间处于现实利益和社会再生产为考虑的互惠性社会礼仪往来,但由于这种关系形成的载体是华人与当地土著民族之间,不同民族的文化传统被潜移默化地植入了集市之中。这种问候式的流动更多地转化为一种信任、情感、道德的力量。所以,在一定意义上可以说,集市之间的交往充满了人情的厚度和人性的光芒,并一定程度上保证了集市中社会群体之间贸易关系与良好社会秩序的生成和维持。

7. 服装与鞋帽摊位

从访谈中发现:美达村经营服装生意的共有 15 家,其中华人 2 家,巴东人有 5 家。一家在美达三路卖小朋友的衣服,另一家在四路卖影碟和足球服。而经营服装与鞋帽的商贩基本是马达人和巴东人。

图 48 美达中路巴刹中卖服装和卖伞的摊位(李晨媛摄)

在卖服装的市场上，我们采访了一位卖衣服的马达族阿姨，叫 S. BL Hutalaeam 。也住在离美达村不远的一公里以外的村子。初中学历。市场即将开始的时候，摊位是一个华人的朋友让给她的，大概是 1984 年的时候才有的，最开始只是一个卖小东西的小摊位，然后慢慢地便发展成了现在的巴刹。卖的衣服主要是从棉兰中央大市场那里进货的，拿货的时候给的是现金，主要是卖给印尼人。在印尼来说，爪哇族与华人更合得来。现在每天大概需要 4000 盾（折合约两元人民币）的清洁费，每天所挣足以支撑生活开支，这个摊位是她跟她的孙子一起开的。

　　除了她以外，另一个在巴刹卖服装的妇女讲述了在美达村的感受。在巴刹卖衣服的阿姨安妮，是马达人，52 岁，有 3 个孩子，其中 2 个女儿。说以前这里是沼泽地，而且当时印尼共的时候很多人在这里下葬，以前有人挖井的时候还会挖到骨头。阿姨感觉在这里生活很安全，美达人很好，能够互相帮助，阿姨大学念的是社会政治，毕业之后在电视台工作，但是工资太低。她的母亲是政府工作人员，是教师，同时也在从商，她见母亲因为从商挣到钱，所以决定从商。

　　由于市场并没有对功能进行分化，所以卖服装的商摊位也集中在人流最多的美达中路上。同时，服装与鞋帽的货源多为中国货，多数是从棉兰的皮装批发市场中批发来的。在进货渠道上，有的为商户自己前往外地办货，如棉兰、雅加达等地，有的是棉兰直接发货。笔者通过该市场的田野调查发现：美达村服装摊位所销售的商品仍以经营化纤面料的低档服装为主，其款式相对城市里的服装店而言略显陈旧，在一定意义上来讲，很难满足各个年龄段消费者的需求，主要的客户群体也是当地的印尼人。而鞋帽基本上在巴刹内随意设立摊位，摊位面积因货品的多少而定，在市场内利用空闲摊位的棚子上，搭建张挂衣服的摊位，有的则摆放于地上，显得尤为凌乱。市场内经营服装的商户有 5 家左右，经营鞋帽的有 7 家，其中仅有 4 家有固定的场所，经营该店铺的老板多为巴东人。

　　值得注意的是，在众多服装与鞋帽的摊位分布之中，可以发现为数不多的经营者售卖印尼爪哇族的沙龙和头巾，这些商品的存在，在很大程度上体现出美达村的多民族融合的特点。美达巴刹作为一个依托华人聚居不断发展起来的商品交易场所，当地民族的传统服饰商品作为一种"文化符号"代表了集市的多元性。

图49 美达村巴刹中的多元文化（李晨嫒摄）

8. 餐饮摊位

巴刹内的餐饮摊位分为清真摊位和华人饮食摊位。清真餐饮摊位共计15家，主要以华人早点的炒面和炒粿条为主，此外印尼当地人的小吃也越来越多，鸭肉粉、椰浆饭、烤沙嗲等在市场上都有卖。华人的餐饮摊位主要有两种，一种是店铺经营，店里负责接待客人，老板则在外面炒面，还有一种只有固定摊位，炒好后的面只能打包带回家吃或者去咖啡店里吃。

对于美达的华人来说，每天的早餐打包好面，带上水果或者糕点，到咖啡店里吃着早饭再喝一杯咖啡，再和朋友聊聊天，才是享受。所以美达村里的餐饮摊位，多数是不提供座位的。

在餐饮摊位中，我们的报道人也是我们的好朋友福兴一家开了专门炒面或炒粉的摊位，即"福兴面"摊。这个摊位在美达四路，是用木头桌子搭起的摊位。福兴和他的弟弟每天的工作就是帮着母亲炒面或炒粉。

"福兴面"摊桌上用芭蕉叶铺好，最前面放着几个大盆子，盆子的后面放着酱油、辣椒酱、炸洋葱等调料。台子的后面有两个炉子，一个放着一口黑色的大锅，是福兴用来炒面的，一个是一个桶状的煮锅，是用来煮面的。"福兴面"一共有三种，一种是手擀面的面条，比较宽，一种是普通的面条，像方便面，比较窄，还有一种是粉丝，是印尼米粉。

制作方法是先向锅中倒油，下鸡蛋，放胡萝卜丝、白菜丝、油菜等蔬菜，加面，淋上酱油，不停翻炒，后少加一些水防止糊锅。等到面炒好后就倒在提前放好的大盆里。福兴每次炒一锅，大概可以包10包。印尼小吃的打包非常特别，用的是芭蕉的叶子。把一大块芭蕉叶撕成16开左右的小块，将面放进去，放肉糜、辣椒酱、炸好的洋葱片对折包好，再用橡

图50　福兴的母亲和弟弟正在"福兴面"摊位上工作

图51　福兴与尼亚斯帮工在工作（郑一省拍摄）

皮筋把叶子固定住。一份打包的"福兴面"就做好了。把包好的面放进塑料袋里，再给一双筷子，就可以拿着早餐去咖啡店吃了。福兴的炒面有两种价钱，炒的面是9000盾一包，相当于人民币4.5元左右，烫的米粉是1.2万盾一包，也就相当于人民币6元钱左右。

在"福兴面"的摊位上，福兴和他妈妈负责炒面，弟弟和一位尼亚斯工人负责打包。福兴的生意很好，每天早上到他家买面的人很多。"福兴面"的调料是母亲自己煮的，只有面要在每天下午4点的时候去工厂拿。这种湿面只有一天的保质期，不能拿很多。

福兴告诉我们，他从2011年开始帮母亲炒面，母亲最早是做鱼干的。本来福兴的母亲在属于福兴姨丈的摊位，也就是美达二路炒面的，那时候是1993年。姨丈去世后，福兴的母亲就搬到这里来了。大概是在2008年的时候，福兴的弟弟给母亲帮忙。这个摊位是租来的，现在是一年10条（印尼盾）。母亲现在除了炒面以外还会做一些鱼干和花生。肉糜、辣椒酱都是福兴母亲自己做的，洋葱也是福兴母亲炸的。那种洋葱要印尼本地特产的洋葱，那种紫色皮的，小小个的，才能炸出。在巴刹炒面很辛苦，每天早早地就要起来。每天下午福兴母亲要准备第二天用的料，福兴自己还有其他的工要做，还要把面条拿回来。生意看着很忙也不是很好，如果赶上下雨的时候最心痛，面都卖不掉只能扔掉，不能放到第二天。

说到自己的帮工尼亚斯工人，福兴说她是主动来上市场找工作的，我们看她挺干净的就把她留下了。她很勤奋，做事情很快。

据调查，巴刹里除了固定的食品摊位外，还有一些推着自己利用三轮车改装的小吃摊儿。在数量上有8家左右，如第一路的鸭肉粉、印尼饭、三路的炒粿条等。这些小吃摊的成本相对较低。市场上的小吃摊大部分由一辆三轮车改装而成，不存在租金和投资风险成本等其他固定成本，再加上刀具、加热设备、容器、燃料等物资，固定成本最多不超过千元。这种小推车比较灵活，一般会停靠在咖啡店的旁边。比较方便接触到顾客。

图52　美达中路巴刹中的流动摊位、临时摊位（李晨媛摄）

美达三路卓别林咖啡店旁边的WLC阿姨就是在车里炒面和粿条的。炉子就摆在车的旁边，炒面的地方就在这里。车子上放着鸭蛋、辣椒酱、酱油和葱姜蒜等配料。因为咖啡店更方便顾客来买东西，而且别人家店铺前面又不能搭棚子，所以选择推车是最合适不过的。只需要给咖啡店交一点租金，就可以固定的在他门前做生意，大家互利互惠，互相关照。

LC阿姨听说我们来自中国就热情地请我们吃早餐。炒的是粿条。粿条看上去就像是我们平时吃过的宽粉，但是比较薄一点，晶莹剔透的很有嚼劲。其他的炒面店都是用鸡蛋，阿姨炒面用的是鸭蛋，这是她面的特色。用料比较好，也很大份。所以价钱也会略高一些，大概7元人民币一包。阿姨的创业经历十分心酸，她讲到激动的地方会流眼泪，阿姨告诉我：

> 我叫LC，1945年出生在瓜拉新邦。祖籍是广东梅县的松口。我的父亲是13岁来的印尼。跟我爷爷一起来的。我的爷爷是来印尼找钱的，后来回中国不能再回来了。我的爷爷是在印尼找钱拿回中国去建学校的。我的爷爷，在瓜拉新邦做生意，做得很好。后来回去中国就不能来，他一直来来去去。我的爷爷是在中国去世的。我的爸爸在这边去世的，去世的时候80多岁。现在还在的话就90多岁了。父亲

来到这边是做小店的生意。母亲叫 QLM。我的母亲也是中国人。他俩是客家人同乡。13 岁在中国就结婚了。17 岁的时候就接过来。18 岁就有孩子了。后来我的父母有 12 个孩子。男 5 女 7，我的哥哥在香港。后来"9·30 事件"我们就从亚齐搬到老人院。那时候我的母亲因为生孩子死掉哦。当时大亚齐很乱，我妈妈想去冷沙去不了，很乱了不能走，没有人医。当时很恐怖唉，我家在路旁边，当时就有人丢石子，我的姐姐结婚了，我就跟我的哥哥妹妹煮晚饭去隔壁，因为他们丢石子，我的家又在旁边。晚上他们来人，有人说这个支那很好，他们没有多事的，他们就没有翻我们的家。他们讲更坏蛋的，像八连帮的头，什么写东西，可是我们家没有写。因为我们很小嘛，没有参与呀，去巴刹买菜也就回家了，我们是隔壁的地方。他们印尼人问我们什么时候回中国，我们说船来了我们就回中国。他们当时晚上让我爸爸开门，他问我的爸爸几时回，我爸爸说船来了就会回。当时我们来的时候很辛苦的，我带着我的妹妹坐那个货车。里面小小的有十多个人。从怡里来到棉兰。来到棉兰，路的名字叫加蓝冷沙，住了加蓝冷沙了我们才去老人院。后来去我的姐姐的家叫三暮八路，他们来敲门，我们的东西还在床下面，他们就问你们亚齐有人来嘛，我们就被藏在床下，我的姐姐还先结婚到棉兰。后来我们到老人院。那时我们还小，就拿着东西到处去卖，因为我们的弟弟妹妹要吃呀，就拿着篮子卖东西。我的父亲和弟弟拿着东西去取饭。菜也没有拿到，饭也没有拿到。父亲拿不到饭很生气，我就说不要跟他们吵，我们卖东西得钱自己煮饭吃。他们有的人能拿到很多饭，晚上吃不完的早上再吃，我们有的时候连中午饭都没有。我们自己拿饭都拿不到，因为我们人小。我的爸爸后来找个老婆，搬到了干巴路，我才听到分地，我没有分到，后来找负责人，当时给了我们一万盾。当时我也是年轻呀，后来我们什么都没有。我们兄妹 12 个人。我的哥哥跟第二轮光华轮回国。我的哥哥在香港，是我们申请出来的。不然他就在海边，我们写信到中国去，申请到香港。我的哥哥在中国很辛苦。我们外侨还有人，后来我们写信让他出来到香港。他们是第二批到中国的。我们在老人院住到我的丈夫死掉我才来这里。我 1972 年结婚。有 4 个孩子。我丈夫 1978 年去世。我丈夫死了一年我才搬过来卖饭。我的丈夫去做工，后来跌倒磕到脑袋三天后就去世了。我丈夫打工的老板很坏，我的孩子很小，需要获得赔偿。寮里有负责人，他说我帮你跟老板讲咯。在工厂里做工，大概是每个月250千的薪水。到我丈夫去世，他就给我75千每月。我就这样就和孩子过日子咯，他就给了一年，到最后就不给咯。他之前跟我们说你的孩子6个月，等到他16岁的时候我们就不给咯，或者你改嫁了，我们也不给了。我就不结婚咯。后来他就没有给我钱了。我就去找老板，老板没有在，我就骂他们的工人，后来他们一见我就走掉。当时我也没钱做生意，后来我就天天去骂。无奈我就卖冰水。我在卖饭的时候他们就问你的丈夫呢，他们看我很年轻就问我丈夫在哪。我告诉他们我的丈夫去世了。我的丈夫去世一年我就搬来卖饭。他31岁去世。我28岁，29岁搬来。我现在67岁了。后来卖饭，每天两点半起来卖饭。去第四路卖冰水卖东西的时候，有人说阿姨你来卖饭吧，我说好啦好啦我来卖吧。我当时也没有钱，也没有炉子呀，所以我就用那个红砖搭建炉子，我就用它煮咯，煮饭菜咯。先在家里卖，卖卖卖，他们就说阿姨你这好生意呀，很好吃。我都说我不会做饭呀，这是天给的呀，不是我做的。开始在家里卖。有人会在巴刹里买鱼，买完鱼去买我的饭。我家里没有阿姨帮我做，我就自己做，自己包饭，包包包，订了的我就给人家送。有人就从咖啡店，他们就跑到我的家，就说阿姨你的饭很好吃，很好生意嘛，我说一般啦，他说那你到我的咖啡店去卖吧。不过这个咖啡店是以前的一个咖啡店，它已经关掉了。后来我就出来问阿叔啦，我说阿叔呀，我来你的店卖饭好嘛。他说好呀好呀，他说你卖饭多少钱，以前卖饭100千，以前买饭钱很少，搬来我就卖饭了。卖的时候很好生意。后来我姐姐的叔母住在勃拉，到这里来买菜的时候见到我，跟我姐姐说，你的妹妹在卖饭哦，生意很好。我的姐姐说我的妹妹不会煮饭咯，我的妹妹很小的时候我母亲就去世了，竟然有那么好的生意。一天就能卖一包米呀，有12摞，如果星期六晚上我都不睡觉的，我就煮饭呀。因为他们星期日要钓鱼啊，要定很多饭呀。我做三四十包了。我巴刹还要卖呀，12点做到天亮，回家就要做其他的事，很辛苦的。①

---

① 2015年8月4日笔者在美达村与LC的访谈。

通过对巴刹小吃的观察，发现其中的一些特点。第一，巴刹中的餐饮都是小作坊式的经营模式。经营方式方便、灵活，其人员多是家庭的成员或是亲戚或是邻里，多以维持生计为目的。所用的食物的品质没有保证。原料的选择、储存和加工等各个环节缺乏规范、标准的管理，主要以低价位来吸引消费者。因为摊位小，经营者多数兼厨师、管理、采购、售卖于一身，事必躬亲，没有明确的职责分工。第二，就餐环境参差不齐。这些餐饮摊位大小不一，多为几平方米的小摊位，就餐环境不整洁、各项基础设施不完备，经营者的服务却很周到。第三，缺乏资金，本小利薄。"一间铺面，两口锅"就足以开店经营，其原因就在于投资者的资本实力相对小而弱，店面小、资金不足，这已经成为制约上述餐饮摊位发展的瓶颈。因此，这些摊位在当地经营十几年有的甚至是几十年依然保持原貌，没有实质性的发展。

二　巴刹的咖啡店

印尼的咖啡世界闻名，生活在印度尼西亚的华人也是咖啡的忠实爱好者。在印尼咖啡是日常消费品，喝咖啡是一件很平常的习惯，就像中国人喜欢喝茶一样。在美达村，华人同样也爱咖啡，咖啡馆成了美达村华人经常光顾的场所。每天早上是咖啡店里最热闹的时候，咖啡店是美达村华人常去的地方。可以说，咖啡店是美达村人际交流、沟通信息的场所。早起的美达村华人去巴刹买好早餐和点心，拿到咖啡店，要一杯咖啡，和三五个老朋友一起喝喝咖啡聊聊天。

美达村的咖啡店，主要分布在巴刹，即以美达中路为中轴，分布在美达1路至美达5路两旁，美达村的咖啡店共有8家，8家咖啡店并没有名字，因为都是乡亲，就直接用老板的名字代替，因而就有所谓"阿香咖啡店""阿美咖啡店""阿生咖啡店""阿带咖啡店""卓别林咖啡店""阿平咖啡店""阿仁咖啡店"和"阿川咖啡店"等。这些咖啡店形成于不同的时期，有的是将住家一部分改建而成，有的是在住家旁的空地上修建起来的。

（一）"阿香"咖啡店

在美达村，"阿香"咖啡店即靠近"老人院区"，位于美达大路（JL. Metal）与美达中路东南的交叉路口处。

图 53　"阿香"咖啡店外景　　　　图 54　"阿香"咖啡店店内
　　　　（郑一省摄）　　　　　　　　　　（郑一省摄）

　　这家名为"阿香"的咖啡店，其实并没有什么明确的招牌，只是因常来喝咖啡的人知道店主的名字，久而久之便约定俗成而称之。"阿香"咖啡店是美达村最早的一家咖啡店，在该村建立初期就已经出现。据说，当时最早的老板姓 ZH，他的儿子叫 ZJH 娶了 HMX 的堂姐，后来他们搬去耶城（雅加达）生活了，就将店铺转给了阿香的父亲，阿香的父亲叫 HCC。自父亲去世后，阿香就接管了这个店铺，这个店也就被当地人称为"阿香"咖啡店了。据说，店主阿香没有结婚，没有其他家人，所以雇用了一个爪哇人帮忙。这个爪哇工人叫 IKEM，38 岁了，也没有结婚，是一个聋哑人，但做事麻利又勤快。

　　与美达村早期的房屋一样，"阿香"咖啡店最初也是用是亚答叶搭起的棚子，这是一家用住所改建的咖啡店。现在的咖啡店是经过改建的，屋面采用当地的铝合金，从远处看呈铁锈色，山墙及墙壁似乎是美达村的第二代房屋样式，即木板墙加水泥的墙基。木头的房子被漆成白色，窗子是蓝色花纹的铁窗。房子的前面靠近大路的部分也进行了改造，同样用铁窗把本应该是门廊的部分都包了起来，扩大了店面。店的左、右各开一个门，方便顾客进入。

　　"阿香"咖啡店的里面，是用简易的木板隔成的三个休闲厅，有三个出入休闲厅的木门。从左边的门进入，可以看见一个面积十多平方米的休闲厅，里面放了两张木制的长方形桌子、一张木制的办公桌、一张圆形的桌子、一张竹制的长沙发、三张木长凳，两张木靠椅，还有四五把蓝色的塑料靠椅和一台冰箱等杂物。这间休闲厅白天用来喝咖啡，晚上就成为营业卡拉 OK 的地方。

紧挨着左边休闲厅的，是一个20多平方米的中间休闲厅。它里面摆设了六张木制的大长桌，十几张木长凳、方形木凳。靠窗户的一张最大最长的桌子，一条长板凳显得较为陈旧，据说是从老人院里搬过来的，已经40多年了。在中间休闲厅的墙上有一台电视机，从咖啡店开门时就一直放着电视节目。中间休闲厅与左边的休闲厅是相通的，因为它们之间只是以简易的木板隔断，两边都设有通道，喝咖啡吃早点的人可自由进出两个休闲厅。

中间休闲厅的右边，是阿香老板制作咖啡或茶水的制作间。这个制作间放满了各式各样的冲咖啡和泡茶的器具，以及灶具等。在制作间的右墙角落，放置着三张木制的长桌、两条长木板凳和几张方形的木板凳，供华人喝咖啡或吃早点用，他们可以通过制作间的小门，即阿香咖啡店的右门进出。

来"阿香"咖啡店的顾客，大多是住在老人院区的。从建咖啡店开始，老人院区华人就经常光顾这里了，也可能这里靠近老人院区，不过也有一些其他村的华人也来这里喝咖啡和吃早餐。

"阿香"咖啡店为顾客提供的主要有咖啡、咖啡加糖、咖啡加奶、中国茶、印尼茶、印尼茶加糖、印尼茶加冰块、半熟鸡蛋。还有可口可乐等瓶装的饮料，这是其他咖啡店没有的。咖啡店的外面，有两个卖早餐的摊位，主要卖诸如炒面、米粉之类的食物。这两个摊位应该是咖啡店的合作者，这种经营模式是海外华人的特色，这在中国是不常见的经营模式。

"阿香"咖啡店每天早上6点开业，经营到上午的11点，晚上7点到11点左右则交由另外一个人经营卡拉OK的，几乎每天都向外开放，周六周日尤其热闹。

图55 "阿香"咖啡店晚上变成卡拉OK场所（郑一省摄）

(二)"阿美"咖啡店

"阿美"咖啡店也在美达中路更南一些,和"阿香"咖啡店比更靠近老人院的住宅区。因为在美达中路的旁边,就把房子靠近中路的一部分改成了一间咖啡厅。"阿美"咖啡厅是长方形的,门厅和屋子垂直地连在一起,也是一堵带窗的半墙把它们分成屋子和门厅两部分,外面的门厅放着两个长木头桌子负责接待客人,里面的一间大屋,左手边是阿美冲咖啡的地方,剩下的位置放了五张不大的小桌子接待客人,门廊正对的墙上也挂了一台电视,阿美平时也把它打开,可能是为了吸引客人。

图 56 "阿美"咖啡店外景	图 57 "阿美"咖啡店店内
(郑一省摄)	(郑一省摄)

"阿美"咖啡店的老板叫 LXM,有 50 多岁的样子。她来自班达亚齐(Banda Aceh)。1982 年的时候就开咖啡店了。以前的店很小,公公就把房子分成 7 间小店。其他的小店就用来卖别的东西。咖啡店的位置其实以前是一块空地,后来就全部做成了咖啡店。她的丈夫姓 W,叫 WYD,先生也是开咖啡店的,是福建人。现在儿子在店里帮忙煮咖啡。

(三)"阿生"咖啡店

"阿生"咖啡店,是美达村村民这样称呼的。这家咖啡店在美达大路的 55 号,也是在美达大路和美达中路的交叉地方,和"阿美"咖啡店一样,也是一家靠近大路边的咖啡店,可以说是与"阿美"咖啡店斜对门。

图 58　"阿生"咖啡店（郑一省摄）

　　从外面看，"阿生"咖啡店似乎有两间店面，其实这两间店面中间是打通的。靠左的一间有一个吧台，是结账的地方。在吧台后的墙面上，有一个架子摆着许多饮料、咖啡等物品。右边的一间店面摆着两三张桌子和一些椅子，主要是顾客们喝咖啡的地方。右边店面屋里面有一扇门，可能是店主的住所，这也说明"阿生"咖啡店可能是将自己的住所改变成咖啡店的。

　　"阿生"咖啡店创办于1999年7月。这位被称为"阿生"的店老板，其父亲是客家人，母亲是广府人。"阿生"咖啡店老板经常喜欢坐在店外面一个桌子旁，打量着美达大路来往的车辆和行人，有时也和路过的熟人打招呼，互叙近况。与其他的咖啡店一样，"阿生"咖啡店靠外面的地方也出租给一户卖早点的使用，体现了美达村有钱共赚，有福共享的原则。

　　（四）"阿带"咖啡店

　　"阿带"咖啡店位于美达四路，美达中路的中心位置。它是由门厅和房间两部分构成，门厅是东西走向，房屋是南北走向，样子像一个直角形。门厅四边放上了四张木头的桌子，蓝色的塑料椅子。而在房间里，房间最右边的角是"阿带"冲咖啡的地方，类似一个吧台。房间里的右边则放了三张小桌子和一些板凳，这是给喝咖啡和吃饭的客人用的。

　　"阿带"咖啡店的老板叫LQR，小名叫阿带，大家习惯称"QR阿姨"咖啡店或叫"阿带"咖啡店。现在店里是阿带和她老公一起经营。阿带

图59 "阿带"咖啡店的店内（郑一省摄）

图60 "阿带"咖啡店店外（陈思慧摄）

的老公叫ZK。从1977年开始一直到2007年，咖啡店的位置以前是她老公修理电单车的地方。LQR从2003年就开始在现在店门前的走廊上开一个小小个咖啡店，桌子也摆在外面，直到2007年，丈夫不做电单车了，将店铺改装成现在的样子，夫妻两个一起做卖咖啡的生意。

（五）"阿保"咖啡店

在"阿带"咖啡店左手边斜对面，还有一家咖啡店，这就是"阿保"咖啡店。店主是一位比较年轻的美达村华人。其店铺也是在自己家的房子上改装的，即把靠近街面的房子打开，门厅用来接待客人，阿保就在房间里面煮咖啡。

图61 "阿保"咖啡店外景
（郑一省摄）

图62 "阿保"咖啡店的主人
（郑一省摄）

"阿保"咖啡店里的门厅比较大，放了两张大的白色木头桌子，右边靠墙放了一把竹子做成的靠背长椅，经常会有年轻人在那里打牌。靠左边的桌子挨着窗户，当然这个窗户也没有玻璃，阿保就在这个窗户后面煮咖啡。这样可以一边做工，一边和客人聊天。

阿保叫ZJB，祖籍是广东梅县人。1968年出生在烟寮里。这个咖啡店就是自己家的房子，当时家里有9口人，自己有兄弟姐妹6人，分的是最大的C型。父亲在烟寮里的时候是打金小组的，后来做金打首饰。自己初中毕业后跟着姐夫打工，最开始的时候自己是做包的。之前的咖啡店是大哥做，后来大哥去世了就自己做，大概在1997年的时候，就继续开店了。

（六）"卓别林"咖啡店

"卓别林"咖啡店位于美达三路和中路的交叉口，中路的西侧，三路的北侧，面朝南。店铺面积4米×24米。"卓别林"咖啡店并没有自己的招牌，从中路一路向西走到三路，迎面就可以看到一条红底白字的横幅，上面写着雅马哈的商标，那里就是"卓别林"咖啡店。

"卓别林"咖啡店主要分两个部分，一部分是店铺前面的门厅，占总面积的1/3左右，和隔壁的住家用绿色的铁栅栏隔开。门厅里放着一张2米长、1米宽的桌子，6把绿色塑料材质的沙发椅，桌面上摆着酱油、胡椒粉、牙签和纸巾，供给客人免费使用。这些就是门厅的全部摆设。从门厅进入店铺，左面靠墙的位置放着两张同样的桌子，布局和摆设和门厅的相同。店铺的右边放着各种物品，右边的墙上也开了一个小门，方面市场里的人进入。在两张桌子后面放着一台冰箱，冰箱再往里看，就是这家咖啡店的操作台。

图63　"卓别林"咖啡店的老板
（郑一省摄）

图64　"卓别林"咖啡店外景
（郑一省摄）

　　店老板介绍，这个咖啡店本来没有名字，之所以叫卓别林，是因为他喜欢捉弄别人，在客家话里，捉弄别人和卓别林很像，所以咖啡店就以这个名字命名了。其实咖啡店的老板叫XQ。1956年出生在打京岸（Takengon），1966年从亚齐被赶到棉中（棉华中学）集中，当时同自己一起来的有十多名家人。父亲叫WX，祖籍广东梅县松口镇。父亲在亚齐以做面包为生。妈妈叫CY。父母生有3男5女。全家搬到美达村后，父亲从中央市场批发菜回来卖，而自己在1971年卖水果。到1984年，XQ在阿带阿姨隔壁炒粿条的地方卖咖啡。2000年8月开始开这个咖啡店，能在这样一个好地段开店，被别人称为很好运的事情。因为有许多买家想从这个店的房东手里买下这4平方米宽的房子开店，可是房东没有同意，却单单给了卓别林。因为当时房东还住在美达村最初的茅草房，XQ花70条（印尼盾）左右帮房东修了新房，所以房东将店铺给了他。XQ将以前的摊位出租给别人，租金一年4000元人民币。XQ的太太叫LN，是棉兰人。现在有两个孩子，一个20岁，一个19岁。卓别林咖啡店每天都是上午开店，过了中午就休息了。ZXQ平时会给市场里卖东西的印尼友族商人提供方便，让他们把货放到自己的咖啡店里。就放在右面墙边的空地上，当地的印尼友族商人也会给一些钱当作寄存费。在咖啡店的最里面有一个厕所，除了给客人也提供给市场里的人使用，一次收费1000块印尼盾不等。

(七)"阿全"咖啡店

"阿全"咖啡店位于美达中路尾端，也就是紧挨着篮球场的一间咖啡店。这间咖啡店在篮球场旁西边，在第四路篮球场东面的咖啡店叫"阿川咖啡店"。这两个咖啡店只有在下午和晚上才开。

图65 "阿全"咖啡店内喝咖啡和看电视的顾客

图66 棋友们在"阿全"咖啡店下"碰碰棋"（郑一省摄）

"阿全"咖啡店所在的地方是互助会篮球场的一部分。是他父亲开店时在沟渠上边铺了木板建成的。互助会修建篮球场时把它扩大又廉价地租给阿全的父亲，租金归互助会所有，租金不多，一年才1000元人民币左右。

现在"阿全"咖啡店的店面，全部是用木头搭成的一个棚子，地面用铁皮和模板搭起来。四周用一米高的木板围起，再用铁皮做了一个三角形的顶。咖啡店的左边是老板的操作台，操作台的后面是一排货架，上面放着各种的饮料、盛咖啡用的玻璃杯子还有糕饼、虾片等小吃。操作台的前边放了两张又窄又长的桌子，和4条长度差不多的板凳，供给个人喝咖啡下棋。店铺的右边的地方就比较宽阔，放了3张稍微宽些的桌子，横着一张竖着两张。桌子的对面有一个高高的深蓝色柜子，上面放了一台老式的电视机，每次去咖啡店，老式的电视机里总是放着80年代香港的老电影，十分有情怀。

除了店里的摆设外，老板还在店外的篮球场上摆了一张更大的桌子，每天晚上美达村年青一代就会到这里来聊天，特别是篮球场上有训练的时候。可以说，"阿全"咖啡店是年轻人喜欢聚集的场所。

图 67　在阿全咖啡店外聊天的年轻人（郑一省摄）

（八）"阿平"咖啡店

"阿平"咖啡店位于"阿全"咖啡店的斜对面，它是临街的房子改建的店面，大概有 16 平方米的面积。咖啡店靠近篮球场的方向，墙体全部打开，只留下四根支持房屋的柱子。咖啡店的外面被两两相对地放了 4 把长条形的木头椅子，中间一个窄窄的木头桌子。晚上的时候会有大叔坐在椅子上，打着赤膊和朋友喝咖啡聊天。屋内的店也和大多数咖啡店一样，房间左边摆放着柜台，右边是供客人喝咖啡的桌子。

图 68　"阿平"咖啡店上午不营业时门前的状况（郑一省摄）

咖啡店的老板娘叫 DP，祖籍广东梅县，父母来自亚齐的鹿树棍（Lusukun）。老板娘的老公叫 LP，也是一个客家人。这个小店一般会在中午巴刹结束的时候开店，一直到晚上 11 点。这家咖啡店除了销售咖啡，也卖饭、卖水果，可谓多种经营。

在美达村，众多的咖啡店铺也没有显示出精美的装修和格调，更像中国国内的奶茶店或者糖水店，作用更多的是提供休闲的场所。咖啡店是全开放的，老板关闭店面时，只是用木板把操作台封起来，平时经常有人喝咖啡的门厅是全部开放的。即使不营业，下了班的美达也可以在咖啡店乘凉或者下棋。

除了咖啡店的外观很有自己的风格外，咖啡的制作也很有特色。每家咖啡店都有一个操作台，操作台台面平整但下面是空着的，用来做成两个方形的铁皮桶，里面装着水，下面用一个煤气灶不停地加热，铁皮桶的上面用一个铁皮的盖子盖着，盖子上被割出一个圆形的圈。而咖啡的冲泡也不是使用机器，而是手工冲泡的。将大米粒大小的咖啡放在一个用白棉布做成的漏斗里，并把它们一同浸泡在一个大铁杯中，并把这个铁杯子放在割出圆圈的铁盖子上，利用不断沸腾的热水不停地加热，咖啡豆在不断升高的温度下，变得越来越浓，通过这样简单的设备，就完成了将咖啡豆浸泡出咖啡汁的过程。

在美达村，咖啡店里出售的产品种类几乎相同，主要有咖啡、咖啡加糖、咖啡加奶、印尼茶、印尼茶加冰、印尼茶加糖、印尼茶加冰加糖、中国茶、半熟鸡蛋、还卖一些瓶装的矿泉水。至于价钱，每个店也几乎是一样的。印尼茶要 3000 印尼盾，水 3000 印尼盾，中国茶 4000 印尼盾，咖啡 6000 印尼盾，咖啡加奶 8000 印尼盾。折合最贵的咖啡加奶也只有 4 元左右的人民币。所以喝咖啡对华人来说比较平民化，在美达村装咖啡用的是玻璃的杯子，喝印尼茶用的是扎啤杯，打包的果汁就是用塑料袋套起来插一个吸管再用橡皮筋系上封口。

咖啡馆除了为村民提供方便外，也同巴刹里卖饭的小商贩有着合作的关系。美达村华人每天早上会买好早餐来咖啡店里吃饭，吃饭的同时会要上一杯咖啡或者一杯茶。每个咖啡店的老板从来不会吝啬自己的店铺，随便顾客来自己的店里吃饭或是聊天。时间久了，咖啡店和卖饭的小商贩之间形成了一种合作关系。咖啡店附近成了卖饭小贩聚集的"黄金宝地"。比如，"阿香"咖啡店附近就有卖鸭肉粉、卖印尼饭和卖云吞面的三个摊

图 69　咖啡店华人老板冲泡咖啡（李晨媛摄）

位；"阿美"咖啡店离"阿香"咖啡店比较近，门前还有一个马达人做椰浆饭的摊位。"阿带"咖啡店旁边就是一家炒面店，咖啡店前面还有一家炒粿条的摊位。虽然美达村整体不是很大，从第一路走到第五路也用不了两三分钟的时间，可是这些商贩仍然相信是"近水楼台先得月"。对于咖啡店的老板，他们也觉得这没什么，"自己做那么多又做不来，大家合作嘛"是普遍咖啡店老板的心态。

在美达村的咖啡店里有一些很有趣的现象，即美达华人在咖啡店喝咖啡有自己的专属座位或定点咖啡店。比如，有的咖啡店的顾客座位一坐就是几十年不换，即座位是固定的。这是一些关系好的朋友总是聚在同一个咖啡店喝咖啡，久而久之就形成了一种定式。像"阿香"咖啡店里经常坐着来自老人院区的几个常客。如广政、志文、华祥等总是坐在"阿香"咖啡店里最中心的那个小桌子上，位置也是固定的，志文叔坐在桌子的左边，旁边是广政叔，广政叔的对面是华祥叔，华祥叔的对面是住在青松村的一个叔叔。

广政、志文、华祥叔每天早上都到阿美咖啡店吃早餐，一进门就按自己的位置坐好。顾客们每次来咖啡店就看到他们几个坐在那里，刮风下雨雷打不动。因为美达村都是生活在一起几十年的朋友，如果有来得早的客人也不会故意坐到那边去。据说，广政在"阿香"咖啡店里消费就直接挂账，记了 40 多年，过一段时期就来结一次账。有时半年一次，有时一年一次。

图70　广政、志文、华祥叔在阿美咖啡店常坐的位置（郑一省摄）

据观察，"阿美"咖啡店里经常光顾的是美达村"老人院区"的美达村村民（主要是该店处于老人院区）。不过，一些印尼友族（当地人）也喜欢去这家店。特别是有一位卖戒指的爪哇商人，经常会来阿美咖啡店里喝咖啡，也顺便推销一下戒指。"阿带"咖啡店里一般就是美达村"棉中区"的华人，主要有叶郁林、林德明等。"阿保"咖啡店里年轻人比较多，而"卓别林"咖啡店里的顾客，主要是美达村"棉中区"的老年朋友，一般是住在美达四路、五路、六路的人比较多。比如，叶甫权、郭镜椿等年纪比较大的老棉中校友喜欢坐在门厅的那张桌子的椅子上，而叶甫权更喜欢坐在靠门桌边的椅子上。

图71　在卓别林咖啡店外聊天的美达村华人与当地的友族（郑一省摄）

在美达村巴刹的各个咖啡店,不仅美达村的居民在此消费,也有许多曾经在该村居住后搬离到其他地方居住,以及在附近居住的华人和印尼友族喜欢早晨来光顾这些咖啡店。比如,像陈宥先家已经搬到附近的青松村,可是每天也会开车来咖啡店坐一坐。一到周日,曾经在美达村生活过现在搬到棉兰市区居住的人,如郭秋芳也喜欢到咖啡店里来和老朋友一聚。所以一到周日,客人就格外得多,他们在咖啡店早上6—7点喝到9、10点各自回家,期间也会有当地的一些印尼友族走来,在门厅的桌子上喝一杯咖啡。而"卓别林"咖啡店里面的桌子更多的属于年轻一些的人聚集在那里。也有一些老常客,如刘德亮,一进"卓别林"咖啡厅就会直接走向咖啡店最里面的那张桌子,被称作"海啸三轮车夫"的阿曼也会到"卓别林"咖啡店来喝咖啡、聊天……

除了有固定的消费群以外,美达村咖啡店的开业时间是有穿插的,"阿美""阿香""阿带""阿保"和"卓别林"咖啡店的都是上午开张,一到下午就歇业。而"阿平"咖啡店选择在中午开张,一直到晚上11点。而"阿全"咖啡店和"阿川"咖啡店就选择在晚上开业,自然坐在咖啡馆里消费的,多是美达村里的年轻人。

在美达村,咖啡店之间既有竞争也有合作。咖啡店在一个侧面反映出美达村华人安逸的生活环境,也体现了华人一种合作共赢的商贸精神。另外,从表面上看美达村的咖啡店只是华人独享,其实不是这样的。越来越多的印尼友族走进咖啡店里来,喝咖啡或是聊天。由此看出,美达村华人的生意并不是封闭的、排他的,而是开放的、包容的。美达村华人已经接受了当地的生活方式,并进一步融入印尼的社会之中。

三 巴刹的管理及其特点

随着美达村巴刹的范围越来越大,当地政府对巴刹进行了管理,但管理力度十分有限。由于巴刹属于村内市场,范围很小,又是自发形成的,并没有统一的规划。

(一)巴刹的管理

美达村的巴刹,最初是不存在租赁和销售的。为了生计的华人在美达中路找一个位置摆上桌子就开始做生意,最初人很少的时候,在哪里摆,摆多大都不受限制,先到先得。甚至自己转行了可以将摊位让给别人。

可是随着摆摊的人越来越多,竞争也逐渐增大,每个摊位就被固定了下来，摊位被划定了大小，有了自己的主人。想要每天来做生意的人没有了位子，只能跟固定摊位的老板出租或者购买。随着近年来美达村巴刹越来越红火，巴刹的摊位更是水涨船高。华人做生意的头脑在巴刹里也得到体现，有些美达村华人将自己的摊位进行了改造，并将改造好的摊位进行出租。出租钱数的多少要按面积大小算。现在巴刹里商店形式的摊位要租到一年4条（印尼盾，相当于4000元人民币左右）。如果只是一个小摊位就需要每年2条半（印尼盾，相当于2500元人民币），但是如果要买，现在的价钱已经涨到25000元块人民币。

在巴刹卖糕的何阿姨就跟我们谈到飞涨的物价，摊位费两年左右就要涨一次，本来她想把这个摊位买下来，可是摊主出价50条（印尼盾），太贵了，所以她一直在犹豫。

四路咖啡店的卓别林也感慨日益增长的摊位价格。1971年卖水果生意不好做，到1984年开咖啡，卖水果的摊位就租给人家了。他现在开咖啡店的地方，2000年买的时候要70条（印尼盾），现在要买至少要200条（印尼盾）。他说道：

> 我就在巴刹那里，现在是卖糕的阿姨。一路二路中间的。90年代我就开始租了，摊主是第四路的，一个月35千。而现在听说要租到5条每年。如果卖的话要卖到50条。①

固定的摊位都有所属权，有一些是在美达村经营几十年的老商贩，有的则是通过租赁或者购买来的新商贩。流动商贩则需要在没有摊位的地方，随意摆放摊位，先到先得，或是在没有出摊的固定摊位临时售卖，或者跟固定摊位的老板交涉好，或免费或给一些租金，在固定摊位前面临时摆摊。

所以在美达村里很少有因为摊位发生过多的争执，政府的管理就只有两个方面，一个是清理街道；一个是疏导交通。

清理街道的费用是需要每个摊位缴纳的，一天4000盾，合人民币2块钱左右。每天会有负责管理的印尼官员来收。快到中午的时候，收拾回家的摊主会把不要的剩菜叶子或是各种垃圾扔在道边。将自己的货品放到台子里面，用锁锁住。到中午的时候会有专门的清洁工戴着草帽，拿着扫

---

① 2015年8月1日笔者在美达村与卓别林店主访谈。

把来打扫街道。将中路的垃圾扫成一堆堆的，用簸箕装起，再倒到竹筐里带走。无论上午的菜市有多脏乱，一过了午后就是十分干净整洁了。

政府对巴刹管理的另一个方面，就是疏导交通。美达村的大路，是印尼政府的镇级公路，每天早上路上到处是赶着上学的学生和着急上班的工人。特别是美达村的巴刹附近，人流量非常大。印尼的马路非常窄小，华人又习惯开车出门，就连去巴刹买菜也不例外。这就导致美达大路十分拥堵。所以每天早上会有专门的工作人员负责疏导交通。主要是帮助开车的华人寻找车位和安排停车。负责指挥交通的工作人员一共有两个，一个在美达中路的西面，一个在东面。和中国国内一样，工作人员头戴红色的棒球帽，身穿黄色的背心。华人在吃过早餐、买好一天的蔬菜准备开车离开时，他们会到车旁边索要报酬，一般会给3000盾，有时也会多给一些。

（二）巴刹的特点

在我们两个月的调查中，我们发现这个巴刹与熟知的中国国内市场不同，其具有以下几个基本特征。

1. 具有明显的时间性

与中国国内的市场不同，美达的巴刹就有时间性。早上5点开集，中午12点闭市，可以说这是典型的早市。这其实符合了当地的生活习惯。热带地区常年高温，特别是一到午后，街道上更是少有人走，所以养成了过午不出门的习惯。而且勤劳的华人下午的时候一般会在自己的工厂或在其他地方做工，这就使得美达的巴刹只能在早上才可以见到。

2. 民族和产品的多元性

美达村的巴刹是一个多民族的市场，各民族与经营的商品有着一定的关系，爪哇人多卖蔬菜和水果，马达人卖服装、鸡肉、猪肉，尼亚斯人多卖鱼，巴东人卖日杂或服装。在日常的商品中，你可以看到华人传统的小吃，也能看到印尼当地的美食。有爪哇族穿的民族服装，也有华人上香供佛的用具。各民族的商品在这个小市场中共存，不能不说是一种文化融合的体现。

除了印尼本地的产品外，中国货也挤进这小小的巴刹。在美达二路自家门前卖书包的HYF告诉我们：

> 我是1966年出生的，广东顺德人。在班达亚齐的时候家里是打金的，后来被迁。到美达村的时候也只有5岁。最初母亲是用缝纫机

做皮包的,自己高中毕业了以后也开始做皮包。当时有三四台机器,五六个工人帮忙做工。后来做不来了,因为中国货进来了,中国货又便宜,又好看,所以HYF就转行卖皮包。HYF的皮包主要来自棉兰的Sutomo街,是批发来的,10万(印尼盾)左右一打,一打能有12个。像这种做工比较精美的是中国货,很好卖,不过价钱略高。但是印尼的当地人很喜欢。

图72 卖首饰的中国福建商人(李晨媛摄)

美达村的巴刹中除了有中国货还有来自福建的中国人。主要是卖手镯、项链、佛珠等工艺品。最早是到棉兰,在朋友的介绍下,知道了美达村。因为国内市场竞争压力太大,所以选择到印尼来。已经有七八年了。每次一来都待半年再回去进货。老板告诉我们刚一来印尼的时候东西很好卖,买的人很多,可是渐渐的生意没有那么红火了,可能与当时印尼的经济萧条很有关系。

在巴刹,还经常看见有一位手拿咖啡袋的华人,据介绍,这位卖咖啡的华人大叔来自亚齐,他没有固定的商铺,但总是站在熙熙攘攘的巴刹中间,面带笑容,向早市的人们兜售来自亚齐的咖啡。

由上可以看出,美达村的市场不仅是民族间的多元化,还出现了跨国的商业贸易或跨区域的商人。

3. 商品季节性

在巴刹里,有些商品是要随着节日或者时令出现的,例如,拜佛日出现的菊花和七色花，清明节时期的香烛、纸钱等祭祀商品，端午节时期包粽子的糯米与芦苇叶子，中秋节时期的月饼以及春节时期的对联与鞭炮等，这些商品在节日到来之时就会出现在集市之上，其经营此种商品的商贩也具有临时性，他们平时并不在集市中交易，只有在上述节日到来时才会出现。

图73　拜佛日前巴刹出现的菊花和七色花，以及出售橡胶的季节（李晨媛摄）

由于美达巴刹所销售的农产品主要由印尼友族提供，华人不再参与农产品的售卖，市场较小，进货渠道有限，销售主要是以棉兰当地的蔬菜水果为主，果蔬的种类比较固定和单一，卖蔬菜的商家经营蔬菜的种类几乎相似，水果摊位很多只卖香蕉或是菠萝一种水果，并没有起到市场本有的调剂余缺的作用。但流动商贩会不定时带来一些新奇的水果如榴梿、红毛丹、山竹或是螃蟹等来丰富市场商品的种类。

图74　卖榴梿的印尼友族商贩（郑一省摄）

图75　偶尔有卖菠萝的菜贩（郑一省摄）

4. 商品销售集群性

在巴刹中，商品的摆放虽然是杂乱无章的，但同一种类的商品基本上还是集聚在一起经营销售的，主要体现以下三个方面的内容。

集市中的服装类、鞋帽类这些商品比较容易集中在一起销售，形成同种商品的集聚效应。以服装商品为例，服装类商品主要集中在美达三路，三家店铺连在了一起。从这一点可以反映出集市中虽然诸多商品没有分类，但存在着商品的同类集聚，这样的分布有利于消费者减少获取信息的搜寻成本，使其能够用较小的成本获得同类商品的价格与质量对比信息。这种信息聚集使得美达村集市能够吸引更多的人进入集市消费，从而相对于固定店铺获得竞争优势，也就是说消费者大多在商贩聚集区选择商品消费，在"逛集"中更多的是在商贩聚集区获得商品信息以及发现质优价廉的商品，从而产生消费行为。

食品等集中在咖啡馆附近。印尼华人有边吃早餐边喝咖啡的习惯，咖啡馆除了提供咖啡以外也提供吃早餐的场所。所以美达村许多小吃铺是围绕着咖啡馆开的。如美达一路三家咖啡店附近就分布着两家炒面店，一家鸭肉粉摊，一家椰浆饭摊。二路阿带阿姨的咖啡店旁边就是一家炒面店，门口有一个炒粿条的摊位，等等。

附近爪哇族村民自家生产的瓜果与蔬菜等商品分布较为分散，其规模较小而且主要集中在巴刹第五路篮球场旁，可以说是巴刹的边缘地区。

之所以会有这样的分类，可以说是与商品特有的性质决定的，服装商品种类繁多而且价格相近，使得商贩聚集在一起便于消费者进行挑选；食品类聚集在咖啡店附近，因为两者之间有着一定的合作关系；蔬菜水果等商品主要是便于村民日常生活所需，属于流动摊位，无法进入市场内部，所以只能处在市场边缘。

5. 巴刹商贩分层性

在巴刹中不难看到，每家商铺的情况各不相同。资本少、经营规模小的商贩，其摊位占地小，而且较为简陋，随地铺一小块塑料布，货物就杂乱地倒在上面，商贩则蹲在摊位边等候顾客；而资本比较多的商贩，其摊位比较讲究一些，一般有木头搭成的棚子，货物或者挂起来，或摆在支起的铺板上，商贩还可以较为舒服地坐在铺板或是坐在摊位上等候顾客，有的商贩甚至将摊位全部用木条包起来，变成一家店铺。商贩的分层也可以从其运货的交通工具看出来，机动车辆有大有小，有的用汽车，有的用三轮车、最为简单的商贩是背一个竹筐在肩头步行赶集售货的，当然他们所能到达的集市有限，货物数量和种类也就有限，每集获利相对不固定。总体上而言，由于竞争激烈等原因，集市商贩赚大钱的情况是比较少的。因此，这些商贩社会地位的向上流动是较为艰难的。

图76　卖亚齐咖啡的大叔（李晨媛摄）

这种分层不仅体现在华人与印尼人间，也体现在华人与华人之间。一些租不起摊位的华人，只能寄坐在别人摊位前售卖。我们在菜市场上遇见一位卖咖啡的老爷爷WJP就是这样。老爷爷手臂天生有些残疾，比正常人要短一些。他就站在二路卖杂货阿姨的摊位前卖自己的炒咖啡。咖啡来自亚齐，用袋子装包。共有两个种类，一种是咖啡豆，一种是磨好的咖啡粉。在市场上一包卖2万盾。爷爷告诉我们他叫WJP，从班达亚齐（Banda Aceh）来，祖籍在福建的南安。父亲WJX，母亲叫CYJ，1919年前后来的印尼。父亲到亚齐来主要是种菜和养鸡。自己共有兄弟姐妹10人，5个兄弟，5个姐妹。最早的时候家里做过椰油，后来到 1957 年就开始炒咖啡，在打金岸是 5—6 人一起炒。现在他们老了，炒不动了就给侄子炒。自己并不是亚齐华侨难民，1954 年到棉兰来读书，后来读到初四时学校被接管，就回到亚齐炒咖啡。2014 年才来市场卖货，因为老了要找点事情做。咖啡除了自己卖还放到别人摊位上寄卖，每天早上 7 点 30 或者 8 点就来这里卖咖啡。自己现在不回亚齐了，因为觉得美达村很好，就在美达村边上买了房子，现在有 5 个孩子 1 个男孩，4 个女孩。[①]

虽然美达村的巴刹出现了分层，可是华人铭记做生意和气生财，尽量会给一些租不起流动摊位的人提供方便。有的爪哇人某天因为有事摊位空缺出来，就会有人去他的摊位上摆东西。等他回来了再让给他。如果没有空闲的摊位，华人也会在不过分影响自己生意的情况下，给人提供方便，不管是华人还是印尼人都会这样做。所以美达的巴刹很少因为抢夺摊位发生争执。

第二节 "巴刹"周边的店铺

在美达村，围绕着美达中路的"巴刹"有许多较为出名的面店、小吃点和副食杂货店，以及修车、理发店等，这些店铺的出现不仅给村民带来了方便，活跃着当地华人的经济，也带动着美达村各行各业的发展。

一 淦伯面店

淦伯面店位于美达第三路，美达中路与第三路交叉口的东面，是美达村开的最久的面店。淦伯面店如今有两家店，一家在美达村，一家在阿斯利社区。美达村店是淦伯老店。

美达村的淦伯面店的门口挂有一个很大的横幅，蓝色的底，红黄相间的花体字写着"YOUNGERS"，这是淦伯面店的金字招牌。门厅和大厅连在一起，一眼看去较为宽阔。门厅里摆放了 4 张绿色的塑料桌子，两两对在一起，桌子下面左右两边各摆 3 把椅子，这就是初入店面的印象。

---

① 2015 年 8 月 5 日笔者在美达村与 WJP 的访谈。

图77　淦伯面店外景（郑一省摄）

图78　淦伯面店内部（郑一省摄）

　　穿过门厅，就是面店的主间。房间很大，有 50 平方米左右的样子。屋子的左面放了 5 张和门厅摆的一样的桌子，两两对好，整齐地摆成 3 排。靠近门口多出一个桌子的左边是老板收钱的柜台。每张桌子靠左手边都放了一个白色的托盘，里面整齐地放着筷子、勺子、纸抽、酱油、醋等调味品甚至还有牙签。红色的塑料筷子套在塑料袋里，放在一个细一点的高出一些的白色筷子桶里。外面还有一个矮一些宽一些的塑料筒子，两个筒子中间多出的缝隙整整齐齐地摆好勺子，勺把向下，勺面向上，摆放得十分整齐。而房间的右边就是厨房了，开放式的。下面是半米高的水泥台，上面是透明的玻璃罩。玻璃罩中间有一个隔层，可以用来放些不是很重的小物件。玻璃罩下面的台子上，用铁盘装着已经做好的熟食，还有一摞摞堆起来的橘红色的碗。玻璃罩子的后面有两个煮面的大铁锅。还有一个负责炒菜的灶台。煮菜的燃料主要是煤气，所以有很多煤气灶放在厨房里。厨房左右都贴白色的瓷砖，地板也用黄色的瓷砖贴好，一直贴到门厅。这使整个店看起来干净又明亮。

而另一个在阿斯利的店是一个新店。这个社区是美达村附近一个比较高档的别墅区，距美达村大概 10 分钟的车程。淦伯的新店开在一个三层别墅建筑的一层。商店的形状像一个切了的六边形。

图 79　阿斯利的淦伯面店外景（郑一省摄）

图 80　阿斯利的淦伯面店店里的布局（郑一省摄）

新淦伯面店的牌子与老店不一样，不仅仅只是简单地挂一块彩色的布，而是变成了钢架的广告牌。黄色的底色上面用红色的字写着"RIN-NAI MIN KAM PAK"。店铺的三面全部挂上非常显眼。和老店的布置一样，左面是吃饭的餐桌，右面是煮面的柜台。不同的是整个餐厅墙面都用白色的大理石包住，地板和桌面都换成了姜黄色。厨房的操作台和用具全部换成铁制的，看起来更加的干净。桌子也换成了黄色光面的，凳子也从老店里绿色圆形的小板凳换成了橘黄色的塑料椅子，并提供了电扇和电视。厨房柜台前的玻璃罩里代卖了很多虾饼、糕点。和老店相比，新店更加高档和干净。

在美达村，淦伯面店主要是卖面。一种是干拌面。面条的样子像我们平时吃的宽宽的手擀面，面里放肉酱、青菜和豆芽还有葱花，但是没有汤。不过会配有汤。还有一种就是云吞捞面，面条比较细，里面同样有青菜和豆芽，而且还会放两个小馄饨。

除了这些之外，淦伯的店里也会卖鱼粥、馄饨、炒饭等。不过由于人手不够，这些食物是按天供应的。一般周一、周四卖鱼粥；周二、周五就什么都有，但还是以面为主；周三、周六开始卖炒饭。饭店最近拟推出新的菜式，像咖喱鸡。由于用的是乡下的土鸡而不是用饲料鸡，成本比较高，现在还没有推出来。鱼圆汤面、咖喱鸡（新推）、花生也是老板娘的太太手工做的。

淦伯的面之所以这么受欢迎，是因为他的面条。淦伯的面条做法是中国岭南传统的竹升面的做法。所谓的竹升面。是广东省汉族传统面食，广东人因"竿"音不吉利而改称"升"。竹升面用传统的方法搓面、和面，用竹升（大茅竹竿）压打出来的面条、云吞皮的一类面食。这是在《舌尖上的中国》第一部第二集面食专题中为南派面食挣得一席之地的老牌传统面。

竹升面早在民国时期是流行于广州一带的传统面，20世纪五六十年代，来上一碗竹升面，曾是广州人早餐的一种口福。自从20世纪50年代后期，面条工艺机械化后，竹升面几乎销声匿迹。

竹升面的做法比较复杂，原料需要面粉、云吞、猪骨汤头，调料要有生油、盐、葱。竹升面挑选的竹竿是有讲究的，要够粗大，保证它有比较大的覆压面，代替人的双手。师傅搓完面团后，把面团放在案板上，然后骑坐在竹竿那头，用脚一蹬一蹬，竹竿碾压着面团，师傅要一边压打一边移动，让面团受力均匀，渐渐变成一条摊开的毛巾。一两个小时后，面团便可以揉拉成一根根银丝一样细的面条。在碾压过程中，不加一滴水。通常和面的时候，都不会加水，也不会加鸡蛋，而是用鸭蛋，用鸭蛋打出来的面既爽口又充满了蛋香味道。而煮面和放面也是有讲究的，煮的时候一定要在水大滚的时候下面然后快速把面弄散，然后马上捞上来过一下冷却，最后放进大滚的水里面稍微焯一下即可。放面的时候也有讲究，先在碗里加适量的汤，然后放汤匙，在汤匙上面放菜或者云吞等配料，最后再加煮好的面，因为这样才能使面不会因为泡太久而变得不爽口弹牙！这种细面，口感与中国北方的拉面完全不同。竹升面爽脆弹牙，韧性十足。和这种面用的是鸭蛋，使用传统的方式和好面团后，最关键在于压面时的力度。用毛竹碾压面团，用人体弹跳的重力让面团受力均匀。压薄的面皮便可以用来制作面条和云吞皮，这样压打出来的面具有独特的韧性。配上用猪骨、大地鱼、虾子熬制上3个小时以上的汤头，一碗鲜美无比的云吞捞面，就做成了。

吃了淦伯的面，他给我们讲起了他家的故事：淦伯面店的老板叫HY，1956年出生。父亲叫GX，店是以他父亲的名字命名的。他说道：

> 我家里最早来的是爷爷，后来奶奶带着父亲和叔叔三个人来的南洋。那时候父亲7岁，应该是1927年前后。我爷爷祖籍是广东梅县的大埔县。后来到了亚齐的靠近美仑的小地方。父亲在家排第二，父亲的哥哥去的泰国，做的是卖水、卖咖啡的生意。父亲曾经在中华小学读书，在学校打杂工抵学费。当时在美仑家里是开杂货店的，店名叫"万昌号"，主要卖烟和洋货，卖背心是从中国大陆过来的。一直到"9·30事件"。我出生在美仑。母亲叫ZYY，是司马威人。兄弟姐妹有10个，男6个，女的4个。我排男孩子中的最小，下面还有一个小妹妹。1966年的时候我们出棉兰到棉中，在棉中住了一年，被迁到烟寮。当时死了两个孩子就剩下了8个。叔叔跟婆婆一起回到了中国，当时坐第二批接侨船回到了福建。被迁前的三个月专业党成员喊道，三个月要不走就屠杀我们。苏哈托想杀人就嫁祸给共产党。当时抓的人都集中到华侨学校，把成年人的衣服脱光泼油漆写字。那时妻子给送饭，小孩给送吃的。后来到了8月17日叫大卡车集体赶走。到8月17日的时候在棉兰的独立广场，下午就被安排到棉中。我的爸爸没有被打，抓人的时候他爬到隔壁的印尼人老板家，印尼老板收留他，后来我们

打电话自己去的集中营,所以就没有被打。我爸爸也是华侨总会的,在美仑的华侨学校管理财政,与罗进祥是好朋友。护旗事件的时候小孩子不得下来,父亲和哥哥参加护旗,也有别的烟寮里的青年来支持。射了将近1个小时,开枪打死了五个烈士。升旗事件结束下午就被赶到烟寮。我们美仑在6号寮。过集体生活的时候自己耕种,种薛菜、空心菜、苦瓜、辣椒等。打京岸有菜园,我们那里的人会种菜。更多的菜是自己来吃。也有做糕的。搬到烟寮一个月左右就组织起来集体生活。有人组织合作社,面干组、金公组等部门出于义务自愿教徒弟,做面干。父亲最早是做豆腐组的,豆浆就是在烟寮里学的。在烟寮里也可以随时去外面打工,当时管理不严格。不做豆浆,在烟寮里卖咖啡,独门一间。1970年正式搬到美达村,给我们土地的是福建人叫陈丰盛。这里离棉兰更近,当时是一片荒地。负责人当时来量地。家里9个人分到的房子是C型的。房屋有8米×4米的空地。父亲和在棉兰有房子的叔叔一起来到村里开咖啡店。当时咖啡店是亚答的棚子,一半砖,一半木头。1978年兄弟几个在棉兰的大巴刹卖皮包,做皮带。后来巴刹被烧,去了北京街。大哥运货、二哥卖皮包。

据HY介绍,他1983年回来卖咖啡、打面。这个面店是1983年开的。当时的面都是手工的,开始只能打15公斤的面粉,后来25公斤。最早的店只有七八张很小的桌子,他们不卖生面条。但是后来有一个打面的工人他卖生面条。现在的老店是7×22米的,有10个桌子,10个工人。一般会在早上6点40开到18点40。新店17米×7米的,也有10个工人。现在是儿子和他的女朋友在经营。以前的生意很好做,1985年这里修高速公路,人们喜欢跑早街,美达村就热闹起来,生意越来越好做。对于现在的发展情况,G老板似乎还有些不是很满意地说道:

新店所在小区很大了,如果全部建完有4000多间,现在全部建成的有2000多间。那边大约从早上六点多钟开到下午两点,休息三个小时,下午五点又开,开到晚上九点半。晚上没有这么好生意。我的主要是面了,那些糕是朋友寄卖在这里的。放在我的店里卖,他们卖不完要还回去。这里的面是我们自己做,自己卖咯。就是有的顾客想买生面,我们就卖给他们咯。他们自己煮给他们的孩子吃。真正我没有分发给人家。等下工人没有来就做不来呀，做不来就会被人骂呀。仅一个面就要炒很多，如果工人不来我们就自己炒。炒面的越来越多，生意难做一点。我们本身自己也加了很多。利益就会一点点分散。我前几天看中国的电视台呀，山西削面呀，那个很成功呀，开了 90 多间店呀。我就看电视的山西刀削面，顾客很多。我们中国人口很多。现在都在外面打工，很少有人煮了。我也是看他们怎么去料理，运用人手，你的厨师要很多，他的主题是削面，配料很多。这个叫加盟和连锁。我有个朋友也很想卖到新加坡，可是我没有能力咯，就没敢答应他。因为我的东西就不能做干料，都是湿的，过了 24 小时就臭了。我们就每天咯，大约用多少就做多少。卖完了就再做，要保持新鲜。这个鱼圆是我太太用汤匙一粒一粒自己做的。买了机器用机器做，不能够成功。机器很快，它砰砰砰出来，开水煮过以后很润，可是一冷掉就不润了。我用手套自己捏的，心脏不好冷太久就会塞痛。就像以前我们拿冰块拿拿拿，就会痛到心呀。现在机器就能省很多。我的面现在更多的是用机器。以前是人工，以前人工还更好吃，进嘴的时候很爽。机器压面力道更大，它的水分很少。如果你太潮湿就黏着机器，质量会下降。如果它润也不好吃。我们以前就用手，压它，用竹子，跳咯，就像做马一样。一直调一直和，和到一定厚了，我们才进机器给他压薄，两次薄。第三次就出来，它的面的弹性比较活。机器就比较死嘛。但是机器的比较快，人工的就做不来。真的做不来，感觉到自己已经老了。[1]

二　朱阿姨小吃店

美达村除了咖啡店、面包店外，还有许多家小吃店。位于美达四路的朱阿姨的小饭店，是我们经常光顾的地方。

朱阿姨的小吃店建在美达四路，是将自家的门厅和客厅改造成为小吃店。小店不是很大，大概有 50 平方米的样子。门厅上靠墙摆了一把木头的长椅，一张木头桌子。供客人门吃饭聊天用。平时闲暇时也经常看到有人在长椅上打牌或者休息。

---

[1] 2015 年 8 月 10 日笔者在美达村与 G 先生的访谈。

图 81 "朱阿姨小吃店"店内(郑一省摄)

餐厅里分为里外两间,外间是主要的迎客区。三张方形的大桌子靠左面墙壁摆好,桌子前后各放两把塑料做的太师椅,不靠墙角的一边则放了一个圆形的小凳子。外厅右侧的最里面,有一个小的零食摊位,展柜都是玻璃做的,上面摆放着各种印尼当地很有特色的虾片、烟、糖果等小食品。平时朱阿姨就坐在那里,收钱或是卖东西。印尼的虾片十分好吃,每个虾片都炸得很大,像一张大饼,这些虾片是阿姨从市场上进过来卖的,她自己并没有炸。

图 82 坐在柜台前的朱阿姨(郑一省摄)

柜台的前面放了一张较大的圆形木桌,同样也放了几把塑料的太师椅。这样就能方便邀请朋友来这里聚餐。

而外厅右边最靠近门口的地方,是做饭的厨房。厨房完全是开放式的,朱阿姨的丈夫和儿子在里面工作。厨房最中间有切菜的砧板和两口黑色的大铁锅,炒菜的燃料用的是煤气。右边则是一个玻璃做的方形橱窗,里面放了做好的熟食,有鱼、有梅菜扣肉、有鸡腿还有鸭蛋等,每天的菜式都不一样。右边则放了一个烧蜂窝煤的炉子和一口汤锅,每天煮的汤就在里面。内厅还有一个厨房,只是比较狭窄,做好的肉菜一般是朱阿姨在这里做出来的。除了厨房,洗手间和厕所也在内厅,这样看来里面更像是朱阿姨的家,但她也从不吝惜将自家的厕所让出来给外人用。

店内的装饰也比较简单,但是十分有中国的特色,左面墙壁上贴了一张莫生气的画,右边放了一个画有青松和老虎的老式挂钟。房间正墙上挂着一台电视机,里面放的是中国电视台的节目。华人家里一般会有两口大锅(接收电视信号的设备),来收电视信号,一台来收印尼的电视台,一台则收中国的电视台。华人通过电视来了解国内的情况。中央一台和中央四台是他们经常关注的电视台。"非诚勿扰"和"好声音"也是华人十分喜欢的节目。但在看电视上,老人和年轻人就会产生比较大的冲突,朱阿姨和他的老公喜欢看中国频道,他的儿子就会关注印尼的新闻,而小孙子如果回到家直接会将播放中国节目电视台换为印尼的动画片,对中国的节目丝毫没有兴趣。

同样关注印尼电视的还有朱阿姨店里的两个爪哇工人。一个比较年长,看着有30多岁的样子,一个比较年轻。年轻的孩子比较活泼,每次见我们来吃饭就主动地打招呼并向我们微笑,年长的就是有礼貌地点点头,之后就不会再有什么表情。这些工人主要的工作是切菜、上菜,收拾碗筷,擦桌子或者扫地。一般一天有三万盾的工钱。如果店里没事的时候就会坐在内厅的桌子旁聊天,或者到前厅来看电视。一般朱阿姨叫她们做什么她们才会慢慢地走出来做事。

平时工作的时候没见过他们穿本民族的服装,着装和普通华人一样。但是两位印尼姑娘都喜欢戴金子,金耳环和金项链十分显眼。

朱阿姨的店里有饭也有面,配菜就是陈列在玻璃橱窗里的食物。阿姨每天会提前做好,顾客来了以后,喜欢的就可以直接盛走去吃。朱阿姨是客家人,做的菜也是客家菜。梅菜扣肉是她最拿手的菜品。她的梅干菜是跟父母学的，父母是从梅县过来的，会做梅干菜，从小就看着父母做了。具体步骤也不是很复杂，先是从市场买菜回来，洗好之后放盐腌两三天，变黄了就可以拿起来洗干净再晒，晒干就可以了。她会把菜干做好之后放进盒子里，这样就可以变成黑黑的颜色，但是闻起来很香。

除了这些早已准备好的菜，朱阿姨店里的杂菜是需要临时做的。这个杂菜，顾名思义，就是将几种蔬菜混合在一起，像中国北方的乱炖。里面的菜有西红柿、白菜、菠菜、花椰菜等，还会加入些印尼当地的臭豆（一种绿色的大豆，口感很糯有特殊的味道）和虾米。这道菜味道相对清淡，有虾米在菜里又觉得很鲜。朱阿姨的店里也提供汤，但是一般的汤食在铁锅里煮。汤也是肉汤比较多，做得最多的就是玉米排骨汤。由此可以看出美达村的华人，虽然喜欢做传统的客家美食，可是口味还是发生了比较大的改变。华人食肉食、鱼虾，爱松软酥脆的煎炸食物，口味喜甜，善于调制酱汁和蘸料。

朱阿姨很胖，160厘米左右的身高看起来有200多斤，每天喜欢穿着花花的裙子在店里缓慢地踱步，阿姨因为开店和身材的原因不怎么出门。也就是早上去巴刹采购食材，太远的就让儿子骑着摩托车去。

朱阿姨人很慈祥也很健谈，对中国也充满着热爱。每次吃完饭都会主动跟我们聊一聊，据朱阿姨说：爷爷是最早过来的，到的是亚齐打京岸，开咖啡店，父亲ZHXM是开杂货店的，母亲是HMY。爷爷在中国的时候就结婚了，父亲是1915年在印尼出生然后带回中国的，后来又出来，母亲1916年出生，是童养媳，从中国带来的，母亲18岁的时候才过南洋的。20岁才生孩子，一共9姐妹，她排第七，她给我们介绍道：

> 我自己是1946年出生的，高小（现在的六年级）毕业，初中来棉兰读书。以前跟爷爷一起住，住在一起的还有一个大伯和一个大叔，爷爷开咖啡店，父亲开杂货店，母亲给别人洗衣服、做菜干卖等给家里挣些外快。1953年大哥坐船回香港，到了广州后一直北上，到了沈阳念书，他是爱国华侨，自愿回国的。"9·30事件"发生前，跟朋友想到棉兰来玩，经过美仑的时候，听说有华人被抓了，躲起来了，后来到了棉兰，躲在了亲戚家里，没有回亚齐去。后来留在亚齐的父母也被赶出来了，集中在棉中的时候，我还时常去看望父母。打京岸的华人没怎么遭到迫害，我在美仑时看到很多男孩子被脱光衣

服，身上只穿了件短裤，脸上和背上都被涂了漆，被游行。到了棉兰的时候发现亲戚也被抓了，门都被封了，我便到了朋友家里。之后也没有回去过。父母在棉中之后我也到那里跟父母一起住了2个月，到了烟寮之后，我是负责做菜的，当时有做豆腐的、做薯粉的、做薯片的、做糕点的等，我主要是做早点"椰浆饭"拿去卖，当时有很多推销员拿去卖。那个本钱是组织出的，卖了钱也是给组织的。

在烟寮住了3年，刚到美达村的时候，是爱国华侨帮忙做的竹片做的草棚屋，墙壁是草席，屋顶是阿答叶，吹风的时候有一个个的洞，下雨的时候就会漏雨。当时两个房子之间还有空地，我们在空地上养鸡，分配到的是C型的房子，12米×23米，刚到这里的时候卖粉和面。[①]

据了解，朱阿姨12岁小学毕业，给人带小孩，12岁开始学煮菜。24岁在烟寮做菜组认识了现在的丈夫，俩人在烟寮里结婚了。来到美达村之后慢慢做起来了自己的店，可以做面卖给这边的人。没有准字，不用执照。什么都做过，做过包子，什么能够赚钱就做什么。自己用脚踏车进货，以前的路一旦下雨就很难行走。一般是从华人那里进，菜主要是从巴烟那里进，华人也会因为他们是难民给他们些优惠，以前饭店营业到很晚，晚上11点，2点开都有可能。这个店铺一般6点多就要营业了，打理孩子上学，这个店支持了整个家的经济开支和孩子们上学的费用。现在帮忙打理的是第二个孩子。办了印尼籍之后要交税了，要根据收入的多少交10%的税，要有卫生准字，等等。

她现在都是自己炒菜，每天来这里吃饭的人都挺多的，工人帮忙切葱头、洗碗筷而已，3万盾一天，9点才来，下午2点差不多就走了。这个店的经营一向还好。二姐在泗水，还有个姐姐在雅加达，其中一个哥哥在打京岸，三姐在棉兰，还有个弟弟在雅加达，还有两个姐妹也在雅加达。

三 亚弄店

经营副食和杂货店的商店，印尼称为"亚弄店"，这种商店在美达村较为常见。目前美达村这种商店共有6家，其主要经营：扫把、水布、鞋

[①] 2015年7月29日笔者在美达村与朱阿姨的访谈。

子、香烟、矿泉水、饮料、水盆、毛巾、牙刷、牙膏、家禽饲料、卫生纸、洗发水、香皂、洗衣粉、香水、奶粉、糖果、饼干、啤酒、方便面、酱油、花生油、盐、白糖、火柴、打火机、汽油、胶水、碗碟、锅、喷漆、螺丝钉、扳手、刀、砧板、塑料袋、杀虫剂、蚊香、火炉、口罩、冰块、咖啡等。

ZWM杂货店在美达二路，1970年起就开始开店了，其主要经营：锅碗瓢盆、日用品、小五金、门锁、扫把、撮子等。杂货店也是前面开店，后面是家。这个杂货店是自己和丈夫XWF一起经营的。阿姨说自己也是亚齐华侨难民，不过是在12公里住的难民，自己是后来嫁到美达村的。

ZWM出生于1958年，父亲ZWB出生于印尼冷沙，是属龙的，于1979年去世。ZWM出生于冷沙，她小时候，父亲是开金店打首饰的，朋友开店卖首饰，母亲叫DYX，是当地的华人。ZWM 4岁的时候，母亲去世了。父母生有10个孩子，她排行第8。母亲去世之后，靠较大的姐姐把弟妹们拉扯大。家里经济条件一般，因为孩子多，被赶的时候，ZWM才6岁。1966年，父亲把所有的孩子带到丹兰的烟寮，想要坐船回中国去。在烟寮的时候，早餐一般是喝白粥，吃大锅饭，组织上给什么，他们就吃什么。烟寮里有分组，有供销组、销售组等，大家一起种菜，拿麻袋做墙，做了4年左右。在烟寮的时候，大家都很团结，六一儿童节的时候还有联欢活动，但是因为棉中发生升旗事件，大家的行动稍微受限了。1970年，搬到美达村的时候，就开始开这个杂货店了，一直做到现在。本来是住在离美达村12公里外的民礼，当时那个地方也是"爱国华侨"给的，10年之内不收租，10年之后需要自己购买。在民礼的房子的规模也跟在美达村一样，都是根据家里人口的多少进行分配的，当时分到的是4个人的规模，姐姐已经出嫁，姐姐分的是4个人的房子，她跟父母一起住，也是分了4个人的房子，把两栋房子合为一家，一起住。后来把土地买下来了，不大清楚房子建起来的时候花费的钱，因为那个时候她还小，也不懂这些。ZWM谈到自己的家庭时说道：

  1977年嫁来美达村，丈夫XWF出生于1948年，是广东梅县人，1965年，"9·30事件"发生的时候，丈夫的兄弟和伯父伯母都回国了，其中他的弟弟是41位青少年之一，发生了41位青少年事件之后，被送回国，回到了福建宁化华侨农场。他的兄弟姐妹中，一个姐姐和姑姑的一个女儿也回到了中国，姑姑的女儿是41位青少年之一。

　　我有亲戚在美达村，姑姑跟女儿回国之后，留下了一个儿子，有一次我的表嫂身体不舒服，我过来照顾她，认识了现在的丈夫。丈夫到了美达村之后，给一个老板打工，挣了钱之后，向那个老板赊货来卖，因为丈夫挺老实的，也得到了老板的信任，于是把货赊给他卖，挣了钱之后再慢慢把钱还上，然后就一直做到了现在。这个杂货店就设在自己房子的一楼，所以不需要交租。她嫁过来之后，巴刹就已经存在，当时的巴刹主要是华人为主，摊位就是谁占到就是谁的，自己拿着东西就可以占位子。当时的巴刹主要是卖肉、卖菜，食物来源主要是从棉兰进。美达大道是村民们捐钱一起建起来的，道路建好之后，极大地方便了美达村民的出行，也减少了烟尘滚滚的状况，在一定程度上拉动了美达经济的发展。①

　　ZWM杂货店已经存在了40多年，主要是零售，也可以搞批发，但是比较少，现在如果主要是棉兰进货，入货的时候一般是先赊，老板大约一个月来收一次账，有些也会现场结账。商品主要是卖给美达村居民，当地的印尼友族也有到这里来买的，一般不赊账，特别是对印尼友族人，因为认为他们不讲信用，欠账之后不怎么还，但是把货物卖给印尼友族的时候会便宜一点。ZWM杂货店主要是由夫妇俩、儿子和女儿在照顾这个店。不过，儿子与丈夫他们都有自己的生意。ZWM感觉现在生意越来越冷淡了，10年前的生意比较好做，生意似乎是一年不如一年。

　　在美达村，当地的华人"亚弄店"店铺的特点和我们国内还是有很大的不同，但无论是商店的类型还是经营模式，依旧保持着亚齐时期的传统。村内店铺的种类也多是小吃店、杂货店、咖啡店。在经营方式上依旧是商店和住家结合在一起。

　　这种"店家合一"的现象在华人社会中是很普遍的，对这一现象的文化内涵，有学者将它看成儒家传统的"家庭观念的体现"。或许会有这么一方面原因。但是我认为，这种现象更多的是来自华人的一种基于

---

① 2015年7月29日笔者在美达村与ZH的访谈。

图83　前店后家的美达村华人店铺（李晨媛摄）

"生存理性"和"经济理性"形成的"工商业精神"的传承。

对于生存理性，是因为美达华人的祖辈作为破产农民移民到亚齐，自身生活的窘境导致很难与土地发生关系，而工商业则有效地解决了剩余劳动力的就业问题。成为华人青睐的生计。而本身没有土地的华人，也不会有更多的资本购买店铺，另开商店。所以就形成了在家开店的现象。

出于"经济理性"的考虑，货品成为家庭生活的经济来源，只有放在家中才会给美达华人以安全感。"家店合一"这种经营方式将销售的货品和家庭挂钩，将产品的质量和家族信誉挂钩，有这种做法无疑会给美达华人带来持久性的商业收益。

对于"工商精神"的传统，则来自家庭教育。夫妻共同经营着小店，丈夫负责进货或销售，妻子负责看店和卖货，家庭里的孩子从小就接受这种商业的熏陶，自然会对这种经营方式存在感情。华人一代代将这种经营方式传递下去，成为华人一种独特的商业文化。

四　修车行

在美达村，有两家修车行，一家是修自行车，另一家修摩托车。修自行车爷爷的店在五路篮球场的对面。店铺是用木头搭成的房子，里面只有小小的一间。在门外立起的房梁上挂着三五个自行车的车轱辘，就这几个车轱辘足以可以告诉别人这家店是做什么的。

图 84（a）修车行的师傅　图 84（b）补胎的"火水炉"　图 84（c）补轮胎的工具箱
正在补轮胎　　　　　　　　　　　　　　　　　　　　　　　（郑一省拍摄）

我们去访谈的时候正看到爷爷在给自行车补胎。他就蹲在店门前，把工具摆在身边。一边摆弄一边给我讲解。补胎需要火水炉来加热，他就把火水炉点着给我看。这种火水炉和志文叔做的不太一样，志文叔的是方形的，而这个是圆形的，看起来更像是煤油灯。不过点燃后火苗非常旺，还会发出呼呼的热浪声。补胎之前先要把气打满看到哪里漏气，就把漏气的地方用锉刀把它磨薄，再将橡胶剪下一下块，涂好胶水，贴在漏气的地方，用火水炉烫 15 分钟，橡胶就可以粘在轮胎上啦。美达村的华人几乎家家都有车了，但是还是会有人骑自行车，印尼友族有时候也会来他这儿修车，但是不多，因为他们的村子都有修自行车的。像这样补一次胎只要 9000 的印尼盾。开店的铺子是租来的，租一年需要 2 条印尼盾，也就是 1000 元人民币。自己和太太一起经营，太太在店铺的前面摆摊卖鸡蛋、塑料袋和一次性餐盒。印尼人都用芭蕉叶打包，这样比较便宜。餐盒一般是华人的餐馆来定，成本比较高。

美达村还有一家修摩托车的店铺在美达四路。同样前面是店铺后面是家庭住宅。

五　理发店

在美达村，理发店共四五家。我们访谈了其中一家比较大的琳娜沙龙。

这个琳娜沙龙在美达四路，也是把住的房子隔出一间来营业。理发店左面墙壁上贴了一面很大的镜子，用来剪发，右边则放有沙发供客人等待。前面剪头，后面洗头，和我们熟知的理发店是一样的。

这家理发店的老板叫QYR，1954年出生，祖籍在广东梅县。最先从中国来到这里的是爷爷，名叫QWX，奶奶叫REM。爷爷是打金的。和爷爷一样，父亲QZS也是以打金为生。母亲叫ZHYY，共生了7个孩子，三男四女。集中的时候QYR在老人院。他自己最开始和弟弟QYX从事金行业。1999年在美达村买了这个店铺。那时候大概要11条半印尼盾的价钱。现在美达村差不多有4—5家沙龙（理发店）了。琳娜沙龙的店面积在100平方米左右，店铺每天都开，从上午的9点到下午的6点半。店里雇了两个工人，一个马达人一个爪哇人。理发店里可以洗发、烫发、剪发还可以做些美容。

六　观赏鱼店

在美达村第五路篮球场的对面，有一家卖打架鱼的商店，店铺的门口有一个柜台，里面放了一些香烟和鱼食，一位包着蓝色头巾的爪哇如女经常坐在那里。店铺的右边则摆了许多玻璃做的方形的小鱼缸，鱼缸和鱼缸之间用一个纸壳挡住。每个鱼缸里只能装一条小鱼。小鱼非常漂亮，红色、绿色、蓝色、黑色、紫色、白色什么颜色的都有。头小小但是尾巴像开屏的孔雀一样散开，非常美丽。听老板介绍这个种小鱼叫斗鱼，也叫打架鱼，生活在溪河、池沼、沟渠和稻田里。长相美丽可是性格很暴躁。如果两个鱼放在一起，甚至是在两个鱼缸里对视都会打架。所以鱼缸和鱼缸之间要放纸壳挡住。

除了店铺以外，老板带我们到了屋子里面，里面有更多的小鱼，有的放在鱼缸里，有的放在割了一半的矿泉水瓶子里。放在鱼缸里的鱼是准备出售的鱼，小瓶子里的鱼都是准备配种的鱼苗。在鱼很小的时候是可以成群生活在一起的。过了四个月就需要分开。怀孕的母鱼会在水面吐出密密麻麻的泡泡，然后把卵产在泡泡下面。店里卖的鱼有的是别人配种好直接拿来卖的，有的则是自己配种的。

小鱼的吃食很讲究，需要吃河里蚊子的幼崽。所以一般老板都不在店里，都会去美达村附近的水沟里捞孑孓。除了这种吃食之外，还有一种加工过的鱼食。平常的时候可以装在袋子里运输，遇水以后虫子会活过来。这种鱼饲料价格非常昂贵，要200多千印尼盾一袋。所以需要很专业很用心的人去养。

购买打架鱼，最初是观看它们打架，人们利用它好斗的习性以此消闲寻趣，并把它作为一种奇特的比赛项目。当两条鱼共同放进一个鱼缸中双方张鳍鼓鳃、昂首怒目，犹如狭路相逢的仇人，或头对头顶撞或嘴对嘴紧衔，时而左右追逐、时而上下翻滚。鱼主各自为其选手呐喊助威。赛斗鱼的评判标准不在双方受伤轻重，而是看哪条鱼不想恋战而掉头游离。这种游戏由来已久，其实在清代有一部园艺专著《花镜》记载了古代皇家贵族鲜见斗鱼之趣，有人为达到某种目的，还携带斗鱼讨好太监，作为取宠得荣之"阶梯"。

如今更多的人购买它们是为了观赏。有的会拿自己家的小鱼参加斗鱼选美大赛，赢了可以获得奖牌和奖金。

这样一条小鱼价格不菲，根据品种和花色的不同卖到 100000 到 300000 印尼盾不等，有的甚至可以卖 7 条印尼盾。主要购买的是雅加达的华人，更多的是出口，本地人买的很少。对于小鱼的销售渠道，自己一般会约在网上。有许多雅加达、马来西亚或者新加坡的买家会到他这里下订单。等他包装好就给他们快递过去。

这家店的老板叫 LYJ，1966 年出生，祖籍广东大埔。母亲是梅县人，家里最早是爷爷 LZC 过来印尼，当时十七八岁，到印尼才结的婚，是为了生计而来到印尼的班达亚齐（Banda Aceh）。刚到的时候给别人打工，卖铁，后来自己开了店铺，卖建材。爷爷结婚之后生了 6 个孩子，父亲排行最大。父亲 LNC 是开杂货店的，资金来源是爷爷的遗产，有一个叔叔是教员（老师），也帮助父亲开店。"9·30"事件发生之后，父亲带着孩子们准备回国，有人来敲门的时候，父亲就躲到楼上去，等到他们走了才出来。父亲是青年会的成员，所以当时也是被抓的对象。商店门口上有写：要不就自己回国，要不就留在棺材里，以这样的方式逼华人回国。当时父亲还把他们念过的书都烧掉了，也因此父亲被抓了，幸好父亲之前与印尼人打过排球，那个印尼排球队的领导认识父亲，那个人帮忙父亲录口供，让父亲可以顺利通过，使父亲得到释放。父亲被抓后不久，他们就到棉兰了。有关妻子，LYJ 这样对我们说道：

> 我的太太是爪哇女人，她是伊斯兰教徒。我是在青松村的健身房认识她的。两个人一见钟情结了婚。自己也入了回教。生了两个孩子，都是男孩。最早的时候住在他们爪哇人的村子里，后来为了孩子的教育回到美达村来。大儿子小时候发烧烧坏了脑子，小儿子很聪明

喜欢看中国电视台的金鹰卡通卫视。

> 父母反对我们结婚，我们偷偷结的婚。我父亲去世了以后才建的这个房子。这个房子是集中时候组织分的，现在是我哥哥一间，我姐姐一间，我自己也建了一间。爪哇人很喜欢嫁给华人，妻子的父母也没有反对。后来我哥哥姐姐看我们过得很好，也就不再说什么了。我自己身体不好，曾经开过刀做过一次大手术，都是我哥哥支援我。我得到了他们很大的帮助。

在美达村有几对这样的族际通婚家庭，大多数是通过打工形式认识的。这种婚姻家庭虽然在美达村不算多，也可能遭到周围华人的一些非议，但也表明美达村的年轻人的婚姻圈在向外拓展，这也是一个好的现象。

第三节 "车皮"与皮革产业链

自从定居美达村之后，美达村华人多以经商为主，政治的不稳定性，他们便把更多的精力投入经济建设中来，基本每一户美达村华人都拥有自己的产业。经济基础决定上层建筑，经济地位的提高，使华人的社会地位也随着水涨船高。美达村华人经历了漫长的政治苦难，他们清楚地知道，如若想在印尼取得生存，必须具有一定的经济实力。

美达村华人从一无所有到逐渐富裕，从沿街叫卖或在外打工到建立自己的小作坊，直到建立起颇具规模的现代化企业。从调查来看，美达村兴办的工厂种类多样（见表11）。

表11　　　　　　　　美达村各类工厂汇总[①]

工厂类别	数量
皮包、皮带厂	7
汽车修理厂	4
日用五金厂	4
印刷、印染作坊	3

[①] 资料来源：笔者根据美达村实地调查资料整理。

续表

工厂类别	数量
做糕	3
养鸟厂	2
家具厂	2
床垫工厂	1
饼干厂	1
汽车零件厂	1
机器改装厂	1
果冻加工作坊	1
文具包装厂	1
月饼工作坊	1
牛肉干、猪肉干作坊	1
火水炉厂	1
麻花作坊	1

从表格的统计结果来看，美达华人的工业类型多为小型的作坊式工厂。这说明美达华人在创业初期，由于资本较少，所以选择家庭手工业为主，以家人代工不需要投入厂房和设备，并有效地解决了家人就业的问题。而发展到后期，美达村民积累了一定资金，手工作坊就随之兴起。作坊工业利用比较进步的技术，大批地购进原料，更大批地生产商品，得到经营的利润。当积累了一些资本后，有的便引进现代化机器与管理机制，建立起现代化工厂和企业。

一 "车皮"的由来

家园建好以后美达村华人开始各自讨生活，到70年代，大部分美达村华人放弃了外出兜售商品的生计方式，开始从事家庭手工行业。当时印尼政府采取鼓励经济发展的政策，使皮箱、皮包行业的需求量巨大，由于原材料成本低，工艺制作简单，美达村的华人家庭有80%从事与皮包生产相关的行业。也就是客家人常说的"车皮"。

"车皮"一般是家里制作的。美达村华人制作的皮产品很多，有皮包、皮箱、皮带等，但是多数是从棉兰老板那里领工，美达村华人从棉兰华人老板手中将材料和模板领到家里，将每块皮料按模板的样式裁剪出来，把裁剪好的一块块皮子再缝合好，就可以了，美达村华人将制作完成的成品再交给老板，老板按做的多少付给他们工钱，整个的工作就完成了。这种工作不受地域的限制，也不需要太多的成本，所以当时几乎是全家老小齐上阵，美达村一时之间成了"车皮村"。据美达村华人 JQ 介绍：

> 当时家里 4 口人一起做皮包，父亲有事还会做皮带，大概一天能做 2—3 摞，一摞有 12 个，每摞皮包在当时能赚 2 万多盾……①

当时搞运输的 GZ，也证实了当时车皮业的兴盛，他在谈到当时 70 年代在美达村的皮革生产时说道：

> 1978 年的时候，有 68% 的家庭是做皮包的、皮箱，一套皮箱有 3 个，当时他运输的话，一个上午就可以运输 100 多套，下午也可以运输 100 多套，产量高，销售也好，因为印尼人买到新的皮包之后，如果觉得不喜欢就会丢掉，重新买过，就这样，皮包的市场还是很大的，大家也都挣到了很多钱。②

到了 80 年代以后，美达村的华人凭借自己的勤劳赚得了一些积蓄。开始转向其他的行业，美达村内依旧从事"车皮"的华人也转变了职业角色，并将皮包行业进一步做大。形式主要有两种，一种是建立了自己的皮包工厂，另一种则是摇身一变成为皮包皮具的批发商。如美达一路的 LPX 说道：

> 一般进美达村，村里人开始做生意，村里人做的生意主要是手工业、皮具，我当时做的是学生用的书包。1975 年开了工厂，其实就是在自己的家庭里做一个手工作坊，先是自己做，后来开了工厂，请了工人，工资大概为 2000 印尼盾一天，当时有几百个工人，原料都是从城市里进的，也主要销往城市，生意还不错，而美达村当时有几

---

① 2015 年 8 月 20 日笔者在美达村与 JQ 的访谈。
② 2015 年 8 月 25 日笔者在美达村与 GZ 先生的访谈。

十户人家做皮革的生意。现在已经不开工厂了，生意由孩子接手。①

到现在为止，美达村仍有5家制作皮包的工厂。我们在访谈中采访了一家比较大型的皮包制造厂。位于美达村的第四路。老板叫JQ，1961年出生在大亚齐（即班达亚齐），祖籍是湖北天门。他的工厂主要是制作学生的书包和女士的皮包。当得知我们的来意时，非常热情地邀请我们参观他的皮包工厂。

工厂位于美达村的第四路，占地300平方米，加上老板的办公室，工厂被隔成了5间房屋，每一间房间老板都做了合理的分工。工厂一进门的房间面积比较大，房间里到处堆放着剪成不同形状的皮料和书包肩带里的软泡沫。这个房间主要是负责裁剪书包的外皮，工人将不同颜色的皮料靠墙放置，说是皮料，其实是五颜六色的尼龙布。华人将这种布称为"皮"则是客家人惯用的一种说法。布料的颜色很多，光摆出来的就有十多种，有粉色、蓝色、紫色和黄色。颜色都比较鲜艳。堆放布料的旁边有一个窗子，老板用布将窗子遮起来，上面挂着几种女式的手提包和布包。老板告诉我们，这些皮包是以前做过的样品。放在这是为了方便顾客来看。

整个工厂地都是用木头铺成的，我们需要光着脚走进厂子，为了节省空间，地板就成了裁剪布料的操作台。工人们就蹲坐在地上，拿着已经做好的模板在皮料上画出轮廓，再将它们裁剪出来。有一个爪哇族男工人负责裁剪这些皮料，旁边一个女工人负责整理。

从房间右侧进入依旧是一个面积比较宽敞的房间，进门房间的右侧是工人正在制作书包拉链里面黑色的布带。这种材料材质也比较硬，需要用机器完成。将黑色的布对折，用机器一条一条地将它们裁下。裁好这个之后，就需要裁剪外面大卷的白色泡沫，据介绍这些材料主要是做书包的里衬和肩带。

房间的左侧则是工人安装拉链和堆放成品的地方。成品的样子很多，虽然都是小学生背的书包，有不同的样式和花色。据老板介绍现在他的工厂里只做两种类型的书包，一种是黄色偏大一点的，一种是紫色小型一点的，因为市场上这两种书包卖得比较好，所以订单也比较多。

这些做好的书包和手袋主要是来自旁边房间的缝纫车间，也是这个家

---

① 2015年8月1日笔者在美达村与LPX先生的访谈。

庭手工工厂的核心生产间。这间房间有40平方米左右，共有10个女工在里面工作，每个女工前面都有一台缝纫机，负责将每块皮料按规定的样式缝合起来。有的做书包的外面，有的负责书包的内里，有的做肩带。工作简单重复。每个工人只要操作其中的一到两个步骤。工人将做好的半成品按摞放好，交给下一个工人，当然他们也需要按摞领工。工人的工资是按件计算的，多劳多得。他们的工作地点也具有灵活性。可以在工厂里做工也可以拿回家里做。这里的女工大部分是爪哇人，还有一些马达人，有中年的妇女，也有年轻的女孩子。她们都可以熟练地操作缝纫机。据老板介绍，这里的女工最长工作5年左右，最短的也有3个多月的时间。对于我们的参观和拍照也没有那么多的羞涩和紧张，任由我们拍照，还不时对我们微笑。

而另一个房间则是用来堆放的是布料和拉链等材料，材料都放置在架子上。在这个车间里，有个年轻的爪哇小姑娘负责缝拉链。这也是皮包的最后一道工序。将做好的书包放在之前介绍过的大厅的一边，有专门的工人负责上牌子和包装。这家工厂虽然小，但是产品已经有了自己的品牌——"Yuri Maike"。据老板介绍他在1988年就申请注册了自己的品牌，一直持续到现在，有了自己固定的供货商和客源，自己的商品也在市场上有了一席之地。

图85　皮包厂的纺织女工（李晨媛摄）

图 86　负责切割的男工人（李晨嫒摄）

　　工厂的最后一间房间则是老板的办公室。办公室里有些凌乱，但是电脑和电话的位置十分抢眼。据老板介绍，生产书包的这些布料大部分来自中国，由棉兰的华人批发商买进再卖给他们。由于多年建立起来的商业信任，进货和出货并不要那么烦琐地验货或者交定金，只要一个电话就可以搞定，现在由于科技的进步，华人商业也开始在电脑上做生意，但现在主要还是依靠电话谈生意，所以有人就戏称华人的生意为"一个电话的生意"。

　　对于制皮业，生产工具也在逐渐发生着变化。最初的缝制主要依赖的是手工，后来有人力的织机，到如今又全部是电动。但是依旧是家庭手工，机械化程度不高。包装工人甚至直接坐在地板上开工，也谈不上什么规范化的管理。

　　但是能有今天的局面也并不是十分容易的，在办公室里，JQ 给我们讲述了他的创业经历：

　　　　我 1978 年的时候（17 岁）开始做的，最开始是在美达一路的家里开始做的，当时的规模比较小。之前当过推销员，做了一个月之后，就去给别人打工了，卖颜料。和姐姐合伙做生意，本钱来自父亲，有 300 多千，一点一点开始做，跟顾客讲，因为钱不够，所以希望尽快可以买单。为什么不卖给印尼人？因为印尼人很少买皮带。当时的小作坊就在主家里面，在客厅进行裁缝，就和姐姐、弟弟、妹妹一起做，父母也会帮忙，就一台缝纫机，主要是姐姐来操作。一天能做两三箩，一箩可以卖20000多盾，一天大概有4万货币的收入。把钱存起来，1987年买了这块地皮，在这里建工厂。这块地皮的原主人已经定居雅加达了。开始的时候，美达村做皮包生意的有二三十家，慢慢地，大家才改行，1990年开始，生意越来越好。现在在中国货的冲击下，竞争更加激烈。1988年，他申请了商标，一直做到现在。这是他最大的规模了。大概有50个工人，有时候也有在家里车皮包。有些人现在也做皮包生意，但是规模不大，可能还有五六家人在做皮包生意，有些人是自己买回来卖。有40台机器工作，材料主要是从中国进口，一段时期之后，会联系供应商，让其把材料送过来，需要的材料都跟那个供应商订。一匹挺大的布料需要500千，一匹可以做一箩，20000多一沓，一个2000盾。一个皮包纯利润可以得到10%，比较好的时候，一天可以做200多个，20箩，但是价格不一样，3万货币、4万货币、5万货币、6万货币、7万货币都有。工人都是印尼人，因为跟他的时间至少有5年了，有的有十几二十年了，大家的关系都很好。如果对待工人好的话，工人会一传十十传百地为老板招来更多的员工，如果对工人不好的话，就很难找到工人。工人的工作时间为早上8点到下午4点半，中午在工厂吃，12点吃饭，时间为半个小时。12点半开始做，饭菜都是工人自己带过来的。

工人按照不同的分工会有不同的工资，做杂工的工资低，切皮的工资高，切皮的一天100多千工资，大概有2个，其他的都是打包和缝制，都是五六万盾，有十几个打杂工的工人。美达的华人也有给他做过工的。

土地问题没有解决，但是为什么还在这里买地皮建工厂？随大溜，如果要买的话，那就买吧，当时买的时候，有买卖书，要有中间人，中间人就是黄广政，只要有人做证就可以了的。内容大概为，这块地皮以前是谁的，占地多少，现在多少钱卖给谁，中间人是谁，由现在开始，土地属于某某。大概就是这样的内容。当时买这块地花了六七条（印尼盾），占地15米×20米左右。

生活开始好起来是在1990年开始，工厂搬到这里之后，家里的生活更加好了，有钱之后就存起来，现在在 CEMARA HIJAL 也有房子，2008 年买的。1997 年开始，做皮包生意的人慢慢少了。

现在，有的人会打电话过来订货，以前要自己跑市场，2007 年前后就不用自己跑市场了，那个时候大概有固定的客源了，现在有一个专门跑市场的工人，不需要他跑，也可以接受电话订单。没有自己的零售店，姐姐和弟弟是专门卖包包和腰带、钱包等商品的，这个棉兰的皮包生意在学生开学的时候生意会好做一些。6 月至 8 月可能生意会好些，特别是 6 月与 7 月，其他时间段比较淡。也有遇过比较困难的时候，1986—1988 年，因为本钱少，存在一定的困难，但是具有一定的竞争。曾经跟朋友借过钱（通过开借条），不可以向银行贷款。[1]

这位 WX 先生，在问到觉得其他人为什么不能成功？他认为有很多方面的原因，遇到更好的生意就走了，没有坚持；觉得销路受限，就中途放弃了。他就这个问题回答我们：

> 我曾经也做过卡车，80 多年的时候，有一个朋友在做装泥土的车，有一次聊天的时候，朋友说这个行业比较有前景，当时也有了一定的本钱，所以在 1991 年前后，就已经买了车。跟朋友一起做，现在大概有 10 辆车，10 轮的车有 8 辆，其他的两辆。与一个朋友合伙，不担心会出现什么意外，因为车辆上的户主都是他的名字，一个人 5 辆。当时租车也是跟黄广政一样，做的棕榈园的路。只有卡车没有钩机，因为需要更多的成本，承包的工程的话，就一直坚持着做工程的项目，如果同时兼顾其他工程的话，很有可能造成比较难收账的后果。10 轮的车出一天的话，大概需要 700 千，一个月可能要 20 条。如果是 6 人的话一天大概需要 400 千，出 10 轮的比较多一点，刚开始买的汽车都是二手的，买车的钱也不是贷款的，都是慢慢起步，慢慢做起来的。朋友是开修理厂的，所以汽车可以放在他那里，他有一个专门放汽车的地方，那个地方是与合伙人一起买的，之前租

---

[1] 2015 年 8 月 27 日笔者在美达村与 JQ 的访谈。

给别人开家具厂，现在也不租了，放置在那里。①

在谈到他的企业未来的发展，以及他对印尼友族的印象时，他耸耸肩这样说道：

> 在其他地方也没有土地问题，现在不担心排华事件的发生，因为中国强大了。为了应对中国商品进入印尼的冲击，他会做一些与中国商品不一样的产品，比如模型版样不一样的话，会吸引不同的人群，他做的产品主要是销往雅加达。以前中国的产品比较便宜，但是质量比较一般，产品比较容易坏，现在中国的产品越来越贵，他们就会做便宜的商品，也有100件的商品。中国的商品，印尼大众一般会接受，因为虽然材料不一样，但是版式基本差不多。现在，中国商品跟印尼商品的价格不一样，稍微有钱一点的可能会选择中国商品，但是如果经济一般的话可以选择印尼出产的商品。可以说美达村的建立带动了周围村庄的发展，因为在美达村民没有搬来之前，周围村庄的发展程度是比较低的。
>
> 印尼人的品行很好，但是很容易被煽动，这是不好的，印尼人对待工作也挺认真。由于华人和印尼人存在贫富差距，印尼人容易嫉妒华人。由于现在跟华人接触得比较多，很多印尼人在言行举止方面会向华人学习。部分印尼人喜欢跟华人交流，有些印尼人会觉得华人高人一等。
>
> 美达村华人发展到今天这样的状况，主要是靠勤奋、守本分，不能赌博，特别是不能赌博，一旦染上赌博很多钱都不够输。曾经做过一些牌子的山寨品，后来也不做了，还是想着树立一个商标可以走得更远。在租赁行业，没有固定的合作伙伴。美达村周围的大工厂一般是搞汽修的，在租赁行业还没有那么兴盛之前，已经存在一些汽修店。
>
> 80年代中期，我家里开始雇女佣，女佣的工钱不大清楚，这个属于妻子管理，工作内容主要是洗衣服跟搞卫生，还会雇女佣来专门照看孩子。1998年到现在都是那一个女佣，那个女佣特别好，是妻

---

① 2015年8月27日笔者在美达村与WX的访谈。

子找到的。找保姆一般找马达人比较多。刚搬到美达村的时候，住的是亚答房，家里建了两层楼，后来1984年前后做成了半砖半木头的墙壁，挣了钱之后，用铁皮围成了围墙，1985年之后，开始用瓷砖装修。当时的房子一直维持到现在都是那个样子。①

二 皮革产业链

正如WX的姐姐那样，美达村的车皮业除了开设工厂以外，另一个发展就是成为皮包的批发商或大型的零售商。他们也是通过打工或者车皮来积累资金，成为批发商。

> 1991年之后，姐姐、姐夫到棉兰开工厂，姐姐和弟弟是专门卖包包和腰带、钱包等商品的，规模很大，比我的生意还要好。②

美达村华人批发的货源主要来自中国，当然他们也经营当地的品牌，有的甚至代理高端品牌，在商场上开设自己的展柜出售给消费者。如我们采访的年青一代的美达村华人ZZ就是这样的例子，从最初帮姐夫做皮带，到后来做批发，到进口中国的货，到代理知名品牌箭牌。成为美达村华人发展的一个典型例子。

> 在大学三年级我就做生意了。也不是别人的生意是我姐夫在雅加达做皮带、皮包、裤带等。我的姐夫在雅加达就做得很大。在棉兰也有和人一起做，有人做代理的来做我的货。那个代理做了很久，那个东西很好赚呀，结果他就决定做自己的牌子，就自己做了。那个旧的牌子就还给我的姐夫了，他的全部货都丢给我卖。就拿去找人买，全靠自己跑，找的都是一些市场推销，结果就做起来了，我毕业以后，也有一个店面了。当时政府就要求两年的实习，去乡下实习，我的生意给别人料理了。结果两年回来，帮我做生意的那个华人自己做，他老实咯，也不是说不老实啦，就是大家都想做老板了，结果他做了

---

① 2015年8月11日笔者在美达村与WX先生的访谈。
② 同上。

老板以后我也跟他做生意啦。后来我就自己做了。我开始没有开店，就在家里。我在棉兰郊外的有个店，三家店面。1993年的时候就不自己做了，就是去中国买货了，去广东也去河南。现在广东是大城市了，就像美国、日本，价钱就高了，所以我们就去内地更远的地方。义乌我们也去过，去过义乌就到河南了。我姐夫从高中时就做生产，我就做代理，后来做苏北的代理，还有百货市场。我们现在都做出名牌了，箭牌。这个名牌是有高级的也有低级的，高级的在广东的，就批发来卖。哪个牌子好就卖什么。最好卖的时候就是印尼人过年的时候，到现在还是这样。市场都是百货公司，都是小柜台。有批发，也有零售。我们不租，他就给我们一个地方销售，规定我们一年的销售量是多少，如果销售量不高就撤柜台。我们做了20年销售还不错。销路很大，山亭也来这里。我们在美达村第五路有一个仓库，现在有两个仓库。我们的店也很长的，那一个店就有两个人，在我手上就有50多个店，总共得有150个店。运输我们自己也有车的。我觉得现在做这个很好啦。在美达村里做批发生意的就我一个。当时70、80年代有很多人在家里做手工，拿市场去卖。我们华人现在做不来了，印尼人跟上来了。印尼人工资比较低，华人都做管理。我雇用的也是印尼人，看他们的岗位给工资。产品在商场里代销不用交租费，我们签约，一个平方多少钱，一年多少钱，说一年销售多少，来算钱。他们需要我们，我们也需要，一般的老牌子他就希望你们入驻，但是新牌子需要交入场费。①

为了宣传自己的品牌和扩大影响力，ZZ还是美达篮球队的赞助商，作为华裔新生代，他用自己的方式宣传着商品。美达热爱篮球的年轻人自发成立了一个篮球队，曾经取得过苏北第二名的好成绩。而ZZ代理的箭牌皮具，一直都是篮球队的赞助商。

美达村内还有一个与皮包制作相关的行业就是旅行箱的制作。美达村的皮箱一般是采用半成品的制作。由于中国产品质优价廉，皮箱行业的老板会将皮箱的外壳直接从中国进过来，附带滑轮、把手的小型零件。制作皮箱的过程要比单纯的缝制布料复杂一些，也对机械化

---

① 2015年8月13日笔者在美达村与ZZ的访谈。

有一定的要求。如在制作皮箱内部硬壳的时候，就要用规定型号的铁制模具将长条的塑料板弯成长方形，同时在加热的过程中不断加水使其降温和定型。将做好的塑料板套入皮箱外层，再由下一个工人安装拉链。皮箱的滑轮和手柄都需要特定的订孔机将其固定。做好这些，一个皮箱就制作完成了。最后需要做的就是贴商标和装箱。装好的皮箱就可以顺利出厂了。

在调查期间，我们参观了 WS 的皮箱生产工厂和他的仓库。制作皮包的工厂在美达村的旁边，也是一个华人居住的社区，同样也是家庭的手工工厂。工厂的面积不大，大概有 200 平方米。厂子里堆满了皮箱的外壳，皮箱底部的滑轮和制作皮箱骨架的黑色硬塑料板。每个塑料板大约 2 米长，30 厘米宽。WS 先生对笔者谈到有关箱包的制作情况，他说道：

> 制作皮箱的步骤主要有三步，首先就是利用加热机通电先将硬塑料板软化。软化机器的旁边有一个铁制的模型，下面有一个同样是铁做的水槽。模板的大小和厚度是事先定做的，和制作皮箱的尺寸大小是一致的。工人将烫软的塑料板快速的围在特制模具的四周，不断浇水冷却，直到塑料板定型变硬。皮箱四周的骨架也就完成了。
>
> 做好皮箱的骨架，下一项就是安装皮箱的拉杆，拉杆也是事先做好从中国进来的，工人只需要用机器将拉杆箱上下的钉子固定好，这样拉杆箱就算完成了。
>
> 完成了这一步，接下来就是用电钻安装皮箱把手，皮箱的滑轮和拉链。这道工序需要三个工人完成。
>
> 完成了这些最后一步就是装上自己的品牌后装箱。虽然皮箱的所有零部件都是进口过来的，但是我的皮箱也有自己的品牌。绿色的商标上有三个人在赛马，在赛马图案下面写着黄颜色的"POLO WAHANA"。印尼人喜欢用名牌，为了迎合市场，自己的皮箱品牌里加了POLO，但是又不能完全用别人的牌子所以加入了 WAHANA。除了皮包上的牌子，皮箱的外包装也是特别定制的。正面用英文的花体字写着品牌的名字。旁边则是标有型号、颜色、货号等基本标识。
>
> 与皮包制作相比，皮箱的制作主要以组装为主。机械化程度比较高，所用的员工比较少。但是需要大的仓库来堆放进口的半成品和工

厂做好的成品。①

和所有皮箱生产商一样，WS 先在美达五路购买了 200 平方米的房屋作为仓库。仓库也是建在居民区里，大大的铁门总是紧锁着。仓库分上下两层，上面放着从口回来的皮箱半成品，下面则是做好的准备出库的成品。

其实 WS 在美达村主要是做物流行业的，他 1978 年出生。祖籍是广东梅县大埔，高中毕业。1999 年开始拿货了，去买货。他的东西在广东就有卖。他谈到销售时说道：

> 我们的公司没有写名字的。我是跟亲戚合办的。我跟我的姨丈一起干，也有认识朋友。我们主要负责进口中国货。我们帮他们装货，他们自己去买货，我们帮忙进。主要是看地方。一般广东比较多，其他地方不合算。我们是用集装箱算立方。2005 年的时候开始做物流。以前是自己进货来卖，就批发。我们收了货再发。美达很多人在中国拿货。美达村主要是皮包。这里美达村以前是做手工的多，皮包的多。在美达还有四五家皮料加工厂。我客户多，各种各样什么都有，美达村就两家，也是做包的。汽车零部件也有找我的，不过不是美达的。服装、鞋子也有。现在的生意不好做了，棉兰小地方就有五六家。我手里有七八个工人。必须吼他们，他们才做。我能成功是讲运气的。遇到好的朋友，真正拿本钱做是没有的。②

随着皮包业的兴盛，皮包印染也越来越多。现在美达村内共有 3 家印染作坊。美达村的印染比较简单，在自己家里就可以完成。主要依靠手工，原料主要来自棉兰。产品多用书包上的图案、服装上的花纹和塑料袋上的图文等。但是一般的印染作坊都是从老板那里拿工拿料，回到自己家里染。因为和皮包行业联系密切，所以在 2000 年前后的时候生意十分好做。但是近 4 年由于受中国产品的冲击，竞争就比较激烈，生意也就越发的困难。我们在美达村采访的 XW 给我讲述了他做这一行的经历：

---

① 2015 年 7 月 22 日笔者与 WS 先生的访谈。
② 同上。

我13岁的时候就开始做工，一直做到我高中第二班就不做了。就开始做印染。我的老板呀，就是做书包的咯，结果我就偷看偷看就自己做咯，我就在家里印，全部都是手工的。染料印尼都有卖。要去棉兰买。卖我染料的也是华人。我是上人家那拿货。染料他给我，我就给他染，然后再结钱给我。因为是手工的东西也不怎么赚钱。手工的东西也赚的不是很好。他们有工就给我拿来做。人家介绍的客户，一般是华人，因为我做很久了。一般的书包都是从大陆来的，比较好。一个月能赚五六条。我有九个工人。我们做的手工工钱很便宜，你太高人家就不要了，竞争很激烈的。在美达村就有3个。我的工人都是印尼人，印尼人做工还不错，但是华人更努力、更聪明。这个工作过日子可以，赚大钱不行。①

大量皮包的产出需要车辆将货品运送出去，美达村内有一定资金的华人购买了运输车辆专门从事村内和村外的运输工作。"美达村有专门买货车搞运输的，特别是GZ，我们的原料由他拉来，成品也由他运出去。"② 运输行业的发展不仅反映了美达村内制皮行业的兴盛，同时它也作为美达村华人经济网络中十分重要的一部分。

第四节 二号高速路与汽车运输业

到了20世纪80年代，皮包行业的热度稍稍减弱，美达村凭借地理位置的优势发展起以"汽车运输业"为中心的各种相关产业，并逐渐成为美达村人生计方式的主导。

一 汽车运输

20世纪80年代中期，是印尼的一个转折与发展的时期。这个时期印尼从依靠内资来发展进口替代工业的发展战略，转而实施以内资为主、外资为辅的重点发展进口替代工业的战略。而正是这个时期"美达村汽车

---

① 2015年7月29日笔者在美达村与XW的访谈。
② 2015年8月2日笔者在美达村与XW的访谈。

行业的发展,开始于 1980 年代开大路和高速公路"①。

当时有通过皮包行业和其他手段积累一定资金的美达村华人开始买汽车、钩机、压路机等重型机械。最初是给棉兰的华人老板做工,积累了一定的经验以后,开始自己承包工程。由于工程量大,自己的资金设备有限,就推荐同村有经济实力的华人购车一起做生意。汽车行业的兴起产生了集群效应,更多手里有一定资金的美达村华人开始纷纷学习和效仿,汽车行业就不断地发展起来。

有关 20 世纪 80 年代中期后美达村经济的变化,正如我们采访 DL 对我们所说的:

> 我是做运输的,像这里的大部分人一样,运输砂石的。那些土呀,泥土呀。我们自己有汽车,租给人家装沙土。现在少了只有四辆,以前比较多有十多辆。比如说大亚齐有工程我们就把车租给他们。我们在八连帮(Balanban)用 10 个轮子的。以前一直以来就是搞皮业,皮包皮带。接下来就发展,修高速公路,就开始用卡车运砂石。像 GZ 先生,也是搞这个的,后来大家就跟着咯,因为大家也没有别的什么事情可做嘛。就一辆两辆这么发展。这样他发展很大变成承包商。有的工厂要填土,我们就把车包给他。他就搞这行。我们这里是这样的。②

正如 DL 所说,到了 90 年代,美达做汽车行业比较早的已经转换了角色,变成了承包商。住在美达二路的 GZ 如今就是承包商之一。主要是负责大型炼油厂建分厂,印尼第三大棕榈油的春新公司是他比较稳定的客户。GZ 主要负责的工作是在河边购买一片土地,在土地上采集砂石和泥土,用车将泥土拉到要建设工厂的位置,把土填完。我们在访谈 GZ 的时候,他向我们讲述了他的创业经历:

> 1985 年前后就开一个买卖汽车的商店,这就是和 BQ 先生。我们当时开这个店的,亚齐人买了我们的车,但是没有钱还,后来我们就

---

① 2015 年 8 月 11 日笔者在美达村与 DL 的访谈。

② 同上。

让他们过来运沙土。当时候我们这行不大，资金也不够，就被他们拖下去，所以就让他们到这边来做工。这些来做工的是从亚齐来的，是原住民。以后还是运输，但是就是运输砂石了，那时候是能够长期做的，所以我们就要准备沙子和石子的场地。这个场地怎么来呢？一般就是在河边，因为河边才有一百年冲下来的石子。我们要买，我们挖，挖完以后这个地皮要还给原住民。我们要投资了，我们的钱。我们跟他们买，给人需要的工厂上。这个不一定的，有人需要建造工厂啦，就会用。后来就一直做到现在。1992年就我自己可以包工，80年代就是运输买卖了，就是没有包工了。当时有个棉兰的领工，他那时算的也不对，工作经验也没有。但是以我们为主。那时候我就自己包工了，我自己去包来做。我们的车就从美达村的车来买咯。沙土原料也跟别人买。我当初退出的时候跟BQ先生，最早他是有支持的，后来就不支持我了。后来就分开我自己单干。我跟他的关系很好的。可是后来他的儿子大起来了，可以说三岁做皇帝了，全部事业由他掌握，在家庭里BQ先生又不能完全控制他。可能BQ年龄比较大了。他本地也没什么熟人，也不认识什么人。我看他这个情形，因为当时我的股份很小，可是工资却和BQ一样，他儿子就觉得我不对。操纵的更多都是他家的人。可是我们关系很好啦，他说当我是他家的亲人，可是为了以后的长远利益，不厚道，后来我就退出来。我自己也有家庭，孩子大了花销也大。后来我提出要单干，我说你不做的我来做，我做不到的你来支持我。我们在平时关系很好的。他的岳母生病了，没有人帮忙嘛，我就去帮忙，没有拿我当外人嘛。他也有这样的感情。但他受他儿子利益上的蛊惑呀。可是我们利益上也没有冲突呀，我也需要他的支持才能完成工作的呀。可是他的儿子就不支持，后来我们就闹翻了，也不能说是闹翻，后来我就不做了。BQ在美达村是相当有影响的，但是我也没做错什么事情。当时有一个朋友，也是在我们之间的。不过他过世了，他就是SY，他是个很正直的人。1992年单干，后来到2006年开始包工。很多村里的人和亲戚的车来用。我还有个合伙人叫GB，是我的亲戚，我的车就是给他去处理，叫人家修理都是他修理。我的汽车不多，有一个表弟叫YF，他是做车厢的，五路的对面，我的汽车很少，回来就交给他处理，零件就给HM买。我有个弟弟GL是做修理的。YS也是做这一行的。我自己的车要是不够，就会找 DL。美达村现在和外面都是合作的，开始的时候都是在里面的人合作。我的孩子 HS，现在在我们这里帮忙。所以说发展得好，是合作的功劳。市面上竞争很激烈。经济很退缩。我有个棕榈油的厂，公司叫 HJ，是用我母亲的名字做的公司名字。我们以前，即我父亲的时候是做肥皂的，主要是以棕榈为主。这个厂好大的，当时是苏北最大的炼油厂。他那个工厂的地是我填的。工厂最初是做化妆品原料的，当时是做一种，现在没有停差不多是五种了。有一个公司在第二工业区，有一个台湾人的，现在是卖给人的。一做就增加到五种。他做了好多的东西。我在他那边看他做产品展示，他也做蜡烛呀，肥皂就不用讲了。他一般做肥皂的原料，出口到中东呀，香港呀，还用他的香料。这个公司在印尼是第四的。还有一个 JH 先生，也是苏北人。他是棉中的，我有在他公司领工。他好像在我们印尼排第六。①

在这一行中，除了必要的资金以外，经验和信誉也是十分重要的条件。因为砂石的选择直接影响着自己产品的质量，这涉及华人生意场中人们最看重的信誉，所以不能马虎。在 GZ 的生意中，也有过类似的情况：

当时我们就做这个沙土卖啦，当时我们做，BQ 先生也有做。因为当时 BQ 的亲戚，是老人院的人，说我拼价钱，故意把价钱拼很低。刚好这个朋友就传达给我问我为什么这么做。我说我的价钱要比他们贵，现在到场地上看，当时路不好，他的亲戚才跟我铺路。你在上去看还多少钱，我说我当时买 1 万 2 货币。BQ 说不可能，我当时卖 1 万，我的亲戚都不买，我就让他亲戚看，为什么我的贵他的亲戚却买呢。因为 BQ 卖的是下面一层，下面一层有黏土。挖起来看很高，但过一段时期它就会掉下来。因为卖的时候要用尺寸去量的嘛，你卖的时候不够高的。我的料是干的，如果我的铺上去，立刻就可以用，可是湿的就不能用，三四天、四五天不能做工。干的下去明天后天就不能做工。我们卖的东西不一样，我们卖的是好东西呀。他的地方比我要相差五六公里，我的地方比较接近城里，这样一来油钱不也

---

① 2015 年 8 月 4 日笔者在美达村与 GZ 的访谈。

省了嘛。可是被他们一讲，人家不明白，就以为我开低价，可是事实上不是这样，后来这个朋友就跟人家讲。就解释给 BQ 听。①

说到运输行业的关键，只要是在合作。如 DL 先生在评价运输行业有这样一段话：

> 合作也主要是朋友关系。BL 先生他有基础，他的哥哥在冷沙。他也会载砂石和载货。他的姑丈也是干这个的。他是跟他兄弟一起做。他不是难侨的。他在真马拉黑就另一边住。GZ 先生更多承建棕榈油公司的工程。这个公司有园丘，他就需要在园丘建炼油厂。建炼油厂就应该填土。YS 有他自己的老板。他们老板有华人也有印尼人。华人很多，搞承建房屋的都是华人。我们里面很集中，假如有什么可以搞的，大家都联系起来。比如，YS 先生要做什么工，就说朋友你买一两辆车来搞。可以放在我的旗下，如果我没有工作了，你也可以去别的地方搞。我就问你要吗，我在哪里哪里有工程，你要去吗？像人有钱了嘛，买一个汽车几百条找一个司机，有一些朋友工作，就好了，除了汽车坏才要进修理厂。运输有很多工会。他们的背景，好像我是华人，我的背景是警察，有时候汽车撞人啦，他就会料理。像我知道海洋工会，就是海军的。朋友介绍的，WYS 就是海洋工会的。比如说第一路，DM 先生隔两间。运输工会叫"忠诚"。海洋工会也是管工程，整个苏北棉兰地区。你们要去别的地方是要向组织申请的。我们是每个月给月捐的，现在很贵。以前一辆车才六万多盾，现在要 100 多条。但是各个地方都有，你要出去外面会更贵。也差不多的，你要发生事情，吃、住都要你包。假如你的证件齐全在路上被交通警察抓，这个不用要钱，你只要交月捐就可以了，假如你的证件不全，被罚款要自己付钱。我们这里各行各业有很多车皮带的。现在很多都是中国国内拿货。像我姨丈的孩子，他是做手机零件的，也是从中国国内拿货。汽车行业经济就退嘛。政府本来没钱，都巴望着中国给钱。印尼的基础建设很差的。你看市中心的交通都很烂嘛。前几天市长还被抓了。钱没有，还有很多工程就不能开。汽车一停，卖什

---

① 2015 年 8 月 4 日笔者在美达村与 GZ 的访谈。

的都受影响。现在国会的总理要改革，印尼的钱大部分操纵在他们手上的。一个兆的流动资金在他们手上。政府要钱就得跟他们要。他们收集的在新加坡国家银行的就得 30 个兆呀。政府就期望把他们钱给回来。一年 300 多兆就够了。以前政府都把钱给了柴油补贴，一年柴油补贴做基础建设。防火呀各个方面的。因为他们可以控制了。比如国会、税务。现在棉兰房产事业也很萧条。以前房子涨价可以赚钱，可是现在你一买房子，税务局的就会来查你的钱是从哪里来的。一辆汽车，税务局也会来。可是人家就不买了，行业也萧条了。主要是针对华人。大企业就拖欠税务几个兆，他们就把税务加在华人的身上。现在华人你买了房就会有人查你。买房子的时候房地产的公司会呈报给税务局。税务局就来查你，看你有交税吗？如果没有，钱从哪来。就要补交以前的税。新轿车也要查。税务局也要查，你做什么的，搞什么的，你哪里来的钱买汽车，等等。有一种人聪明就是用现款。用现款买税务局来查就说是我爸爸的遗产。假如你要买贷款，他们就查你还什么什么贷款，哪个月哪个月没有还贷款，他们都要查。你买房子一定查。除非你买二手房，私下交易。更多的是查华人。因为印尼人敢跟他们拼。华人哪里敢，除非后面有势力，有警察，有军队。现在年轻人好咯，他们会印尼文嘛，他们敢跟警察理论咯。以前我们是不敢，我们是私下解决。现在不同了现在年轻人敢了。像我们老一点的就不敢咯，给一点钱解决了。情况就是这样。年轻人不一样，他们敢争。他们觉得自己这个国家的公民。我们不一样呀，我们是老的思想呀。就说用点钱能解决的就解决了。他们不会呀，他们会争呀。我聊的不详细。里面的问题很复杂。我们是第二代咯。我们应该向前看咯。有很多误会。以前在寮里面做难民的时候余下来的事情带到现在。以前是出来的事情带到现在。①

二 汽车修理

汽车行业的兴起带动了汽车修理、汽车改装生意的兴盛。美达村有许多大型的汽车修理厂，美达村一位华人介绍说"美达村开修理厂的人越

---

① 2015 年 8 月 20 日笔者在美达村与 DL 先生的访谈。

第五章　美达村华人的经济与商贸网络　/　217

来越多，在村子附近的至少有 20 多家"①。我们在调查时参观了其中一家比较大型的汽车修理厂。修理厂的老板叫 PX，居住在美达村一路。

修理厂在美达村的旁边，占地很广。工厂也是用大门围着，进入大门右手边有一个三层小楼，是他的办公室和工人的休息室。前面就是一片很开阔的平地，平时放车用。院子的右边连着办公楼，用蓝色的彩钢瓦搭了一个很大的棚子，工人们就在棚子下面修理汽车。

图 87　美达村内汽修厂（李晨媛摄）

棚子下面放着各种修车用的工具和机器，汽车则被一排排地整齐地停放在棚子的右侧，修车的工人们需要钻进车底，躺在车下检查问题出在哪里。有的将车身陈旧的油漆铲掉，喷上新漆。

和其他的工厂一样，修理厂的工人也多是印尼的当地人。更多的工作是切割和焊接。PX 和其他几个华人也会穿着工作服来帮忙。PX 先生需要检查过问题的原因后，再交给工人们做。这个工厂不仅修理汽车还会修理一些挖掘机、压路机等重型机械。每天都会有车辆送过来，所以 PX 先生如果没有事一般会在厂子里。

棚子再往里走，还有一个停车的棚子，但是比较新。主要停放一些新修好的车辆、改装车。在这里，我们见到了美达村的救火车（消防车）。

美达村的救火车比较小型，也就是我们常见的救火车的一半长。全身通红，看起来很新。美达村的救火车有两台，这是其中一台。救火车是美

---

① 2015 年 8 月 11 日笔者在美达村与 DL 先生的访谈。

达村几个有钱的华人凑钱买起来的,是从槟城买来的二手车花费 85 条(印尼盾)左右。车买回来以后改装好就使用了。买救火车,是 PX 先生提议的。他说因为美达村发生过两次大火,一次是 YL 爸爸的工厂爆炸一次,还有一次是福利部旁边的房子因为春节放鞭炮着了火。印尼的市政建设非常不好,每次火都着完了,政府的救火车才会慢悠悠地来,村子里多木头建筑,很容易发生火灾。所以大家就凑钱买了个救火车。平时,救火车就放在 PX 先生的工厂里。这辆救火车也帮助过很多的印尼村庄,如果附近的印尼村庄着了火,他们也会开车去救。参观完了工厂,我们听 PX 先生讲他的故事,他这样对我们说道:

  我的祖籍是广东惠州,我出生于 1953 年。最早到印尼来的是我爷爷 LS,我没有见过爷爷,我出生的时候,爷爷已经去世了。我爷爷到达的是印尼的大亚齐的怡里。当时印尼仍属于荷兰的殖民地,大约是 19 世纪 70 年代。当时爷爷在家乡已经成家,爷爷是工程师,主要工作是修路。爷爷当时是一个人过来的,刚到怡里的时候,从国内带来了一批劳工来开路,因为当时荷兰人要开路,要请中国的工程师和劳工,修的是从大亚齐(即班达亚齐 Banda Aceh,作者注)到美拉务的铁路,因为当时从大亚齐到美拉务是没有道路的。可是修到一半的时候,爷爷就去世了。爷爷去世之后,有水客把这个消息带回家乡,奶奶收到这个消息之后,怀疑爷爷是被人害死的,所以后来奶奶带着父亲,在水客的带领下来到了印尼,跟另一个工程队的老板 ZSQ 打官司,可是打官司输了,奶奶便没有再回中国,之后一直住在怡里。父亲 LSZ 是在国内出生的,1928 年,伯父也在水客的带领下从家乡到了印尼,爷爷共育有三个孩子,两个男孩,一个女孩,都是在中国出生的。几年前,他曾经回过中国,也见过他们,现在他们都已经去世了。现在很多人过来美达村里探亲,就是因为"九·三〇事件"的影响。

  我爷爷去世之后,奶奶带着父亲他们在怡里以养猪为生,有自己的菜园,这些地方都是向地主租的,在椰园里养猪种菜。当时那个地方叫:IDI TANAH ANO,ANO 是村名,这个村子住的都是华人,大概有几十户人家,也有他的亲戚在那里,后来都回国了。

  后来,我父亲在怡里学习修手表的手艺,父亲本来是中国籍,后来因为"小商事件"爆发，为了做生意，于成年之后加入了印尼籍，后来又改回了中国籍。"小商事件"就是1960年，印尼爆发的不允许县级以下的华人做生意。因为当时两国人都做生意，但是印尼人在生意方面做不过华人，于是发动了这次事件。这是第一次排华，即使有机会也不让华人进印尼籍，但是大部分华人想着落叶归根，不愿意加入印尼籍，于是，领事馆便派船来接华人回国。当时派来接华人的船是"海顺轮"，不用钱的，但是有些自己回去的就要自费了。当时回去的也不多。很多回去中国的都后悔了，而父亲因为已经加入印尼籍，可以申请商业准字，便没有回去。当时中国人在印尼做生意，需要缴纳"外侨税"，如果没有钱付的话就会拿东西充公，累积起来就是一笔巨款。在印尼做什么都要还税，现在的税金大概是35美元一个月。父亲在怡里有一个柜台修理手表，奶奶养猪，伯父没有跟父亲住在一起，不知道伯父从事的工作是什么。父亲在怡里结了婚，母亲与父亲是一个村子的，祖籍也是惠州。1965年印尼发生政变，苏加诺倒台，苏哈托上台不到一年。为什么会发生排华事件？当时的政治问题很复杂，印尼的经济表面上好像掌握在华人手中，苏哈托上台之后，想要把华人赶出去，当时，杀了部分印共和部分华人。当时印尼共产党的势力越来越大，苏哈托害怕共产党势力的膨胀会影响其政权，于是发动了这场政变，要求所有华人在1966年8月17日之前全部离开，否则生命财产安全将得不到保障。

当时从大亚齐到棉兰大概需要三天三夜的时间，当时想要回国的话就得到棉兰的老武汉港口上船，所以当时大家都集中到了棉兰。接侨船到来的时候，优先考虑贫苦的、没有劳动力的、没有人照顾的华人回国，年轻的应该留下来，而且因为父亲是负责人，所以当时我们家没人回国。到达棉兰之后，需要到一个地方去报到，报到之后，华人被分配到了不同的集中营，有老人院、巴烟烟寮、棉中、山亭、丹兰等地方，分布在丹兰的大概有3000人，都是从亚齐过来的。我们家里当时被分配到了老人院。到达老人院的时候已经有人在那里居住，院前的小巷也住满了人，有300多户，有军人守着，在那里住了4年，从1967年到1970年。在老人院的时候，吃的都是棉兰的华侨捐助的，状态就是：吃不饱饿不死。后来觉得这样持续下去是不行的，所以年轻人就组织起来搞生产。当时老人院里主要组织的生产有：竹编、糕点、面干、辣椒、刷子、家庭用具等，当时分为供销部、生产部、销售部等部门，所有卖出去的商品，得到的钱都要充公。父亲当时也是组织者之一，是管财政的。在老人院里的时候有人教中文，也有人教各种技术。

1970年，亚齐华侨难民们被告知不能继续居住在老人院，要求他们另外找地方居住，负责人找了很多的地方都不大合适，地方太远的话，会觉得生活更困难，想找一个离城市较近的地方，后来便找到了现在的美达村这个地方。当时，陈丰盛先生为了帮助亚齐华侨难民，决定把美达村这块15公顷的土地，借给亚齐华侨难民们。

1980年，印尼发布《总统二号法令》，允许华人进入印尼籍，大多数华人在那个时候成为印尼籍公民。1970年到达美达村，在美达一路B巷9号，有200多平方米，1975年父亲去世。刚到达美达村的时候，这里还是一片沼泽地，到美达村定居之后，最开始的房子是木制的草棚，是在搬进来之前已经有爱国华侨帮忙建好的，墙壁也是竹子做成的。[①]

据了解，PX最开始的时候帮着母亲卖糕，卖了一年多。后来他的哥哥HX做皮包，于是PX先生13岁的时候就帮他的哥哥做皮包。15岁的时候就跟人家打工学修理，学了7年多。1981年回来在大陆上做零件，当时是PX和姐夫一起做。姐夫AJ买零件回来，1992年到1993年的时候就开始买厂子做汽修，就在美达村。现在的工厂是2000年时候买的。在问到如今厂子里的情况时，PX先生说：

> 现在的工人是爪哇人比较多，有60%。工人做工怎么样要看我们怎么管理他们。他们会在一起。他们也不会起冲突。打架就让他们出去。他们比较听我的话。印尼人没有那么勤劳啦，他们要把钱都用完。我是一周给他们发薪水。我用最久的才是给他们一个月的。我最长的工人已经十多年了。一个月5条（印尼盾）。他是修理的，帮助

---

① 2015年8月14日笔者在美达村与PX的访谈。

我去料理。是一个爪哇人。过年过节也会给他们红包,他们家里有事情,我们就给他们看病。我们华人也很穷,现在有很多很穷的华人。你去到那边看他们的生活也很苦。你看他们的乡村也很苦。马达人很勤劳。早上8点到12点,下午1点到5点。如果我们不做就没有办法过日子了。上午去工厂,下午的时候就回到家。我有两个女儿,我也没有工厂,孩子还有什么都没有打算。我也没想过要生男孩子,男女是一样的。女孩子更好。女孩子更孝顺。男孩子要去找钱,要去顾家。他没有那么多钱去照顾爸爸妈妈。女儿会经常回来看。我跟我太太是在集中的时候认识的,我在18岁的时候就认识她了。那时我们环境不好,我要出去找钱,有了结婚的钱我才结婚的,我没有靠爸爸、妈妈,主要是靠自己咯。我要先买什么,比如说房子啦。有了房子,房子里面有什么。比如说桌子啦,家电啦,一点一点。房子是后来买的,以前就住在老家里。①

其实美达村的修理厂有两个作用,除了修理以外也方便华人停放车辆,在那里已经停放了许多车辆了。

除了汽车的修理厂,还有改装厂。华人购置的汽车多半只有车头,没有车身。所以车身需要到修车厂中去定制。美达村"老人院区"的华人有许多人祖辈是广东人,一直流传着做木工的手艺。正是凭借这一优势,开始为汽车制造集装箱,大批的汽车改装厂应运而生。

美达村最大的改装厂来自居住在美达一路的ZQ,是老人院区的。他祖籍广东惠州。因为是木工出身所以对修理这个行业十分熟悉。随着美达村汽车数量逐年增多,在1980年前后开设了这家修理厂。

和美达村其他工厂一样,ZQ的汽车改装厂也是用铁片将四周通通围住。从外面看无法想象里面是一个热闹的工厂。

这个工厂占地面积很大,据ZQ的儿子ZS介绍工厂大概有4000平方米。主要分两个部分,用一道铁皮门隔开。右边的工厂主要是负责制作汽车货车的车厢,而左边的部分却是三轮摩托车的车厢。虽然工厂有些杂乱,但工厂前面主要是用来停放要改装的车,后面主要是堆放材料和机器。

---

① 2015年8月14日笔者在美达村与PX的访谈。

图88　美达村汽车改装厂工作的工人（李晨媛摄）

　　这种改装厂需要的机械化程度更高。除了有焊接的机器以外，还有大型的切割机。带我们参观的 ZS，一一向我们介绍了这些机器的来历。机器看似已经很陈旧了，有的来自上海，有的来自中国台湾，另外还有日本。ZS 一辈子都在这个工厂和机器打交道，对这些机器很有感情。在给我们介绍中国大陆机器时，他的脸上充满了自豪。

　　制作一个汽车的车厢是十分复杂的。以前的车厢都是用木头做的，但是现在的车厢改用铁。制作的过程大致是要将整块的铁块用切割机器切割成规定的大小，将其焊接，在车厢的内部需要用木条做成支架，用三合板将其包起。车厢不能直接接触汽车的底盘，需要一定尺寸的木头垫在下面。做好这一切以后，就需要喷上各种颜色的彩漆。同样，工厂另一边的摩托车改装也大致是这个步骤，不过车厢里的木头架子因为牢固的原因换成了铁。

　　工厂可以做的改装车箱的样式有很多，在改装厂的办公室里，ZS 将一本全是工厂改装车的样本拿给我们看。里面展示着改装车型大大小小几十种，颜色和款式也各不相同。

　　父亲 ZQ 在 5 年前去世了，现在的工厂主要是交给他的儿子们来管理。ZS 从弟弟开厂子以后就到工厂上帮忙，以前负责木工的活计，现在年龄大了只能负责修理机器，因为工厂里有许多切割机、打磨机需要保养。

　　提起自己的弟弟，ZS 告诉我们：自己家里是倾向台湾的，曾经也是在台湾设立的中华小学念书。弟弟是一个很爱家乡的人，在印尼赚了钱以后在1984年的时候拿出5000美元给家乡修祠堂。因为印尼动乱，也在广东购置了两套房产。自己也对祖国充满了向往，回过家乡，去过北京，看过卢沟桥。觉得自己还是个中国人。对印尼人的印象不好也不坏，但是还是希望可以提防着他们。

现在的生意也没有之前那么好赚。因为美达村的修理厂很多，现在主要是年轻人负责，他自己也就是做一些力所能及的工作了。

三 汽车零件

汽车修理行业的兴起自然带动了本村汽车零件生意的发展，美达村做汽车零件最早的要数住在美达一路的HM企业。

HM祖籍福建，据他介绍，在做零件之前他经历了十分波折的打工经历。"9·30"事件之前，HM最初在亚齐一直是振华学校的老师。当时做老师的生活十分贫穷，即使太太每天都做衣服贴补家用，也不够每个月的生活开销，靠预支工资来过生活。后来在朋友的介绍下在肥皂厂打工，他提起这事时说道：

> 我是1966年开始给别人打工。我们就在肥皂厂做肥皂。后来做了半年就不做了，就搬到了美达村。在肥皂厂打工就在亚齐。我也是没有什么技术，我就是帮忙而已。那时候感觉自己没做过这么累的工，很委屈的。手指都烂了，很痛。①

做了半年，选择换一个职业，也是在一个朋友的帮助下他选择去烧炭的厂子帮忙。厂子里当时做工的是印尼人，管理就是华人。他负责的主要是看木材合格还是不合格，结果就做了半年。老板没有赚钱，木材是要走私的，他不能走了，海关不能过，厂子就关闭了。差不多到了1968年，在一个同乡朋友的介绍下开始涉足汽车零件的行业。当然也是给一个华人老板打工：

> 那时候店是他们的，他们在那里做工，什么都要做。我负责采购，闲空就帮帮忙，扫个地或者开厂门都可以。工人回去了以后我再

---

① 2015年8月5日笔者在美达村与HM的访谈。

关门，我打脚车 16 公里的。那个时候就能贴补家用了，老板对我很好。过年过节店里也给我的，他另外给。好像我第三个孩子出世，手术费是他出的。所以我做了 14 年，一直寄货、点货、上货。①

由于在这行做久了便知道了里面进货的渠道，当时 HM 并没想单干，而是从美达村的一个朋友问他是不是要买汽车，可以租给他拉沙土挣钱开始的。

当时第一辆汽车要 7 条印尼盾，妻子卖首饰的钱只够一半，剩下的一半是跟一个亚齐的朋友借的。车子很快投入使用，还上欠了的钱后不久，HM 买了自己第二辆 6 轮的卡车。本来是打算给亚齐运货的，结果还是运了沙土。由于有两辆车需要保管和经营，HM 就不得不辞掉干了很多年的工作。当时已经是 1980 年以后了，辞职的 HM 在朋友的建议下开了汽车零件店。因为自己深知这个行业的情况，也了解进货的渠道。

当时零件厂就开在自己的家里，那时候自己家还十分简陋，还是 70 年代美达村最早的阿亚答屋。进零件也没钱，全靠良好的信誉赊账。零件一进回家，邻居就知道可以来他家买零件，一传十、十传百，美达村很多的人到他这里买零件。不仅方便而且有保障。但是好景不长，税务局和警察很快就查上了门。好不容易把他们打发走了之后，HM 决定自己开一间店。

HM 的店铺在美达大路 93 号，是 1996 年开的店，当时花了 50 条印尼盾。面积不是很大，大约宽 3.5 米，长 16 米。店铺有上下两层。以 HM 的名字命名，翻译成中文的意思是"希望之日"。当时 HM 选店的地方还很荒凉，最初很多买零件的顾客仍去他家找，结果告诉新店地址的时候，光临的客户就越来越多。店铺主要经营的来自中国内地、韩国和中国台湾地区的各种型号的零件和机油。HM 对经营的内容有着自己的理解：

> 我们的货也是人家推销过来的，主要是雅加达，大概有十几家。隔两天就有几家。商品很多，有关汽车，一样汽车很多零件。它是有按号的，不一样的。我做的中高等，主要是中等。高等的太贵了。经营品牌比较少。现在车的效益也不是很好。大家都知道，中国大陆的

---

① 2015 年 8 月 5 日笔者在美达村与 HM 的访谈。

质量比较不好，一般买中国台湾的、韩国的，日本的也少，日本比较贵。我主要是做韩国和中国台湾的品牌。台湾的比大陆的贵一点，质量好一点。本国的也比较粗糙，也会进一些。像德国的没有进货渠道，大卡车多来自马来西亚。我只做大卡车，小汽车不做。①

除了售卖零件，HM 也在继续买汽车。车辆最多的时候有过 10 台。为了安置这些车，HM 在美达村附近购买了 1000 平方米的土地作汽修厂，但是没做多久就不做了。现在这个土地主要是停放车辆和做仓库。

现在 HM 更多地将生意交给孩子们打理。他的三个孩子都在从事汽车零件的行业。生活富裕起来的 HM 在 1985 年时修缮了自己的房子，当问到他事业如何取得成功时，他说起了诚信的意义：

> 我还负责采购的货，验货。我帮忙吧，在那里比较更快过时间。看发票，我们点数呀，看多了我们就不能要呀。如果人家发多了，我们不能要呀，要还回去。所以这些店知道我们的店名，周围的汽车零件基本是我供货。他们来拿零件一般是用老板的名字欠着。到时间了我们去收。现在也不太好收了，好多人都不还，不还我们就不再供应啦。有的不要还就算了，要还的就慢慢还吧。有的人很多就是自己赚了钱，他们有钱了就会还。GZ 以前也欠我们 20 多条，结果他就还，他直接来找我，我一看是 GZ 的车就可以。结果他的账就扣一半吧，剩 10 条。我们还没有开口他主动就还了。我还是觉得信用很重要。像我开汽车零件，有一个学生，做得很大。我去拿货的时候他就对我说没有问题，随便拿。他知道我不会乱来的。现在我就教我的孩子，人要有信用，店也要有信用。我的东西呀，以前寄东西的时候，多发货来，十多条。我大孩子就给他打电话问，你那里是不是少了张十多条的发票，结果他说，哇很感动，到现在一直发货到我的店里来。不能贪小便宜。我们棉兰的店送货也这样，我说少就少，多就多。做生意不能降低我们的信誉。我的店礼拜天不开门的。美达人能发展起来就要勤奋，要去找钱。因为没有钱，什么都可以做。我觉得努力比机

---

① 2015 年 8 月 5 日笔者在美达村与 HM 的访谈。

遇重要。①

和 HM 一样由于停靠车辆需要土地，许多挣了钱的美达村人开始在美达村周边购置大量的土地，停放车辆。住房用地被商业用地所取代。由于地理位置的优势，使得美达村的土地价格一高再高，最初用低廉价格购买大片土地的美达村华人，也无形中积累了更多的资本。

工厂、修理厂的兴建需要大量的工人，给当地的印尼人提供了就业机会，流动人口的增多也带动了美达村内部商业的发展。在美达村内，商业形式多样，有市场、餐馆、杂货店、糕饼店、超市，也有咖啡店、服装店、干洗店、理发店，甚至有像网吧、KTV 等简单的娱乐场所。

第五节　手工作坊与现代化加工业

在美达村，当地华人有着制作食物的天赋，走进美达村你就会被村里店铺所销售的各式各样的美食所吸引。在建设美达村的过程中，许多家庭自己做糕点、饼干，除了自己食用外，也会拿出去销售。而一些积累了一定资金的美达人，会从开办手工作坊开始，最终经过奋斗而建立了现代化的食品加工业。

一　手工作坊生产

美达村里的食品大多数来自村内的家庭小作坊。特别是市场上卖的各种各样的糕点。这些糕点多半出自村内妇人之手。不仅味道可口形式还多样。如绿豆饼、千层糕、黄金糕、蜜糕粄等。

美达村巴刹内贩卖的许多糕点的制作方法仍依靠手工，没有借助任何的机器。制糕的手艺很多是从长辈亲属那里习得或是集体生活中学得的。烟寮中几乎每个妇女都会做糕，一个案板，一口蒸锅就可以做出很美味的糕点。

我们访谈中进到 HE 阿姨的家，意外撞见她正在做绿豆饼，HE 阿姨就坐在自家客厅的沙发上，戴着眼镜。一边看着电视，一边揉着盆里煮好的绿豆沙。HE 阿姨给我们讲解了制作绿豆饼的简单经过。先将绿豆蒸熟

---

① 2015 年 8 月 21 日笔者在美达村与 HM 的访谈。

加白砂糖、椰粉搅拌，后将豆沙抓起用手揉成圆球再摁一下压成饼状，不能揉得太狠，不然就会把它揉碎，最后放置在铁板上等待晾干，每个绿豆糕的大小都差不多，等晾干之后就将绿豆饼裹上玉米粉炸，炸好后，绿豆糕就做好了。

除了绿豆糕外，HE 阿姨还为我们介绍了几种传统客家糕点的做法。笑粄，也叫钵粄，有红色的，也有黄色的，是客家特色的一种糕点。过年的时候一般用红色的笑粄作为供品。刚蒸好的钵粄绵软弹牙，充满米香味和红曲的芬芳香味，非常好吃。制作的步骤如下：首先把大米用水浸泡一晚，然后把大米磨成米浆。把大米磨成米浆之后，加入一汤匙的红糟粉，再加入一点干酵母进行发酵，发酵时要进行适度的搅拌，发酵到米浆冒出一些小泡就是发酵好了。发酵好的米浆，再加入适当的白砂糖，再进行搅拌，搅拌均匀，这样蒸笑粄的浆就准备好了。准备好米浆后，再准备好蒸笑粄的陶瓷杯子，大小要适中，卖生活用品或小杂货店应该都有的卖不会很难找，若是真的找不到，喝茶用的小茶杯应该也可以。把发酵好的米浆舀入杯子中，不要舀太多，每个杯子大概平着杯沿就可以了，这样蒸好以后的笑粄才会笑，才会比较好看有较好的造型。把装好的笑粄杯依次放进锅里，要加一定量的水啦，盖上锅盖用大火蒸上大约 40 分钟，新鲜滚热香甜的笑粄就出锅啦。如果要蒸黄色的笑粄，就要把白砂糖换成红糖。需要注意的是，加红曲粉的时候，一点点就好了，虽然红曲是天然食品，此时用于调色，但加太多会使得笑粄有涩味。发酵好后需要进行搅拌，但不能搅拌太过，搅拌好后的米浆要静置 10 分钟后再蒸。

甜粄：糯米粉为主，黏米粉适量，于大盆中加糖（分为黄糖和白糖）揉搓成米团；大铁锅中铺上芭蕉叶，将米团放入蒸至竹筷插入不粘为熟透，然后用刀切成正方形，食时再切成小薄片，可冷食、蒸、油煎、油炸。在美达村，一般会将甜粄切成长条油炸，炸好后甜粄像饼干一样香甜酥脆。

煎堆：糯米粉为主，黏米粉适量，于大盆中加糖、加热水（分为黄糖和白糖）揉搓成米团；将糯米粉团揉圆，压平，包入炒熟的花生、白糖和芝麻做成的馅，也可以无馅，将粉团在芝麻粒上来回滚动蘸上芝麻；将煎堆放进热油中，边炸边用筷子翻动，使之均匀受热，炸至金黄色时捞起。

油角：将面粉加上水和若干个鸡蛋，揉搓至有韧性为止，取出一小团面团，用擀面杖擀成薄薄的面皮，用圆形小器皿，在没有专用的包油角器皿以前，用镀锌铁制的大电筒的两头做"盖"，在面皮上用力一盖，盖成直径三四厘米的圆面片；把炒熟的花生米碾碎，加入白糖、炒熟的芝麻，再加入椰丝，拌匀作为馅。在圆面片内放进馅包成半月形角子，沿边捏紧并扭上花纹，最后放进油锅里炸成金黄色。

艾粄、药粄、山芋粄、蕃薯粄、南瓜粄、粟粄、红粄。艾粄，糯米粉为主，黏米粉适量，加入捣烂成糊状的艾草、加糖、加水揉搓成米团，将糯米粉团揉圆，压平，用模具印花，放于大铁锅中铺上芭蕉叶，蒸熟。药粄的做法与艾粄相同，加入七种草药，如鸡屎藤、苎叶、山苍树叶、白头翁、苍耳草、茅根等，有消食健胃、去暑除湿的作用。在糯米中加入蒸熟的蕃薯或山芋等可做成各类甜饼，加入粟粉可做成粟粄。客家人遇办喜事大都会打红粄，用来祭拜、回礼，红粄一般是用红曲染色，有粉红和深红两种颜色。

萝卜粄、葱油饼：糯米粉为主，黏米粉适量，把萝卜刨成丝，加入猪肉丁、葱，放少许盐，装入浅底盘子中蒸熟，或调成米糊状油煎均可。发酵面粉或糯米粉调成米糊状加入香葱、盐，便可做成香葱薄饼。

酿粄：糯米粉为主，黏米粉适量，加热水和成团，压扁，再把馅料放进去；馅料的种类很多（所有的材料都要切成丁）：1. 猪肉、青菜（葱、韭菜、大白菜、豆角等）馅；2. 猪肉、香菇、豆腐干馅；3. 猪肉、萝卜干馅；4. 花生米、白糖、芝麻馅。馅料可以是生的，也可以放调料炒至七八成熟，不能太熟，因为还要用油煎或蒸熟后再油煎。

榴梿糕：榴梿糕的制作方法，买来新鲜的榴梿，将其剖开，先把榴梿剥下来，把糯米煮熟，然后把榴梿放进去，放进红糖，之后就可以制成榴梿糕。味道香甜，软度适中，有点黏稠的感觉，但是不会粘牙，榴梿香味比较浓，存放时间不是很长，如果放在冰箱里储存，至少可以存放两年。每年榴梿上市的季节，美达村华人就会买回很多榴梿做成榴梿糕，存放起来，想吃的时候便拿来吃，也经常寄给中国的亲友们吃。

除了糕饼之外美达村华人还会做黄酒。直到现在仍然保持着做酒的手艺。这是因为在客家人的饮食中，饮酒是很普遍的习俗，客家人年长的会饮，年小的也会饮，有的客家地区在盛夏时还以酒代茶，普遍饮用。至于节庆佳日、喜庆寿诞上，酒是缺少不了的助兴饮品。

客家人的黄酒除了自饮待客外，也是亲友间来往时的礼品，特别是在婚礼中黄酒是女方回赠男方的重要礼品之一，女方将黄酒和其他礼品装在一起，用扁担挑送，俗称"送酒担"，而且所送的酒一般是由女方亲自酿制而成的。另外客家人家里如生了小孩，婆家必备公鸡一只、黄酒一壶另鞭炮一挂，送往女方娘家报喜，俗称"报姜酒"。

客家俗语中，有句话叫作"蒸酒磨豆腐，唔（不）敢逗师傅"。就酿酒而言，除了人的因素外，还有另外两个原因，第一是要选优质酒饼，第二是水质很关键，要用纯净而清甜的山泉水或井水。黄酒与米酒及高粱酒截然不同，因其酒精度数极低，口感清醇略带酒味，故老少皆宜，特别是客家妇女尤其喜欢这"既解渴又有补"的黄酒。据访谈，黄酒制作方法主要是以下几个步骤。

1. 泡米。选择较好的江米或大米，经过淘洗；用普通凉水浸泡8—10小时，沥干后备用。2. 蒸饭。将沥干的米上锅蒸至九成熟离火。要求米饭蒸到外硬内软，无夹心，疏松不糊，熟透均匀。熟后不要马上掀锅盖，在锅内把饭放至快凉时再出锅；出锅后将饭打散；再摊盘晾至28℃以下入缸。3. 前期发酵。把准备好的水、培养曲和酒药倒入缸内与蒸好的米饭搅拌均匀，盖好盖，夏季置于室温下，冬天放在暖气上或火炉前，经3天左右，米饭变软变甜，用筷子搅动，即可见到有酒渗出。此时缸里的温度达到23℃左右，即可停止前期发酵。4. 压榨。将经过前期发酵的物料装入一干净的布袋中，上面压上木板、重物，榨出酒液。5. 煎酒（加热杀菌）。把压榨出的酒液放入锅内蒸（各种蒸锅均可），当锅内温度升到85℃，即停止加热。6. 过滤。用豆包布做成一个布袋，把蒸过的酒液倒入袋中过滤，将滤液收存起来。7. 封存。把滤液装进一个干净的坛子里，用干净的牛皮纸把坛口包好，再用稻草或稻壳和成稀泥把坛口封严，然后把坛子放到适宜的地方，两个多月后即可开坛饮用。

美达村华人制作的这些食品看似简单，实际上也十分的费时费力。当时集中的亚齐华侨难民们只能用这种最简单的，成本最低的方法来维持生计。但也因为这样，使传统客家美食得到了推广，烟寮里的许多妇女掌握了做糕的技能，这也成了很多美达村人以后谋生的手艺。

可以说，美达村有许多华人靠制作食品开始了创业之路。一般来说负责制作的是家里的妇女，而丈夫负责销售。这种食品作坊，一般由家庭中的妇女或者夫妻共同经营。制作好的食品，不再用像集中时期提着篮子到处找销路那么辛苦，而是分销到棉兰附近的市场或者找华人商店代销。

二 家庭手工工厂生产

随着经济的发展，美达村的食品制作逐渐从家庭手工的模式中分离出来，开始使用机器，并可以进行大规模的生产。美达大路的 DM 的饼干厂，就是其中一家。

（一）饼干小工厂

饼干是美达人喜欢做的产品。DM 的饼干厂在美达大路上，邻近巴刹。和美达村其他工厂一样，没有任何的招牌。工厂的面积很大，占地约 300 平方米。按照功能不同，工厂可以分三个部分。一个是制作饼干的车间，一个是制作面包的车间，还有一个是制作生日蛋糕的车间。

制作饼干的车间最大，工人也相对较多。我们在参观时，工人正在制作小饼干，我也就粗略地看一下饼干的制作过程。在这个车间里，工人需要完成的工作有两种。一种是配料，一种就是制作。负责配料的是一位男工人，在他旁边堆放着红红蓝蓝的塑料盆子，每个盆子放着不同的原料，有面粉、黄油、红糖、椰粉等。工人将每一个大盆子里的原料用一个小盆子盛出一部分，用秤称好重量，称好后把它们倒入一个更大的蓝色盆子里，加水混合后用手臂不停地搅拌，直到几种原料全部掺杂在一起。做这道工序的工人有三个，都是男性。因为搅拌面粉需要大力气才能将原料混合均匀，所以男性更适合这项工作。

而下一项工作就是制作饼干了。制作这项工作的全部都是女工。每个女工面前都有一个大铁盘，铁盘大概40厘米长，30厘米宽。六七个人围坐在一张桌子上。将铁盘一边放到桌子上，一边抵到自己的腿上，形成一个斜坡。每个女工手里都有一个制造饼干的工具，就是我们在蛋糕店里经常看到的裱花袋，袋顶端有一个铁制的可以制作出泡芙形状的裱花头。男工人将面和好后，放在桌子上，女工将调好的原料盛出一些倒在裱花袋里，一手捏紧袋子的底端，一手扶袋子的头，挤出一个个的小饼干。饼干的形状像一个个的小泡芙，被排排地挤到铁板子上，制作的工序也就完成了。我们在调查中粗略地数了一下，有十多个女工人在做这个工作，可见这种小饼干是 DM 工厂中制作最多的产品了。

工厂的最里面就是烤饼干的地方了，工厂共有三个烤饼干的电烤箱，和一个烤面包的电烤箱。烤饼干的电烤箱很大，高高的可以占一面墙。在烤箱中间偏下的位置是烤箱的门，打开以后里面就是一排排的烤架。工人将做好形状的生饼干一盘一盘放到烤箱中摆好，关上烤箱的门，规定好时间和温度，然后等着饼干烤熟。出炉后，饼干就制作好啦。

图89　食品厂工作的女工（李晨媛摄）

图90　饼干厂成品样板图（李晨媛摄）

制作好的饼干需要冷却，工人将冷却好的饼干从铁皮上拿起来，立着放好，再将饼干小心地装到饼干盒里。装饼干用的盒子是个方形的铁皮桶，这样一桶能盛6公斤的饼干。桶里的饼干有塑料袋包着，这样可以保存很久。这种用铁桶装饼干的方式在以前的中国很流行，而现在国内已经见不到了。

除了烤饼干的烤箱以外，工厂里还有一个烤面包的烤箱。虽然也是电烤箱，但是和烤饼干的烤箱差别很大。个头就比烤饼干的小很多，是双开门的烤箱，里面也是一层层的烤架。我们采访时，正好有面包在里面烤。烤面包的温度不需要那么高，所以面包和饼干的烤箱会有一些差别。而且饼干的数量多，传统的烤箱容积比较大。

工厂里还有一个屋子是专门制作生日蛋糕的，蛋糕的屋子相对较小，只有两个工人在里面工作，一个负责制作蛋糕的面包坯，一个负责裱花。

DM除开了一家工厂外，还在美达大路旁边开了一个面包店。主要是卖面包和蛋糕。这个蛋糕店叫"HISTORY"，因为是商店，所以挂了招牌。印尼的店铺，招牌都是用布做成的，挂在店铺的大门上面，花花绿绿的颜色做得很显眼。面包店铺不大，30平方米左右。左右两边放着铁制的货架，右边放面包，左边放蛋糕，中间则是结账的柜台。我们去参观的时候，很多商品已经卖光了，剩下的面包的种类就有十几种。放面包的柜台用玻璃罩子罩着，里面的蛋糕五颜六色，非常诱人，形状除了做成三明治，还有海绵宝宝、熊猫、雪人和机器猫等。

DM给我们拿出一个他制作的饼干的样板，一共有30种。形状有圆形的、方形的、月牙形的，颜色也有白色的、黄色的和咖啡色的。口味有丁香的、花生的、黄皮的、木薯的。做的最早的就是木薯的和椰子口味。在他的这些饼干中，今天我们看到的泡芙形状的饼干最好卖。销量最大。一天要卖到我们刚看到的1000桶，一桶大概6公斤。工厂是1970年一搬来这里就开的，而这个商店是在2003年的时候开起来的。参观完商店和工厂，DM先生讲起他家的经历，他说道：

> 我祖籍广东龙门，靠近增城的地方，今年64岁，我1978年结的婚，我妻子姓C，也是亚齐难民，比我小三岁，我曾祖父FC（LJ）最早从中国过来，十多岁的时候就过来了，最先到的是亚齐的一个小市镇——美仑，在那里主要是种地、养猪。曾祖父就生了爷爷LRQ

一个孩子,爷爷娶了奶奶C氏,生了4个男孩,5个女孩,爷爷不做生意,每天收房租过日子,到日本南侵的时候,1942年左右,为了谋生,爷爷开始酿酒卖给日本人,父亲开始帮忙做面包。当时有钱都买不到东西,生活很难。父亲LJ开过卷烟厂,母亲是大亚齐一个小市镇的华人,生有2男2女,到父亲时还是算比较有钱的,但是家里被烧了两次,大概是失火所致,很多古董都没了。四个孩子都是在亚齐出生的,我在亚齐上了小学,然后到棉中上了中学。我大哥在杭州念科技大学的,大哥、姑姑、叔叔都回国了,1965年由接侨船回到了广东英德华侨农场,大哥现在在香港。他12岁左右到了棉华中学念到初三,学校被接管。"9·30事件"发生的时候,父母是华侨总会的负责人,被赶的时候先住在棉中,因升旗事件搬到烟寮里住。在美仑被赶的时候基本没剩什么东西,只有一点点钱,走的时候带了一点衣服,因为走的时候不给带东西,有限制的,相片都不行,有12辆左右的卡车载满了人南下,到了距离棉兰十几公里的时候,军部把我们安排到了棉兰中学,有些被安排到了老人院。离开的时候是一批一批来的,当时集中在棉中的有来自打金岸、美仑、司吉利、班达亚齐的;集中到老人院主要是来自怡里;从亚齐被赶的华人都到了棉兰。后来中国接侨船到勿老湾接了四批的华人回国。经济条件不好的优先回去,当时有一个归侨小组,这个是华人自己组织起来的,要回去的人向这个人提交申请,他批准了之后才可以回去。绝大多数华人是想回去的,但是因为国家的政策问题,只是回去了四批华人。到棉兰之后就是做饼干。饼干部等部门是1970年解散的,当时印尼政府不允许他们在那里住,1967年到的集中营。一开始集中的时候,主要是搞工业,我父母有手艺,我母亲是弄饼干的,她就在"西饼组",父亲是做糖水的,在"糖水部",其他的就做面干,在"面干组",还有"糕点部"、"酿酒部"、"豆腐部"、养猪、种菜和种姜、养鸡的也有,还有做豆酱的。各个组做好之后给供销部,由供销部的人拿出去推销,挣到的钱就平均分。如果不在寮里干活就会去外面找活干,在寮里有各种分工,有各种小组,像我父亲就是负责糖水部的,他是组长,他下面有很多成员、组员;母亲是负责饼干部的,也是有组员。我们做好了成品就拿给供销部。最大的领导就是负责人,寮长又是另外一个身份的人,负责人是最上面一层,负责跟政府接触。

我们工厂木薯饼和椰子饼是最早卖的。木薯是白色的，椰子是黄色的。椰子饼干是最好销的，一个店铺差不多能拿1000桶，一桶有五六公斤。这个相当厉害。这个样子以前没有人做，有人做了以后他们全部要跟。一桶差不多6公斤。他们就把我们的饼干桶装上自己的饼干冒充。机器是从大陆运过来，有中国大陆的、马来西亚的、中国台湾的也有。我的市场都是自己找的。我的牌子主要是苏北，也卖到雅加达。是个老牌子了。这个发展到其他的50多种。牌子一样就是产品不同。面包则是另一个牌子。面包有好多种。

据了解，DM以前是打篮球的主将，参加过北京举办的全球华人邀请赛和各种比赛。DM在美达村内拥有一个饼干制造厂和一个零售商店。零售商店是2003年开的。饼干厂是1970年开始办的，最早是由他父亲做。工厂的地是美达村分的住宅用地，即C类住宅用地，有300平方米。当时DM一家是住在工厂的，后来才到青松村居住。DM的第二个工厂靠近YL的工厂，已经建好了，只剩准字了。这个新的工厂面积比现在的工厂还要大。

（二）果冻厂

TG的果冻厂是美达村唯一的一家制作果冻的家庭手工工厂。位于美达村的第五路。和美达村其他的工厂一样，TG的果冻厂也经常紧锁着大门，门上也同样装着一台摄像头。

工厂的面积只有100平方米，进门就是一间带有沙发的办公室。穿过办公室往工厂里面走，就进入了真正的操作间。靠左手边的小屋子靠墙放着两个铁制的货架，上面堆放着制作果冻的原材料，有果冻粉香料砂糖、色素等。TG老板对于自己的产品质量十分看重，这些不起眼的原料来自许多国家。果冻粉有的来自中国四川，也有的来自智利，香料来自日本，砂糖来自雅加达。在屋子的门口有一张木头的桌子，上面堆放着4个方形的小罐子，一些白色的粉末放在里面。旁边放着一个小天平。TG老板告诉我们，这个是他配料的地方，制作果冻配料的各种成分他都记在心里，并且不断地尝试和创新。

你看他们的粉，这个就是魔芋胶。全是中国来的。我就给它分成一盒一盒。需要我自己配。这个是我另外的一个粉。这个粉是从智利来的。我是来看它能放几天。现在放了半年多，这个更好。用它来参考怎么样做更好。这个是做好的成品，看哪个粉做出来的比较好。颜色是三种颜色，以前是五个颜色，黄、红、橙色。我自己负责配色，自己研究。这个是打细的砂糖。配料的味道我来管，剩下的包装呀、煮呀、做呀他们来管。①

办公室连着的房间就是果冻厂的核心车间了，一个长2米、宽3米左右的木头桌子占据了房间最中间的位置，上面摆放着一个一个的粉色的长方形的塑胶板。仔细一看，竟然是制造果冻的模型。

模型的外形都是一样的，可是里面的小花纹却各不相同，有鱼、鸟、狗、兔子等各种小动物形状；也有菠萝、葡萄等各种水果，更有1234的数字，也有ABCD的字母。G老板说，这些模板都来自中国，大大小小有30多种形状。

果冻粉要想做成果冻需要和水加热，最后的一个屋子主要是负责煮果冻粉。果冻制作的过程并不十分复杂。将配好的果冻粉加磨细的砂糖等配料混合在一起，加水调匀，加适量的防腐剂和食用香精。放置在火上煮。煮果冻的锅子很小，像家里煮奶的小锅，不过它在锅的边缘有一个尖尖的嘴，这样方便将煮好的黏稠状的粉末倒入模具。火也没有特殊的要求，这家果冻厂用的就是我们常见的煤气灶。将果冻粉汁煮到90℃就可以倒进模型里。放置一两分钟后就会成形，后倒入盛有水的塑料水桶中将它冷却，整个果冻的制作过程就完成了。

下一个步骤就需要工人将果冻盛入包装袋，称重量，用塑封机将包装袋的口封上。最后再由另一个工人将生产日期印在包装袋上就完成了。

完成的果冻看起来十分的精美，各种颜色各种形状的果冻混合装在一个很好看的包装袋里，看上去很有食欲。

TG告诉我们，他尽量把每一个细节都做到最好。包装袋是从棉兰很大的工厂进口的，一个成本就要500条。水也是用美国专业的净水机滤过的纯净水。和其他制作果冻产品不同的是，别人做产品只用一份的料，而他就选择用十份。所以从开厂以来果冻销量始终不错。

TG老板的果冻有固定的销售渠道，有小店也有超市。卖的地方有美

---

① 2015年9月12日笔者在美达村与TG访谈。

达村也有棉兰，有的甚至卖到亚齐和巴东。

零售商会定期向 TG 拿货，这样一包果冻拿货价是 6500 盾，在市场上一包可以卖一万盾。在印尼来说算是比较贵的。虽然价钱比较高，工厂平时每天销量也可以有 500 包。要是放到印尼人的新年，有的甚至每天可以卖到一两千包不止。果冻的保质期也比较长，只要不在太阳下暴晒，保质期能有半年，放到冰箱里可以保存一年。

稳定的订货商是来自自己初期不断推销的结果，后来随着时间的推移，越来越多的人认可自己的品牌，就会有许多客户口口相传，生意也就会自动找上门来。

由于印尼普遍经济萧条这一大环境，现在生意也不是很好做。以前最多工厂里能雇 20 个工人，现在还剩下 6 个。一个负责配料，一个负责煮汁，三个负责装袋，还有一个打日期。在这 6 个工人中，有一个马达人，一个尼亚斯，其余的都是爪哇人。他们每周工作 4 天，一天 25 千印尼盾。工作时间比较固定，早上 8 点到 12 点，停下来吃东西，下午 1 点到 5 点。对于这几个印尼工人，TG 老板有这样的评价：

> 在里面配料的是马达人，封口的是爪哇人，三个装箱的是一个马达人，两个爪哇人。之前的五个两星期前刚走。他们是三个爪哇人，两个尼亚斯。因为经济不好，我只能做 4 天，他们说这样不赚钱，就去马来西亚打工。我有两个管家，专门找工的，去她们村子找。马达人更勤快，他们会算，爪哇人比较懒，比较单纯。尼亚斯好凶好会算，他们呢不要吃亏。尼亚斯像面店，就要住那边吃那边，工资好。尼亚斯比较像华人。①

当问到具体创业经历的时候，TG 给我们讲述了他的创业故事，他深有感触地说道：

> 我是 1966 年出生的。我也是从亚齐过来的。那时候 1966 年被赶，来的时候才 3 个月。在司吉利（Sigili）。我中国的祖籍是在福建龙岩。最早是我爷爷从中国过来的。我的父亲叫 GJB。我已经记不得

---

① 2015 年 9 月 10 日笔者在美达村与 TG 的访谈。

父亲什么时候出生的。因为我父亲在我三岁的时候就去世了。他在亚齐好像是开店的。我的母亲叫 ZJY。母亲也是华人，母亲是客家人。我似乎记得母亲是梅县人。我有 8 个兄弟。我是最小的。在亚齐的时候，我家不是有店嘛，应该是差不多。我的二伯在中国的龙岩，他是坐第一批接桥船回去的。我的四伯在香港。我的父亲是因为肝病去世的。在烟寮里，没有药，操劳过度就去世了。像我哥哥很早就工作了。母亲也在找工作。烟寮我不大清楚，大家吃大锅饭。我们是住在 4 号寮。搬到这边来时我只有 4 岁。大家住的都一样。小时候什么都做。六七岁的时候就帮忙卖冰了。晚上就卖糕了。从别人拿，赚到一点钱。因为我们很小就在村子里卖。以前没有大马路，没有柏油，你要用脚车出去。我又没有脚车。赚点自己的零花钱。自己很开心，因为当时没有零花钱。华文我是在村子里补习，印尼文我上的高中。是基督教。我 12 岁才上小学。我家就我一个人上了学。上到高中毕业。我读的是以前的崇文学校。高中毕业我就打工。我什么都做过。90 年代的时候，我晚上去录像厅租出带子给别人看电影。早上我就卖塑胶袋，从棉兰拿来卖到村子里。像他们做皮包的就来跟我拿，以前我妈妈做皮包的，并不是很好做。后来我又卖果汁，进口的水果，苹果、梨大多是中国进的。我叔叔是做进口的，是我第六个叔叔。为了肚子，所以什么都做。年糕很难做，妈妈做过，很难的。晚上要拿起来，一个月都不能睡觉。做年糕做酒。我也投资过石头被人吃过。大概 1994 年，被人忽悠说能赚钱，棉兰的，后来我们投了就全部赔掉。赔了 20 条。这个人是我哥哥的朋友。后来就又继续卖果子。后来到 1997 年，卖果子存了些积蓄，还剩一辆车。我们买沙土，集资挖沙土，结果印尼那个地有问题，就赔了。他也是个大老板，我就跟他，跟了他才知道是空的。以前就是要挖地，想像黄广政一样。可是被骗了，还是华人。我就在巴刹那里，现在是卖糕的阿姨。一路二路中间的。90 年代我就开始租了，一个月 35 千。摊主是第四路的，现在卖 50 条。1997 年以后就卖彩票。新加坡的暗彩。1998 年乱，警察人不管。满村的时候都给我买彩票。晚上没事干要守夜，就向我买彩票。卖彩票会被抓。我被抓过 8 次。进过牢就用钱。天天来抓就不让卖了。印尼这里的宗教不可以卖彩票。回教的教义也是不可以的。2012 年的时候就不干了。在 2009 年的时候就想做果冻。因为想到当时这个不能长久，被抓就要好多钱。他开价就 200 条。到 2000 年以前。老板出钱给摆平。后来老板自己也保护不了自己。就铲除这个福彩，以前也铲除，不过可以用钱来摆平。现在就不可以了。我哥哥在雅加达做果冻，我的大哥。以前他也是给人打工，打了十多年工，这里也没有什么出息，就去了雅加达。他们卖的是很便宜的，我们的粉比他们贵好多。一半人工，一半机器。①

对于未来的发展，TG 还是寄予了很大的希望："哥哥的那个是总厂，我这里是分厂。雅加达做这个的很多，棉兰还不算多。不过果冻这个东西销量不是很大。我就是想去中国看看，要展览的，这些展览会的都是大的，搞不通的。我就是要像中国学了。就是要去中国看一看。"②

(三) 铝制品生产厂

在美达村内，家庭的手工工厂不仅有食品制作，还有生产生活用品的铝制品加工工厂。生活在美达一路的老人院区的 ZW 就开了这样一家家庭工厂。

ZW 的工厂在美达一路的第 7 号，灰色的大铁门也是紧紧地关着。外墙被粉刷成了蓝色，门旁种着一棵杧果树。从远处看很是抢眼好看。

推门进去就是 ZW 的工厂，上下两层，大约 300 平方米。下层凌乱地堆积着一些做好的成品和废料，和一个大的切割机。走到工厂里面，就是工人的操作间，现在是做工的淡季，ZW 的工厂里只有三个工人。ZW 指着各种机器给讲解着产品的制作过程。

根据产品的类型，要先将铝材切割成小块的长条，再将切好的铝皮放到塑形的机器上压成各种形状。机器里的模型可以随意更换，这样一台机器可以做出许多种产品。ZW 给我们看了做勺子和铲子的模具。铁制的很厚。ZW 告诉我们，这个模具你可以自己做，想做成什么样，这个切割的机器就可以做出什么样。大大小小的都可以。

切割好的铝表面不是很光滑，需要打磨机把表面打磨光滑。ZW 的工厂里还有打眼机。像漏勺或是蒸笼屉的小眼就可以用这种专门打眼的机器来打。ZW 说，像这种打眼的机器也可以换里面的模型，大的小的都

---

① 2015 年 9 月 10 日笔者在美达村与 TG 的访谈。
② 同上。

可以打。但是它不是自动的，需要工人仔细地对好位置，一个一个地打出来。

看完工人打眼，ZW 带笔者来到了二楼，铁皮的楼梯上起来有点陡峭。二楼的两面墙上都被 ZW 用木板打成了方形的格子，用来堆放成品。

放眼望去，ZW 的生产的产品很多，有我们平时比较常见的勺子、铲子、各种型号的盆子，也有一些不常见的叫不上名字的铝制品。ZW 生产的勺子有两种，一种是全部铝做的，一种是一半是铝，一半是木头。而木头的铲子价钱相对较高。

每个做好的铲子，勺子和盆子上面都贴上了 ZW 自己的品牌。商标的颜色很好看，是紫色的底和黄色的字母"SANTUN"。ZW 说这个字母的意思是"三盾"。之所以叫这个名字，是因为在做厨房用品之前，他的工厂是做火水炉的。所谓的火水炉就是我们说的煤油炉。ZW 给我们看了他当时制作火水炉的样子。

火水炉主要是以铁皮为主，基座有一个铁箱，里面注满火水（煤油）。火水由十数条棉线吸引至火水炉的顶端。在煮生食时，用火柴或者打火机把火水炉头露出半寸的棉线点燃，放上锅就可以使用了。

因为自己做的质量很好，所以生意也很好。结果 ZW 发现，市场上有人冒充他的品牌。后来政府限制火水的使用，他就改行做起了这个。也改了自己品牌的名字。ZW 认为起这个"三盾"这个牌子，就是为了挡这个三枪，借着这个寓意，希望以后没人再冒充自己的牌子。

看完火水炉后，ZW 带我们来到蓝色的防盗门前，里面就是他的办公室。办公室很简单，靠墙的架子上从下到上放着电视机、影碟机和显示器。显示器里正在显示大门口的情形。ZW 说，安装摄像头的目的主要是防止税务人员来查税，也可以防止小偷。

显示器的对面就是 ZW 的办公桌，一盏台灯、一台笔记本电脑、一部电话和一台打印机。和其他华人一样，订货发货一台电脑就可以解决。在办公室里，ZW 讲起了他的故事：

我 1953 年生人，祖籍广东惠州。曾祖父叫 M，荷兰统治时期就到印尼来。有 100 多年了。爷爷是做建筑的。爷爷是做桥，做公路的，是荷兰人请他来的。听说曾祖父是反清的革命家，后来被荷兰人带到印尼来做工。曾祖父是在中国结的婚，生了孩子。到印尼最早是做工程的。修路、修桥、建房子。最早在司马委，后来到实格里，后来又到班达亚齐。亚齐的天主教堂就是曾祖父 M 起的。后来又从班达亚齐到了美拉务，给一个叫郑三交的包工头做工，当时一起做工的还有非洲人。爷爷叫 TG。七八岁的时候曾祖父从中国带来的。后来回中国读书，结果中国遭受日本侵略局势很乱，就又返回了印尼。爷爷也是做建筑的。奶奶本来姓 L，后来过继给一个姓黄的家庭，改名叫 LM。

爸爸叫 JY，大伯的孩子叫 WS，在 1968 年跟爷爷奶奶回中国，现在住在英德农场。爸爸和妈妈一共生了五个孩子，三个兄弟，两个姐妹。母亲是做糕的。当时也没什么钱，爷爷把当时挣的钱都通过水客寄回了中国的家中，但是钱寄到没寄到也不晓得，因为在中国也没什么亲戚了。当时奶奶在市场有个小摊位卖糕，母亲在家做好拿给奶奶去卖。"9·30事件"时我才 12 岁，当时读的是振华学校，当时住在大亚齐叫菜园的小地方。1966 年开始住老人院，1970 年到了美达。爷爷、奶奶还有叔叔被第四批接侨船接到中国，后来听说接侨船不来了就去棉兰打工。

1986 年跑去雅加达给华人老板 LYS（是先达人）做工，主要做三合板。1978 年前后，8 个人开了一家小赌场，干了四五年后买了 5 辆大车搞运输，运甘蔗、西瓜到雅加达。1983 年不做了，就从雅加达回到棉兰收海虾。1991 年开始做汽车的刹车皮。做了三四年。后来又做土油炉。到 2012 年开始做厨房用具，开了一家铝合金厂。现在有 50 多台机器，20 多个工人，主要是卖给代理商，销售到棉兰、亚齐。弟弟叫 ZC，现在和自己一起开工厂。弟弟负责拉货送货。①

（四）燕窝养殖业

印度尼西亚是全球第一燕窝生产国，其产量约为全球产量的 3/4。燕窝一直是人们十分推崇的滋补珍品。燕窝，顾名思义，就是燕子的窝。用更确切、更科学的语言来表达，可以定义为：雨燕科动物金丝燕及多种同

---

① 2015 年 8 月 24 日笔者在美达村与 ZW 的访谈。

属燕类，用唾液与绒羽等混合凝结所筑成的巢窝。雨燕和我们平常熟知的家燕不同，家燕是衔泥做窝，而雨燕特别是金丝燕，做窝主要是用唾液，筑窝育雏无比顽强，它的唾液自然凝结起来，这就是被称为东方珍品的"燕窝"。

燕窝呈不整齐的半月形，形状似人耳。长7—10厘米，宽3—5厘米，重量为5—10克，凹陷成兜状。它附着于岩石的一面较平，外面微微隆起，附着面黏液层，排列比较整齐，较隆起面细致，呈波状。窝的内部粗糙，有如丝瓜络。燕窝质硬而脆，入水后就会扩大、膨胀。

燕窝按颜色可分为白燕、黄燕和血燕三类。在目前商品经营中，按品质分为官燕、毛燕和草燕。白燕和血燕同属于官燕，毛燕是金丝燕和体毛作为筑巢材料。草燕是燕子以唾液把杂草等粘在一起筑的巢。

官燕，始于明朝，燕窝已成为一种属国进贡朝廷的贡品。此种上好的燕窝有"贡燕"之称。其医疗价值早为古人所认同，此外，燕窝也是一种名贵的官场赠礼，故被称为官燕。由于其品质极佳，数量较少，所以官燕为燕窝之上品。官燕的原产地为泰国、印尼、越南及马来西亚的沙巴与砂劳越。通常筑官燕的雨燕，是属于爪哇金丝燕、白腹金丝燕等。金丝燕平均一年筑巢三次。每年首次筑的巢，巢身呈完美的盏形而且素质最佳。此头期燕的巢身几乎是由唾液筑成，只有少许幼毛。第二期及第三期的官燕体形依旧完整，但巢身夹带较多的羽毛及杂质。官燕的巢色洁白，体质光滑。其盏形呈杯状或半碗状。平均巢身厚达30—50毫米，长5—10厘米，宽4—8厘米。其重量每个为8—12克。

血燕盏，此种燕窝呈血红或浅红色。多数是棕尾金丝燕筑造的巢。由于棕尾金丝燕生存的环境里有较高的氧化铜，被捕食的昆虫体内含铁（补铁产品，补铁资讯）成分又较高，因而它分泌的唾液呈浅红色，俗称"血燕"。

白燕盏，是各种官燕中最嫩的，比较不耐火。尤其是屋燕。这是因为在燕屋内，燕窝的采摘时间最短（平均每三个月采摘一次）。处于岩洞的白燕盏的质地就比较坚实，膨胀力也较大。上品的洞白燕炖成后，不但香气扑鼻，味道也清香润滑且质地爽口。

而毛燕类的金丝燕盏，无论是在燕屋还是在大自然的洞穴中，产量相较白燕盏来得少。此种燕窝耐火，质地爽滑而且炖好之后非常清香，故深受美食家及有需要的人士的喜爱。金丝燕盏普遍带金黄色或呈黄色。其色泽有别于白燕盏，鉴于两大因素：燕子的唾液及燕窝于燕屋或洞穴的位置。在筑巢期间，金丝燕口里吐出含结胶性很强的唾液，经空气氧化后牢固粘在岩石或墙壁上，燕窝呈金黄并带少许透明。此外，经长期日光下曝晒，燕巢也带黄色。

燕窝按环境可以分为洞燕和屋燕两种。洞燕为采自岩洞的天然燕窝，由于印尼、马来西亚等燕窝主产国近年燕屋的大量出现，大量的金丝燕已经逐渐舍弃山洞而选择燕屋栖息。导致洞燕窝的产量急剧萎缩，目前洞燕窝的主产国是泰国，马来西亚和越南尚有少量，印尼则几乎没有。屋燕则是出产于房屋里的燕窝。由于洞燕窝少且采摘非常艰险，耗时耗力，而且随着中国逐渐掀起的燕窝热，纯品燕窝供不应求，其价格更堪比黄金，因此现在出产国均采取制造人工燕屋的方式吸引金丝燕前来筑巢，市场上出售的燕窝主要为屋燕，且以白燕为主。

燕窝作为高端的消费品利润可观。在印尼有许多华人从事燕窝养殖。美达村的 XW 就是其中之一。

XW 饲养的燕子属于屋燕，他带我们去看了他养燕子的地方，离美达村不远。养燕子的燕屋有很高的一栋框架结构的楼房，平顶。楼房没有窗子，而是在房顶开一个大大的通风口，一走近燕屋就能听见很刺耳的燕子的喳喳叫声。燕屋阴暗潮湿，有一股刺鼻的气味。XW 告诉我们：

> 养燕窝的时候需要注意声音、湿度、温度、明暗度、气味等，要根据燕子的习惯来营造它们的生长环境，这些都需要自己摸索。温度要在 28℃ 到 30℃ 之间，燕子已经习惯这里的温度，棉兰的温度也较适宜，所以，不需要在养殖场专门控制温度。这里的燕子主要是草燕，在中国养不了。[①]

养燕子的燕屋全部用水泥做成，用木条将每个房屋的四外边围住，并让木板立着粘到房顶上，形成一条条的木头格子。这么做的目的是方便让小燕子建巢。我们发现房间的墙上都会挂有几个喇叭，燕子的叫声是从这里发出来的。说是养燕子，其实重点不是在养，而是在引。燕子的投资主要在土地和建房上。因为燕子自己会去觅食，所以养燕人基本上就是盖好

---

① 2015 年 8 月 24 日笔者在美达村与 XW 的访谈。

房子，装好录音机，每天播放，然后，等着等着那些"金凤凰"自己就飞来了。

图91　燕屋外观（李晨嫒摄）　　图92　燕屋内部（李晨嫒摄）

在棉兰市区也有很多盖好的燕屋，大家都用这种方法等着被燕子挑选。一位养燕窝的美达村华人说道：

> 我们养了上万只燕子。我们也不算饲养，是它自己来的，不给它吃它自己出去，到晚上它就自己回来了。有很多有趣的事情我以后会给你讲。我们就负责引诱它咯。它对环境也有要求。第一，它进来容易栖息。第二，很光的地方它不大喜欢，需要阴凉的环境，你的鸟叫声，引诱它的声音，是要叫它过来一起住，而不是你要跟它打架的声音。不是说你来你来我要打死你，那谁会来呢。所以这些声音就是引诱它的技术，我们要是拿到这个声音就能引它来了。这个声音是自己摸索，这个声音人家是肯定不会卖给你的，当时这些声音在市场上有卖，然后我们就收集到，这个声音可以成功，我们就专门拿来用。

除了在技术上有要求以外，养燕业还没有确凿的把握盖好燕屋就一定会有燕子来。有人说开口不能朝向东面，肯定就有人给你指出某个燕屋朝东，已经来了很多燕子了；有人说燕屋不能太亮，肯定有人说你看那个老房子到处是窗户，里面的燕窝多得很。养燕的风险就在这里，等待被挑选。燕子如果来了，通常它就不会离开，认真地在这里筑巢了，那时，就可以收燕窝了。①

我们参观的时候并不是燕子的筑巢期，所以在房子里找了很久才找到燕窝。灰白色的，像半个小勺子一样贴在房间的缝隙上，XW告诉我们，小燕子用唾液和自己的毛黏在一起做窝，我们看到的那个灰色的就是燕子羽毛。燕子制窝的地点也是不固定的，有的会在房子的角楼偏暗的位置，有的喜欢建在屋子的中心，比较宽阔。有的建在事先准备好的木板上，有的直接在水泥墙上做窝。

看完了小燕子的家，XW带我们来看燕窝的制作过程。制作燕窝没有地域限制，XW的工人都是在他家里工作。

图93　清理燕窝的女工　　　　图94　清洗后的燕窝成品
　　　（李晨媛摄）　　　　　　　　　（李晨媛摄）

制作燕窝是一项非常费眼睛的工作，工人的操作台是特制的，中间放置一排长灯。有的工人手里都拿了一个捏子和一个铁丝做成的半圆形网兜（我们姑且叫它燕网），前面放置一个盆子。将燕窝润湿后用镊子择出里面的小绒毛。有的则是将择好的燕窝固定。

这项工作要求细致耐心，所以XW的工人全部是女工。他请的女工有8位，全部是爪哇人。有的负责分解，有的负责固定。工人们处理燕窝，对燕窝进行剥离，把燕窝上的毛都弄下来，这是最复杂的程序。在观看操

---

① 2015年8月24日笔者在美达村与XW的访谈。

作时，XW 告诉我们：燕窝可以泡水，也可以存放好久。风干好的燕窝要喷一点水，使其均匀，摆好，放进特定的容器里风干，第二天就可以变成成品了。采燕窝比较容易，洗燕窝至成品出现，大概需要三天的时间。一个燕窝成形需要 2 个月左右的时间。

XW 将燕窝的制成品分成四个等级，一等就是成形的燕盏。整个燕窝完整，干净而且厚实。二等也是燕盏形状，就是品相相对一等品稍微差一点，燕子的毛没有择干净，有些发黄或者黑斑。燕盏比较薄，出现了碎裂，等等。三等品就是燕饼，将那些比较碎的，做不成燕盏的燕窝做成燕饼，燕饼是圆形的比较厚，像我们平时吃的方便面饼的样子。最后就是燕窝的碎，做不成燕饼，就用来做罐头。

一等货价钱最高，一克需要 5 元多人民币，四等货价钱就会低一些，一克大概 3 块钱。这样的价钱相比国内的市场价格来说是相当实惠的了。XW 说道：

> 我的是一等货，我们这里是 5 块多一克。这个东西可以大量地产。这个东西也有我们这里的人寄到中国，到广东和香港，它们都是有竞争的。你们知道行情他们是买进卖出的，你们可以跟他们杀价咯，这样都可以。我会教你一点。不会假。燕窝可以分一等货、二等货、三等货和四等货。做得最好的就是这种，可以做成燕饼。我们是从燕窝中挑出来，那些比较脆的，不成形的我们就会做成燕饼。这样的材质就来做罐头了，我们这里卖 7 条一公斤，大概合人民币三块多左右。所以他赚很多。你那个有一两就很多了。燕窝一遇到水可以膨胀起来。可以有一碗多。这个有很多的胶原蛋白，等它风干了以后再原样做回去，可以重复上万次不变形。比如说牛皮和猪皮，泡水以后是不是可以原型的变回去，那个就不行，这个就可以。

由于燕窝市场供不应求，许多商家为了赚取更多的利润，所以掺假的很多。XW 告诉我们一些识别燕窝真伪的方法：

> 如果你买燕窝，就用蘸了水的手去摸燕窝，它是没有黏性的，但是当它风干了，要干的阶段，它会自动变回去。如果黏手，就是放了其他的东西，比如淀粉呀什么的来增加重量。燕窝也不是越白越好，

燕窝不能是全部一种颜色的。如果都是白的有可能就是漂白的。这个还没有洗的,里面有小燕子的毛。这个就放到那边,用水化开来挑里面的毛。如果你们白天来可以来看我的工人做工。像我这样搞燕窝的人很多。这个技术自己摸索。当时养燕窝是看人家很好赚。在当时五公斤的燕窝可以建起一座3层楼的房子。那时候我们这里的价钱卖到20多条一斤,那时候人民币很低。建起房子就百多条。第一你就拿燕窝你就闻,有种腥的味道。这个是燕条,比一等货便宜两条。这个是送一点的。这个对女孩子相当好。①

XW的经历十分丰富,在养燕窝之前做过许多工作。最早是XW的父亲和叔叔一起来到印尼。应该是因为家里经济条件不大好,到这里来谋生活。有一个同宗的亲戚先到这里来,是做面包的,后来需要人手,就把XW的爷爷他们叫出来了。在打京岸,是很多山的地方,在那里定居之后,帮忙亲戚干活,一段时期之后,就自立门户,也做得不错。但是XW的爷爷因为尿毒症去世得早。当时做面包是用木材烤的,很香,主要卖给当地人。XW的爷爷未去世之前,不做面包之后,还做了牛轧糖来卖,生意也不错,后来有人要陷害他,当时是荷兰时代,有人举报说爷爷的糖里有针,爷爷被问说是怎么做的,他便一五一十地说了。然后荷兰政府就知道这是被别人陷害了,因为这样纯手工的活,如果有针的话,是做不了的。所以,当时的荷兰政府还是很公正的。XW的爷爷去世后,他的奶奶就带着XW的父亲他们养猪种菜。XW的爷爷奶奶共生有3男1女,爷爷去世之后,小姑姑也去世了。后来比较穷的一户人家把自己家的女儿送给奶奶养,本来是想着等这个领养的孩子长大之后,嫁给三叔的,但是三叔觉得大家是一起长大的,就是兄妹之间的感情,拒绝了这个婚事。姑姑便嫁到大亚齐去了,后来搬到了雅加达,姑姑出嫁之后,也很少回来,偶尔跟父亲他们有联系,但是跟奶奶基本没联系,直到去世都没有回来看过奶奶,现在跟姑姑的孩子们也没什么联系。

XW的父亲的手工很好,上了中华学校,那个时候还没有分"红蓝"派,中华人民共和国成立之后,中华学校才变成亲国民党的。XW的父亲毕业之后,先学习打金,刚进去的时候,先到厨房帮忙干活,中午才能教

---

① 2015年8月24日笔者在美达村与XW的访谈。

他打金，开始都是干重活。一般要两年左右才可以教给技术。后来，XW的父亲不学打金了，到园丘开店卖盘碗，后来又搬回打京岸，开了杂货店。小商事件发生，华人不能开店铺，父亲便转而修手表。技术也是自己学的，后来学习拍照，当时如果有人有相机可以拍照，是很了不起的事情。XW父亲的照相机是自己买的，拍照是他的兴趣，因为打京岸的风景很美，他带着朋友们到处拍照。后来有一个喜欢拍照的朋友支持蓝派，而父亲是新中国的，是红派，两人因为这个问题，后来都不说话了，那个朋友也留在打京岸成为蓝派的领导，"9·30"事件发生之后，XW父亲则带着他们出来了，来到了棉华中学集中，当时XW才11岁。

XW父母是通过介绍认识的，母亲有堂哥在打京岸，经堂哥介绍，两人认识。母亲嫁过来的时候，是走过来的，XW父亲在学校举行了茶会，因为家里场所不够。到了棉兰之后，XW父亲修理照相机，技术很好。XW父亲是一个老实人，价钱也很公道，所以在棉兰小有名气。XW就是继承其父亲的手艺，XW父亲曾经让他跟他学习修理照相机，但是当时他对修理自行车比较感兴趣，所以他16岁的时候，就跟着别人学习修理自行车了。一天可以赚105盾，还卖过豆浆水，那个时候很多生意都很好卖。还做过风筝来卖，但是XW发现一个问题，就是给别人做风筝的时候质量特别好，但是做给自己玩的时候，风筝就容易出问题，他发现这是因为，给别人做的时候非常讲究重量、尺寸，很认真。但是给自己做的时候，就比较马虎。当时很多人都跟他买，XW还做过鸟笼，在里面养了白鸽。

在烟寮里的时候，他还跟小伙伴挖了一个井，储了水之后就在里面游泳，还跟小伙伴们去捉过田鸡，捡过田螺，有很多很有趣的事情。在烟寮住的房子，大概有4米×4米这么大。在巴燕1号寮住的时候，隔壁村庄的孩子，有时候会叫他们"支那"，双方有时候可能会打架。1号寮主要住的是打京岸、司吉利、美拉务等地方的人，司吉利的人比较多。以前这个地区是沼泽地，人家可以来这里来抓打架鱼。最开始的房子是用竹片做墙，用亚答叶做房顶，有些有钱人会做成半砖的墙，（一般是以前打金的）一半是砖头，一半是木板，也有用三夹板的。

XW最开始进新家的时候就感觉空洞洞的，里面的房间隔空是自己设置的，当时做半砖的，华人也担心，周围的印尼人会对他们有意见，所以他们在建好的砖墙的外面又钉上亚答叶。1971年，XW家就换成了木板房，当时30%的人换上了木板房，很多人家里的经济情况慢慢好转。到美达村的时候，他大概16岁，上了印尼的学校，学习印尼的知识，成了班里的老大。这个学校以前是华人开的华侨学校，但是被充公了，变成了一个海军的学校，去读书的孩子大部分都是华人，也有印尼人，课程设置上也有印尼语。他在那里读了两年之后就不读了，因为当时想要挣钱，这样读书下去也不是办法。在读书的时候有帮忙做皮带，当时很多人做包包，做袋子，他就是帮忙钉起来，晚上就去陈丽珊老师家里补习华文，补习华文的时候什么课程都有，有地理、政治、历史。在美达村里补习也不用担心外面的人会来检查，当时他还是班长。18岁毕业就没有再念书，爸爸让他在家里帮忙修理，可是他不要，他给老板打工（卖摄影材料的店），看店，5000盾一个月的工资。做工也做不久，然后做了皮带，做了一段时期之后，不做了就开始修理电单车，修理了多少辆、修理了什么、修理谁的、得多少钱……这些都是他需要登记的，也是他的工作。大概做了3个月，觉得很闷，然后就不做了，又回去做摄影材料店。当时觉得父亲给人修理相机挺容易赚钱的，便回到家里给父亲帮忙。不久就挣到了一点钱，1974年，买了一个三洋的黑白电视机，花了7万盾，周围的人都喜欢到他家里看电视。做了一年之后，买了一辆自行车，花了300千印尼盾。过了半年之后挣到钱了，又把自行车给换了。

XW后来有了钱建了房子，两层楼，花了两条多（印尼盾），也是那种半砖半墙的房子，钱都是跟父亲一起挣的。他还到过乡下去拍照，给印尼人拍，一张1000印尼盾，当时的1000盾可以买到10个包面，有时候一天可以拍一个或两个胶卷，生意还是挺不错的。

80年代发生了金融风暴，受到的影响不大，因为当时XW赚到的钱大多用来买黄金，1982年结婚。后来到巴燕买了一块地，开了一间照相馆，生意也不错。做到90年代，生意也不好做了，后来也不做照相生意了，从1998年开始做了燕窝。从事的行业都是自己决定的，如燕窝行业也是自己摸索着进行的，很多人都参与了燕窝的养殖行业，但是成功的只有一两个人，找师傅的话要蛮多费用的，做到一个燕窝就要给师傅一条的费用，费用太高，所以就自己摸索，现在也成功了。

XW有两个姐姐，两个兄弟。父亲原来住的那个房子留给了弟弟，是自愿留给弟弟的，他自己在其他地方也有房子。在美达村有因为房子问题产生摩擦的。

XW 有两个儿子，新加坡的房子给大儿子，小儿子跟他一起住。两个儿子都结婚了，华人都想着让孩子以后要过得好，钱主要花在旅游上，平时喜欢跟朋友喝咖啡，聊天。XW 妻子 C 是开美容店的，妻子比他小 7 岁。

三 现代化工厂与企业家的出现

随着经济不断地发展，一些美达村华人也从以往的家庭手工业生产向现代化工厂发展，美达村开始出现行业精英和现代企业家。

（一）YL 和他的自动化工厂

YL 可以算是美达村成功的企业家。到目前为止他共有 4 家食品加工厂，分布在美达村的周围，我们参观了其中的 3 家。

第一家是美达村附近最久的也是最大的一家工厂在美达大路 41 号。工厂占地面积很大，目测有 2000 平方米。我们参观的工厂有两间比较大的厂房，一间是负责生产，一间是包装和出货。

生产厂房比较老旧，食品的制作过程还属于作坊式，每一个步骤都在一个车间里完成。虽然没有明确的划分工作区，但是也可以看出工人工作的位置还是按照食品制作的流程来设置的。工厂呈一个长方形，中间堆满了一包包饼干的半成品。绕过这些饼干，在厂子最里面一个角落里，一个戴黑色头巾的女工正在削洋葱。洋葱很小一个，像蒜头一样大小，紫色的皮。工人把洋葱的外皮削掉，留下里面的心，削好的洋葱被扔进一个黑色的大水桶里，一个男工人坐在她旁边，等待洋葱削好后拿到其他地方去做成配料。

从削洋葱的工人那里走出来，下一个步骤就是轧面。两个男工人在轧面机前工作着。通过轧面机不停的轧，面粉变成了一条长长的带子。一个工人坐在轧面机的出口旁将轧出来的面像布一样折叠着放在自己的腿上，一个工人则是站着，帮忙把摞起来的面铺平开，送进轧面机里。就这样需要反反复复轧很多次，这个工作才算完成。

将轧好的面送下一个机器，工人将做好的面放进自己身前的这台机器里。长面片进去以后被轧出了形状，一根根像连在一起的火柴棍。机器的下面有一个铁盘，轧好的面顺着传送带落到铁盘上。工人需要盯着，把不成形或是轧断的面都捡出来。这样小食品的基本形状就做出来了。

下一步，就是炸。工厂里有两种炸锅，一种是长形的，用铁皮做的，像个炉子一样，下面需要放木头点火加温。还有一种是圆形的用砖头垒的，像一个头顶开口的小蒙古包。像这样的炸锅共有两个，中间还立了一根铁做的杆子，挂着两个像勺子一样的大筛子。炸东西的时候把它们倒在勺子把上，再一拉绳子，就掉进了勺子里，勺子做的和油锅口一样大小，这样就可以炸了。炸好后再将勺子一端高高挑起，炸好后的饼干就会顺着勺子把倒进事先准备的桶里。这样炸出的饼干又多，又不会烫伤工人。

炸好后的饼干要放到铁皮做的大盘子上晾晒，为了尽快散温，会有一个电风扇在旁边吹着饼干。晾凉以后，小饼干的样子基本就成形了，但是饼干还没有颜色和味道。所以下一个步骤就是给它们上颜色和味道。

上味道也是用机器的，是一个口向外倾斜着的铁皮滚筒。工人要把炸好的饼干成袋倒入滚筒中，调好的配料一起倒入滚筒中，并要不断地向里面加水防止粘连。上好味道后，再用勺子把它们盛进大桶里，这一步骤就做好了。

包装也是用机器完成的，只要直接把做好的饼干倒入机器里，就可以自动包装，12包一组，会自动切开。这样整个流程就这样完成了。

这家工厂是YL经营最久的工厂，工厂的墙壁已经被油炸的烟熏得黑漆漆的，机器也显得老旧。但是这家工厂生产了十多种小食品。除了我们上面刚刚描述的以外，还有方形的小饼干、长条的面等。我们在工厂的制成品中看到了中国传统的小吃的猫耳朵。而在印尼，它被叫作象耳朵。但是工厂对口味进行了改良，除了我们常见的白色，还有绿色和红色和紫色。绿色的是哈密瓜口味，红色的就是草莓口味，紫色的尝起来像是巧克力。工厂里制作的传统小吃不止一种，除了猫耳朵还有排叉。排叉是老北京的一种传统小吃，用面炸制而成。制作排叉需要将面团压成薄片，叠起合成，用刀切成宽两厘米长5厘米的排叉条，将两小片叠到一起，中间顺切三刀，散开成单片套翻在一起，用温油炸成。据说制作猫耳朵和排叉的手艺是YL的父亲留下的，YL把手艺继承了下来，可见华人对祖国文化的热爱也体现在美食上。

第二家工厂也是生产小零食的工厂，在美达村旁边的Pendidikan路12号。与第一家工厂相比，要新很多。工厂地面墙面漆成水泥，没有大的炸锅，看起来很干净。这家工厂里生产的零食和第一家完全不同。主要是膨化食品，有长长的炸虾条，也有炸洋葱圈，还有炸成一包包的小圆球。除了这些膨化食品，我们还发现工厂还制作管装的果汁，就像我们知道的棒棒冰。为了满足我们的好奇，工人们为我们展示了这种棒棒冰的制作过程。制作棒棒冰的机器有一个锯齿形的传送带，工人要将棒棒冰的空壳上面细细尖尖的部分插到锯齿里，一个接着一个，像排队一样向前走。将调配好的果汁放在机器旁边的桶里，将机器的吸管插入。通过吸管就可以把果汁直接吸到机器里。机器上面有像针孔一样的小管子，可以插入果汁空壳的小口，灌满果汁后再经过高温封口。整个过程在传送带上完成，制作完成后直接掉进提前准备好的框子里。由于刚做好的果汁比较热，一般框子里都会放一些水将它冷却一会儿，这种管装的果汁就做好啦。除了这种透明的软管状包装以外，还可以看到小鱼图案的包装，果汁灌进去之后，整条小鱼会鼓起来，看起来非常有意思。

　　第二家工厂已经实现了从传统手工作坊到半机械化的生产的发展，但是YL的工厂远远不止这些。第三家工厂已经基本实现了自动化。位于勿拉湾的工业区。工厂共有两台大型的机器，一个用来制作形状，一个用来炸。以制作洋葱圈为例，工人只将机器里的模具好，将面粉倒入机器源头的大圆盆中，按动开关，洋葱圈就会像雪花一样从管子里喷出来，做出的洋葱圈还是生的，很硬，小小个。下一步就是炸。炸的机器更简单，只要把做好的小洋葱圈倒进机器的翻斗里，调好温度，启动机器，那个翻斗会自动上升，将小洋葱圈倒进机器里，过不了几分钟就炸好了。接下来和第一家工厂一样，放到滚筒里上颜色。整个过程就完成了。机械化生产不仅提高了效率，也减少了人力成本，这一项工程只需要4个工人就可以完成。

图95　自动化工厂中的马达族工人（李晨媛摄）

工厂生产的产品的品牌叫"IKan Mas"翻译成中文是"金鱼牌"。商标制作成圆形，黄色的背景上面有一条吐泡泡的红色小金鱼。颜色用了中国传统中最喜庆的黄色和红色，金鱼也是采用了民间的剪纸图样。非常有中国文化的特色。这个品牌是 YL 的父亲留下的，YL 把它很好地继承了下来。品牌虽然几十年不变，但是产品的包装很多。经过三个工厂的观察，光我们可以看见的小零食的样式就有 8 种之多，包装盒的样式就有 6 种，口味也有花生味、洋葱味、鸡肉味等。为了吸引小朋友，外包装做的花花绿绿的十分好看。就连包装的盒子每种产品都不一样。不过 FX 告诉我们，我们在第一个工厂参观的，用传统油炸方法做出的洋葱和辣椒口味的小零食最受欢迎。

工厂的产量很大，以最受欢迎的洋葱口味小零食为例，每一个箱子里有塑料袋装起的六大包，每个大包里有 20 小包，这样一箱就有 120 包，一箱 43 千盾。一个工厂一个月可生产 26000 箱，一共有 7 样。销售额能有 1.5 亿印尼盾，每到印尼人过新年时，包装还会更大，销量也会更多。YL 现在三家工厂，第四家也很快投入使用，可见工厂的销量是十分大的。

工厂很大，管理体制并不是十分复杂。华人负责管理和监工，像工厂的厂长，手下会有几个印尼的管理员，就像我们的车间主任，负责指导生产。办公室中主要是秘书和会计，一般会是爪哇族的工人，但也有华人的大学生在这里兼职。我们在采访中就遇到了美达村在这里兼职的大学生，她叫 WJH，1995 年出生，是一名在校的大三学生。印尼的大学和国内的不一样，他们是可以不用住校的。每天的课可以选择上午上还是下午上，甚至可以是晚上上。所以一般上午做工晚上上课，这在印尼的大学生中是件很普遍的事。WJH 的工作时间是在上午 8 点到下午 5 点。中午 12 点的时候会在工厂里休息。一个月可以赚到 1 条半印尼盾（合 750 元人民币）左右的工钱。旁边的爪哇族的女工已经干了 4 年半了，她可以赚到六条印尼盾（合人民币 3000 元）。她觉得老板是个很好的人，对大家很好，大家很喜欢他。我们观察，YL 很亲民也没有很骄傲，大家都很尊敬他。

除了办公室的工作人员以外，我们还对工厂里做工的工人进行了调查。

YUTI，男，马来由人，工作时间：4 年。工作时间是从早上 8 点到晚上 8 点，住在很远的 Hamparan Perak。每天骑摩托车上班。自己带饭过来吃。一周工作6天，休息一天。一天的工资是62千盾（合31元人民币）。其他工龄比较少的工人一天就35千盾到40千盾左右。制作小零食要用的面粉有8公斤，一天差不多要做400公斤。每天中午12点的时候都会在工厂休息，放假是没有工钱的，但是如果到过年，老板会多发一个月的薪水。

RAMA，女，20岁，爪哇人，初中毕业。工作时间：1年。自己本身是美达村附近PENDIDIKAN厂的工人，今天被安排到这边来做工。主要是把没有炸到的零食拣出来。有2个人一起来。工厂里的人会轮流到这边来帮忙。一天32千盾。每天8点进厂到下午6点回家，每天骑自行车上班。认为老板平时很好，可是骂起人来很可怕。

IKEM，女，38岁，爪哇人，工作时间：3年。是一名聋哑人。工作时间也是从早上8点到下午6点。主要负责挑选炸坏的零食和装袋。

工人对老板的印象普遍比较好，YL也确实是一个很出色的企业家。但是YL的童年比较辛苦，他的父亲由于工厂发生爆炸而被火烧死了，这对他影响很大。

虽然童年经历辛苦，但是成功了的YL，乐于回馈社会，参与公益事业，在美达村包括附近的村子声望都很大。作为工厂的老板，YL为员工提供了较多的福利待遇。如上面提到提高老员工的工资，发放新年福利，为残疾人提供工作机会。员工家人生病住院，YL也会帮忙。除了这些，YL也会定期组织工厂里的工人和家属去旅游。每年一次，一般会去棉兰附近比较有趣的景点，当然也去过印尼最著名的景区马达山和多巴湖。我们在采访中正好赶上了一次YL组织员工出游。共有三辆50座的客车坐满了员工和家属。YL会带着全家组织工人上车，并把他们送出村子。

除了组织员工出游以外，YL也会组织村民参加一些娱乐活动。我们就参观过一次在美达六路举办的自行车过独木桥比赛。美达六路的空地积水形成了一个水塘，在水塘上用木板搭了一个横木做桥。游戏的规则就是自行车穿过木桥不掉下去，就可以获得奖金。每一个挑战者不管成不成功都能获得奖励。所以小孩子们都跃跃欲试。YL则站在水塘对岸当裁判。这种活动不仅吸引了美达村的华人，也有许多附近的印尼人驻足观看，华人和当地民族聚在一起，一起笑或欢呼，场面十分热闹。

作为一个现代化企业的领导人，YL不仅对自己的员工照顾周到，还开展慈善救济活动。

在美达五路 62 与 64 号住家之间，有一间供奉四面佛的佛堂，叫大爱佛堂 CETIYA MAHA-KARUNA。佛堂里的主席就是 YL。每个星期四的晚上，都是祭拜四面佛的时间，每到这时，YL 都会叫助手在对面的屋子前搭好炉子炒好面，无论是信徒还是路人，都可以要一碗来充饥。面和菜都是 YL 负责提供的，除了每周坚持做善事以外，每年在印尼新年前后都会有慈善救济，在四面佛堂前举办。组织者们都身穿四面佛堂特制的黄色底红边的马甲，为到场的困难群众发放现金、米、面、油、鱼干和饼干等生活用品。当时到场的人有 200 多人，既有华人也有印尼人，但更多的是印尼人。每个人都有，人人有份。就像我们采访的四面佛的工作人员说：

> YL 作为四面佛理事会主席，平时的工作主要就是帮忙处理、举办一些慈善活动，一般是到养老院、老人院等一些地方，开展慈善活动。慈善活动一般在即将过年的时候进行，因为要做好事，接济的对象主要是身体有缺陷或者是生活上有困难的人。资助的人数有 200—300 人，资助的是整个丹绒巫里亚村的。我们曾参加了一次 YL 资助的慈善活动，在这次慈善活动中资助了 200 多人，包括华人和印尼友族贫困者，总体而言还是印尼友族贫困者居多，那些资助的米粮主要是四面佛的信徒们捐的。平时 YL 会号召他的朋友参与到这些活动中来，但主要的支出还是由他负责，如四面佛每个星期四晚上招待客人所用的米饭、菜等，平时给贫困人家购置的油、面粉等东西大部分是 YL 自己出的。YL 还没有成为理事会主席之前，他就经常从事这样的慈善活动，也是因为自己的诚信所以他的生意做得很好。平时工人家里如果有什么事情需要帮忙的话，他也会很乐意帮忙。①

热心村内事业，是 YL 的重要工作。美达村的第二辆就救火车就来自 YL 的资助，这辆车是由 YL 自己独自出钱购买。除了有火情时配合第一辆救火车救火以外，YL 平时也会用救火车给路面除尘，来净化村内环境。

从 YL 的工厂中我们可以看出，美达村华人的工厂手工业取得了较大的发展。虽然 YL 的工厂仍然存在着生产方式粗放，设备老化，管理模式落后，存在安全隐患等问题，但是相对于印尼整体的环境来说，已经取得

---

① 2015 年 9 月 9 日笔者在美达村与 TM 的访谈。

了相当大的进步。工厂从手工作坊发展到半自动再到自动化，体现了生产力的进步。YL 有效管理员工、重视员工福利，热心社会福利事业，这都是一个成功企业家具备的素质。

（二）ZC 的进出口贸易

距离美达村不远的地方，就是苏门答腊岛重要的港口城市勿拉湾。它是印尼棕榈油、橡胶及咖啡的第二大输出港。棉兰进出口行业发展显著，美达村同样有从事这一行业的人员。ZC 就是其中一个，从事渔业进出口。

ZC 从事的是冷冻鱼的进出口，共有两个大型的冷冻厂：一个位于勿拉湾的工业区，一个在离工业区不远的村子里。

ZC 的亲戚 JL 带我们参观了冷冻厂。冷冻厂和我们平时见到的仓库有些不一样，下面是用砖垒起的房子，但是房子的上面却用大量的钢材打出一个很高的棚子。厂房前面开了三个很大的门，平时都用卷帘门锁起来，主要是用于出货。最右边的小门是工厂进出的门，门上悬挂着工厂的牌子，白底蓝字。一个鱼和虾组合在一起的图标下写着印尼文的牌子 PT. LAUTAN PERSADA，翻译成中文的意思是永恒的海洋。印尼文下面用英文介绍着工厂的功能——进出口冻鱼和冷藏。接下来是工厂的地址和联系电话。最下面画着几条蓝色的波纹，像是海浪的形状，这就构成了整个工厂的宣传牌。据 JL 说，这个名字已经用了四五年了。厂房前院子很大，主要是为了方便停车和进出。有一个大冷库在一楼，二楼主要是制冷设备和发电机。这种冷库制冷的方式和家里的冰箱是一致的。

进入冷库要穿上棉袄和羽绒服，我们穿戴整齐后 JL 把我们带进冷库。冷库的温度极低，身穿的棉服瞬间被冰透。整个冷库堆满了整箱装好的冷冻的鱼，像小山一样高。冷库的工人都是男工人，负责搬运的工作。工人爬到小山一样高的鱼盒子上，将冻鱼一箱一箱搬出来，再由工人将鱼运到车上。

第二个工厂在 GABION 的大路上，距离第一个工厂并不远，是建在印尼人村庄里的工厂。这个工厂规模没有之前的大，但是是 ZC 发家的地方。在这个除了一个冷冻库外还有一个冷冻的车厢。和第一家工厂一样，也是冷冻鱼的仓库。

ZC 的工厂既做进口也做出口。主要进口白面鱼和鲭鱼。白面鱼主要来自马来西亚，虽然中国也有，但是路途远，价钱也昂贵。从中国进口的主要是鲭鱼。除中国和马来西亚以外，白面鱼也会从印度、巴基斯坦、沙特等地进口。因为鱼期不一样，所以进口地也不一样。白面鱼，渔期多在2—5月和7—8月。它是深海鱼类，体粗壮微扁，呈纺锤形，一般体长20—40厘米，头圆锥形，眼大，眼睑发达，口大，上颌与下颌等长，体为细小圆鳞，背为青黑色，有不规则的深蓝色的斑纹，腹部白微带黄色。

鲭鱼是一种很常见的可食用鱼类，出没于西太平洋及大西洋的海岸附近，喜群居。分布于太平洋西部。近海均产之。主要有海洋岛、连青石、大沙及沙外等渔场，渔期一般春汛为4—7月；秋汛为9—12月。南海沿海全年都可捕捞。体粗壮微扁，呈纺锤形，一般体长20—40厘米，重150—400克。

之所以选择这两种鱼进口，是因为在印尼进口鱼类是有严格规定的。白面鱼在苏门答腊岛非常畅销。鲭鱼则多销售至雅加达。

除了进口以外工厂还会做出口，主要出口的是印尼的八爪鱼。出口地最多的是韩国和日本，也同样会出口马来西亚、新加坡和中国。和中国物流公司合作的有厦门荣利达物流集团和宁波明宇进出口有限公司。出货的多少，要看鱼期，JL告诉我们：

> 销售要看时间的，印尼没有鱼的时候一个月要销售500吨。看印尼的鱼了。这个是马来西亚进口的。白面鱼中国也是有，但是中国少且很贵。马来西亚比较厉害。尾巴黄黄的。这个白面鱼厉害，在苏北销售，人很喜欢。那个中国的要在雅加达。雅加达喜欢中国的。这边的人喜欢这个鱼，这个肉比较嫩。一个月有15个到20个柜子，一个柜子28吨。10月到来年1月的时候，天气不太好，风比较大。9月到12月最好卖。八爪鱼是出口的。印尼出口韩国和日本。之前我也进罗非鱼在湛江。这个是八爪鱼。印尼出口韩国和日本。[1]

工厂共有30个工人，既有爪哇人，也有马达人和尼亚斯人。每个族群都占员工总数的1/3。之所以这样安排员工，ZC告诉我们：

> 尼亚斯人是基督教，爪哇人是伊斯兰教。基督教过年爪哇人做

---

[1] 2015年8月25日笔者在美达村与JL的访谈。

工，爪哇人过年尼亚斯做工。我们没有工人拿货呀，我们要做生意呀，大不了补贴他们一点。①

ZC 是马来西亚的霹雳州人，最早是爷爷来到的马来西亚，因此 ZL 到印尼来做生意认识了 JL 的姐姐，所以留在了印尼。他只读到高一就自己闯荡，后来建了这个工厂，生意做得风生水起。他也给我们讲了他创业的故事：

> 我祖籍是广东汕头。我公公的妈妈把他们三兄弟带来，她还有一个女儿臭头，所以没有带过来。现在还在汕头。我不记得爷爷叫什么。在霹雳州，那时候也是靠近沿海就收购。那时候在马来西亚很排华。后来我的父亲就在那里出生。我的父亲也是在打渔的。公公生了4个男孩，4个女儿。我爸爸是老大。我爸爸以前是做渔船，做食品，鱼的食品。鱼干呀，做鱼粉厂。以前是三个股东，后来股东撤股。我父亲做饲料，把那些红色的臭鱼打成粉，也就是鱼粉。就卖给渔场。就可以继续喂鱼，政府收购这个地，就把地卖给马来西亚政府的公司，接着去另一个分厂，做那里的股东。我的父亲就不料理了。我父亲现在经常去中国国内。驾车去国内。那边的一个旅行团半个月。会开车去国内。回汕头。他在槟城驾车去国内。开车去新疆。中国有人带队。车放在上海，再让货运商寄过来。最近就是去年回的中国。一个月。一路跑。马来西亚是四小虎之一。马来西亚独立中学毕业，不读书了以后，1987 年我就不读了，去大巴刹批发鱼。就在一个市场，跟我叔叔批发鲜鱼。干了半年的时候印尼要乱嘛。我就跟那时候的股东很多人过来做生意。就到印尼这里买鱼，卖到马来西亚。因为巴刹里的顾客我们都认识嘛。现在是我收购鱼卖给他们。②

说到如何认识他的太太，**ZC** 把这个称作巧合，新的亲缘给他的生意也提供了不小的帮助：

---

① 2015 年 8 月 24 日笔者在美达村与 ZC 先生的访谈。
② 同上。

>我就在这里认识我的太太。也是巧合了。刚刚过来呀买日常用品。到棉兰。就去超级市场。我太太在市场上做料理，我就跟她讨价还价。后来她就给我们低价，我们后来就有了联络。联络多了就产生了感情。但是她还在读书，就在卖家私。有来往的时候她那边的工就不做了，就来跟我帮忙。我太太帮我料理一些账目。我去国内买也不是我去的。是刚好我太太的姐姐，她一个姐夫。他那边也认识的，福建东山。他不是做鱼的，是做海关的。手续放那边就他料理。开始就买点货进来，就做中国的生意了。JL 很久就加入我们的行业了，是 2000 年的时候。读书就在这里了。一半读书一半就在自己这里。JL 是负责报关，政府官员方面的。因为我是外地人嘛。①

说到跟中国人做生意，ZC 觉得有些中国人并不诚信，他告诉我们：

>海鲜比较好做。之前我们寄鲜鱼过来，你做了海产的时候你再做别的会做不惯。因为是现金交易。你给货人家会给你钱。现金交易。现在冷冻老顾客就可以不用现金交易。新的就不可以，现在印尼不让做鲜鱼，所以我们就不做了。我在马来西亚过来就一天的时间。马来西亚比较多一点。中国运过来比较远，我都用船运，比较大。跟中国的厂商也有一些麻烦。有一些不老实，有一些老实。质量方面比较差的，有时候会遇到麻烦。我们比较喜欢做马来西亚，他开价，可以就能做，不可以就商量嘛。在中国我们要把 30% 寄给他，他传真过来我们要给他 70% 才能来货。来的货我们不知道。漂亮不漂亮我们也不懂。因为他也担心。我们做这一行要讲信用，不能我给你好的行情，你给我不好的质量。亏本了就自己认栽了。我之前有买浙江的，我跟他两个柜就亏了四万多货币。他说他会派人来看货，结果也没人来。大陆做生意，你不买别人买。那边可以进口就是鲭鱼和巴郎（像武昌鱼一样是圆的），其他的就内销的。做这个鱼的行业，北方的是一种，南部的就是另外一种。就像巴郎这边人喜欢吃，中国人就喜欢吃。鱼类最贵的是淡水鱼，价钱方面比较贵。马来西亚有一鱼叫忘不了，头大大的。广东人吃比较多。

---

① 2015 年 8 月 24 日笔者在美达村与 ZC 的访谈。

对于如何管理自己的工人，他也有着自己的感想：

　　我这里做工的就要按照我的条规。如果我在这里，之前有人跟我说，这里的当地人，不能对他们太友善。太友善他们就会爬到你头上。我本来想亲民一点对待他们。真的会这样。比如，我看你这个月勤快一点，我多给你一点。但是你下个月也要给他咯。你要不给他他会生气的。最好还是有点距离了。还有就是你的员工，你不要一直用他，谁做的不好就要辞掉他。换别的进来，他就会害怕。不然他就会搞鬼。这边找工人很好找。我要辞掉他，要给他3个月的工资。他自己辞工再另外说。我们也会补贴他。看他工作的情况。我们是每个月15日发工资。我们半个月的时候可以跟我们借钱，但是不能超过半个月的薪水。他们也打工嘛，要养家呀。大概一条七的工资（合人民币850元左右）。2000年的时候港元更高，现在人民币比较高。①

对于中国、马来西亚和华人，ZC表达出自己的感情：

　　我去到中国遇到人大代表。他说他很爱国内。他后来去美国了。其实华人在国外最不好，马来西亚和印尼的都一样。我们在马来西亚和在印尼都说我们是中国人，回到中国又不承认我们是中国人。我们很难做人的啦。我们成了没有身份的人。马来西亚的华人的民族意识是最强的。马来西亚读书的10个要有7个说他们是马来西亚人，我到印尼的时候印尼大乱。危机就是时机。不是有乱世出英雄嘛。哪里越乱就越有生意做。中国的牌子是我太太的名字。LADY FRISTANTI KENCANA。换名字是因为我要逃税。我开新公司我就没有税务了。这个工厂1600平方米。中国没有强大，马来西亚和印尼的华人很不好过呀。中国强大了。马来西亚的华人就好过了。其实马来人打华人。他故意搞一些种族分裂主义。印尼人其实还好点，他们是没有能力，所以种族之间融合的就好一些。可是马来西亚是对抗的。但是印尼华人控制经济呀。现在马来西亚有一点不好，华人生意一做大，政

---

① 2015年8月24日笔者在美达村与ZC的访谈。

府就要收购华人的公司。要吃你的股份。华人的股份就要让 30% 给马来人。他们不用出钱的。

ZC 的下一步要开一个食品的加工厂，制作鱼罐头。从访谈可以看出，印尼华人是在打拼中发展的，不过既要有闯劲，也要有不同程度的关系才能有所发展，而诚信似乎已经成为海外华人发家致富的特征。

第六节　社会资本与商贸网络

随着美达人数十年的努力与奋斗，美达村从一个一无所有或贫穷落后的村落发展成今天的规模，很大程度上是得益于其丰富的社会资本，即亲缘、地缘和族缘等社会资源的相互交融与给力。社会资本不仅为美达村华人起到了提供资金、技术、信息等资本、加强合作、增强互信等作用，而且血缘和地缘关系的不断加强使美达人建构了商贸关系网络。

一　内部社会资本与商贸网络

美达村的社会关系就像费孝通先生所说的"社会关系是逐渐从一个个人推出去的，是私人联系的增加，社会范围是一个根根私人联系所构成的网络"。[1] 美达村并不是自然形成的村落，它是来自老人院、棉中、山亭、巴烟赫菲、蒂亚烟寮等几个不同集中营的难民组成的有规划的社区。其中难民也来自亚齐的不同的城市，主要有：班达亚齐、司吉利、司马委、怡里等地。由于经历背景相同和共同斗争的需要使美达村的华人打破了原有归属地概念的限制，加上美达村的"难民"身份和交往的局限性，使美达村内部通婚很多。许多来自班达亚齐的华人娶了怡里华人作为太太，以前居住在老人院的亚齐华人难民和来自棉中的亚齐华侨难民结了婚，这样的例子屡见不鲜。这就使得在地缘的基础上，进一步加强亲缘的优势。地缘和亲缘的建立，使美达村内部形成了一个紧密的关系网络。

一定的创业资金是美达村华人创业的首要障碍，而亲缘关系是其获取商业资本的一个重要的途径。美达村华人创业的启动资金多数来源于自己

---

[1] 费孝通：《乡村中国》，北京大学出版社 1998 年版，第 23 页。

有一定经济实力的亲友。这些亲友主要来自亚齐和棉兰的非难民，他们有一定的资金基础并愿意提供帮助。我们调研中发现，美达村的华人无论在亚齐还是在棉兰都有一定的亲缘基础。正是由于这种丰富的亲缘关系，可使亚齐华人即使以难民身份移民到棉兰也可以尽快适应当地的生活，并有利于恢复生产和发展。一位美达村华人这样看待其亲缘关系：

> 当时家人多，就联系亲戚了，当时也没有电话，就写纸条咯。写纸条了以后，我们也不知道我们的亲戚是哪一个，因为从小就没有出去玩过嘛，大人就告诉我们等下，你就拿纸条给穿什么衣服的，你就拿纸条让他拿着，那就是我们的亲戚呀，他看我爸爸需要什么他们就带过来了。就会说几号房的有亲戚，送什么什么。送给我们的，那时候不可以接近，把那些带过来的钱慢慢吃咯……刚来的时候分房我们就先一家人一家人地住进去，但是到了后来就给分了。我们就抽签。那时候我们就3个孩子的、5个孩子的。一个人给小小的。如果你人多一点分的就比较大，里面的寮棚可以盖房子咯。看你亲戚给你什么。有的人盖得很好，有的人很随便啦。①

我们在调查中发现，美达村最先富裕的人是一群拥有传统工业技艺或手艺的人，如打金、木工、糕饼制作等。由于亲缘网络的信任度极高，加上支持家人学习一项技能外出创业改善家庭生活，也是中国传统社会的一种道义要求，所以许多美达村华人的手艺多数来自自己的父母、兄弟姐妹、叔、姑等亲人。这种传统的手艺在亲缘内部传承，不仅解决了美达村华人的生计问题，还能使传统的工艺技术得到很好的保留。同时美达村华人谋生的途径最先是在亲戚或是亲戚推荐的工厂里做工。这样就节省了寻找工作的成本，也提高了就业的成功率。美达村的DJ先生这样说道：

> 在烟寮的时候是1968年，我的堂哥从亚齐到棉兰，带我一个人回亚齐。……就跟我堂哥一起修理汽车，那时我就只有12岁。后来做到1972年，他修理的摩托车就拿给我管理。他就开始做椰油了。就在班达亚齐。……后来就做车油的工厂。后来就把店给了我。……

---

① 2015年8月19日笔者在美达村与ML的访谈。

> 1973 年的时候我有存一点钱，我的堂哥公司就买一辆载货车，就在亚齐棉兰载货运输。1973 年我就有一辆车……我们也有面包厂嘛，所以我们就买面粉，我们把车放在那里帮我们运面粉咯，面包厂也是在 1972 年我哥哥开的，但是晚上我要帮他忙。早上修理摩托车，晚上帮他看厂。面包厂也不大，家庭式的。到了 1973 年，我的姥姥、奶奶很老了，我的舅舅不都是在雅加达嘛，我的婆婆知道我的舅舅的事业都是我爸爸以前从亚齐拿的钱，叫我到椰城，要给我份事业。……这段时期我帮我舅舅管工厂，做建筑啦。有干玻璃嘛，搭架子呀。我舅舅做镜子的工厂，进出口的。①

在美达村中，保留了许多传统的家庭作坊，多以 2—3 个核心家庭组成。核心家庭多数有父子、兄弟、叔侄等亲缘关系。由于没有资本雇用工人，所以美达村的华人最初的劳动力也都来源于自己的亲属。以亲缘为纽带的劳动关系可以有效解决劳动力紧缺的问题，也提升了劳动的效率。

> 从亚齐出来的时候什么都没有拿，就带了一些五金的存货，还不足以开店，放着一直没有卖。当初一来就是所有难民中比较困难的。当时有一些在大亚齐和美仑或者司马委开商店，拿过来，烟寮里的司马委、冷沙、美仑的开工厂，开汽水的工厂比较有钱。从 17 岁开始就做皮包行业。在这之前一直给人做工，给老板推销皮包。做了一个月就去做别的行当。姐姐曾经车过皮，1978 年和姐一起干。本钱来自父亲，300 多千。当时本钱不多，就跟欠钱的人说我们的本钱不多，不要拖好久。老板一般是华人。只车皮带。在家客厅里做，一辆姐姐的缝纫车，父亲、弟弟、妹妹、姐姐和我一共 5 个人一起做。以前不是电的，以前是脚踏的。当时一天家里 2—3 摞。一摞可以卖到 2 万多盾。一天家里就可以有 4 万—6 万货币收入。②

美达村华人在创业的初期，亲缘提供了必要的经济资本，随着时间的发展，以亲缘为纽带的合作式商业网络逐渐形成。

---

① 2015 年 8 月 20 日笔者在美达村与 DJ 的访谈。
② 2015 年 8 月 13 日笔者在美达村与 JQ 的访谈。

美达村的 ZK 就是从事金行生意的。在 Y 氏家族的金店生意中，老二 ZW 负责在亚齐选店面开店铺，老三 ZL 负责打金，而 ZK 自己选择在棉兰当买手，也就是负责采购和销售。

> 我父亲最早是做金行的，把手艺传给了我四弟，排华事件平息后，我四弟决定回去亚齐给人家打金，后来我二哥说为什么不一家人一起干，我们三个兄弟就决定一起做金行生意。①

随着生意的不断扩大，以亲缘为纽带的商业网络不断扩大，如今 Y 氏的金店生意，已经形成了连通亚齐、棉兰、雅加达、泗水的商业网络。

> 二哥是掌舵人，我依旧负责棉兰，堂叔的孩子在雅加达有金店，三姐的孩子也在司吉利有金店，生意做得很好。②

由此看来，亲缘关系及其网络可以说是美达村华人创业的起点和核心，是地缘网络依托和产生的基础及支撑。亲缘及其网络提供了创业最基本的经济资本，有利于信息网络的传递，构成美达村华人内部社会资本的核心。

二　外部社会资本与商贸网络

由于生计的需要，美达村华人开始加强与外部之间的联系。由于最初美达村华人无日常盈余及资本积累可言，所以只能加入低门槛的流动货郎行列，而且必须想方设法最大限度地减少经营资本的投入，所以大批"篮子军"应运而生。所谓"篮子军"，是美达村华人对自己最初谋生手段的戏称。最初美达村华人，不分男女老幼，将家庭手工制作的糕饼、面干等物品放到两个大竹篮子里，骑脚踏车拿到棉兰市区去卖。有些胆子大的美达华人，也会结伴到棉兰市郊、勿拉湾、先达等更远的地方去兜售货物。

---

① 2015 年 8 月 18 日笔者在美达村与 ZK 的访谈。
② 同上。

> 我做推销员的时候，提着两个大篮子到过 22 公里的民礼、75 公里的丁宜、120 多公里的先达、马达山，甚至到过 200 多公里的实武牙。①

美达村华人将村内的消息带出去，同时也将外部的信息带进来。美达村华人的这种商业行为，将自然成为城乡之间、区域之间、村落之间的信息传递者及社会关系网络的缔结者。

美达村华人与外界接触的另一个方式就是外出务工，大部分的美达村华人由于缺乏创业资金，也不得不到社会中"找吃"。有的美达华人工作在棉兰市区，可以每天往返于美达村和棉兰市区之间；有的到更远的外地。不管形式如何，这种方式也极大程度地加强了美达村与外界的联系，由于打工或者当学徒产生的师徒关系、同门关系、雇主关系等业缘关系也在一定程度上加强了。

> 我是 1968 年朋友介绍到一个棉兰的零件厂当记录员的，就是类似会计这一工作，每天 16 公里来回，骑车上下班，共做了 14 年……1985 年以后开始自己在家里干，以前认识的许多老客户都开车到我这里买零件。②

三 在地化"同乡同业"社会资本与商贸网络

美达村华人生计的发展经过了两个关键性的时期，这两个时期都体现了一个显著的特征——就是"同乡同业"。所谓"同乡同业"主要是指在城市工商业经济中，来自同一地区的人群经营相同的行业，利用同乡或同族关系建立商业网络，实现对市场和资源的垄断与控制。③ 而美达村华人的商贸网络便明显体现了这一特征。

20 世纪 70 年代中期，80% 的美达村华人开始从事皮包、皮箱、皮带等皮制品加工。当地华人习惯上把这一行业统称为"车皮"。"当时几乎

---

① 2015 年 8 月 15 日笔者在班达亚齐与 CM 的访谈。
② 2015 年 8 月 21 日笔者在美达村与 HM 的访谈。
③ 郑莉：《东南亚华人的同乡同业传统——以马来西亚芙蓉坡兴化人为例》，《开放时代》2014 年第 1 期。

每家每户都有人做这个工作。"① 一个如今仍从事皮包生产的美达村人说。通过访问我们发现,美达人的"车皮"生涯前后经历了三个阶段,最初是打工阶段,也就是单纯的手工制作,工作内容主要是简单地裁剪皮料,缝制。由于工作内容简单,经常是全家人共同从事这个工作。掌握了"车皮"这个技术以后,美达村华人开始了以家庭手工业为主的生产阶段,生意主要来自棉兰华人老板的订单,工人最初也有本村华人,不过慢慢地被当地人所取代。到20世纪80年代末期,美达村华人的皮革事业开始出现分化,一部分华人继续从事生产,但已经有了自己的品牌。一部分华人由生产转向了批发和零售。美达村华人制作的皮包大量在棉兰大市场中出售,有的甚至可以进入商场的柜台。

> 最初干皮包这一行业的是我姐姐,当时她拿皮料回来全家人都帮忙车,车了没多久她就说为什么不家里人一起干。当时父亲手里有些积蓄就拿出来买皮料,那时大概就1978年,姐姐有一台缝纫机,一家4口人就这么干了起来。后来姐姐1991年的时候去棉兰租店面做皮包批发,到现在做得很大。我是1988年开始申请自己的品牌,现在有50多个工人,40多台机器……②

随着皮革行业的不断发展,与之相适应的相关行业也应运而生。

> 美达村有专门买货车搞运输的,特别是GZ,我们的原料由他拉来,成品也由他运出去。③

与此同时,随着皮包业的兴盛、皮包印染也越来越多,一个开染厂的老板跟我们介绍说:

> 70年代到80年代美达村几乎家家户户都有做皮包的,他们想要什么花样、要印什么字母就拿给我,当时生意很好……④

---

① 2015年8月11日笔者在美达村与DL的访谈。
② 2015年8月13日笔者在美达村与JQ的访谈。
③ 同上。
④ 2015年8月19日笔者在美达村与Z的访谈。

当时有通过皮包行业和其他手段积累了一定资金的美达村华人开始买汽车、钩机、压路机等重型机械。最初是给棉兰的华人老板做工，积累了一定的经验以后，开始自己承包工程。由于工程量大，自己的资金设备有限，就推荐同村有经济实力的华人购车一起做生意。汽车行业的兴起产生了集群效应，更多手里有一定资金的美达村华人开始纷纷学习和效仿，汽车行业就不断地发展起来。

汽车行业的兴起带动了汽车修理、汽车改装生意的兴盛。美达村老人院区的华人祖辈是福建人，一直流传着做木工的手艺。正是凭借这一优势，开始为汽车制造集装箱，大批的汽车改装厂、修理厂应运而生。

> 美达村开修理厂的人越来越多，在村子附近的至少有 20 多家。[1]

汽车修理行业的兴起自然带动了本村从事汽车零件生意的发展，美达村最大的汽车零件销售商说：

> 美达村附近的修理厂就有十多二十多家，我们不批发不做推销员，来我这里买零件的大多数是本村人和老客户。[2]

综上所述，就美达村人创业的事例来看，内部社会资本、外部社会资本和在地化"同乡同业"社会资本有着很强的内在关联，它甚至是以亲缘关系及其网络为核心向外发散而成的，同时包含了族群认同、在地化地方认同。在地化的"同乡同业"社会资本网络中嵌入的行业信息、技术等社会资源远比亲缘关系及其网络更为丰富，以美达村范围的在地化"同乡同业"商贸网络在行业信息交流和技术传递中所起的作用尤为显著。

换句话说，创业信息的获得主要依赖于在地化"同乡同业"社会资本及其网络。这是由于美达村的范围比较小，居民的生活情况比较熟悉，信息流通的速度非常快，哪里有好的生意、采购的货源、如何销售等信息可以很快地共享。

---

[1] 2015 年 8 月 11 日笔者在美达村与 DL 的访谈。
[2] 2015 年 8 月 21 日笔者在美达村与 HM 的访谈。

> 我最早是做皮包生意的，后来是被 YS，我的一朋友带入这一行的，大概是 2005 年的时候，他车不够，我就买了一个十轮的大车租给他做工程。
>
> 合作也主要是朋友关系。YBL 他有基础，他的哥哥在冷沙。他也会载砂石和载货。他的姑丈也是干这个。他是跟他兄弟一起做。他不是难侨的。他在真马拉黑就另一边住。GZ 更多地承建棕榈油公司的工程。这个公司有园丘，他就需要在园丘建炼油厂。建炼油厂就应该填土。WYS 有他自己的老板。他们老板有华人也有印尼人。华人就很多，搞承建房屋的都是华人。我们里面很集中，假如有什么可以搞的，大家都联系起来。比如，WYS 要做什么工，就说朋友你买一辆，两辆来搞。可以放在我的旗下，如果我没有工作了，你也可以去别的地方去搞。我就问你要吗，我在哪里哪里有工程，你要去嘛？像人有钱了嘛，买一个汽车几百条找一个司机，有一些朋友工作。就好了，除了汽车坏才要进修理厂。[①]

由此看出，在地化"同乡同业"社会资本及其关系网络中丰富的行业信息为美达村的创业者减少了信息成本。同时更多的村民通过效仿和学习，进入同一行业就业或创业，促成皮包行业和汽车行业在美达村形成一定的规模。

此外，在地化"同乡同业"社会资本信息的流动可以产生行业的"带头人"。所谓行业的"带头人"也就是说如果一个人提供的信息量多、价值大，圈子内的共同认可使其具有一定的权利，成为带动美达村华人生计的领袖型人物。

> 当时修高速公路需要沙子，GZ 是最早干的，他觉得很赚钱就让大家一起做，我当时也没什么钱，就买了一辆二手车改装以后开始跟着他干，后来像我这样买车的人越来越多。[②]

这种带头人可以加强个体与个体之间的联系，形成新的网络，由于带

---

① 2015 年 8 月 11 日笔者在美达村与 DL 的访谈。
② 2015 年 8 月 11 日笔者在美达村与 DL 的访谈。

头人具有威望，可以一定程度上化解矛盾，在行业内部形成商业合作规则。

在地化"同乡同业"社会资本及其关系网络促进各生产要素的在地化集合。这是因为，创业成功的示范效应，成为美达村人就业的首选。美达村内部依托地缘的优势形成了"合作"式和互补式的产业。美达村从 80 年代开始，大量购进重型的机械、六轮、十轮等大型的货车。买车人数的增多给以木工出身的美达村人带来了新的生机。木工出身的美达村人开始改做大型货车的集装箱，后逐渐发展成汽车的修理厂和改装厂，汽车修理行业的发展催生出汽车零件销售业的兴盛。随着买车人数越来越多，手里有一定资金的美达村人开始购买美达村附近的土地停放车辆，那些没有资金却有一定技术的修理工人租借车主土地开展汽车维修，工人人数增多又带动美达村商业的发展。地缘网络在美达村生计的发展中产生至关重要的作用，实现了各种信息的交流，也在一定程度上促进了规模效应的产生。

由此可见，社会资本及其关系网络为美达村华人起到了提供资金、技术、信息等资本，加强合作、增强互信等作用，血缘和在地化"同乡同业"关系的不断加强与扩张，美达村内部形成了具有合作性质的生计方式。

第六章

美达村的婚姻家庭与丧葬习俗

美达村华人的祖辈大抵是从广东、福建两地迁移过来的，他们的婚丧仪式还留有广东、福建等地的影子，当然在保存中华传统文化的同时，也受到当地文化的影响，部分地吸取了当地文化，丰富了美达村华人的婚丧仪式。

第一节 美达村的婚姻习俗

美达村华人的婚姻状况依然保存了大量中华民族的传统，虽然在不同的年龄层体现了不同的婚姻状况，但是不同年龄层的婚姻又都体现了相同的特点，即绝大部分的华人选择结婚对象时都倾向于选择华人，婚礼仪式大多参照中华民族的传统，即使有一些华人选择与当地友族通婚，但调查发现美达村华人的婚姻圈"内卷化"特征突出。当然，随着时代的发展，美达村华人的婚礼仪式也做出了相应的调整，但大体上还是与传统的形式相一致。

一 美达村的婚姻圈及特征

美达村华人的婚姻习俗，因时代的变化而有所不同。在亚齐时期，特别是移民社会的形成初期，与原乡保持着较为紧密的联系，有所谓的"两头家"婚姻结构，而大多数婚姻则呈现出"族内婚"的倾向。即使他们从亚齐迁移至棉兰，以及建立美达村后，老一辈的婚姻基本上延续着传统的模式，只是到了新生一代，随着其交际圈的不断扩大，以及外出打工等，其婚姻模式也发生了一定的变化。但总的来看，美达村华人婚姻的传统色彩还是较为浓厚的。

（一）美达村华人不同时期的婚姻圈

美达村华人的婚姻圈，随着社会的发展而有所变化。在早期，传统的婚姻形式较为浓厚，而随着美达村华人交易圈的扩大，外出机会的增多，现代化的婚姻形式及结构逐渐形成。

1. 亚齐时期的婚姻

在亚齐时期，老一辈的婚恋状况体现出许多传统的特征，他们的结合大多是以父母或者亲戚朋友的介绍为前提，以包办为主。他们有的初到印尼时，已经在国内结婚，但华侨夫妻年龄相差比较大、经常分隔两地，有的甚至出现"两头家"。一位美达村村民说道：

> 爷爷是最早过来的，到的是亚齐打京岸，开咖啡店，父亲XM是开杂货店的，母亲是MY，爷爷在中国的时候就结婚了，父亲是1915年在印尼出生然后带回中国的，后来又出来，母亲1916年出生，是童养媳，从中国带来的，母亲18岁的时候才过南洋的。20岁才生孩子，一共9姐妹，她排第七。①

> 家里最早到印尼的是爷爷CL，是通过卖猪仔的方式到的亚齐，当时爷爷奶奶已经结婚，父亲已经出生了，不清楚爷爷当时是怎么成为"猪仔"的，但是后来爷爷在印尼做起了生意，还在后来的时候委托水客把父亲带出来。父亲出来的时候大概是1940年，已经结婚了，是坐船过来的，已经有孩子降生，但是出来之后没有带妻儿，过了2年，父亲在印尼又结了婚。因为那个时候中国处于抗战时期，附近的很多兄弟姐妹都牺牲了，所以在这边又娶了一个妻子。②

有的亚齐华人是到印尼之后才考虑终身大事的。但是也要家长做主，传统观念比较保守，婚姻圈的范围一般只限制在同村，或者同乡，甚至是亲戚朋友中。也就是说客家人只能找客家人、湖北人只能找湖北人。出生于1932年，且祖籍湖北天门的LZ这样说道：

> 我父母共生有5女3男，我排行第五。以前对结婚的要求比较

---

① 2015年7月29日笔者在美达村与QF的访谈。
② YS，祖籍广东梅县，出生于1951年。

严，女孩是不准随便嫁出去的，湖北人只能找湖北人，因为语言相通、经历相通、习俗相通，所以到了结婚的年龄，家里人就帮忙张罗。与丈夫 SCY 是介绍认识的，之前没有见过面，认识之后知道他也是牙医。丈夫在大亚齐，我在美拉务，我们于 1955 年在亚齐结婚。结婚的时候，丈夫没有给彩礼也没有给订金，但是买了一个戒指，家婆也给了 1 条项链，2 条手链，还请了 30 多桌亲朋好友过来吃饭。结婚时还穿了婚纱，拍了结婚照。[①]

2. 集中时期的婚姻

这个时期的华人，大多出生于 20 世纪 50—60 年代。由于大多经历了印尼排华而逃亡棉兰，又入住难民集中营等艰难的事情，他们的青少年时期都是与难民朋友们在一起度过的，在难民营集中时他们朝夕相处，不仅增进彼此的了解，更建立了深厚的感情。由于美达村并不是自然形成的村落，是来自几个不同集中营的难民组成的有规划的社区。其中难民也来自亚齐的不同的城市，主要有班达亚齐、司吉利、司马委、怡里、勃拉等地。籍贯虽然大部分是客家人但也有闽南人、广府人和湖北人等。由于经历背景相同和共同斗争的需要使美达村的华人打破了原有归属地概念的限制，加上美达村的"难民"身份和交往的局限性，使美达村内部通婚很多。许多来自班达亚齐的人娶了来自怡里的太太，以前是老人院区的难民与来自棉中的难民结了婚，客家的姑娘嫁给了福建的小伙，这样的例子屡见不鲜。

所以这一代的华人大部分会选择烟寮里的好友作为伴侣，大多是经过一定时期的相处，彼此有了一定的感情基础之后，才决定在一起。即这一代的人大多是通过自由恋爱结婚的，他们的结合也会得到家人的同意。而且他们的感情特别深厚，男性对女性都很体贴，家里的事务都是男女双方共同承担的，家庭关系和睦，极少出现离婚的现象，相互之间相敬如宾。同时，他们也特别注重对孩子的教育。

当时刚到美达村的时候，住在我们家隔壁的就是之前我们在棉中、在寮里的邻居，特别有缘。我家里有 2 个女孩，隔壁家也有 2 个

[①] 2015 年 7 月 28 日笔者在美达村与 LZ 的访谈。

女孩，6个男孩，他们家里也是 11 个人，两家的房子建好之后，孩子们就在两家之间的空地上玩，长大了之后，我便跟隔壁家第 6 个孩子结婚了。隔壁家在亚齐是开金店的，当时被赶的时候留下了印尼籍的大伯，到了美达之后，父母又回到了亚齐做生意。后来我丈夫的 3 个哥哥被其父亲带回亚齐做生意了，由于父母都不在，剩下的三四个孩子就到我家蹭饭吃，他们还跟着我们一起去上学。上午上学，下午回来。我只念了 2 年的小学，没有读第 3 班和第 4 班，直接读第 5 班（初中），与丈夫一起念同一个年级同一个班，可以跟他一起回家。他当时有脚踏车，可以载着我上学，后来我的父亲也给我买了一辆自行车，我还把它装饰得很漂亮。在学校的时候，学校里的同学知道我们是难民之后，对我们很不好，家里人怕我出事，就不让我自己骑脚踏车了，让我的丈夫载着我去。我们两个人的感情很好，当时我与丈夫一起上学、一起吃饭我还帮他洗碗，俩人便有了感情，在我 13 岁的时候，我就已经跟丈夫谈恋爱了，这个恋情只有两个人自己知道。当时我的婚事不是由自己做主的，到了该结婚的年纪，爷爷便让人过来相亲，我又不敢跟爷爷说自己恋爱了，所幸当时并没有相中的对象。到了 19 岁的时候，姑姑搬到了泗水，把我也带到了泗水，还给我介绍了一个有钱人。那个男人比我大 14 岁，是卖汽车的有钱人，而我的丈夫当时还在上高中。那个时候我在泗水待了一年多，也跟那个人订婚了，但是我后来又不愿意了，在订婚之后的两个月便跑回来了。跑了之后我姑姑也不让我回来，让我表姐在雅加达又给我找了一个有钱人，我与他相处了 2 个月，就跑回了美达村，回来了之后，我知道自己对丈夫还是有感情的，就跟丈夫说："之前的订婚我已经推掉了，也不可能再回去，如果你真的爱我，你就跟我的父亲讲，把我娶回家吧。"爷爷不同意我家姐妹嫁给客家人，但是我的丈夫是客家人，我害怕爷爷不答应。本来丈夫的哥哥也是喜欢我姐姐的，但是因为爷爷，他们没能在一起。在姐姐 19 岁的时候，爷爷让别人上门相亲，相识之后第三年就结婚了。这种没有经过恋爱的婚姻不是我所希望的。我 21 岁还在雅加达的时候，丈夫还没成家，但是他都已经不抱希望了，他知道我已经订婚了，要嫁人了，甚至美达村里的人都知道我要结婚了，但是订婚之后我自己走了。因为那个男人要送我去美国接着念书，我就不喜欢他，后来跑了。回美达村之后，我就坚持自己的想法，坚持跟丈夫在一起，后来丈夫也有了自己的工作，便上门来跟父亲说了他的想法，确定父母不反对之后我们才开始恋爱。恋爱了2年之后，到了24岁，开始订婚，26岁才结婚。我从20岁之后，就知道自己得了乳腺癌，到台湾去看医生的时候，医生让割掉，我不肯。后来有一次在巴刹的时候，母亲说起女儿不知道长了个什么东西，有人说她也长过，说是吃中药吃好的，母亲把那个配方拿给了我，然后我便喝了4年的中药，后来还是没好。1986年5月，父亲带着我到中山肿瘤医院去看，想要割掉，但医生说不需要，已经差不多没事了。回来之后，9月29日我就结婚了。结婚的时候很隆重，是自己选的日子，选在了星期天，自己买的嫁妆，还请了台湾歌星，早上在家里招待朋友，晚上在酒店结婚，穿了婚纱。当时男方给了2条的礼金，我全收了，给父母了。之后3年都没有孩子，差点离婚了，最后丈夫说没有孩子也没有关系，不让离婚，后来机缘巧合之下怀孕了，生了两个男孩，夫妻两个人的感情就更好了。嫁作人妻之后，与丈夫一起做蛋糕，蛋糕店还没有关的时候我就自己出来做服装了。自从逃婚之后，那个与我订婚的男人一直没有结婚，现在都60多岁了。我1986年结婚的时候，还得到了他的祝福。[①]

3. 集体生活解散后的时期

这一时期的华人多出生于20世纪70年代到80年代之间，通过上学和工作等原因有更多的机会接触美达村以外的社会。正因为如此，美达村华人的婚姻圈进一步扩大到棉兰、雅加达甚至出现跨国婚姻。许多美达村的年轻人嫁到马来西亚、新加坡或者中国台湾等地。甚至还出现了华人和印尼人通婚的情况。通婚的出现与印尼的大环境有关。美达村生于这个时段的一代人，有着特殊的历史背景，他们刚出生就遭到了禁止华文教育的变故，所以他们只能接受印尼教育，上印尼的学校，与印尼友族成为同学。这一代的他们，大多有一个较为广泛的印尼友族朋友圈。他们的印尼语特别好，英文也不错，唯独华语说得很不流利。学校教育受限，但是家庭教育的突出使得他们仍然清楚地知道华人与印尼人之间的差距，绝大部分的人还是希望找到一个华人伴侣。他们接受了开放的思想，倾向于通过

[①] 2015年8月10日笔者在美达村与ML的访谈。

自己的结识与另一半步入婚姻的殿堂。这一代人崇尚自由的恋爱，不喜欢受太大的束缚，注重双方之间拥有的所谓的"感觉"。

> 在这里没有宗教是不能娶媳妇的，要皈依一方。我儿子的女朋友在爪哇一带，是一个天主教徒，因为那里的天主教根深蒂固，在那里生活的人要改变很难，我们做老人就放开，让他进天主教咯，天主教就要行天主教的礼。我儿子也没有办法，两个人必须信一个教，只有一个宗教才出结婚证。我的儿子在台湾工作。请假半个月结婚。在女朋友那边举行婚礼。我有3个小孩。大的是女孩子在新加坡。在那边读书毕业以后在那边成家。第二个在台湾的一个客家村。有一个在椰城，读大学回来协助我咯。①

美达村婚姻圈的外延扩大不仅体现在跨区域上，还体现在族际间的通婚上，即与非华人血统的人通婚。据调查，在美达村中共有4家华人娶了爪哇族的姑娘。

> 和妻子是在台湾的工厂里做工认识的。现在就一个孩子，在家里的时候主要讲华语，妻子是爪哇人，信奉伊斯兰教，嫁给我之后，改信佛教，还学习讲客家话。现在已经不再去清真寺，已经跟伊斯兰教没有一点关系，也跟着我每天烧香拜祖宗，如果我去佛堂的话，她也会跟着去。②

（二）美达村华人不同年龄段的婚姻特征

美达村的华人主要是客家人和闽南人、客家人与客家人通婚、客家人与闽南人通婚、闽南人与闽南人通婚的情况都有，但是客家人与闽南人通婚的情况较少。由于特殊的时代背景，村里大部分人都是曾经一起集中的伙伴，所以村里大部分的居民都有亲属关系。近些年来，也有华人与印尼友族结婚的案例，但是极少。总的来说，美达村华人的婚姻状况较为稳定，离婚率较低。随着时代的发展，美达村华人在不同年龄阶层所体现出

---

① 2015年8月29日笔者在美达村与DL先生的访谈。
② 2015年8月25日笔者与ARIDAH的访谈。

的婚姻状况是不同的。

1. 出生在20世纪20—60年代的一代人

出生于这一时代的人大多已进入老龄阶段，他们的婚恋状况体现出许多传统的特征，他们的结合大多是以父母或者朋友的介绍为前提的。他们这一辈人一般会生育好几个孩子，也与孩子们生活在一起。美达村民QM这样说道：

> 我出生于1954年9月4日，25岁结婚，丈夫是大嫂的表弟，最开始的时候，丈夫是大车的司机，住在大亚齐，经常来棉兰，知道在棉兰有亲戚之后，经常到我们家里来吃饭，所以就认识了。两人认识之后决定结婚，结婚的时候是自己选的日子，请人看或者到庙堂问日子都是要花钱的，为了省钱，我们便自己看。当时，丈夫把自己工作存到的钱都给了我，让我用来操办婚礼，但是我存起来了，没有花。结婚的大小事宜都是我一手操办的，因为家公家婆在大亚齐，没有时间过来，结婚当天也只是给了一个小戒指而已，所以有时候我与丈夫吵架的时候，就会说起当时他母亲给的这个戒指，并不值钱。即使这样，我也还是把戒指存起来，当作纪念品。丈夫脾气不是很好，家公家婆如果对丈夫有意见，丈夫就会不理他们，家婆他们不是很疼他，所以我收到的礼金也不多。结婚的时候也穿了婚纱，到了50岁的时候还去相馆拍了婚纱照留念。我们共有6个孩子，孩子们都结婚了，现在三代同堂，都住一起。[①]

2. 出生于20世纪50—60年代的一代人

出生于这一时段的人大多经历了印尼排华而逃亡棉兰，入住难民集中营等艰难的事情，他们的青少年时期都是与难民朋友们在一起度过的，他们一起经历苦难，一起抗争，一起重见光明，他们的所有经历使他们更加珍惜所拥有的一切，而在难民集中营里的日子里，他们朝夕相处，不仅增进了对彼此的了解，更建立了深厚的"革命"友谊。所以这一代的华人大部分会选择烟寮里的好友作为伴侣，大多是经过自己的相处，彼此有了一定的感情基础之后，才决定在一起。

---

① 2015年7月28日笔者在美达村与QM的访谈。

3. 出生于 20 世纪 80—90 年代的一代人

出生于这一个时段的人，目前也到了适婚年龄。美达村生于这个时段的一代人，有着特殊的历史背景，他们刚出生就遭到了禁止华文教育的变故，所以他们只能接受印尼的教育，上印尼的学校，与印尼友族成为同学。这一代的他们，大多有一个较为广泛的印尼友族朋友圈。他们的印尼语特别好，英文也不错，唯独华语说得很不流利。他们的择偶观也存在着一个值得注意的问题：随着经济社会的发展，人们头脑中经济意识的扩张以及社会生存压力的加大，这一代人在选择结婚对象时，反而比他们的父辈更加"现实"，他们非常注重对方的家庭经济实力和个人挣钱谋生的能力。较好的家庭条件和谋生能力，意味着婚后相对较小的生活压力及负担，在如今这样一个功利的社会，这是一种普遍的社会心态，在印尼美达村年轻一代人身上也不例外。此外，由于社会流动性的加强，年轻人有了更多与外界接触的机会，他们通过打工或上学的机会，可以认识更多外界的人，所以，这一代的美达人大多是通过自己的努力结识伴侣。美达村民 LP 这样说道：

> 我出生于 1982 年，我是自己与丈夫认识的，比丈夫小 23 岁，丈夫 QC 今年 57 岁，出生于 1959 年 10 月，很多人都喜欢我，但我都不要，就喜欢我丈夫而已，看上他的有礼貌，人很好。我丈夫 YQC 祖籍广东梅县，出生于司吉利，认为两人结婚都是缘分所致。
>
> 刚结婚一年，结婚的时候需要买的东西都是唐人结婚时需要用到的，结婚要过三朝才能回娘家，要准备糖水、果子等物品。丈夫来娶亲的时候，需要带礼金过来，具体多少忘了，就一沓钱，然后只从上面和下面各拿一张而已。钱财是交到我的手里，他挣的钱归我管理，我自己挣的钱也是自己管理。所谓"他的就是我的，我的也是我的"。[①]

4. 出生于 21 世纪的新生代

21 世纪之后出生的孩子，拥有更多接触华文的机会，此时的印尼学校大多会开设华文课堂。同时随着经济的发展，这一代人有更多的机会与

---

① 2015 年 8 月 1 日笔者在美达村与 LP 的访谈。

中国接触，他们对中国的印象也较为客观，但是对于自己的华人身份依然非常认可。他们认为自己与印尼人可以成为好朋友，但是大部分的人还是倾向于找一个华人男、女朋友，他们认为印尼友族里有很多很好的人，他们在平时的交流交往活动中，可以走得很近，但真正知心的印尼朋友比较少，有些甚至没有。这一代人倾向于与华人结成伴侣，部分人是因为民族优越感，部分人是因为宗教问题。

（三）美达村华人的择偶观念

印尼棉兰华人的中华传统观念大多比较深，不仅体现在强大的客家话和闽南语中，也体现在他们的择偶观念中，美达村华人也是如此。

当问及美达村华人的择偶标准是什么的时候，78%的华人会选择"一定要华人"，22%的华人会选择"无所谓，合适就行"，但是在给出了"无所谓"的答案之后，他们又提到"最好是华人"。而当问及"您的兄弟姐妹或亲戚中是否有人与当地人通婚"的时候，76%的人会回答没有，24%的人家里有与当地人通婚的情况。所以总体而言，美达村华人还是希望自己或者是自己的孩子可以找到一个华人伴侣，具体图表情况如下。

表12　　　　　　　　您选择配偶的标准是什么？

一定要华人	一定要当地人	无所谓，合适就行
43	0	12

表13　　　　　您的兄弟姐妹或亲戚中是否有人与当地人通婚？

有	没有	不清楚
13	42	0

在走访过程中，笔者发现，美达村与印尼人（友族）结婚的华人只有4个，但是据居民透露，美达村里应该有十几个这样的案例。一位村民谈到一个叫AX的人时这样说道：

我们村有个叫AX的，他出生于1977年，现在38岁，是一个佛教徒，据说祖籍福建南安。其实他是华人收养的一个印尼友族孩子，也许是从小被灌输的思想，他一直认为自己是华人，但是随着他的成长，在十几岁的时候，就可以明显地看出来，他不是纯粹的华人。即使肤色存在差别，他依然与美达村华人有着深厚的友谊，在咖啡店经常可以看到他和美达朋友们畅聊的情景。曾经有过一段婚姻，但是因误解而相爱，因了解而分开。当时看见前妻（印尼友族），觉得前妻很漂亮，便开始接近她，追求她，后来两人同居，生了一个女儿，女儿 HOSANA 4 岁的时候，才领了结婚证。当时父母也不管他们，但很喜欢这个小孙女。然而，随着时间的推移，他们之间的隔阂越来越大，最后，因为宗教信仰问题而离婚。在印尼，假如夫妻有结婚证，如果离婚的话，孩子就会判给父亲，如果两个人没有结婚证，孩子则归母亲。所以，孩子一直跟着父亲居住，现在已经上幼儿园了。当谈及前面这段婚姻，他认为当时之所以看上前妻，有可能是被前妻下蛊了。

我们曾问及这位叫 CAX 的美达村居民，他是否还会娶二妻。他说，这要看缘分，现在跟孩子、父母一起住也挺好的，平时开摩托车载客，以此挣孩子上学所需的费用，对于现在的生活觉得挺满足的。①

我们在美达村遇见了一位叫 YJ 的村民，我们与他聊天时知道他找了一位伊斯兰，他对我们说起他与妻子的故事：

> 我的妻子 ELFIDA FRANI DASINAGA 是伊斯兰教徒，她大学毕业，所学的专业是音乐，我们在 2000 年认识，当时我们都在青松村里的健身房工作，我觉得她很漂亮，也很勤奋，于是便开始追求她。我们经常一起去看电影，一起去外面吃饭。父母发现我们的恋情之后，特别反对，因为他们不希望我娶一个伊斯兰妻子。因为父母的反对，我出走棉兰，与妻子在棉兰打工，2004 年的时候我们结婚，婚礼仪式是在他们家里举办的。记得当时我们穿了马来族的礼服，还有好几套伊斯兰教徒的礼服，有黄色的、白色的，非常漂亮。整个过程比较繁杂，但是却很幸福。记得当时在结婚之前需要念经，第一套穿

---

① 2015 年 9 月 22 日笔者在美达村与 L 先生的访谈。

的礼服是黄色的马来由服装；第二套换上的礼服是有斜边的马达族服装；第三套换上的礼服是红色的爪哇族服装；第四套换上了白色的西式的礼服；最后穿的是黄色的西式礼服。结婚之后，我们便回到了棉兰工作，妻子怀孕之后，回娘家生育，由娘家的人帮忙照顾。从结婚到孩子出生，我们都没有回过家里，因为父母一直持反对态度。大儿子8个月大的时候，母亲临终之前，我收到了家里的通知，二姐让我带着妻儿回来见老人的最后一面，我便带着妻子和儿子回到家里。母亲去世之后，我们便回到了棉兰，一直到2008年，我们才从棉兰搬回美达村，因为儿子长大了，需要上学，我希望能让他进入华人的圈子。当时在美达村居住的姐姐和哥哥也希望我能回来，后来我们便决定回到美达村。回来之后，我们没有居住的地方，哥哥帮我们建了房子，还给我们盖了一个可以做生意的店铺，我们便在这店铺里卖手机、充电器和小金鱼，一直到现在。①

有关美达村华人娶当地友族，SL先生给我们谈到美达村另一位华人与爪哇人通婚的情况：

> 咖啡店外面卖小零食的那个妇人老板是爪哇人，她的丈夫是华人。为什么他们会结为夫妻？她的丈夫原来是载货的，她住在园丘，两人认识之后结婚，之后搬到了亚齐美拉务，后来来到了棉兰。但是没有住在美达村，住在棉兰外面。他们与美达村华人的关系还不错，但凡遇到有人去世，他们也会献上白金。也曾经参与建设马路，对华人很好。现在她也会讲客家话、华语，她儿子的国语还不错。
>
> 如果印尼人跟华人结婚，幸福是属于他们的，作为外人，我们不能评判他们的幸福与否。现在这个时代应该与时俱进，每一个人都有追求自己幸福的权利。②

在美达村，华人的传统观念还是比较强，大部分美达村华人不愿意与印尼人（友族）结婚，他们认为印尼人（友族）好吃懒做，缺乏诚信，

---

① 2015年9月12日笔者在美达村与YJ的访谈。
② 2015年8月26日笔者在美达村与SL的访谈。

社会地位较之华人要低。有一些华人认为，迎娶印尼婆是会被人瞧不起的，因为华人有一种优越感，觉得华人的地位会比当地人要高等，娶印尼人（友族）是不上进的一种体现。在棉兰，与印尼人（友族）结婚需要付出的费用比和华人结婚要少得多，一旦美达村华人与印尼人（友族）结婚，该华人就会受到周围居民投来的异样眼光，因为大家会觉得他是因为贫穷才跟印尼人（友族）结婚的。有关这种现象，美达村的JL这样解释道：

> 现在有这样一种现象，就是华人从小就受到这样的教育：印尼人都是坏人，不要跟他一起玩。而印尼人也是一样的，从小他们就有一种观念：这是"支那"，"支那"是坏人，不要跟他们一起玩。大家从小就是在这样的观念影响下生长的。久而久之，我们的结婚对象当然只能从我们认识的朋友里找，当然只能是华人了。结婚也是要看宗教信仰的，大部分印尼人的宗教信仰是伊斯兰教，而我们华人的宗教是佛教，可能这也是我们之间很少通婚的原因。今天我也有信仰伊斯兰教的朋友与信奉佛教的朋友结合在一起的，也是有这种情况出现的。而且我还开玩笑，读大学的时候也没有印尼人喜欢我，不然，我可能也跟印尼人结婚了。
>
> 事实上，我也是不可能跟印尼人结婚的，但是交朋友还是可以的，从小就有的观念就是印尼人不怎么好，所以长大了还是会受这样的观念影响，是不会想要跟他们结婚的。假如华人和印尼人通婚，华人自身也会觉得不好意思，有羞愧感，但是如果印尼人和华人通婚了，印尼人会觉得很有面子，很风光，尤其是娶到印尼华人的话。华人女孩嫁给印尼人的情况很少出现，如果嫁的话，也是嫁给上层社会的印尼友族的男生。[①]

经走访发现，无论是老一辈还是新生代，美达村华人中更多的人会选择华人作为人生伴侣。究其原因，大概有以下几类。

一是宗教信仰。印尼国民的宗教信仰主要为伊斯兰教、基督新教和天主教。棉兰华人大抵来自中国的福建和广东，民间信仰盛行，且美达村华

---

① 2015年8月26日笔者在美达村与JL的访谈。

人的身份证上宗教信仰一栏都是填的"佛教"。作为佛教徒，与伊斯兰和基督教徒等都有着不同的宗教活动、宗教禁忌、宗教信条和信仰圈。印尼规定，结婚双方必须同属于一个宗教信仰，作为佛教徒的华人，如果要与伊斯兰教、基督新教和天主教的对象结婚，双方必须要有一个人妥协，才能有情人终成眷属。伊斯兰教、基督新教和天主教相比而言，伊斯兰教比较不被华人所接受，基督新教和天主教还是可以接受的。因为华人认为伊斯兰比较激进，更重要的是伊斯兰不吃猪肉，这让以猪肉为主要肉食的华人有些难以接受；不仅如此，信奉伊斯兰教之后，还要把姓氏改为"穆罕默德……"这个也是华人比较排斥的方面。华人一直特别重视与宗族的联系，家族观念特别深，姓氏作为与家族联系的最直接的因素，自然是不可以随便更改的。相比较之下，基督新教和天主教没有这些规定，更容易让华人接受。即便如此，美达村华人还是希望与华人结为伴侣。

二是民族优越感。华人虽然是作为外来族群定居于棉兰，但是他们经过辛勤的打拼，为这个国家社会发展做出了重要的贡献，也为自己赢得了较高的社会地位。华人社会普遍认为汉族比印尼各族的社会地位要高，具有一定的民族优越感。现在华人在印尼主要以经商为主，家里的女佣和工人绝大部分是印尼人（友族），此现象更让人感觉到华人在当地社会有一种高高在上的地位。而且就结婚而言，与印尼人（友族）结婚不需要花费多少钱就可以完成，但是与华人结婚需要家里有一定的资产，对财产的要求稍微高一些。"只有穷的人才会与印尼人结婚"这个观念已经植根于他们的脑海里，为了不让周围的民众看不起，维持自身的社会形象，大部分华人会抗拒与印尼人（友族）结婚，但是可以与之成为朋友。

三是品性问题。虽然美达村华人承认印尼当地民众绝大部分是善良的，都是可以与之好好相处的，但是华人也不会否认，在某些印尼人（友族）身上也存在一些华人不喜欢的品性，如不讲诚信、爱挥霍等。美达村华人中的开工厂的商人对印尼工人的印象很多都是平时努力工作，领了薪水之后就去挥霍，等到钱不够用的时候，再来上班，不如华人勤俭持家。而且印尼人（友族）给人的感觉，有很多是不讲诚信，很难让人相信。这也让华人不愿意与印尼人（友族）结婚。

在诸多因素之中，有着重要影响的是宗教信仰和社会地位。华人不愿意轻易地改变自己的宗教信仰，也不愿意降低自己的社会地位，更不会冒着被朋友们看轻的可能与印尼人（友族）结婚。随着社会经济与文化的发展，印尼人（友族）与华人之间的各种差距在逐渐缩小，但是大部分华人首选的结婚对象还是华人。

二 美达村华人结婚程序及其仪式

美达村的华人在婚礼上普遍遵循传统的习俗，对其婚姻程序和仪式有着自己的看法。看八字、准备聘礼和举行传统的结婚仪式，似乎还在左右着美达村大多数的华人。

（一）结婚程序

结婚程序，是指婚姻成立所必须履行的程序或方式。在美达村，建立婚姻关系成功后的男女都要遵循约定成俗的结婚程序，这种程序充分体现出美达村华人的传统文化习俗。

1. 聘金及结婚物品的准备

在美达村，一般情况下，到结婚的年龄，华人都倾向于找与自己同一个籍贯的人结为伴侣，即福建人找福建人、客家人找客家人、湖北人找湖北人结婚的情况比较多。如果城市的华人欲与乡下的华人结婚，而城市华人的家长不同意的话，就有可能发生冲突。不过，虽然还是以区域寻找伴侣为主，美达村华人也有为寻求真爱，打破区域限制的情况。

据调查，现在的美达村华人当两人决定要结婚的时候，一般情况下男方家长会把两个人的生辰八字拿到庙里给师傅看是否合适，如若合适的话，就会根据《通书》上的记载确定适合两个人的结婚日子，也有结婚双方自己决定日子的，即定亲看日子。这两种方式，在美达村华人世界里都是会出现的。不过，对于看八字的问题，如果正在谈恋爱的对象，看八字之后，认为两个人不合适，他们也不大在意，还是会选择继续交往。当好日子确定之后，男方会把这个日子告知女方，一般女方家里不会有意见，而后便开始婚礼的筹备工作。第一个需要准备的就是聘金，即通常所说的彩礼钱。在美达村，百分之一百的女方家长不会收下整个彩礼钱，即只收一部分。因为他们觉得，假如收下了全部的聘金，则意味着他们是在卖女儿，他们认为结婚是嫁女儿，不是卖女儿，所以，他们不会允许别人认为他们是在卖女儿这种情况出现。但是对于男方而言，给女方一定的礼金是他们必须要做的，所以在给聘礼的时候会准备相应的聘金。聘金的金额，一般是 888 货币、999 货币，或者以 9 字结尾，都是给现金的。

2. 男女双方婚前准备物品

对于男方来说，在结婚前男方需要准备的物品：两只猪脚、一对鸡、两瓶葡萄酒、苹果、柑等水果，水果一般要8个，还有糕点，糕点的数量一般是100盒或50盒、两条绑着红布的鱿鱼、开花的长命草、松柏，这些物品视来的亲朋的数量多少而定，亲友多便多讨些。

男方准备的聘礼：两瓶好酒（一般是红酒，喜事一般不能用白酒）、8个橘子（一般选择大的）、8个苹果、8盒长寿面、2对坤乾烛（坤代表男性、乾代表女性）、18罐猪脚（猪脚一般要准备前脚和后脚，以前都是用生猪脚，但是用生猪脚有一个弊端，就是要吃很久才能吃完，而且不方便存放。后来为了方便，就用猪脚罐头来代替。猪脚的含义就是所娶的妻子是以闺女的身份嫁过去的，所以聘礼里面一定会有这一项）、礼饼（礼饼是一个大礼盒，里面有4种不一样款式的水果，还有蛋糕、包等，样式齐全，且看起来很好看，很多人喜欢用，也会喜欢更新的款式）。其中苹果、橘子等水果的数量都是由结婚的人家来定的，数目一般以数字8来结尾，但一般不拿48。有些男方家里有条件的话，会准备戒指、项链等，但是订婚戒指是必不可少的。

除了聘礼，还需要准备聘金、祖父祖母礼、父母钱、日头礼、姐妹礼，至于聘金，男方一般会给9条9百，以数字9结尾，有时以数字8结尾，但是聘金不会全部收下，女方一般只是拿上面一张和下面一张，寓意是有头有尾，剩下的就退还给男方，上下各拿一张证明女方家已经拿到了男方家的聘金，其实就是做个意思表示一下而已。姐妹钱也收。其中祖父祖母礼和姐妹礼，女方一定会收下的，这个数目一般不大，一般是800千，或者是280千。日头钱是太阳钱，只是看看就会退还给新郎，这是给新郎做本钱的意思，日头钱的数目一般也是以8结尾。所有这些钱里面，日头钱一般跟祖父祖母钱的数目是一样的。

女方婚前需要准备的物品：大包（馒头）2个，也可以配上小的馒头（馒头的寓意是"发"，意为结婚之后两个人的发展可以一切顺利，一般准备大包2个，小包8个，红纸包着的双喜白饼、豆沙饼2盒，里面一般有10块、裤袋（皮带，给新郎用的）、小钱包（也是给新郎的，寓意以后他可以挣更多的钱）。

女方退还聘礼情况：男方结婚之前会把聘礼拿到女方家，女方收下一定的聘礼的同时，也会还以相应的礼物。比如：

①苹果。如果女方家里有条件的话，会在收下男方提供的18个苹果的同时给男方退还18个苹果，但不同的是，这些退还给男方的苹果是女方家自己买的，如果女方家里能力不足的话，也会收下男方送来的10个苹果，退还给男方8个。

②红酒。男方送来的酒都是会收的，同时，女方会还以糖水。糖水是用白糖煮的，为了使其好看，会放一些色素使其变成红糖水，红糖水要准备2瓶。

③面线。男方送来的面线，女方一般拿6盒，退给男方2盒。

④猪脚。以前用生猪脚的话，女方一般是收下前脚；后脚的话，收下猪脚旁边的一点肉就退还给男方，而且要在猪脚的下面绑上一张红纸。对于猪脚罐头，女方一般是收下16罐退给男方2罐，也可以收下12罐退给男方6罐，不是特别讲究。

⑤长命草。对于长命草，女方也只收下部分，然后给男方退还一些。（长命草比较容易存活。即使摘下放了几天，之后再种也是可以生长的。以前都是自己去找的，现在去跟置办的人讲都可以直接得到）

⑥橘子。男方送来的橘子，女方收下之后会给男方退还石榴一对。与橘子的寓意一样，石榴也是多子多孙的意思。

⑦百节草。百节草代表婚后子孙众多，是传宗接代的寓意。在每一个礼盒上面都要贴上喜字和百节草。

以前准备的聘礼之中，有时候会准备一头烧猪，并且要在烧猪上插上一朵红花，寓意将要出嫁的女孩还是处女身。一般是广东人才有这样的习俗。为什么会发生这样的变化？因为如果像以前一样，用烧猪的话，一整头猪很难被解决，如果吃不完的话第二天就会坏掉了，太浪费了，还不如买便宜一点的东西代替，然后剩下的钱给新婚夫妻去度蜜月。所以，后来的婚礼就由罐头的猪脚来代替了。用猪脚结婚的寓意也是表示将要出嫁的女孩是个黄花闺女。现在猪脚都是买罐头装的猪脚，可以留起来慢慢吃，这些都是男方家在送聘金来的时候准备好的。女方准备的物品：大包、发糕、番石榴，是回给男方用的，还有红糖水（白糖煮开，放有红枣、枸杞等）两罐。

男方送来的物品，女方不会全部收下，也不会让男方的篮子空着回去，所有的物品都会留下一些给男方带回去，以前聘礼所用的生猪脚，也会留下一些，剩下的就给男方拿回去。对于新郎送来的鸡，要收起来，不可以杀掉。

男方给女方送聘礼的时候，女方会给男方准备一桌酒菜，聘礼送毕便留下来吃饭。送聘礼的时候需要两个媒婆跟随，媒婆的条件就是只要是夫妻两人都还在世，女方就可以成为媒婆。媒婆吃完饭就可以离开了，只是一个象征性的出现而已，不需要干什么实质性的工作。有的时候，男方找不到合适的媒婆，就会委托司仪来帮忙，但是这个费用会另外计算，不算入主持费里面，只是因为找媒人的红包较小，一般人不愿意接。

在结婚日期到来的前几天，送嫁妆的时候要准备剪刀、针线、七色线，就七色线而言，一般不要黑色，白色线代表有儿子，红色线代表有女儿，所以五颜六色代表多子多孙。针线是一定要有的，现在更简单了些，很多人不用嫁妆，但还是有很多人会准备。当女方把嫁妆送到男方家的时候，男方要给女方陪嫁过来的姐妹红包，数目不等。

3. 邀请好友参加婚礼

在男方把聘金送来之后，女方就把这些糕、饼拿去送给亲朋好友，此时的糕、饼就相当于邀请亲朋参加婚礼的请柬。送聘金的时候要带上两个媒人过来，媒人还得带上一个两三层的盒子，需要带给女方的东西都放在这个盒子里面。以前大亚齐华人结婚的时候，就是把槟榔放在红包里给亲友。

送礼完毕，男方准备请柬，女方便准备发请柬和糕点，比较亲近的亲友就是通过发糕点来通知，邀请他们来参加婚礼，一般一家给一盒糕饼，并且告知结婚的时期。如果男方没有钱，没能提供糕、饼的话，就会用请柬来邀请。因为这时用到的饼至少要花费 60 万盾，如果需要邀请的亲戚比较多的话，要准备的糕饼就会多一些。一般为了减轻经济负担，除了亲戚，其他的朋友就会用请柬来邀请。有关邀请好友参加婚礼，美达村华人 BH 说道：

> 我结婚的时候匆匆忙忙的，因为局势很紧张，双方父母来拍照，如果条件允许的话，也是会按照这样的程序来办。自从搬来棉兰之后，婚礼上的习俗越来越多了，因为棉兰住着来自各地的华人，经常有人补充说该准备什么，该怎么弄，然后传统的习俗便越来越多了。以前结婚的时候只在家里摆酒，最多就四五桌而已，不去酒店摆的。那个时候结婚只有互换戒指，没有手链、耳环、项链等的东西。

亲人只要知道有人即将结婚，就会提前送礼物过来，这样的话，就得先把他们送的东西记下来，到时候要请他们吃饭，如果是交情好的话，可能会把全家人都请过去。①

结婚日子是男方定的，当两人准备结婚的时候，双方已经见过面，把各自的生辰八字拿来看了日子，日子决定之后，男方的妈妈会带着一个亲戚（这个亲戚也是要双双对对的夫妻中的一个），两个人一起到女方家说亲，说我们看了什么什么日子，某年某日是喜日，你们需要置办什么东西？女方一般说随便，客套一下，但有些也会因为这个嫁妆问题闹矛盾的。

婚房里的装置都是男方料理的多，床铺、窗帘、面盆、小孩洗澡用的盆等。到了新郎家的婚房之后，放一个苹果跟一个红包用红纸包着在壶里，让男方的哥哥或弟弟等其他亲人的小孩来拿，更多的是让小男孩来拿，希望到时候可以生个男孩。送嫁的时候要带的是：男的一条腰带、梳子一个、钱包一个、女方要用的剪刀一个、长尺、红色的木屐一双、圆的镜子一个、洗脸盆、扇子，全部要贴上双喜。床的摆设，脚不能对着大门，这样就像躺在棺材一样，要头向大门，床要横着放才行。

（二）结婚仪式

男大当婚，女大当嫁。当选择了对象，遵循着传统的看八字、送彩礼和确定最终关系后，便进入结婚仪式中。美达村华人的结婚仪式分为以下几点。

1. 接新娘

一般来说，谈恋爱的时候都是已经征得父母同意了的，结婚的时候，如果孩子有能力的话，结婚的钱都会自己筹，但是如果孩子没有能力的话，结婚的钱父母会支持。结婚的日子也是看皇历的，一般不会在六、七月举行婚礼。六月办亲是半岁夫妻的意思，七月是因为七月半鬼节，所以一般不选择这两个月，接近清明节的时候也比较少人结婚。日子定下来之后就开始筹备，拿了订金就开始筹备。新人家里要准备新房，最重要的是两盏油灯，出门接新娘与回来的时间都不能超过规定的时间，接新娘的时

---

① 2015 年 7 月 29 日笔者在美达村与 BH 的访谈。

间也是要看时辰的,一般是在上午 9 点到 11 点这个时间段里要把新娘接回来。主持人一般会到新娘家里帮忙张罗,确保可以在吉时出门。在新郎来接新娘之前,新娘在一个时间里要拜天地和祖先。先拜天地,再拜祖宗,在拜祖先的时候,要对着祖宗说:"我是某某孙,将在某时与某人结婚。"禀明自己将要组建自己的家庭,希望得到祝福和庇佑。新娘在家里经历了这些仪式之后,就静候新郎的到来。

新郎还没出门自己要点灯,新郎的新衣由母亲帮忙穿上,由父亲来帮忙扣,接着妹妹或者弟弟(没有弟弟或者妹妹的话其他亲属也可以)从新房里拿出鲜花给哥哥。而新郎在出门之前,也要对着祖先的牌位说:"某年某月某日,我要迎娶某某。"然后便出门接新娘。现在一般是用汽车来迎接新娘,即使结婚双方家里离得很近,也要用车子来接新娘,兜一个圈意思意思(寓意新郎结婚之后生意顺利,钱财不会因为结婚而溜走),即使是在酒店里也要兜个圈子。每个人家里都有一个门槛,新郎到新娘家里的时候,不可以把脚放到门槛上,要直接跨过去。进去之后,女方家长和新娘都不可以出来,都要在自己的房间里,等到主持人说,家长可以跟女婿见个面,女方家长才可以出来,新郎对女方父母行个礼,然后由女方的父母把新郎牵到新娘的房间,两人才能见面,这个时候,女方家长也会摆些糕点、茶会等,等到家长坐下之后,新郎新娘在家长面前互换首饰,新郎给新娘戴上戒指,新娘再给新郎戴上戒指,然后新郎给新娘送花,双手捧上,鲜花送过来之后,主持人道:"今天一对新人已成为夫妻。"一切都已经差不多了,就开茶会,茶会就是招待送嫁、陪嫁的亲戚们,亲戚们一般会留下来吃午餐,茶会开完了,新娘就要接回去了。在离开之前,新娘新郎要与父母行暂别礼——鞠躬,要求不高,就是新人一起给父母点个头。然后新人便上车走了。新郎来接新娘的车要由新娘的弟弟来开,新郎还得给他红包。

结婚需要打伞,这是国内许多地方举行婚礼的时候都需要进行的程序,但是在美达村就很少这样的例子。老秀瑢是美达村里一个比较有经验的司仪,她说:

> 我主持婚礼仪式 20 年以来,只碰到过一个结婚需要打伞的例子。那个老太太家里孩子娶媳妇的时候,特意从香港买了一把绣有鸳鸯的红伞,让我结婚当天可以用来撑新娘,让新娘不要晒到太阳(打伞

的意思就是说女子是以闺女的身份嫁给男方的）。①

2. 给长辈奉茶

回到男方家之后，先给男方的父母亲行礼，然后是拜天公及其他神灵。家里有关帝公、观音菩萨的也要拜，土地公也要拜，拜完之后，拜祖先。进新房也要看时间的，有些则不需要。如果时间来不及的话，就在进房间之后再出来拜祖先，接着是进房间拍照。接着回到客厅给父母供茶，供茶完毕，父母会赠给新婚的夫妇金链、戒指、红包等物品，如果有爷爷奶奶就要先给爷爷奶奶供茶，然后给父母供茶，接下来是给阿姨、叔叔等长辈奉茶，接下来便是给哥哥、姐姐等同辈的兄弟姐妹奉茶。凡是比新郎辈分大的亲属都可以接受新人的奉茶。敬茶给长辈的时候，长辈会给红包，而且会给一些首饰。然后新郎就会给新娘的小辈（弟弟、妹妹、姐姐的孩子等）红包，这部分的红包是男方出的，但是由女方来派发。有钱的人家结婚的时候，父母会给新娘一把钥匙，是汽车的钥匙或者是一公斤的金块，或者是小首饰，有的会给一本银行簿，意思就是把家里的钱都给你保管，然后再拍全家福。这些程序结束之后就到了吃饭的时间，然后就更衣吃饭回娘家。

3. 回娘家

以前要 3 天之后才回娘家，因为亲朋过来了，再等 3 天会耽误亲朋的时间。80 年代之后大家大部分当天就回娘家，新婚夫妇也要按照辈分的大小和排行顺序来给父母和亲戚奉茶，叔叔、阿姨等全部会给金链等首饰，没有能力的话也会给红包。如果是还没有结婚的对象，新人会跟他们握手，但他们也会给礼物，或者是红包，或者是首饰。之所以用握手代替奉茶，是因为如果喝了新娘的茶，他们会很难遇到合适的对象。然后新婚夫妇吃团圆饭，团圆饭里一般有红枣、桂圆（早生贵子的寓意）、红蛋（一个人 2 粒）、长寿面、糖水，都是甜的，不需要吃完，只需要意思意思就行，蛋会被切开，稍微吃一点就行，吃两个蛋的意思就是以后可以生个儿子，还是重男轻女的意思。吃完饭之后，新婚夫妇要回男方家里去了，女方也许会给男方准备一篮水果，也许会给男方准备四色礼，里面包括苹果、豆沙包（或者发糕）、红糖水、糖果、饼干等，凑够 4 种颜色的

---

① 2015 年 8 月 14 日笔者在美达村与老秀瑢的访谈。

东西就行，苹果是一定要有的，因为代表平安的意思。还有一盘糯米，糯米原本是福建人的米，但现在通用了，糯米花里有兰蕉花，在兰蕉花的周围是桂圆、红枣等东西，意思是新娘已经到新郎家里几天了，现在已经开花了、怀孕了，早生贵子、糯米饭就是子孙满堂的意思。糯米饭已经熟了，甜的，可以吃了，也是必须要准备的。回到男方家之后，交给男方的母亲，让母亲把糯米饭放到婚床的床头，如果母亲不在，新娘可以自己拿过去，经过5分钟之后，就可以移动了。晚上睡觉之前，一对新人，每人吃红枣2粒、桂圆2粒、糯米饭吃一点点，剩下的可以放进冰箱。新娘的婚纱一般至少有两套，早上穿白色的，下午穿红色、紫色的等，结婚是穿白色的，晚上再换一套礼服接待在酒店的朋友。亲戚朋友都会到酒店那儿去，根据男方和女方给出的桌数预先订好位子，结婚当天就可以宴请宾朋。

有关婚礼仪式，美达村的居民大多按照这样的程序进行婚礼，具体的变动比较小。美达村的华人99%都会请司仪。司仪因此成为一个时髦的职业。美达村里一位知名的司仪老琇瑢，她谈到她的成长经历时说：

> 我祖籍在广东顺德霞石村，我1962年出生在大亚齐，我算是第二代。我从亚齐被逼迁来的是1966年，刚好四岁半，在老人院待了4年，1970年春节还在老人院，1971年才搬迁到美达村。我到美达村后，1971—1973年到APP学校读印尼语，之后我父亲建议"我们是炎黄子孙"应该补习中文，所以在1973年底就离开了APP学校，直接在本村陈丽珊老师那里补习中文，当然所学的课程里也有印尼文的，补习华文一直补到1979年中期。幸亏那时补习了中文，也成为我后来做主持的基础。
>
> 15岁我就开始学做衣服，开始是做自己的服装，因为我喜欢服饰这个手艺，17岁开始接活做。我只要看别人做，我就会模仿来做。我只学了3个月就敢接衣服做了。20岁时在棉兰Ramayana裁缝学校毕业后，我一边做衣服，一边招学员学习时装设计，这些学员中有华人也有印尼友族，分几班，每个星期上几天的课，即星期一至星期五，有时星期六和星期天也招收学员学习。直到1987年刚好遇上结婚就没有再招学员学习了。在度蜜月去新马泰

时，也顺便到香港时装设计学院镀金学时装设计，1993年再到香港北角楚仪裁剪设计学院学时装设计。现在，我自己还做一点高级时装的设计。

我走上司仪之路是在1995年，也是第一次。这一年，我朋友打了电话来说，他的小孩要举行于归喜宴会，你来帮我做主持吧。我说，开玩笑，棉兰这多主持，你为何找我做主持。后来到了春节，他又打电话要我去，我就应邀帮他女儿举行了这场于归喜宴会。之后又主持了一些寿宴及小型的同学聚会等。

2001年11月，也就是中国加入世贸的时候，刚好那天是旅棉瀛州同乡会在棉兰市皇朝海鲜酒楼联欢晚会，这也是我第一次主持同乡会的活动。当时有一位女高音黄玉珠要唱《中国——我永远祝福你》这首歌，那时我不知道为何这样大胆讲话，我上台报节目时就说："让我们热烈祝贺中国加入世界贸易组织，这是一件举世瞩目振奋人心的大事件，它标志着中国的改革开放进入一个新的征途，对于促进中国和世界经济的紧密联系和健康发展具有重大而深远的意义，中国需要世界，世界更需要中国，中国我永远祝福你，现在我们请黄玉珠女士演唱《中国——我永远祝福你》。"后来，我在路上遇见一位阿姨，她看见我就对我说，老秀瑢你出名了。我说，我出名什么？最近我又没有比赛。那位阿姨说，不是说你比赛，是你上报了，原来《印广日报》登载了我在那次同乡会活动上的表演。有很多华裔、华社的人从华文报刊看到了这个消息。就这样，有人认为我懂中文，往后有很多"节目"开始请我做主持了。

2007年，廖章然先生邀我主持了第六届世界惠州同乡恳亲大会，当时这次恳亲大会在"喜乐达国际大酒楼"举行，共有来自世界各地的惠州同乡3000多人到会。那时刚好《讯报》开始发行，家家户户都被给丢报纸两个月，看完可预订也可不预订，而且《讯报》也给全棉兰的华社都丢报纸，所以那时大家都有机会看这报纸，也给我做了大广告。正是这样，后来许多节目邀请我去做主持。①

---

① 2018年8月3日笔者在美达村与老秀瑢的访谈。

从老秀瑢的成长经历来看，凸显了印尼棉兰华人的一个特点，即勤奋、机遇，以及华人之间的相互帮助。老秀瑢成名后，先后主持了许多大型的"节目"。例如，主持 2007 年鼎福堂"浩瀚星云音乐剧"活动、2007 年"第十三届亚洲象棋个人锦标赛"开幕仪式典礼、2009 年亚洲友好学院落成大典、2011 年棉兰古城堂举办的"纪念张榕轩逝世 100 周年"，从 2008 年起就连续主持"水立方杯海外华裔青少年中文歌曲苏岛赛区选拔赛"，等等。

图 96　主持 2011 年棉兰古城堂举办的"纪念张榕轩逝世 100 周年"追思晚宴的老秀瑢

在棉兰，只要有一点钱的人都会请司仪，但是司仪也有分层次，有钱的人也会挑剔司仪。对于主持婚礼的过程或礼仪如何进行，老秀瑢这样对我说道：

> 我在美达村主持过很多婚礼，一般会请我，如果在美达村，结婚那户人家家里实在困难，我也会在价格上给些优待。整个仪式都可以交给我处理，包括聘礼等都可以交给我处理。糕点是一块块的，一般是以 8 为结尾，以好的数目来结尾：18 块，28 块……聘礼很少会由司仪来处理。婚礼一般就是一天，白天举行仪式，晚上宴请亲朋。但也有的时候，因为是好日子，酒楼里已经没有空位，这样的话就会在

之后的好日子里再宴请亲朋。仪式一般包括迎接新娘、向双亲敬茶、拍全家福。回娘家的时候带点水果、糕点,有些简单的话也会只带一篮果子。①

谈到美达村村民喜欢请司仪的事情,以及婚礼的热闹情景,GZ 先生这样对我们说:

> 我年轻的时候,偶然遇见妻子两姐妹,觉得挺漂亮的,是一个同学的表妹,但是当时也没有在意。后来发生"9·30事件"的时候,也许是因为缘分,被分到跟她一个队,但那个时候还是没有感觉,之后在老人院集中的时候,两人相识相知,最后决定在一起。结婚的时候要求没有很高,男方需要准备送给女方的物品有:聘金,以 9 结尾,客家人认为 9 代表天长地久,一般不用 8,8 字代表发,这个说法是从香港传过来的,做生意的客家人才用 8 字图吉利;饼干,一般是豆沙饼;两个猪脚,现在都不用生猪了,都是用猪脚罐头;水果一般准备橘子与苹果,代表吉利和团圆。那个时代结婚没有那么多的要求,给完聘礼之后,就要选日子,一般是交给庙里的和尚来选,由老人家来办。通过通书来选择好日子,男方选好日子之后通知女方。
>
> 结婚的时候要请司仪,拍婚纱照,还有接新娘用的婚车,当时结婚的婚车是问朋友借的。到了规定的日子便去接新娘,两家离得很近,不需要绕一圈,直接载回家里。仪式结束之后,下午回娘家,回娘家的时候需要带黄酒。
>
> 回到女方家的时候,女方家里已经准备好了红糖水,要给长辈敬茶,过了之后要吃煮蛋,交叉蛋,即相互喂着吃,还要准备一些礼物带回去的,略表心意,之后就回到男方家里。这些习俗到现在还有。但是,看八字的现象就比较少,福建人看八字的现象可能会稍微多一点,因为福建人相对比较保守。回到家里之后宴请宾客,当时请了二三十桌,一桌大概有 10 人,所以有两三百人。②

---

① 2015 年 8 月 15 日笔者在亚齐与老秀瑢的访谈。
② 2015 年 8 月 21 日笔者在美达村与 GZ 的访谈。

三 美达村的家庭结构

家庭是构成社会的基本单位，通过分析婚姻和家庭形态，我们可以了解一个社区的基本社会结构。家庭形态可以分为四种类型：核心家庭、主干家庭、扩大家庭、联合家庭。所谓"核心家庭"指的是由父母和未婚的子女构成；"主干家庭"指的是父母及其未婚子女与一对已婚的子女所组成的家庭，甚至还可以包括四代及四代以上的成员所组成的家庭；"扩大家庭"是指由年老的父母及其未婚子女与两对以上的已婚子女所组成的家庭；"联合家庭"是指由若干核心家庭围绕以父母为中心的大家庭，这样的核心家庭没有分割祖先留下的共同财产，他们在经济上不分开，在当地的社会、宗教活动上还是属于本家的一分子。因此，这类家庭可以叫作"联邦式家庭"。

在美达村里，大多数的家庭是以主干家庭和核心家庭为主要的家庭形式。刚搬到美达村的时候，大多数的华人家庭是主干家庭。在特殊的历史背景下，华人们带着子女和行李，定居于此，随着子女的成长，建立自己的家庭成为普遍现象。建立家庭之后的华人依然会选择跟父母住在一起，但是，如果家里兄弟姐妹较多的话，发展较好的兄弟就会把美达村里原来抽签抽到的房屋留给发展一般的兄弟，父母也可以根据自己的意愿选择跟谁一起住，一般情况下，子女会共同承担父母老年的赡养责任，但一般而言，父母都愿意与排行靠前的子女同住。

受中华传统文化的影响，美达村华人的家庭观念非常重，凡事以家庭为主，注重保护家里人。家庭对华人的发展具有重大的意义，可以促使一个人不停地取得进步。一位以前曾被称为"烂仔"的美达村村民ZW说道：

> 我结婚的时候，我与我的好朋友XW同行，他是一个摄影师，迎接新娘的时候，他也跟着去，司仪也坐在车里。当时那个路特别不好走，又下着毛毛雨，一不小心，车就滑下去了，一下子跌进了一个五六米高的地方。我心里想：肯定是因为平时我做了太多的坏事，现在老天要来收拾我。新娘等了很久都没有看到我们过来，便过来这边寻找。发现了这个意外之后，找来了附近的居民，在附近居民的帮助下，终于把车成功地救了起来。后来到了新娘家的时候，拜天神时，

神桌着火了。如此种种，使得我反思自己，是不是因为自己平时做了太多的错事，才会在婚礼上发生这样离奇的事情，这是上天对我的惩罚，所以结婚之后，我决定洗心革面，重新做人，之后再也没有干过坏事。①

随着时代的发展，越来越多的美达村华人到外地接受教育，毕业之后回到雅加达等国内大城市，或者直接留在留学的国家工作，而大部分的父母依然选择留在美达村进行自己一直以来经营的事业，这种情况下，空巢老人的现象偶有发生，且随着时代的推移，这样的现象可能会越来越普遍。与中国国内一样，在外打拼的子女只有到空余时间才能回到家里陪伴双亲，而在家的父母也会备好子女们喜欢吃的、用得上的物品，等他们归家时即可带走。在信息技术不断发展的今天，他们也用上了手机、电脑等高科技产品，平时有空时便会联系，这在一定程度上减轻了难以常聚的愁思。总的来说，美达村华人的家庭观念非常深刻，一旦建立家庭，他们所有的事务都是围绕家庭展开的。

第二节　美达村的丧葬习俗

人的一生只有两件大事，一为生，一为死，我们中华民族历来是一个重视死亡的国家，"入土为安"是自古以来中国老人比较倾向选择的长眠方式。但是随着社会的进步，现在大多数人慢慢都倾向于实行火葬。与祖籍国一样，美达村的印尼华人在亲人去世的时候大多会选择火葬。当提及美达村华人的丧葬，就不得不提到美德互助会（福利部）。

正像上面所说的，美德互助会（福利部）有一个前厅和后厅（一个放置乒乓球桌和椅子的房间），而逢人去世时前厅则变成了灵堂。紧挨着两个厅的是篮球场，遇到丧事的时候，篮球场就变成了招待前来交纳帛金的客人和主家亲人休息的专区。据调查，村里99%的人加入了福利部，成为其会员，邻近村庄的部分居民也有加入福利部而成为其会员。福利部会向每个会员发放一张会员卡，大家都乐意加入福利部，现在大家都希望有一个公共的场所来送别死者，招待来客。加入福利部之后不仅可以共享

---

① 2015年8月24日笔者在美达村与ZW的访谈。

福利部里的所有资源，还免去了自己找丧葬的相关工作人员来处理丧事的麻烦，另外，还可以得到福利部里各成员的帮助，因为但凡有人去世，福利部的会员都得给帛金（为丧家更好地办理丧事而给的钱），虽没硬性规定，但是大家一般会自觉地为主家捐献帛金，也算是对死者的最后关爱。收到的帛金扣除了丧家在使用福利部期间需要的成本之外，剩余的钱全部交给丧家。不是福利部的会员也可以使用福利部里的设备，但是极少人会这样，大家都愿意成为其会员。福利部主要有6个工作人员，他们具体负责的事务不一样，但都服务于丧事，为的是保证丧事的顺利进行。

这次我们在美达村调查时，福利部的工作人员是丘运福、张和明、吴艳慧、一个阿姨，还有两个印尼人，他们的分工是明确的，但凡有丧事出现，丘运福负责通知丧事发生、寻找墓地、预定棺材、给尸体穿上寿衣等；张和明负责打扫福利部的卫生，做好迎接丧家的准备工作；吴艳慧负责的是帛金的登记；一位较为年老的印尼人负责接待前来参加丧事的居民，一位较为年轻的印尼人则负责指导丧家亲属进行各项仪式。分工虽明确，但不死板，有需要的时候，大家还是会相互帮忙的。美达村的居民们善良、大方，他们乐意帮助比他们辛苦的对象。

由于死者的年龄、性别、家庭状况和死亡时间不一样，丧葬仪式也会有所不同，这个不同之处大多体现在具体的细节上面，或者是丧葬仪式的某些呈现方式不一，但其基本的内容还是一致的。

一　停丧之仪

停丧之仪主要包括浴尸、更衣和停尸两大部分，这个过程都需要死者的直系亲属参与其中，福利部的工作人员也在其中起了很大的作用。

（一）浴尸、更衣

当发现老人已经停止呼吸，亲属第一时间要告知福利部的Q老。接到有人去世的消息，即使是在大半夜，Q老也会给福利部的守夜人员打电话，让他们清理福利部的杂房、在福利部外边的道路上摆上象征不宜通行的架子和小红旗。第二天，Q老便领着昨天已经联系好的殡仪车，亲自到医院或者用救护车把尸体领回来，放到福利部原来放置桌椅的房间，然后便带着部分家属去买棺木，看墓地；如果死者是在家里去世的，便直接带家属去买棺木，看墓地。棺材大多是在Sunggal区的福利部那里买的，这是从以前就有的习惯，接洽好之后，殡仪馆的车便把棺材拉回来。待棺材搬回福利部之后，Q老便组织大家为死者沐浴、更衣。所谓沐浴，其实就是用个脸盆打些水，把一条从没用过的手帕浸湿，拧干后给死者擦身，主要是擦脸和手。浴尸之后便是给死者更衣。在尸体进棺之前，必须要穿好寿衣，如果死者是男性，穿丧衣的工作便大部分由其家属或者Q老负责，如果死者是女性，穿丧衣的工作大多由其家人或者医院的护士帮忙。丧衣的穿着也是有要求的，一般情况下是家人事先买好的，或者是死者生前喜好穿的衣服，但不变的是，丧衣要求是黑色的一套衣物和白色的袜子。这个过程需要尽快完成，不然尸体变硬便很难替其更衣，所以之前的联系工作势必要马不停蹄地进行。中国人大多相信风水，印尼华人也一样，特别是在丧葬中。选择土葬的人家，在亲人去世之后，便会找来风水先生到地藏殿①测得一块风水宝地，待仪式结束，便把其安置在那里。他们乐意相信风水先生的话，仿佛给逝去的家人找个风水宝地之后，就可以保佑家里顺顺利利，消灾弭祸。出殡的日子也是严格按照《通书》（黄历）上的解说来进行的，必须挑一个吉时出门。所以得知有人去世时，Q老还会通知棉兰市的负责丧葬仪式的司仪，由他帮忙选择黄道吉日出殡。

（二）停尸

更衣结束，便把尸体放于两张或三张长椅子上，用白布遮住，要求把尸体全部盖住，要达到除了大概的轮廓，其他什么都看不出来的程度。此时死者家属已经穿好相应的丧服在等着佛教社师傅的到来。他们的丧服与国内的丧服很不一样，他们还是穿着T恤和裤子，但是具体T恤的颜色是不一样的，我们可以通过他们不同的颜色断定他与死者的关系。如穿白衣的是亡者的儿子、媳妇、女儿与女婿；穿浅蓝色的是死者的外孙，即女儿的孩子，穿深蓝色的是死者的内孙，即儿子的孩子；内曾孙穿黄色的上衣，外曾孙穿浅红色的上衣；死者的姐妹随便穿什么颜色的上衣都可以。这个颜色是规定了的，衣服大多是亲属自己去买的。在停尸的同时，福利部其他的工作人员已经开始挨家挨户的、按照会员卡上的名字和地址把卡送到该会员手上，并且说明是某某在什么时候去世了。报丧结束，他们便回到福利部帮忙。

来自棉兰市的一位风水师傅也已经到达福利部，他的任务是写讣告，

---

① 丹绒勿拉哇的地藏殿拥有占地较广的义山，供各界人士埋葬逝者。随着时代的变化，不少人把先人的遗体火化，然后把骨灰供奉在"地藏殿"里，减少了许多麻烦。

讣告也叫讣闻，在讣告的正上方偏左的地方用红笔写着一个大大的"闻"字，其右上侧用红笔写着"友戚亲乡"，在"友戚亲乡"的下方用黑笔写着"讣此哀谊"。讣告上的内容从右往左依次为用黑笔写着：广东梅县 我宅讣告 先慈我母萧氏××孺人恸于农历岁次乙未年七月十六日申时寿终遗体暂厝于棉兰美达殡仪馆入殓治丧，距生于岁次丙子年三月廿九日吉时，享寿积闰八十岁宜，不孝男女尊随侍在侧，亲视含殓泪，消于农历八月二十日星期三中午十一点本行堂奠，随即扶棺笼引至地藏殿元原。再往左便是夫君、孝男孝女的女婿们的姓名，再往左是孙女、外孙女的姓名，最左边写着：服内亲属家多恕未尽录，同泣告。讣告包含了孝女孝男对母亲的真切怀念，也包括了村里乡邻对死者的深切悼念。其中，讣告中出现的出殡日期是风水先生根据死者去世的时辰，通过看《通书》（皇历）来确定的。

讣告写完，昭示着死者已去的灯笼（中国称为长明灯）也已写好死者的姓名和享岁等内容，挂在了福利部门口。挂灯笼的位置也是有讲究的，一般按照男左女右的顺序放置，如果亡者是男性，便把灯笼挂在左边，如果亡者是女性，便把灯笼挂在右边，如果是一对灯笼则说明亡者的对象也不在了，即双亲都已去世。门口放置的蜡烛是拜天神与土地神的，祈求天神与土地神保佑这个超度过程顺顺利利，保佑亡者的亲人们平平安安。有些人家会在亲人去世之后登报哀悼，一般情况下，登报哀悼的话，半版的报纸就需要 20 条印尼盾，写一个讣告需要 300 千印尼盾，如果准备灵堂的话需要两条印尼盾，如果请乐队的话，大概需要一条印尼盾。

二　入殓之仪

美达村每逢有人去世，请佛教堂的师傅前来念经超度是大多数人的选择。如果自己的亲戚或者认识的朋友里面有佛堂的师傅，这个时候会把他们请过来帮忙，但绝大部分是由福利部工作人员联系的师傅来主持。三位师傅主要是来自佛教社的，接到有人去世的消息，当天他们便赶来福利部，摆放好从佛堂里带来的念经用的工具，和主家闲聊，等到棺材运回来的时候，穿好海青，拿起各自负责的乐器，便开始盖馆仪式。随着各种乐器声响起，送棺木过来的年轻人会帮忙把尸体抬进棺材，然后便准备盖棺。

盖馆时师傅主要是讲好话，所谓好话就是祝福的话语，而且每钉一个钉时念的经都有不一样的内容，钉第一个钉时念的经是希望家里万事兴，第二个钉是希望家里日子一天比一天好过，第三个钉是希望家里富贵万万年，第四个钉是添福钉，意思是希望家里可以添福又添丁。随着最后一个钉的敲打声结束，乐器声骤停，经已念完，四个钉也都已入木。

三　超度之仪

举行超度仪式，是美达村华人较为常见的丧葬仪式之一。超度是道教对于死去的人所采用的礼仪之一。

（一）灵堂的布置

死者去世后的第一天晚上，整个房间已经被挽联布置成了灵堂的样子，棺材放在了靠墙的一边，棺材下面的脸盆是还没有盖棺之前给死者洗脸洗身用的，洗好之后放在棺材的下边。一个花圈摆在棺材的前方，中间放着死者的照片，花圈的前方是一张桌子，靠近花圈的地方摆放着死者的神位（用纸写的，粘在竹子面上，插在一堆纸钱上），神位的右边放置着插香的香蕉头，香炉旁是一个花瓶，此时插满了各种菊花；左边是一个水果盘。往前是两支大红蜡烛，再往前摆着一碗饭，这饭是给亡者吃的。面向大门的墙边，师傅们在该面墙上挂了一张画有各种佛的画像，靠近中间的地方摆上了一张桌子，桌子上最靠近墙边的地方摆着三杯茶和三杯水，茶水的右边是装有好几种鲜花的花瓶，左边则是放了有苹果、橘子和菠萝三样水果的水果盘。在茶水的正前方是插了香的香蕉头，插了三炷大香和几根稍微小一点的香，香炉的两边还放着两根大红烛，右边的红烛旁边是用盘子装好的小瓶水，左边的红烛旁边是叠好的纸钱，再前面放着的便是师傅们超度时使用的工具了，有拍子（印尼语为 PHEK CE）、铃、木鱼、大钟、引磬、铛子还有师傅行超度之仪时穿的衣服——海青。这个地方是师傅们念经超度时候的主要场所。

（二）超度仪式的过程

印尼的华人大多是信仰佛教的，所以从亲人去世那一刻至最后的火葬时刻，都会出现佛教师傅的身影。当然，佛教师傅出现的最终目的就是让死者可以消除他生前在世间留下的业障，最终可以去到西方极乐世界，而这个目的的实现就得从超度这个环节着手。所以，从死者去世之日起，每天晚上师傅们都会到福利部给亡者念经超度，师傅念经的天数根据死者的出殡时间不同会不一样，但是一般而言，从死亡到出殡的时间为 3 天左右，这样超度的时间不至于太赶。从去世之日起至出殡，师傅每个晚上都会到福利部给死者念经超度。每个晚上的念经时间都分为3个时段，每次念经耗时半个小时，中途休息20分钟，所以念经的时间从晚上7点到晚上10点，偶尔会到晚上10点半。

以三天之后出殡为例，三天之后出殡，尸体需要在福利部停放3天，佛教社的师傅们连续三个晚上都要过来念经，每天晚上所念的经有不同的内容。下午6点多，师傅们穿上海青，拿起各自负责的乐器，在大师傅的带领下开始给死者念经超度。第一天晚上念的第一段经是《开经》，《开经》是请诸佛要供养死者；第二段念的是《阿弥陀经》，此经书算是死者通往西方极乐世界的一个通道，念完此经，死者才有可能进入西方极乐世界；第三段次念的是《忏悔文》，《忏悔文》是观世音菩萨说出来的，让众人不要做恶事，要存好心，做好事①。第二天晚上6点半，三位师傅准时到达福利部，为第二天的超度做准备，这一天念的经是《金刚宝忏经》，共分为上、中、下三本。念经也是晚上7点准时开始，第一段念的经是《金刚宝忏经》上册，第二段念的经是《金刚宝忏经》中册，第三段念的经是《金刚宝忏经》下册，《金刚宝忏经》是给亡灵忏悔的，如果死者有杀过鸡、鸭、对父母没有尽到孝道、女性死者曾经堕过胎……做过这些恶事都要忏悔。第三天晚上念经的时间与第一天、第二天是一样的，所念的经文中，第一段念的是《阿弥陀经》（与第一天一样），第二段念的是《忏悔文》（与第一天一样），第三段念的是咒。咒包括大悲咒、心经、往生咒、七覆灭追真言、覆灭追真言、地藏灭定业真言、观音灭定业真言共七大部分。其中，大悲咒是指消除生前做过的不好的东西，起杀敬的作用。杀敬的意思是如果做过恶事，要用杀敬来消除；往生咒是消除亡者的业障；七覆灭追真言中覆为业，灭即消除，就是用来消除自己的七恶的，所谓"七恶"是指堕胎、杀外人、杀死自己的兄弟姐妹、误导别人走上歧路、卖毒品或者其他对人有害的东西、烧过庙宇、害人家庄稼没收成；覆灭追真言消除的是之前出现过的浪费行为，乱扔食物、放高利贷等；地藏灭定业真言消除的是亡者之前可能出现过的流产、堕胎等行为，并对这些恶行进行忏悔，地藏就是地藏菩萨，地藏菩萨号称：地狱不空，地上菩萨不成佛，意思为地狱不空，地藏菩萨就不能成佛，所以为了可以

---

① 2015年8月30日笔者在美达村与佛教社陈金菊的访谈。

成佛，地藏菩萨要把地狱里的人都救上天堂，所以他要帮助因为生前犯错到了地狱的灵魂；观音灭定业真言表达的是不可以偷拿别人的东西，不可以犯杀人、强奸的错，如果犯过这样的错，也需要忏悔才能到达极乐世界。①

亡者已去，村里的人在亡者去世的第一天就已听闻此消息，绝大部分的居民除了前来福利部交纳白金以外，还会在到福利部给亡者上香，以表哀思。由于白天大家都忙于工作，大部分人都会在晚上的时候到福利部外交纳帛金，顺便小聚。村里的居民每天都忙着自己的工作，极少有机会可以相聚，特别是女性，她们全权负责家里的各种琐事，照顾丈夫、孩子等家里人的生活起居，很少有机会可以与朋友一起品头论足。借着前来吊唁的机会，与街坊邻居攀谈，也不失为一件乐事。当大家到达福利部的时候，福利部里的工作人员就会及时地送上糕点、花生、水或者咖啡招待他们。

四 告别之仪

(一) 准备工作

三天期限已到，出殡的日子到了。一大早福利部的工作人员与亲属们就在福利部进行尸体告别仪式的准备工作了，整理仪式所需要的东西。斋菜和米饭有其固定的数量与种类，斋饭共 6 碗，斋菜主要有 5 种，分别是木耳、白蘑菇、香菇、秀珍菇、豆子和一碟豆制品，此外，还有 6 个杯子、一个装着茶水的矿泉水瓶、一捆叠好的塑料勺子和一捆绑好的一次性筷子。除了筷子，其他的器具都是红色的，红色的碗、红色的杯子、红色的勺子。准备好饭菜，工作人员整理亡者亲人们送来的糕点和水果，糕点有两种，一种是一个大发糕，一种是大包、发糕和小糕点形成的组合体。就糕点而言也根据儿子女儿的区别有着不同的呈现，如发糕组合体中，孝子买来的发糕会被摆成四层，底下两层是大包，第三层是粉红色小发糕，第四层是几个橘色的小糕点，数量上并没有严格的要求。而孝女们买来的发糕组合体则被工作人员弄成了三层，第一层为白色大包，第二层为粉红色小发糕，第三层为几个橘色小糕点。水果一般会有苹果、橘子、菠萝、梨或者葡萄，一般会被用胶布粘成三层或者四层。如果是女婿和亡者

---

① 2015 年 8 月 30 日笔者在美达村篮球场与佛教社陈金菊的访谈。

的兄弟姐妹、侄子、外孙等亲人送来的果子糕点、水果,一般会在上面插上一张小红纸,写上他们的名字,表示这份糕果是他们买来的。整个福利部里面充满了各种吆喝声,好不热闹,与福利部里的热闹相对应的是外面篮球场偶尔响起的奏乐声。这个乐队是孝子孝女们为了更充分地表达对亡者的思念请来的,此时他们正在篮球场上演奏着一首哀怨的音乐,演奏的音乐不是规定的,如果是母亲去世的话,大多会演奏《母亲,你在何方》《世上只有妈妈好》等曲目。如果是父亲去世的话,就唱与父亲相关的歌。[1]

时辰差不多了,亡者的女儿女婿都换上了要求的衣物:女儿要换上红色的一套衣物,女婿要换上衬衣、西裤。其他亲属可以稍作休息,女儿女婿则在师傅的带领下进行着各种仪式。女儿女婿跪拜天公,师傅则手持杨枝和一杯水,围着倒放在福利部门口的幡布转圈,把杨枝上的水洒向幡布。此仪式结束,原本跪着的女儿女婿们跟着司仪的脚步,到了幡布前,根据司仪的指挥,女婿站到了幡布的下头,女儿站到了幡布的上头,位置确定之后,他们便蹲下来,按照司仪的规定,一次性把幡布高高托起,使其与地面成垂直状态。然后再慢慢地放下来,使其与地面接触,接着就是合影留念。至此,此阶段的仪式完毕,幡布被放到了殡仪车上。

亲属们被召集到一起,入殓师 Q 老正在用别针把不同颜色的小布块别到亡者亲人们右臂的衣服上。其中,孝子衣服上别着的是一块米白色的麻布,孝女别的是白红参杂的麻布,即白色麻布的中间再加上一小块红布;内孙别的是一块红与深蓝掺杂的布,其中红色镶在深蓝色的上面;外孙别的是一块红与浅蓝掺杂的布,其中红布覆于浅蓝布之上;女婿则比较特别,是以斜披一个红白相间的绶带作为身份象征。

(二) 告别仪式

一切准备就绪之后,亡者的亲人们按照孝儿、孝女、女婿、孙子、孙媳妇、曾孙、外曾孙的顺序跪在毯子上,跟着师傅的节奏对亡者的遗体作最后的告别。仪式开始,工作人员给这些亲人们都发了一炷香,他们跟着师傅的肢体动作,该跪则跪,该拜则拜,完成之后,工作人员把他们手上的香收回来,他们双手合十再跟着师傅的肢体动作行跪拜礼。大约过了十分钟,师傅拿着杨枝绕着祭台和棺材洒了一圈,然后送别的亲人们按照孝

---

[1] 2015 年 8 月 31 日笔者在美达村篮球场与棉兰司仪 SGX 的访谈。

子、孝女、儿媳妇、女婿、孙子、孙女、孙媳妇、曾孙、外孙子、外孙女、外曾孙等的顺序依次跟着师傅的脚步，拿着工作人员准备好的花，撒向棺材，此时，师傅口中一直念着的"南无阿弥陀佛"的声音和亲人们的哭喊哀叫声混为一体，使灵堂充斥着悲伤的气氛。绕了三圈之后，在工作人员与司仪的指挥下，亲人们按照之前的顺序依次在毯子上跪好，双手合十向遗体拜别。此时女婿走到了队伍的最后面站着。随着最后的念经声落下，师傅们离开了灵堂，由司仪主持接下来的仪式。出殡之前的送别仪式上，师傅通过念咒，已经向观世音菩萨禀明了亡者的情况，消除了其业障，观世音菩萨需要"回向"给这个亡灵（相当于是师傅们已经给观世音菩萨写了封信，告知亡灵的业障消除情况，观世音菩萨了解之后，给亡灵回信），这样亡灵才可以通往极乐世界。

亡灵已经得到去往西方极乐世界的允许了，在亡灵即将永远地远离亲友之前，由司仪主持接下来的环节，让亲友与亡灵进行告别。司仪拿着麦克风，让大家安静下来之后，先是用印尼语说了一通开场之后，又用普通话开场：公元 2015 年，农历岁次乙未年七月二十日良辰吉日，我母萧氏老太夫人招魂送别仪式开始。

仪式正式开始，第一步是奏乐，跪拜。悲恸的音乐声奏完，孝儿孝女和媳妇、孙子女，外孙子女跪在毯子上，司仪主持道："我们最亲的母亲，你以大爱的精神将我们抚养长大成人，您对我们的恩情比山高，比海深，是我们做儿女永远不会忘记的，我们求神拜佛，希望母亲××贻享天年，让我儿辈报答您的养育之恩，××现您已与世长辞，离开了我们，妈妈，敬爱的妈妈，您安息吧，我们一定按照您生前的教诲，不辜负您生前对我们的期望，妈妈，世上只有妈妈好。"① 随着奏乐，司仪领着亲人们唱起了世上只有妈妈好，这首简单的歌词不仅包括了对母亲离去的伤悲，更是涵盖了对母亲养育之恩的感谢。这期间，音乐声与悲恸声交织成一曲哀怨的曲调，使闻者潸然泪下。奏乐结束，工作人员给儿子们每人一炷香，在司仪的指挥下叩首，拜，循环三次之后，工作人员把香收回去。然后是敬茶，由长子给母亲三敬酒，然后三敬饭、三敬菜，然后众兄弟给母亲三敬发糕、三敬水果，然后是三敬纸钱。祭饭这个环节，不仅表达了孝子对亡者的一种孝行，同时也代表亡者向亡者的长者祭拜从而替亡者行孝

---

① 资料来源于 2015 年 9 月 3 日司仪 SGX 主持仪式时的讲话。

道，完成了孝道的在冥界的传承。同样地，这一系列的程序很好地表达了孝子对死者在天国一方能过得更好的希冀。

第二个环节，送别。司仪主持道："孝子孝女们和孙子孙女们、外孙们对母亲、祖母、外祖母行最后的告别礼。"在司仪的指挥下，孝子孝女们向死者四叩首，之后亡者的儿子们走到棺材的左侧跪着，其他的亲人们到棺材的右侧跪着，并且小儿子要跪在门口边上（因为父母都已经去世，长子为父，不适合与前来送丧的客人接触，由小儿子负责与前来告别的人相互行礼），答谢前来送别的亲友们。工作人员拿来了本来放在西瓜旁边的红布，折好放在毯子上，两个女婿在红布前跪下，敬香、叩拜、上香，以茶代酒、倒酒、敬酒、再倒酒、再敬酒、三倒酒、三敬酒，然后是敬水果、敬发糕、敬纸钱，四叩拜，起身，搀扶跪在门口的小儿子，女婿的告别仪式结束；接下来是侄子、侄女或外甥的告别时间。音乐奏毕，敬香、拜、上香、四叩首，扶起小儿子；接下来是姻亲父母的送别时间，司仪主持道："亲家婆，当我们听到你去世的消息，心里感到很难过，但是想到你能活到这么高寿而离开，又为你的善终感到安慰。放心吧，亲家婆，您的世代子孙都会永远怀念着你，也希望您在天之灵能得到安息。"① 音乐奏毕，他们站着敬香、上香、二鞠躬，然后便扶起了跪着的小儿子。最后行送别礼的是美达村的居民们，包括福利部的工作人员，他们向亡者敬香、二鞠躬。到此，告别仪式完全结束。

亡者亲属稍作休息，殡仪馆的工作人员把棺材抬到殡仪车上，把花圈、灯笼等物件都一一收进殡仪车上。待所有与亡者相关的物品（糕点除外）都放到殡仪车上之后，直系亲属们也跟着到殡仪车上坐，他们需要保护他们的母亲一路顺利到达地藏殿。待一切准备好之后，殡仪车即将离开，福利部的工作人员拿起之前用来拜祭的大西瓜，待到殡仪车离开之后，在殡仪车的后面把西瓜砸得稀巴烂。据说这是为了把不好的东西、不好的事情丢掉，使丧家从此拥有好运气。殡仪车响着如救护车般的声音扬长而去，送葬的亲友们乘坐其他的汽车跟随着棺车。丧礼不仅能够向外人展示血脉的繁荣，更体现了生者对死者的祝愿，体现了一种血浓于水的感情。

---

① 资料来源于 2015 年 9 月 3 日司仪 SGX 主持仪式时的讲话。

五 送葬之仪

亲友们跟随送葬队伍到达地藏殿之后，每人手持一炷香，静静地跪在地上，聆听师傅们对亡者最后的超度。持续两分钟之后，对棺材进行三叩首，然后工作人员便会把他们手上的香收回去，插在亡者的像前。然后他们便静静地听着师傅的诵经，双手合十，眼睛紧闭，甚是悲伤。五分钟过去了，师傅们作揖之后便开始绕着棺材念经，亲属们在师傅的带领下，拿着工作人员准备好的各色花，撒到棺材顶上，等到所有家属都向亡者撒花了，又转了两圈之后，才停下来，亲属们又对亡者进行三叩首，经已诵完，大师傅拿着装有五谷的袋子，走到棺材旁，喊着什么话，亲属们都会回应一句，然后大师傅就会把五谷撒向他们，他们会用自己的衣服接着飞过来的谷子，连续三次之后，仪式正式结束。此时，殡仪馆的工作人员前来，把代表亡者的灯笼先拿下来，接着把棺材推向了火炉口。此时的亲属们正在接受福利部工作人员给他们拿来的五谷。棺材被推进了火炉，亲属们开始大声呼叫着平时对亡者的称呼，师傅们在给他们整理衣服上的别针，他们都无暇顾及，只是无力地看着亡者的棺材被推进火炉。师傅们把他们肩上别着的小布全部取下来，女婿的绶带则把里面红色的部分给他们留下，白色的部分取走。全部完成之后，亲属们在师傅的带领下，对已经进入火炉里的亡者做最后的跪拜，此时，师傅的诵经声、乐器的叮当声、亲属们的呼叫呐喊声、哭声一时间全部混杂在一起，甚是悲恸。年少无知的少年张着大眼睛好奇地看着这群悲伤的人，他还理解不了失去至亲的悲切，只能在爷爷的指示下对着棺材的方向双手合十地拜着。等到所有与亡者有关的物件都已经随着棺材进入火炉之后，死者便真正地离他们远去了。

至此，对于亡者的所有仪式都已经结束了，亲属们和前来送别的好友们都到地藏殿外的一个房子处，那里已摆好丧家准备好的炒面和矿泉水，大家都可以到那儿去休息。在吃饭之前，大家到墙边捧上泡着七色花的水，据说要用这些水擦一下额头和手，这样可以把之前沾到的晦气洗掉，不至于把晦气带回家。最后，大家坐上车回到美达村，丧葬仪式结束。

美达村的华人大多数是祖辈从广东和福建过去的，他们也慢慢地融入了印尼社会，虽然时间不断推移，但相应的中华民族传统文化还是得到了保留和传承。在丧葬文化上，文化传承功能主要体现在以下几个方面。

（一）认知意识

根据调查，美达村的华人中，1990年之后出生的青少年大多知道自己的祖籍省是哪里，但是绝大部分不知道具体的家乡是哪儿，通过丧葬仪式的举行，对美达村华人提高对祖籍的认知、强化对祖籍国的意识起到了推动作用。

1. 看《通书》（黄历），选墓地、定日子。这在中国来说，是再普通不过的事。中国人大多相信风水，印尼华人也一样，特别是在丧葬中，选择土葬的人家，在亲人去世之后，便会找来风水先生到地藏殿测得一块风水宝地，待仪式结束，便把其安置在那里。他们乐意相信风水先生的话，仿佛给逝去的家人找个风水宝地之后，就可以保佑家里顺顺利利，消灾弭祸。出殡的日子也是严格按照《通书》上的解说来进行的，必须挑一个吉时出门。这实际上是中华风水概念对其行为的影响。

2. 讣告。讣告是中国传统丧葬中必备的悼念死者的告文，印尼华人写的讣闻不仅如国内一般包含了死者的生辰和死忌，埋葬之处和亲属姓名，还把其祖籍给交代清楚，这对于华人来说，是其对祖籍国认同的重要体现。随着华人融入主流社会的程度不断加深，越来越多的年轻人对自己的祖籍知之不多，但是，通过这样的活动，这样的形式，除了年纪尚小的孩童，大部分亲属都会自觉不自觉地接收自己的祖籍是在哪儿这个信息，这样的信息不仅丰富了自己的认识，更加强了其民族意识。

3. 仪式过程。整个丧葬仪式过程好像是自然而然地进行的，不需要预先教导，只需要跟着相关人员的脚步就行，一场仪式下来，对年青一代就是一个潜移默化的熏陶，其间有太多的中华文化的因子，有太多蕴含着中华文化的情境，通过这些情境的参与，参与人员对丧葬仪式的认知进一步加深，同时，这样的认知也是对民族文化传承的重要体现。通过丧葬仪式活动，积累的是知识，传承的是文化。

（二）孝道意识

孝道，一直是中华文化重视并且提倡的理念，是孩子对父母应尽的责任。传统意义上的孝道，是善事父母，如果父母已故，丧事的处理就不能马虎。与国内一样，在亲人的弥留之际，亲属们便会聚其左右，伴他度过人生的最后旅程，特别是儿子女儿们，必定会侍奉左右，尽其最后一份孝心。在母亲去世之后，孝儿孝女们买来了挽联和花圈，因为挽联和花圈的装饰，使灵堂看起来平添了许多哀思，也向村里人展示了他们对母亲的孝敬之心，希望她走的时候可以更加体面，更加热闹。

在念经超度的时候，孝儿孝女们要在师傅的指引下，不停地对母亲行跪拜之礼、虽然被分成了三个时间段来进行，但是只要听到师傅预示仪式开始的铃声，他们便会马上集合，跪在毯子上，专心地听着师傅念的经文。特别是在告别仪式的时候，当司仪向孝儿孝女们宣读讣告的内容，讲明母亲之前如何辛苦地将他们抚养成人时，他们都会痛哭流涕；最后要将母亲推进火葬炉的时候，他们情绪激动，欲跑步前进，伸手将母亲拉出那个黑暗的地方，撕心裂肺地叫喊着"不要"的时候，更是把对母亲的思念之情表达到了极致，假如没有孝心，这般真情流露是很难呈现的。但是在超度仪式之时，基本看不到哭丧的情况，这并不是说他们不伤心，不难过，而是因为他们觉得老人家寿终正寝了，现在正在西方极乐世界，享受着另一种美好生活，这种心态又何尝不是一种孝顺的体现？

与国内不一样，印尼华人并不会把葬礼搞得特别隆重，因为他们认为尽孝应趁早，在亲人尚在人间的时候，就应该对他们好一点，让他们的生活可以开心、美满，死后搞得多风光也是徒然，因为他已经感受不到了。不过该办的还是会办，可以做到的还是会尽量做到最好。

(三) 团结意识

丧事的举行，不仅深化了主家亲戚之间的感情，拉近了主家与村民们之间的距离，也加强了村民之间的交流。亲人去世的时候，亲戚们都会尽量赶过来，为平时不怎么有空联系的亲人创造了更多的交流机会。另外，丧葬仪式举行的时候，美达村的会员们都会参与其中，即使是平时关系不好的，也会到福利部尽尽心意。在仪式开展的每一个晚上，福利部都会有会员过来交纳帛金。帛金的交纳也许不多，但积少成多，也给主家减轻了部分负担，更重要的是让主家觉得自己不是孤军奋战，整个村子的人都会帮助他们，给主家带来了心理安慰，也拉近了主家与村民们的距离。一般情况下，大部分村民会在晚上的时候来交纳帛金，然后便坐下来与朋友们叙旧，喝水、吃花生、聊天，特别热闹，尤其是妇女们，她们因为要照顾家庭，不能像男性一样在吃早餐的时候到咖啡店去与别人谈天论地，因为丧葬仪式的举行，她们有机会一起品头论足，相互嘘寒问暖，也结交了新的朋友。这样的机会，对增进村民之间的了解，化解平时可能存在的误解，加强村民之间的团结是非常有益的。

丧葬仪式的举行，不仅成为亲人宣泄情感的方式，也增强了家族间的凝聚力，强化了同一村民的认同感。但是丧葬仪式巩固族群关系纽带的作用远远超越了个人情感宣泄的需要。

（四）仪式过程中反映的亲疏远近关系

就葬服而言，印尼华人圈与国内还是有相似的地方的。中国古代有五服之说，但美达村华人的丧服主要是对上衣有要求而已，与国内部分地区还有的披麻戴孝的习惯有不一样的地方，但是不同颜色的 T 恤表示跟死者具有亲疏远近的关系，如孝子孝女、儿媳妇的丧服就是一件白色的 T 恤、死者的朋友的穿着就不做要求。此外，出殡前的送别仪式上，工作人员会给死者亲属们戴上代表不同身份的小布块，这些布块的颜色也明显地反映了佩戴该布块的亲属与死者的关系。丧服和布块虽然都已较简化，也不像中国古代有代表男女身份地位的具体的丧服分工，但是就丧服而言，与国内古代的五服制度一样，都可以体现死者与亲属之间关系的亲疏远近。

整个丧葬仪式中，死者亲属都是按照先儿女、后孙儿女的顺序叩拜死者，在最后的仪式中，儿女们对死者行四叩拜之礼、女婿对死者行四叩拜之礼、侄子侄女给死者行四叩拜之礼、亲家姻亲给死者行二叩拜之礼，乡亲朋友们给死者行二叩拜之礼，这种叩拜之礼也明显地表明送别的人与死者的亲疏关系：侄子和侄女由于是死者的晚辈，应该用更尊重的礼节叩拜，女婿作为外来的，也是死者的晚辈，也应该用比较尊敬的礼节对待；儿子女儿们就更应该用尊敬的礼仪对待养育多年的母亲；而亲家和乡亲父老可以说是死者的同辈或朋友，用一般的礼节进行即可。

在中国古代，丧服和叩拜之礼不仅代表了亲属与死者的亲属关系，更代表了男性亲属与女性亲属的差别，体现了亲属中一套严格的等级制度，也许某些方面的作用已经褪去，一切从简了，但是某些传统的文化因子还是得到了保留与继承，这是很难能可贵的。

第 七 章

美达村华人的宗教信仰

宗教是人类社会发展到一定历史阶段出现的一种文化现象，属于社会特殊意识形态。基督教、伊斯兰教、佛教并称为世界三大宗教，在世界上拥有数目不等的信徒，但却对人类精神世界发挥了重要的作用。中国是一个宗教信仰自由的国家，主要流行的宗教有：佛教、伊斯兰教、天主教和基督教。此外，还有中国本土的宗教——道教，儒家思想，以及其他民族的民间宗教信仰等。道教、儒家思想与佛教基本贯穿中国历史发展的整个脉络，对中国国民的意识形态产生了重要的影响。近代以来，越来越多的人因为各种或政治或经济的原因，漂洋过海，移居到了东南亚各国。在异国他乡饱受煎熬、心系故土却难以寻得安慰时，依托故土的神灵拜祭以排解忧愁、寻找心理上的安慰便成为常态，但凡华人所到之处，无不建庙立寺，宗教信仰已经成为华人加强与祖籍国联系的寄托，也已成为华人更好地在异国安身立命的精神慰藉。在美达村，存在着以释迦堂、太天地宫和谭林庙为主的公共信仰，以家神、天神等神灵的家户信仰体系。

第一节　美达村华人宗教的公共信仰体系

佛教、道教和儒家思想是华人传统宗教文化的主体，在印尼华人宗教信仰中，佛教具有最大的影响力。印尼华人信奉的佛教，不仅具有中华传统宗教文化的影子，同时也拥有自己鲜明的特色。在印尼，爪哇的土生华人还按照儒家思想创造出了一个新的宗教，即孔教。因而在印尼华人社会中形成了所谓佛教、道教和孔教合流合一的"三教"。此外，印尼华人在其习俗和三教神灵，以及当地神灵体系的影响下，敬奉着多元神灵，以求得精神的安慰。印尼的建国五基就鼓励多种宗教和派别的存在，重视多元文化的和谐共存在一定程度上推进了华人信仰的多元特色。美达村华人的宗教信仰也是如此，随着生活逐渐走上正轨，他们越来越重视精神层面的满足。

所谓公共信仰体系就是指庙宇体系下的信仰，信徒们根据自己的信仰到相应的庙宇举行相应的仪式，进行各种宗教活动。美达村内公共信仰体系下的庙宇主要包括释迦堂、太天地宫、大爱佛堂和谭林庙，以及华人工厂、商店的神灵崇拜。

一 释迦堂及其神灵

自从1970年搬到美达村之后，直至现在，美达村已经出现了4个庙宇，显著地凸显了美达村华人宗教信仰中的多元神灵体系。从宗教的信仰体系来看，村内的信仰主要有"大传统"信仰和"小传统"信仰，除了佛教等神灵体系，还有土地公、天神等民间信仰；从信徒圈来看，受众主要来自美达村内和棉兰市；从宗教仪式上看，每个庙宇都会定期举行相应的活动。宗教信仰已经成为美达村华人日常生活中不可忽略的一个重要组成部分，影响着他们的日常生活和行为。美达村只有2000多人，但是其民间信仰却非常突出，不仅有华人传统的天公、土地神信仰，还有对释迦牟尼佛、太上老君、泰国四面佛和拿督公等的信仰，充分体现了宗教信仰不同体系之下的多元信仰特色。

（一）建庙缘起

由于美达村的华人们来自美仑、司吉利、班达亚齐等不同的地方，其背景不一样，想法也会有分歧，据说在集中的时候，经常出现相互打架的情况，搬到美达村之后，偶尔还是会有冲突。1975年时，DL、X等人经常到巷长KA家里聊天，他们几个人关系很好，经常一起交流想法。当时大家谈到美达居民的佛教信仰问题，由于初定居美达村，村里的很多设施尚未得到完善，没有可供居民拜祭的寺庙，居民们要拜佛的话，就得到隔壁巴烟区的佛堂去拜，实在是不方便，而且村里经常发生打架事件的话很容易引起混乱。X便提议：不如买一尊释迦牟尼的佛像，放到福利部里面，供大家拜祭，也许可以缓解居民们之间的摩擦。可是他的这个建议得不到其他人的支持，因为当时有些人说："我们是要回中国的，不搞封建迷信，如果放一尊佛像在福利部的话，外面的人就会认为我们在搞封建迷信,这样是不可以的。"① 福利部最开始履行的职责相当于是巷长的职务,当时具有不可忽视的作用,假如在福利部内放置佛像的话,确有不妥。后来,X又提议在村里建一个佛堂,对于这个提议,巷长及其朋友们不支持,也不反对。因为在这样大的一个村落,假如有一个寺庙供人们拜祭,也是很好的。而且,当时老人院区与棉中区偶尔有冲突事件,有一个寺庙供大家拜祭,也许可以减缓两个地区的矛盾。

在印尼,修建庙宇需要一个筹备和管理的基金会,基金会的成员一般需要至少5个人,当时X找到了巷长KA和DL等五人参加。由于DL和KA等人对XFA的提议表示赞同,也同意加入佛教基金会,但是他们都有一个条件,就是他们只是挂名字,使佛堂得以修建,但是他们不参与佛教的筹建及之后的管理事宜。DL和KA是美达村较有影响力的人物,他们的宗教态度对美达村华人具有一定的影响力。在大家的商议下,佛教基金会便成立了,其主要成员有:KA、LA、DL、X和一位老师(姓名不详),共5个人。得到了修建的准入条件之后,还需要解决佛堂的选址问题。巷长KA先生建议X与陈松茂先生商量(当时陈松茂先生是美达村的负责人之一),找一个地方专门放置释迦牟尼佛像,X便找到了陈松茂先生。陈松茂先生也觉得这个提议不错,于是便开始帮助X寻找合适的地方。除了得到村里人的支持,X师傅的提议也得到了棉兰的几个信徒的认可,他们认为释迦牟尼佛安置在这边很好,因为美达村华人绝大部分是佛教徒,而且X修庙的出发点是为了协调居民之间的矛盾,修建佛堂的话可以起到很好地维持社会秩序的作用,而且居民们参与宗教活动可以使居民之间更加团结,所以,部分棉兰华人也支持佛堂的修建工作。此外,棉兰某些有一定资产的华人及村内的华人愿意对佛堂的修建尽一点绵薄之力。于是,佛堂的修建工作便拉开了序幕。

(二) 释迦堂的建立及其修葺

1. 释迦堂的建立

最开始修建的佛堂就是在现在佛堂所在的那块地皮上,当时的佛堂只有4平方米那么大,是跟美达二路的一个单身汉买的,不仅占地面积小,建起来的规模也并不大,只是一个小佛堂。为什么会找到这个地方呢?并不是因为风水问题,主要是因为这个地方附近住的都是比较虔诚的佛教

---

① 2015年8月23日笔者与DL的访谈。

徒，如果在佛堂的附近有几位信佛的人，那么以后开展工作的时候大家都会合作一些。而且这个地皮的主人也愿意让出这块地，让这块土地成为佛堂所在地。就因为这样的因缘选择了这块地。地点定好之后便开始进行佛堂的修建工作。

当时从筹备开始，就已经有很多人过来帮忙，但是佛堂的建立还是依靠美达村里的善男信女和棉兰市里的热心人士的力量。其中起了重要作用的就是 Bante（定坛，印尼名字为：Bante Jinadharmo Mahathera）。Bante 是爪哇人，是佛教徒而且是出家人。在 Bante 还没有做和尚的时候便与 X 师傅结识，他们是在棉兰的一间寺庙里拜佛的时候认识的。在印尼修建佛堂需要得到政府的支持，当时就是他的朋友 Bante 帮忙解决了政府的各项事宜。有了友人的帮助，X 师傅只需要负责在美达村把佛堂建起来，其他的事情都不需要他操心。1980 年，佛堂正式修建的时候，Bante 便过来帮忙动土（就是帮忙做仪式），佛堂历时 2 年，于 1982 年建成，并取名"释迦堂"，只是当时没有把这个名字放到庙宇之上。X 师傅最初的构想就是要把这个佛堂建成一个家的样子，所以建成的佛堂就像是一个小户人家一样。

2. 释迦堂的修整

2008 年的时候释迦堂重新修整，村里的人也都给予了很大的帮忙。这次修整就是扩建，为什么要扩建？其实就美达村的信徒来说，佛堂的规模已经足够，但是如果外面的人来诵经的话，空间是不够的。但是因为 X 师傅的人际关系网络不断扩大，棉兰的信徒经常会到美达村的佛堂来诵经，只是依靠那一点空间是不够的，所以便开始扩建。扩建需要向旁边征地，因为是修建佛堂所用，附近的居民也都愿意让出部分土地，当然佛堂也会给他们相应的资金，所以在这个土地问题上没有出现纠纷，也符合"拜佛本就是求平安用的"这个初衷。扩建之后，释迦堂的宽度由当初的宽 4 米变成了现在的 12 米，长度依然是 23 米，相较小庙而言，修整后的佛堂更像是一个住家，共分为两层楼，第一层是供奉佛像等神灵的地方，第二层就是师傅的住处，而且在二楼设置了一个专门的房间，用于接待外来的客人。

修整之后把"释迦堂"写在了佛堂的大门上，释迦堂的意思就是释迦牟尼佛像的堂。释迦堂当时就是友人 Bante 给的一个名字。

"释迦堂"扩建的时候，原来的佛像送给了别的祠堂。修整之后，X

图97　美达村美达二路的"释迦堂"（郑一省摄）

师傅从中国福建莆田购买了弥勒佛、释迦牟尼佛、十八罗汉、千手观音等神像，当把这些神像放进佛堂的时候，需要进行开光仪式，当时还邀请了社会各界人士参加。佛堂内还有一张佛堂仪式初成时的邀请函，里面的内容大概为：谨定于农历戊子年二月初九日，阳历二〇〇八年三月十六日为本寺开光典礼，恭请 YM. Bhikkhu Jinadhammo Mahathera 主持剪彩仪式，同时礼请马来西亚新出阿弥陀佛莲社暨雅加达净宗学会住持（上）悟（下）闻和尚主持开幕仪式，欢迎护法善信莅临共沾法益。届时敬备素斋恭候。另外，还有一张开光仪式时的邀请函，内容如下：本佛堂蒙各界商翁及十方善信慷慨解囊，更经热心大德倾力协助，已顺利完成，功德无量。兹订一九八二年阳历十二月十二日及十三日，农历十月廿八日及廿九日上午十时正由棉兰宗教部首长驾临剪彩，并敦请关帝庙成雄法师为本佛堂举行开光典礼，并礼邀各方善知识为本堂弘法利生，法会一连二天，虔求印尼国泰民安，世界和平，沐佛佑，共沾福祉。届时略备素餐藉与各界共结胜上缘，恭候光临，随喜。巴烟丹绒巫里亚53巷11牌76号 释迦堂理事人和南。邀请函分为汉语和印尼语两种版本。

（三）释迦堂的神灵

释迦堂（Vihara Sakyamuni）位于美达二路，距离美达中路只有10米左右。通过栏杆进去，首先映入眼帘的是放在释迦堂门口的香炉，这个香炉约高130厘米，外表用金黄色的染料涂抹而成。抬起头，就可以看见金黄色的"释迦堂"三个大字立于门口正上方，门口由两扇木制的酒红色大门组成，推开大门，一尊笑佛——弥勒佛便会闯入眼球。笑佛脖子上挂着一串佛珠，左手拿着一个大金元宝，右手拿着一串铜钱，光着脚丫坐在释迦堂的门口处的正中央，使整个佛堂都灵动了起来。佛堂里设了三个梯度的神台，位于最高神台处的是三尊大佛；位于第二层神台处的是两尊菩萨和一尊千手观音；位于第三层神台的是数十盏油灯。

正对着大门的三尊大佛给人以强烈的视觉冲击，三尊大佛高约 1 米，置于墙边，中间那尊大佛的前方放置着两盏点着的油灯，其他两盏大佛的前方分别放着一个红色的油灯，只是没有点上火。而在三尊大佛前方的是关公和普陀菩萨、文殊菩萨和观世音菩萨。他们的排序也是有要求的，相对门口，由左往右分别是关公、骑着象的菩萨、千手观音、骑着狮子的菩萨、韦陀菩萨。其中，千手观音位于中间大佛的正前方，其他两尊佛像分别列于其他两尊大佛前方，关公和韦陀菩萨单独分列于菩萨的两侧。关公的前面放着一个大木鱼，韦陀菩萨前方放着一个黑色的大钵。木鱼是师傅平时念经时敲打用的，大钵则用得比较少。千手观音前面放置着两朵莲花油灯和一个小三藏佛像，两侧还贴着两张南无观世音菩萨的牌匾。神像前方，便是人们拜祭时摆放物品的场所，正对着千手观音的地方摆着一个香炉，香炉的两边分别是 7 个人前来还愿时点的灯，上面还登记有点灯还愿者的相关信息，张贴在油灯的后面。油灯的两侧放着两束菊花，有紫色的、黄色的、白色的等，对称着放，鲜花一般是信徒们初一、十五来拜祭的时候拿过来的，平时如果干了的话就会换掉。油灯前面还有一个大油盆和一个倒油用的油斗。

佛堂的两边墙上摆放着十八罗汉，他们是随意摆放的，没有特定的方位要求。在十八罗汉的最后，分别放着一排竹子，当问及为什么要放上竹子的时候，佛堂师傅说只是为了好看，但是笔者认为竹子是佛家的代表植物，放置竹子可以提升佛堂内部的清高之感。

佛堂有内外两个空间，第一个空间比较大，主要供奉着释迦牟尼和十八罗汉，里面的空间主要放着关公和一个千手观音。供奉关公的神桌后面俨然像一副对联，上面写着"新年快乐迎春接福"，对联为：春满乾坤福临门，天增岁月人增寿。对联都是用红纸金字写成，显然，是过年时贴上去的，特别亲切。神桌的中央是一个大关公，其右手拿着一本书，左手捋着胡子，神色严肃。关公的左右两侧放着较小的关公的佛像，共有 3 个关公。其中最大的一个是从中国莆田请来的，左边的那个是某华人捐赠的，右边的那个是佛堂刚建立的时候供奉的关公，是印尼人做的。相比之下，印尼制作的关公远不及中国制作的更显威严，用师傅的话来说，中国的比印尼的好看。与关公摆在同一个神台上的，除了那两个小一点的关公之外，还有两个福德正神，这也是当地华人捐赠的，师傅便把它们安置在这里了。

关公神桌的左边是一个供奉千手观音的地方，上面供奉着一个千手观音，千手观音前面放置的是还愿信徒所添的灯，油灯共有4排，最顶上的一排分别在左右放着8盏油灯，第二、三排分别放着11盏油灯，最底下的这一排，于中间的地方放了一杯茶，茶的两边分别放着4盏灯。油灯一直燃着，燃着的油灯晃动着黄色的微光，使整个佛堂看起来更显肃穆。

佛堂墙壁上贴着一张居民给的字画，上面写的是一个"佛"字，但是部首的部分不是简单的单人旁，而是描成了一个人跪着的样子，如此一来，这个"佛"字就像是一个人在虔心拜佛。此字把美达村华人对佛教的虔诚信仰表露无遗。

图98 释迦堂内部摆设及拜祭的华人（邱少华摄）

在进入里面的房间的时候，发现过道上有一个鼓，师傅说，这是举行仪式的时候才用得上的，平时都不用。楼梯旁边还挂着海青。海青为我国佛门僧俗二众礼佛时所穿的衣服，本属于宽袍大袖的唐装，身腰、下摆、袖口都很宽阔，穿着自在。只要穿上海青就意味着已经是受持了在家戒律的真正居士，与一般的善男信女就不可同日而语了。海青大都是在礼诵、听经、会宾、议事以及晋见长老等重要场合的穿着。拥有不同等级的师傅穿的海青有不同的颜色，现今国内寺庙的海青颜色有二：一为黑色，乃一般佛弟子礼佛时所穿；一为黄色，是一寺之方丈或法会中的主法者所穿，一般大众不得穿着。但印尼佛教堂里,海青分为蓝色、黑色、白色,在佛门里的人穿的是黑色的,丧葬仪式上诵经师傅穿着的是蓝色的海青,白色的较为少见,每个寺庙的师傅穿的都是不一样的。

(四) 释迦堂里的青少年班

释迦堂里曾经设置了一个青少年班。由于印尼是一个全民信教的国家,学校里也会开设与宗教相关的课程,印尼的学校都是国民学校,就读大学生有印尼人也有华人,有信奉伊斯兰教的也有信奉佛教的,而信奉佛教的学生,每个星期都得去佛堂学习知识,现在已经取消了。青少年班就是因为这些青少年在学校里学习佛教时,学校需要学分,所以他们每个礼拜都要到佛堂去参加一些活动。主要是到佛堂里接受仪式、教育等知识的学习,学习结束之后,佛堂的老师都会给一定的分数。[①] 青少年班的成立不仅需要高中生、佛堂师傅,还需要一个管理体系来维持正常的学习秩序。当时释迦堂青年班的负责人是 SX,她对我们说道:

> 我1976年出生于棉兰,丈夫姓N,以卖摩托车为生,丈夫是湖北人,父亲是哥达扎内的,母亲是瓜拉新邦的。他们一家人原来住在亚齐,在我四五岁的时候,全家搬到了雅加达,在雅加达的时候是讲印尼话的,假如讲华语的话会受到排挤,所以我在雅加达的时候会觉得讲华语很害羞,基本不怎么讲。父亲 Cang Yen Wen/ Husin 在亚齐是做单车生意的,为了寻得更广的市场,搬到了雅加达,最后因为生意失败回来棉兰。母亲叫 Hung Cin Ai/Goh Ai。在雅加达,书念到了初中,而且在雅加达的时候我身边的朋友都是印尼人,与印尼人的关系挺好的,当时父亲觉得作为华人,应该跟华人待在一起,也不希望孩子与印尼人结婚,所以便把孩子们带回来棉兰。
>
> 1991年回到棉兰,在棉兰上了高中,在学校里学习宗教,学习过伊斯兰,学习挺好的,也得到了老师的喜欢。虽然学习了伊斯兰教,但是感觉不是很适合自己,也接触过基督教,但是,基督教的教义是,你做任何事情上帝都在看着,而且上帝有喜怒哀乐的时候,生气的时候会骂人,我便费解,为什么会有这么奇怪的神灵?觉得没有兴趣,所以后来转向学习佛教。当时学习佛教一个星期是一天的时

---

① 2015年9月5日笔者在美达村与 DL 的访谈。

间,学习佛教的时间是 3 年,1994 年加入佛教的青少年组,当时的青少年组大约有 40 个人,都是高中生,青少年组就是一个基金会 Pembnina,全称为:Persaudar Muda Mudi Vihara Sakyauni(PMVS),即释迦堂青少年组基金会。整个青少年组的成员都是学习佛教的。开始的时候我在青少年组里担任秘书 Secretary,我刚从雅加达回来的时候,对各种事情充满了好奇,也乐于去探讨各种事物,所以当时,大家便推选我为秘书。我与丈夫在佛堂相遇相识,当时丈夫 N 先生则在里面担任负责人,等到他毕业之后我便当起了负责人,负责人的工作就是组织同学们到佛堂学习。青少年组就是给有佛教意向的同学们讲解佛道精义,因为距离释迦堂比较近,所以便选择了到佛堂去。当时释迦堂里有两个老师:M 师傅和 L 老师。M 师傅主要是教同学们念经、打木鱼、饮磬、敲锣,另一个老师 QP 则是教同学们学习《弟子规》,为什么要学习呢?弟子规是学习佛教和道教必需的道义,其作用是教会我们如何为人处事,如何孝敬父母,如何对待孩子,应尽的义务是什么?这些都有涉及。其实也就相当于佛教的教义。我作为青少年组的秘书,想要找一位老师过来教汉语,有一次偶遇了 QP 老师,便问到是否可以前来任教。L 老师说,尤其对《弟子规》有一套学习心得想要教给大家,于是,便到佛堂,给同学们讲解《弟子规》。[①]

有一些美达村村民感觉青少年班的开设很好,因为学习念经可以达到心静的效果,可以更好地调节心理状态。比如,有的人认为家里遭到了一些变故,心里就会想,为什么上天会如此待我,可是到佛堂学习念经之后,佛堂的师傅会告诉他,这是因果报应,我们前世所做的事情之后都会得到相应的回报,苦日子总会到头的,他们也不需要很担心,不需要太辛苦,好日子总会来的。这并不是神灵的偏袒,因为还有比他们更辛苦的人,凡事都得靠自己,自己要更努力才可以。1991—1997 年都在青年班,后来一直到现在都有拜佛。一位获得佛堂帮助的 SH 先生说道:

>我祖籍福建,在一岁的时候,我父母离异,我跟着母亲到了美达村,由于人生地不熟,外加要打工挣钱,母亲在师傅的帮助下租到了

[①] 2015 年 9 月 6 日笔者在美达村与 SX 的访谈。

一间小房子自己住，我则被留在了佛堂，跟着师傅一起住，一住就住了 10 多年。住在佛堂的时候，每天早晚都要念经，跟着师傅学习经书道义。后来上学的时候半工半读，后来，到了 Harabone 大学念书，学的是经济管理专业。①

（五）释迦堂里的管理人员

释迦堂初建的时候，文件上的管理人员主要有 5 个，但是这 5 个人主要是美达村的相关负责人，之所以答应当管理人员，基本是为了顺应 X 师傅想要建庙的意愿而已，他们本身都是无神论者，即使身份证上写着"佛教"信仰，日常生活里也不会到佛堂里拜祭。所以，释迦堂的管理人员主要是 X 师傅一个人，初一、十五的时候，美达村里的一位在福利部帮忙的阿姨会过来帮忙打扫卫生，平时就是师傅一个人随便打扫，烧香念经。虽然工作量不多，但是随着年纪的增长，X 师傅也想找一个接班人，他已经年近七旬，身体状况大不如前，急需一位继承者协助其处理事务，但是合适的继承者现在还是没找到，只能一切随缘。

二　太天地宫及其神灵

（一）太天地宫的选址

太天地宫的发起人是美达村华人陈增志，最开始的时候还没有太天地宫这个称呼，大家都把该神灵称为太上老君。陈增志是做皮带生意的，在棉兰有自己的店铺，因为没有场所，所以最初把庙定在了他自己的店里。他的皮包店设在棉兰，只是一个小小的房间，把太上老君奉祀在这里之后，也没有建庙，只是在家里供奉而已。因为没有庙，所以当时没有什么人过来拜祭，但是太上老君的名声已经在外，所以过来问事的也不乏其人。由于棉兰的店到晚上就会关闭，所以初一、十五的时候，就会在陈的另一幢别墅区的家里摆张桌子，在桌子上面放上水果、花等祭品拜祭太上老君。即使家里没有神像，也会有很多人过来问事。

2013 年，陈增志的父亲去世之后，美达三路的住家便空了出来，没有人居住。该房子所占空间较大，陈增志便决定把太上老君供奉于此，形成了现在的"太天地宫"之一。中国传统宗教中，一般将佛教的修行之

---

① 2015 年 7 月 29 日笔者在美达村与 SX 的访谈。

地称为寺、庙，将道教的修道场所称为宫、观。太天地宫的名字起源估计也与此相关，虽然陈增志等人提供的说法是，该庙宇名称是"爷爷"太上老君规定的，没有具体的意思，但是，不能否认其受中国传统宗教信念的影响。"太天地宫"之于美达村也只是一个暂时的奉祀地点而已，陈增志他们一直在别处寻找其他的庙宇落脚点，终于在棉兰的郊区地带找到了一个较为合适的地点。

（二）太天地宫及其神灵

太天地宫建立之后，信徒们便开始把信奉的各种神像搬到了这里。最初的"太天地宫"只供奉着三大神将（三清道主），这三大神将都是从棉兰请来的。后来，太天地宫的影响力越来越大，来拜的人也越来越多。有时候，前来问事的人为了表达自己的诚意，会询问该如何报答，"太上老君"就会通过陈增志向他们表达想法，说："如果你要答谢我的话，就可以送些神像过来。"之后会说需要什么神像。之前来找太上老君问事的部分人为了答谢太上老君的恩德，偶尔会选择送些神像到庙里，当然，庙里的很多神像都是信徒们一起凑钱请的。有时候是太上老君需要用到这个神像，就会跟信徒们讲，信徒们就会到外面去找，于是，庙里的神像便越来越多。[①]

刚开始建的太天地宫是在美达三路。通过美达中路走进美达三路，可以明显地看到在一所房子前面有一个插着旗子的宛如一顶轿子的物品，它是民众拜祭太天地宫时，用来烧纸钱的场所，它的存在，预示着庙宇的存在。走进这个房子，可以听到从房间里传出来"阿弥陀佛"的音乐播放声，可以闻到燃香的味道，同时也可以看到门口处摆放着好几个神灵。其中对着门口的地方摆放的是天神，于天神的左边靠墙的位置也放着一张桌子，神桌上供奉的是五神将，五神将的下方墙壁上放着白虎、天地父母神。每个神像前面都放着香炉。在大门口拐弯的地方，是供奉土地公的地方，建造特色有点像当地的拿督公。

目光投向大门口，可以发现木制的门口正上方有一个牌匾写着"太天地宫"的字样，进到屋里，一张金黄色的方形桌子和椅子便映入眼帘，桌子长约150厘米，宽约100厘米，高约80厘米，椅子是传统的木椅子，高约50厘米，梯形的结构使其看起来特别牢固。桌子上面放着仪式进行需要的物品，有仪式进行需要的衣服、用以写字和盖章用的一块红色的垫

---

① 2015年8月15日笔者在美达村与陈增志的访谈。

图99 美达村的"太天地宫"(邱少华摄)

子、几个章子、一块蘸着红墨水的用盆子装着的布。也许是因为所用的次数比较多,那块红垫子上已经沾上了星星点点的红墨水、黑墨水。桌子后面是一个香炉,香炉放置在一个高约130厘米的黄色桌子上,该香炉呈椭圆形,左右两边是两条修饰用的龙,香炉上插着信徒们拜祭时烧的香,正在烧着的高低不等的香显示着这里是有多么的热闹。香炉前方放置着12杯茶,茶的两边是一对蜡烛,香炉的右侧放着仪式需要的红墨水和黑墨水,墨水上面放置着一支毛笔,但是这些墨水、毛笔只是暂时放在那里的,平时没有活动的时候,神桌上的物品和墨水等全部都会放到固定的地方收好,待到有需要的时候再把它们拿出来。香炉的背后插了很多的旗子,这些旗子就是太天地宫某些神灵的令,是用以帮助信徒的,乩童会根据降临的神灵的不同使用不同的旗子。

香炉之后,也是一张黄色的大桌子,此神桌由一块绣着"金玉满堂"的彩布装饰着,看不到桌脚。中间立着各种大旗子,信徒供奉的大红烛分别放在了两旁,旗子的后面是一个香炉,桌子上还在左边放了一个青龙,右边是一个白虎。桌子后面是一个放置神像的地方,上面放了各式各样的神灵,都是信徒们带过来的,上面放置的神灵特别多,主要是诸位小神、将军、元帅级人物,摆放很密集,就如天兵天将般,以致很多神像都看不清其面貌。神桌的右侧供奉的是王母娘娘和观世音菩萨,他们两者的下方是中国的土地神。这诸多神灵的上方是三清道主,分别是元始天尊、道德天尊和太上老君。通过左侧的门后向右转,可以发现里侧还放置了其他的

图100　美达村"太天地宫"举行
普度仪式前的信徒（郑一省摄）

神像，这个空间供奉的神像主要是释迦牟尼佛和二大老师、无门童三位主神。首先映入眼帘的是释迦牟尼佛，在最靠近门口的地方摆着一张长桌，上面摆着一个香炉，比前屋里放置的香炉小一点，上面插着三支大香，两侧放着两大根蜡烛，香炉的前方放着9个红色的茶杯，右侧摆着一束白色的菊花（有时候也会摆在左边，位置并不固定）。香炉前方及左右两侧所放置的物品不是规定的，一般有菊花和水，只是摆放的数量可能会有改动。香炉后面是各种小佛像，比较明显的就是立于中间的释迦牟尼佛，他披着一件黄色的袈裟，戴着一串佛珠，脸色淡然，身后挂着三个相框，相框里是不同的僧人，三张照片的上方是一个老者的照片，这四张照片和释迦牟尼佛被一段长长的红绳子框成了一个相框的形，还在周围贴上了其他的照片。再往里走，其右侧放置的是二大老师，二大老师并没有神像，只是用红纸写上"二大老师"，然后贴在墙上，再在红纸上方贴上两个花红，但其前方依然放着五张旗子，旗子的前方还放着香炉，而香炉的左右两侧依然是燃着的蜡烛。二大老师左侧供奉的是无门童，无门童的神像是一个弯着腰的老者形象，其附近放了很多小孩子的木偶，而在其正前方，也是一个香炉，香炉的前方放着三杯水。太天地宫进行仪式的时候，需要用到好几个印章，主要是五个：斗金师金、太白金星、白虎将军令、五神将军和八卦。其中，斗金师金是赐福用的、太白金星是玉皇大帝的左右手、白虎将军令是福德正神的徒弟、五神将军有收妖的功能、八卦主要是看风水用的。这五个印章分别拥有不同的功能，所以不是任何时候都适用的，乩童会依据信徒所求之事使用不同的印章。

图101 美达村"太天地宫"乩童与拜祭的场面（郑一省摄）

太天地宫的拜祭也是具有一定的顺序的，主要顺序为天神、三清道主、释迦牟尼佛、五神将……据太天地宫的开创者陈增志说：到太天地宫上香的话，要先拜外面的天公，接着进去拜祭摆于里屋正中央的三清道主。接下来拜的是皇母娘娘，皇母娘娘下面是中国的土地神，其实就是福德正神，福德正神也是财神爷，也需要拜祭。第四拜的是将军、元帅，接着就是拜祭三清道主的元帅之类的，这些元帅就是摆在三个神像下方的各个神像；接着拜的是在另一个屋子里的释迦牟尼佛，拜完佛之后就是拜"二大老师"，即这里的拿督公，然后就是拜祭"二大老师"隔壁的无门童。无门童，就是照顾小时候就已经去世的孩子的神灵。这些小孩子很可怜，居无定所，所以太上老君就把他们请回来，让他们有一个固定的场所可以让人拜祭，平时，给无门童准备的祭品也多是糕点等小孩子喜欢吃的东西。最后就是回到大门口，拜摆在前面的五神将和拿督公，拿督公是这里的本地神灵，我们现在住在这里，需要得到这边土地神的保佑。五神将是阴间的神灵，拜祭的阴钱就是烧给他们的，如同超度一般。人都是有罪的，死后都要到下面，如果没有人管理是很可怜的，烧纸钱给五神将，就是希望他们帮忙管理亡者。烧纸钱就是积阴德的行为，去年更多的是积人德，所以去年去到一些孤儿院、养老院等去送温暖。今年，太上老君说要积阴德，所以我们平时就要多拜祭这里的神灵，多为亡者烧阴钱。五神将把我们所烧的纸钱拿去给阴间的人，让他们得以投生。大概的拜祭顺序就是这样，三清道主就是这里的主神。①

(三) 太天地宫新庙

新建的"太天地宫"在棉兰的一个富人住宅区，即巴烟社区（Komplek Graha Helvetia，Pulo Brayan）。新庙分两层，下面就是太天地宫，上面是放佛像的地方，隔壁那个房子就是乩童阿杨住的地方，这个地方建了一年多。新庙的楼顶全被抹成了金黄色，没有贴壁画，也另有一番静谧的感觉，插于中央部位的五色旗子，为庙宇增加了神秘的色彩。

新庙主要由3层楼组成。一眼望去，贴于墙外的壁画，一下子就能抓住行人的眼光，壁画主要分布于左右两侧和两层楼中间相接的部位，一楼两侧最外侧墙边贴着的是青龙和白虎，对于新庙，青龙在其左侧，白虎在其右侧，青龙的上方还有一块壁画，一、二楼中间相衔接的部位贴的是八仙过海的图案，左右各4个均匀地分布于两侧，中间则贴着"太天地宫"的牌匾，整个八仙过海，壁画是以蓝色为底色的，八仙中每个神像都栩栩如生，把八仙的特征一一表露无遗。每个仙人形象都有一层金色的光环，围绕着它，使其更具有仙人的气质，而太天地宫4个字则位于大巴山的中间，红色的底色上，贴着金黄色的太天地宫4个字，外围则是一圈金色的祥云。就这样，一楼的顶上是一个八仙过海图，左有青龙右有白虎，所有这些神灵共同佑护着一楼的主厅。一楼主要被分成了两个区域，清母境和三清境，中间墙上距离地面约30厘米处，画了一个八卦图。极具道教的特色。

一楼奉祀太上老君为主神，四周墙壁上贴满了十八罗汉和其他神像，有开心罗汉、罗睺罗汉、伏虎罗汉、骑象罗汉、举钵罗汉等，还有太白金星、姜子牙、灵官天王君、正一教皇张天师、天上圣母、九天玄母娘娘、和合二仙、老子清道观、老子布道、孙真人点龙眼等的壁画。位于庙宇大厅左侧的是清母境，右侧的是三清境。二楼是佛堂，远远望去，只能看见楼上的玻璃窗，到了晚上，在灯光的照耀下，可以看见二楼对应一楼八卦图的位置上画着一尊释迦牟尼佛的神像，在灯光的烘托下，神像身上像是披了一层佛光，更平添了一种神秘感。三楼也只能看见几个玻璃窗二、三楼之间也贴了一些壁画，只是因为占地面积小，不如一、二楼之间的八仙

---

① 2015年7月30日笔者在美达村太天地宫与陈增志的访谈。

过海图醒目，也看得不真切。

图102 位于华人富裕社区的"太天地宫"新庙（郑一省摄）

虽然新庙刚建设好，但新庙已经初具道教庙宇的特色，神像的安置位置也已经得到确认。庙宇里不仅包括三清道主、释迦牟尼佛等美达村太天地宫已经具有的神像，还增加了四面佛等神像的设计，这从侧面反映了华人民间信仰的多元神灵崇拜特色。

（四）太天地宫的管理人员

太天地宫由陈增志和其他几个人共同管理，主要的管理人员有4个（炉主、财政、新庙管理者和后勤），另外还有6个人负责翻译，他们分别是：炉主：陈增志，增志是老师（因为爷爷的话，他都会解释，都懂）不是选出来的，是大家让他做的；财政：Kalista Tah、Lie Fa（陈增志的妻子）；新庙料理人：Alvih Huang；料理拜神所需物品：Dharmawaty（张水仙）。另外，有6个人作为爷爷的翻译，他们分别是：Herry 、Ritjad Maseh 、Apen、Toni、Aguan、Herman Thang，工作就是负责把爷爷讲的话翻译给前来问事的人，更完整地表达太上老君的话语。他们各司其职，在各自的位子上努力地做着自己的本职工作，同时又保证了太天地宫活动的正常开展，确保了太天地宫的有效运转。

三 大爱佛堂及其神灵

从调查来看，美达村华人信仰佛教较为常见，除了美达二路有"释迦堂"外，在美达五路还有一座大爱佛堂，这座庙宇的缘起和建设也有其独特之处。

（一）缘起

在美达五路 62 号与 64 号住家之间，是一个外来神灵的庙宇，即大爱佛堂 Cetiya Maha-Karuna。大爱佛堂建立在住家群里，所以在没有靠近之前，很难看出来这究竟是庙宇还是寻常人家。据了解，2005 年前后，大爱佛堂所在的位置还是一块空地，在其附近住着一户人家，当时他们搬走之后就把家里原本供奉的四面佛丢弃在现在的大爱佛堂这块土地上，后来被 YL 的朋友 LYG 发现，LYG 把四面佛拿回家里供奉，说只要四面佛能够保佑他挣钱，他就会买下这块空地，给四面佛建一个庙。一年之后，他果然挣了不少钱，之后就开始筹建四面佛堂。开始时建的四面佛堂也是现在的规模，建好之后，就在里面供奉之前那个小的四面佛。之后才在外面专门空出来一个地方，用以供奉后来从泰国引进的四面佛。佛堂里面的佛像也是建起来之后，四面佛的信徒们慢慢从外面请回来的。

图 103 "大爱佛堂"的空间（郑一省摄）

（二）神灵

走近大爱佛堂，可以看到一个 1 米左右高的香炉，黄色装饰下的香炉，使这个庙宇显得更加的肃穆。与香炉仅两步之遥的地方是拜祭四面佛的地方。Cetiya Maha-Karuna 牌匾悬挂在门口的正上方，上面还有这个佛堂的标志，云端上，一只手拿着一朵莲花，其中莲花是佛教的象征，手上拿着的开着的莲花象征佛教的大爱精神，所以此佛堂叫大爱佛堂。牌匾的两侧挂着两个挂坠，右侧的挂坠上面写着"财源广进"，左侧的挂坠上面写着"招财进宝"。

美达村的四面佛，佛像没有外面寺庙里的大，但是也透露着佛像独特的威严。金黄塔顶之下，是一个较大的四面佛，四面佛的四周放着大小不等的象，颜色也不一。大四面佛的下一层的四面也放着四面佛，四面都分别有一个四面佛像，而每个小四面佛像的左边都会有一个小象，前方都会有一支蜡烛和一杯水，在小四面佛像的偏左方向都会放置一个稍大的黑色大象，其偏右方向都会有一个油盆，里面终日会盛放着油。象是四面佛里常见的摆设，相对于大爱佛堂的正门来说，在四面佛塔底的正面和背面的两边摆着的都是白色的象。而在左右两面的两边摆着的都是黑象，黑象比白象稍微大些。这些白象和黑象摆设的地方就是塔底的第三层，第三层中，除了两头象，中间还有一个地方是供人插香用的。

四面佛像与大门之间还有一个约 80 厘米高的香炉，上面一直会有一个燃着的环形的香。在香炉的左侧是一个盛放物品的柜台，里面放置着信徒前来拜祭时需要用到的香、蜡烛（有白色、黄色和红色的）、香油等。

抵达正门，门口两边是两个香炉，置在了两个木制的高约 50 厘米的类似板凳的物品上。走进里堂，可以发现，两侧墙上都挂着一块牌匾，其中右侧的牌匾写的是"吉祥如意"；而左侧的牌匾写的是"富贵平安"。抬头即可看见三尊来自中国的神像，左边的神像上写着"寿比南山"，中间的神像是财神，右侧的神写着"福如东海"。三尊神像的左右两侧分别放着一个麒麟，前方放置的是两个香炉和两盆香油，香油上还点着灯芯。而在三尊神像的所在的神桌的左侧，圆柱形的器皿上放着一块黄色的垫子，垫子上放着一个木鱼，右侧也是一个圆柱形的器皿上放着一块黄色的垫子，垫子上放着的是一个大钵。而在木鱼和大钵的后面，分别立着一个谱架。

该神桌之后，是另一个神桌，棕黑色的大长桌上供奉的神像从左往右依次是文殊菩萨、释迦牟尼佛、观世音菩萨这三尊佛像。三尊佛像的两侧分别放着一个类似于神祇牌的东西。且在三尊佛像的正前方，放着一个碟子，碟子上面有白色的蜡烛，而在碟子的左侧放着10杯茶，右侧则放着10杯白开水。这些摆设简单却又不普通。

越过三尊佛像，我们可以看到，后面这堵墙主要分为4层，每一层所供奉的佛像都不一样。最上面一层供奉的是三尊大佛，往下一层供奉的神像，从左往右依次是关公、唐三藏、观世音菩萨、千手观音、弥勒佛；顺着往下第三层供奉的佛像，从左往右依次是哪吒、福德正神、太上老君、真武大帝、财神爷。每一层都安装了灯管，只要插上电就可以发亮，给幽暗的庙宇带来了一丝光明。最后一层供奉的佛像中，分成了3个部分，最左侧的神灵代表的是荣华富贵；中间的神灵由3个佛像组成，并且被置于一个小桌子上，显得其比左右两侧的神灵要高些。右侧的神像是一个穿着袈裟的僧侣。这一层所供奉的佛像主要是印度佛。而在中间3个佛像的下边儿，是中国的土地公公和土地婆婆，两个神像都是笑容可掬的样子，两人并排而坐，土地公公在土地婆婆的左边。土地公公左手拿着金元宝，右手拿着拐杖。土地公公的左侧是一条白虎，而在土地婆婆的右侧，有一个小箱子里面放着金钱袋、银钱袋，还有粮食。在土地公公和土地婆婆的正前方，摆着3杯水，右上方是一个燃着的油灯，左上方是一个香炉，上边还放着一炷燃着的香。

这堵墙上的所有神像都位于大爱佛堂的中央，而在这些神像的左侧，供奉了一个印度神——Sai Baba。这个神灵供奉在房间左侧的一个角落里，墙上挂着的都是他的画像，画像的底下，是供奉他所用的香炉、油灯，以及3杯水。

关于Sai Baba，还有这样一个传奇的故事：YL曾经有一个朋友病了31天，昏迷不醒，他便过来求Sai Baba，希望他保佑朋友早日康复，Sai Baba说他的朋友第二天就会好了，第二天的时候，朋友真的有好转。大爱佛堂里还有一个神是Sridi Baba，比Sai Baba更老，在Sai Baba未去世之前，就已经有很多人在家里供奉他的像。两年前，YL曾经特意去了印度拜祭Sai Baba，他在Sai Baba的坟墓前询问是否有什么需要交代给他，没有得到回复，但是突然有水落到了他的手上，当时的天空晴朗无比，为什么突然间会有水滴的出现呢，他认为这是 Sai Baba 给他提示，让他要继续做好事，就可以得到好风水，得到好发展，他认为这是好事。①

（三）祭拜

每个星期四的晚上，都是祭拜四面佛的时间。又到了星期四，四面佛的助手们已经在对面的房间，架好了炉灶，开始炒面，供给前来祭拜的信徒们享用。四面佛也被修饰了一番，位于前后两侧的白象被挂上了用茉莉花编成的花圈，而在第二层的小四面佛前面，放上了好几碟茉莉花。前来祭拜的信徒们，到左侧放香的地方，拿起8炷香，点着，先是拜了天神，把三炷香插到大门口的香炉上，然后走到里堂，三叩首之后，分别拿起一炷香放到门两侧的香炉上，剩下的三炷香插到里堂的香炉上。此一阶段祭拜完毕，再到放香的地方，拿起4支黑色的香，点着，依次在四面佛的前右后左四个方向祭拜并且把香插到指定的位置。烧香之后即敬奉蜡烛，与礼堂内的白色蜡烛或者红色蜡烛不一样，祭拜四面佛使用的蜡烛是黄色的，4个方向都要摆上一根。条件允许的话，信徒们还会奉上椰子和茉莉花，最后便是添香油，要给四面佛4个方向的油灯都添上。这样，祭拜仪式完毕。

图104　大爱佛堂（左图）、YL在"大爱佛堂"（右图）（郑一省拍摄）

祭拜结束之后，信徒们多数会到对面去，吃四面佛的工作人员所准备的晚餐，然后坐下来休息，与大家闲聊，席间气氛特别融洽。有些信徒在祭拜完之后，会把已经祭拜过的多余的茉莉花带回家，听说这些茉莉花有消灾解难的作用。

---

① 2015年9月3日笔者在美达村与叶郁林的访谈。

（四）管理组织

大爱佛堂设有炉主和具体的管理机构 MCC。一般来说，炉主的产生需要经过一些仪式，比如举行"胜杯"仪式、举行筛选。

1. 炉主（主席）

YL 作为四面佛的主席，平时的工作主要就是帮忙处理、举办一些慈善活动，一般是到养老院、老人院等一些地方，开展慈善活动。慈善活动一般在即将过年的时候进行，因为要做好事，接济的对象主要是问村长要的，主要是身体有缺陷或者是生活上有困难的人。资助的人数在 200—300 人，资助的是整个丹绒巫里亚村的。上次的慈善活动资助了 200 多人，包括华人和印尼人。具体的华人和印尼人的数额不会有限制，但是总体而言还是印尼人居多，那些米粮主要是四面佛的信徒们捐的。① 平时他也会号召他的朋友参与到这些活动来，但主要的支出还是由他负责，如四面佛每个星期四晚上招待客人所用的米饭、菜等，平时给贫困人家购置的油，面粉等东西大部分是他自己出的。他还没有成为主席之前，就经常从事这样的慈善活动，也是因为自己的诚信所以他的生意也做得很好。

2. 其他管理人员

大爱佛堂有一个专门管理的机构，叫 MCC，管理人员除了炉主 YL 之外，还有管理财政的阿朱，管理庙宇的助手阿胜，其他的都是前来帮助的工作人员。慈善活动上穿黄色衣服的都是属于四面佛的义工，这些人都是 YL 的朋友，他们都是自愿加入的。义工的人数并不固定，只要来帮忙的都会穿上这件衣服，里面有华人也有印尼人，当然也有几个固定的成员，每当大爱佛堂举办活动，需要他们的时候，他们就会出现。

四　谭林庙及其神灵

谭林庙位于美达一路 C 区，即美达村的"老人院区"。刚建时，似乎很没有存在感，村里的很多人都不知道此庙的存在，也鲜有人祭拜，大部分都是外地来的信徒。供奉的神灵主要是谭林，还有佛教和道教体系的其他神灵，如释迦牟尼、观世音菩萨、哪吒、济公等，其庙宇来源扑朔迷离，难以明晰，但在乩童的带领下，谭林庙对于信徒，仍然发挥了一定的作用。

---

① 2015 年 9 月 9 日笔者在美达村与 MT 的访谈。

(一) 来源

谭林的来源其实就是土地神，庙宇负责人对其来源进行了神化，认为谭林是一英雄人物。据庙主吴好来的妻子回忆道：谭林伯伯从现在的庙主的家公家婆刚搬到美达村不久就已经存在了，庙主现在居住的地方在当时还是一块荒地，某天，家公在墙角处发现了一棵树，当时那棵树比较特别，因为在树根的周围形成一个土山丘，随着时间的推移，土山丘越堆越高，这个现象被家公发现，同时也引起了他的好奇。有一天，家公做了一个梦，这个梦是伯伯托给他，梦里伯伯说明自己是一个神灵，如果他们家里人拜祭它，它会保佑他们一家人。可是当时只有家公一个人相信这个事情，其他人都不相信，也只有家公家婆两个人拜，而且也是用很简单的方式祭拜而已。

当时家公的工作是用自行车载着煎炸器具，到处卖炸薯片等小吃的，自从奉祀伯伯之后，生意越来越好，大家都经常光顾他。家婆本来没有做什么生意，自从奉祀伯伯之后，就时常中彩票（四合彩）。从那个时候开始，家里的经济状况有了明显的好转，经济收入有了提高，生活质量也得到了改善，孩子们也开始到学校接受教育。这一切仿佛都是因为家公拜祭了伯伯之后，因此，家里人开始慢慢地接受了这个神灵的存在，并且祭拜它。最相信的就是庙主的大伯，其大伯为了供奉伯伯，剪开了一个油桶的锌片，用这个锌片把原来小树在的地方围成一个小房子，就这样随意地围，也没有进行其他的加工。但随着时间的流逝，锌片周围的泥土慢慢地越堆越高，把小屋子堆得更加结实稳固。树一直就在那儿生长，然而，这个奉祀的地方也不是固定的，随时可以搬到其他的地方。除了大伯，其他人都不怎么奉祀伯伯。他们家里的生活状况一直以来都不是很好，特别是做生意总是受挫。

2005年，住在5路的WYH有一天突然来到现在的谭林庙，骂这里的主人没有好好奉祀家里的神灵，还说如果把这里的老人奉祀好了，他们的家将会变得很好，也可以帮助到更多的人。WYH是福利部里帮忙干活的华人，是一个人才，会讲普通话、粤语、英语，但是在精神方面存在点问题，所以大家都没把她的话放在心上。苏哈托下台后，印尼华人可以过春节了，到初一那一天还会有舞龙舞狮队来美达村拜年。2010年春节的时候，一个棉兰的舞狮队到美达村里来拜年，这个舞狮队挨家挨户地送上新春祝福，村里人也会根据自己的意愿给红包。当时来舞狮的其中一个人来到谭林庙所在的地方之后,觉得这里不一般,并说之后会带几个人过来这里看一下这块地。几天之后,他果然带来了4个印尼人过来看这块地,看完之后,认定这里有神灵居住,便问女主人:"你想要过得幸福吗?如果你要过得幸福,就要把庙建起来。"当时她的反应就是:"这是不可能的,我现在的生活非常辛苦,没有钱来弄这个。"但是那个人又说了,"如果你们不建庙奉祀那个神灵,你们七代以内的子孙都会很辛苦。"女主人心里想道,自己辛苦没有关系,但是他们有4个孩子,如果以后孩子辛苦的话怎么办?为了孩子以后的生活可以过得好一些,只能答应要帮忙建庙,但是他们家里只有300千印尼盾(相当于人民币150元),就这么一点钱该怎么建起一个庙呢?

> 我也没想到要依靠别人,就想着凭借自己的力量尽力把庙建起来。可是第二天,当我把香刚插下去的时候,就有很多人过来,说要资助他们建庙。当时村里的一个好心人还资助了1条印尼盾(相当于人民币500元),当然,村里的其他人也有帮助。①

在各界人士的帮助下,谭林庙于2010年3月10日初建,半年就建好了。还没有把大庙建起来的时候,就有很多人过来祭拜了,这里每逢晚上都是很热闹的,一般是来了解这个是什么神灵的。最开始建起来的庙是外面那间小一点的庙,最开始的时候,还没有青龙白虎,也没有谭林的神像,只是一个供奉着一张旗子的空庙,里面除了旗子就是三杯水和一个香炉。本来小庙里有两个神像,大庙建了之后才把其中一个神像搬到了里面。然后给谭林建了房子,之后又先后给白虎和青龙建了遮风挡雨的地方。2014年的时候才把这个神像搬进去的。现在主要是有小庙和新建的大庙,两个庙宇里都有谭林的神像,问及原因时,庙主如是说:"小庙里的谭林伯伯不愿意进新庙里,他要留在那里,面向大路看过来的人是好还是坏。"② 大庙里的神像存在的时间比小庙里的神像短些,是新庙建好之后才做的,与小庙里原来的谭林神像相差无几。

庙主认为,自从祭拜谭林之后,家里的生活一天比一天好,直到现在

---

① 2015年8月21日笔者在美达村与吴好来及其妻子的访谈。
② 同上。

都比较顺利。就连他们现在住的房子，也有一部分钱来自谭林的资助，主要是大家给的香油钱。

（二）修建

当确定了谭林庙所处的地方有神灵之后，庙主一家就开始筹备谭林庙的修建工作。最开始的时候，只是修建了现在还位于路的尽头的那个小庙。2010年的时候，开始修建了现在的这个大庙，一直到现在。

图105　美达村的谭林庙（邱少华摄）

图106　谭林小庙（邱少华摄）

1. 谭林庙的建立

因为有了前期的宣传工作，美达村民都知道谭林庙的修建计划，大部分美达村华人都为其修建奉上了心意。所以，当时谭林庙的修建资金主要来自美达村华人的捐献和棉兰市华人的捐助。住在美达大路的老人院区的好几户华人还在谭林庙修建的时候，免费为其劳动。

据美达大路一位曾经为谭林庙的修建提供过帮助的华人回忆：当时谭林庙的女主人跟村里的人说梦到他们家里住有神灵，想要给该神灵建一间小小房子让其安身。为神灵建庙，大家也认为挺好的，都愿意帮忙捐钱。村里还有一个年纪稍大一点的老人家承诺，如果要给神灵建庙的话，他愿意帮他们料理相关的事情。棉兰的一位有神力的人也说可以帮助建庙，所以就建起了那个小庙。①

2. 谭林庙的修建

2010年，谭林庙的管理人员想要为小谭林庙扩建，在积极筹备之后，村民和外来的信徒也都献上了自己的力量，为新庙的建成付出了劳动和汗水。据阿兰回忆，后来，女主人说要建一个大庙，便于信徒来祭拜、问事，因为外面的小庙空间太小，不方便信徒的祭拜。她的想法也得到了美达村华人的支持，当时给予帮忙的人很多。那个时候，丈夫的朋友还来帮忙处理了很多事情，也捐了些钱，我们也捐了5万印尼盾，虽然钱不多，但是本来就想着大家一起出力，以后祭拜该神灵的话，可以得到庇佑。②

对于庙宇的修建，美达村华人都积极地参与，他们认为自己的努力会得到神灵的感应，会得到神灵的庇佑。这也是华人世界的常态，华人对神灵一直持有畏惧感，他们相信神灵的存在，他们乐意参与与神灵有关的活动，以寻求心理上的慰藉。

（三）谭林庙及其神灵

谭林庙位于美达一路老人院C区最靠里的一个地方，往C区道路一直往前走，到尽头就可以发现有一个小庙。小庙高约3米，宽约2米，长约2米，外墙被涂抹成红色，房子的造型像极中国的庙宇，屋顶呈八字形，还有飞檐。镜头拉近可以看到，屋檐上有个牌匾写着"谭林庙"三个字，再往下可以看到两个灯笼挂在牌匾的两侧下方。由灯笼往里可以看到黄色的垂布，被挽起系在两侧，如同房间里被挽起的帘子。而在帘子的里面，放置的是一个像极中国人面貌的伯伯，庙的主人称其为伍老伯伯。

---

① 2015年8月31日笔者在美达村与阿兰的访谈。
② 同上。

伍老伯伯是一个身穿黑色衣服的、留着长胡子的伯伯，他的左手拿着一把蒲扇，右手拿着一个烟斗。在其前方放置一个香炉，香炉的两边分别放着两杯茶，右侧茶杯的后边还有一个油碗，上面有一根油芯，油碗的后面还有一个烛台，上面残存两根蜡烛烧过之后的痕迹。伍老伯伯的下方放置的是一匹马，还有祭拜其所用的香炉、烛台和茶杯。在角落里还放着几个闲置的花瓶。这就是小谭林庙的概貌。

面朝谭林庙，可看在其右边供奉着青龙，左边供奉的是白虎，青龙与白虎都有盖荫保护，相应地，也有供奉的三个茶杯和香炉。其中，在青龙的右边还建了一个专门用以烧纸钱的地方，而在白虎的左边还建有一个小地方用以放置伍老伯伯的武器。小庙里的谭林下方放置着一匹马，因为马是谭林的坐骑。香炉是一个商店的人帮助建的，所以上面刻有他们的商店名。外面的是祭马路是为了叫贵人来。所谓叫贵人来，不是跟别人讨帮忙，是神灵指引他们过来帮助的。[①] 这个小的谭林庙建于 2003 年。

现在新的谭林庙在小的谭林庙的东边，就在其附近，仅有几步之遥。此谭林庙比规模较小的谭林庙大了很多，约有 4 米长，5 米宽，3 米高。如果忽略谭林庙屋顶上左右两个大灯笼、庙宇前方用以插香的大香炉和左右两头狮子（大香炉两侧是两座用以插蜡烛的烛台），这个庙看起来就如同平常人家的房屋一般。笔者至时，新谭林庙的修缮工作还没有完成，遍地可以看到修葺的痕迹。红色的外墙上镶着"谭林庙"三个字，"谭林庙"下面是一个高约 2 米的门口。门口的两侧是两个插香的香炉，已经被固定在墙上。香炉的两侧是两个八卦图，八卦图的正下方是两幅镶好的图，镶的是龙的图像。

进入谭林庙里面，首先映入眼帘的是放在门口正中央的香炉，右侧靠近门口的地方摆放着一张桌子，上面有纸钱、香烛、做仪式时候需要用到的 7 面旗子等物品。旗就是令的意思，不同的旗有不同的功效。桌子背后是一幅画，上面画着一个年轻人在虔心地向太上老君求学。隔壁墙上画着八仙过海的场景，还挂着财神的画像，靠墙的位置依然放置着祭奠用的香。左侧的墙上画着哪吒与龙共舞的情形，甚是生动。再往里走，便到了一张桌子前，上面被一块红布盖着，在桌子的左右两侧分别放置着两把凳子，而在桌子的正前方放置着一把红色的凳子，上面放着乩童进行仪式时

---

① 于 2015 年 8 月 18 日笔者在美达村与吴好来的访谈。

需要穿的黑色衣服和哪吒的乾坤圈。再往前摆着一张大长桌，大长桌的正中间放着一个小小的谭林伯伯像，谭林伯伯的右侧摆着韦陀菩萨，而在长桌子的两侧角落里放着两个装有灯芯的油碗。再往里走，可以看到距离大长桌一步之遥的地方是一个放置香炉的场所，其左侧是一个弥勒佛像。在正对着门口的最靠里面的墙边，设置了3个空间用以放置神像。最中间的所占空间最大，其中，伍老伯伯在最靠前的位置，后面两列零散地摆着哪吒、关公、福德正神、济公、唐僧等的神像，较之伍老伯伯的神像要小。伍老伯伯的右侧放置的是如来佛祖和观世音菩萨；其左侧暂时还空着，还没有把其他的神像接回来。而在伍老伯伯的下面还有一个空间，是用来祭拜土地公的，里面放着一个牌位，上面写着："聚宝盆五方财宝进、中外贵人扶；五方五土龙神、唐番地主财神。"牌位的左侧摆着的是南瓜，右侧摆着的是蒜，南瓜与蒜的侧边放置的是电烛（电的蜡烛，插上电就可以亮，比较方便）。牌匾的正前方放置的是一个香炉，上面插满了烧过的香。香炉的两侧是烛台，烛台均靠墙而立。由于谭林庙还在建设当中，里面的设施不是很完善。

除了信奉谭林，庙宇里还有其他的神灵，如拿督公、济公、哪吒等神灵。但是对于庙宇里神灵的职能，庙宇相关负责人并没有明确的认识。

> 祭拜的拿督，是印尼的土地公，外面（小庙里）的是伍老伯伯，是专门处理地下事物的，伍老伯伯是谭林庙的主神。除了伍老伯伯，庙里供奉的神还有大伯公、济公、二郎神、关公、哪吒、唐僧、玄天上帝、弥勒佛、释迦牟尼、观音菩萨等，这些神灵都是伍老伯伯请来的。在谭林庙里的两面墙上画有四幅画。右面墙上画的是太上老君、八仙过海，左面墙上画的是释迦牟尼打坐、哪吒闹海。令旗就是神灵的力量，把财神爷摆在那儿，是因为所有对华人有用的神灵他们都会放置。初一、十五过来拜祭的人一般过来求生意、看病、求对象等，这个庙里的神灵主要是救人的。[①]

（四）故事传说

谭林庙自建立之日起，就伴随着各种传奇故事，连其名字起源都有几

---

① 2015年8月18日笔者在美达村与吴好来的访谈。

种说法。当然，对于谭林伯伯的事迹也有几个版本。至于哪个版本比较切合实际，就视个人看法而定了。

1. 名字缘起

①谭林是伯伯的名字

谭林庙建好之后，信徒们前往拜祭的时候直接称其为"伯伯"（对还不清楚名称的神灵，华人一般将之称为"伯伯"），可是，对于一个庙宇来说，名字是很重要的存在，所以他们都在思考该怎么称呼这个伯伯。小庙建好之后，阿龙和一个跳童（济公跳童）来帮忙处理庙里事务，当谈到这个庙宇该取什么名字时，济公跳童要给这个庙宇起名为伍老伯伯，阿龙则认为这个庙应该为谭林庙，因为谭林是伯伯的名字。信徒们认为谭林庙更好听，便决定用这个名字。所以这个庙最开始的时候是没有名字的，名字确定之后并没有把名字写上去，到了2013年才正式把名字放上去。吴青海解释说，小庙里的神像是正式的谭林伯伯，而大庙里的是陈洞仁，他俩之间的关系不大确定。

②谭林是两个伯伯的名字

有人认为谭林是两个神灵的姓氏，因为现在的谭林庙有两间，其中一间规模较小，一间规模较大，但两间庙里都有一个伯伯，于是，有人推测此庙宇之所以叫谭林庙，就是因为其中一个神灵姓谭，另一个神灵姓林所致。但是这个说法没有得到吴好来一家的认可。

③谭林是一个师傅的名字

吴青海在谭林生日举行仪式的时候，作为乩童，提出了此庙里的神灵是五位兄弟，200年前，这五位兄弟师从谭林学习医术，后来谭林去世之后，五位兄弟也得到了修炼的机会，成了神仙。为了感谢师傅的教育之恩，五兄弟到了印尼之后，便把自己所处的庙宇命名为"谭林庙"。

2. 谭林的历史

谭林是一个怎样的人？他究竟经历过什么事情？他与华人存在怎样的联系？不同的人对谭林有着不同的解读。

（1）被日本人砍死

有关谭林伯伯的事情，还有一位乩童认为其与日本侵略中国时有牵连，他在谭林生日的庆祝会上曾经说起：

谭林伯伯是从中国的东山来的，来的时候有人指引，也有人做伴，不是自己来的，至于什么时候来的不是很清楚。谭林伯伯到了印尼之后给日本人当义务劳工。但是，依靠拼搏，谭林伯伯成了有钱的华人，拥有不少金子。日本南进的时候，曾经有日本人跟他讨黄金，被拒绝了。日本人问他黄金藏在哪里？他不肯回答，于是被日本人砍了头。谭林伯伯宁愿死也不愿意把自己辛苦劳动挣得的金块拱手让给日本人。他去世之后，哪吒三太子收他为徒，他便跟着哪吒三太子学了100年左右的仙术，成了一个神仙，但是他也没有仇恨日本人，即使日本人是他的仇人。修道成仙之后便下凡救人，因为阿海有仙骨，所以便上了他的身，借他之口来救人。①

（2）被日本人冤枉而死

谭林伯伯是在中国乱世的时候来到印尼的，到了印尼之后以种烟为生，后来被日本人冤枉而死。吴青海说："谭林伯伯是日本南侵的时候，被冤死的一个普通华人。"他怎么知道的呢？吴青海说，是他在静坐的时候，伯伯跟他讲的。谭林伯伯与伍老伯伯的关系是，他们是一起从中国来的，五兄弟会根据自己的仙骨来选择自己该立足的地方，这里就是他们立足的地方，其他兄弟在哪儿就不清楚了。②

（3）在中国去世

还有一种说法，谭林伯伯在中国去世，主要是因为政治问题被日本人杀掉的，但是具体是因为什么政治原因就不甚明了，只知道他是在中国去世的。他去世之后，远涉重洋，到了印尼来庇佑海外的华人。③

这几种说法均为笔者在谭林生日当天，谭林庙举行庆祝活动时对乩童的访谈，但其口吻前后不一，后来在棉兰来的亲戚的帮助下，把谭林的故事进行延续，却又自相矛盾。所以，关于谭林的身世，未能有一个统一的说法。造成这种局面的原因就是海外华人把本土的民间信仰与中国国内的信仰进行联系，构造出一个新型的信仰神灵。民间信仰在传播过程中，信徒为了扩大地方神灵的影响，经常会把香火比较旺盛的神灵的传说进行偷

---

① 2015年9月6日笔者在美达村谭林庙与乩童吴青海的访谈。
② 2015年9月6日笔者在美达村谭林庙与前来参加活动的信徒的访谈。
③ 2015年9月6日笔者在美达村谭林庙与乩童吴青海的访谈。

梁换柱，改头换面，为我所用，这实际上有助于扩大神灵的信仰空间。神明异灵的传说是民间信仰在新的地区扎根、发芽、成长的重要土壤，民间信仰流传到不同地区，神灵们也要入乡随俗。当地人在认同和接受外来神灵的同时，经常会将外来的神灵与本地原有的观念、习俗融为一体，将神灵的职能进行地方化的加工，换成信仰者当地的相似传说。改头换面之后的传说与当地的人文风情紧密结合，有助于赢得新的信徒，扩大信仰的空间。

（五）谭林庙与"五祖庙""五爷庙"的关系

根据有关谭林庙的种种传说，再对照棉兰地区有关五祖庙、五爷庙的建立及其事例，我们来联系谭林庙与它们之间的关系。

1. 五祖庙

"五祖庙"故事说的是1871年发生的契约劳工不满剥削和虐待，奋起反抗而造成的命案。当时的印尼正处于荷兰殖民时期，当时在棉兰双溪实甘明园丘的契约劳工，因为受到了经理的不公正待遇，找经理算账，但是当时园丘的当局不敢例行公事自行审结，而是破例交给了老武汉的苏丹日里皇宫官员审理，结果7人被判死刑，15人被判终身徒刑。[①] 对于这一判决，当局不敢大肆宣扬，劳工们也是过段时间之后才获知的。这7名被害的劳工，只有5名知道姓名，其他两人没有留下名字，就已沉冤海底。5名留名的劳工分别是：陈炳益、吴士升、李三弟、杨桂林、黄蜈蚨，人称"五祖"。[②] 他们死后，被埋在不帝沙的"蓬仔园丘"。虽然这个判决没有得到及时的公布，但是也被记录在了荷兰当局的档案馆里，作家巴人曾经根据这个题材写了剧本《五祖庙》，并在各地多次上演，在华人世界发挥了一定的影响力。1932年以前，"五祖公"的坟墓还保留在民礼路旁，墓碑还刻有"五祖"的姓名，1972年，当地政府欲扩宽民礼路，为保留"五祖公"的坟墓，由众人出资，把"五祖庙"移到了今天的位置，而"五祖"的故事依然在民间流传着。

关于五祖庙，印尼作家沙里洪有另一个版本的说法。丹绒勿拉哇过去

---

① 怀英：《棉兰"五祖庙"和"五爷祠"》，《印尼苏北华侨华人沧桑岁月》（上册），2015年版，第94页。

② 同上。

图107 棉兰丹绒勿拉哇的"五祖庙"(郑一省摄)

有块农田,没有人耕种,日本人投降之后,有华人到那个地方开发田园,安居乐业。1953年政府要收回耕地,强制驱赶居住在那里的华人,双方发生冲突,华人受到武力驱逐,致使当时出现了流血事件,有5位农民,包括华人教师被杀害,他们的坟地就在丹绒勿拉哇的义山里面,后人为了纪念他们,缅怀他们不畏强权的精神,在坟地对面修建了"五祖庙",供后人凭吊。

笔者在访谈过程中,又得到了关于五祖庙的另一个说法。据佛教社的师傅回忆:五祖庙里拜祭的是五兄弟,他们在中国的时候已经学会了功夫,在日本侵略中国时来到了印尼,坐船到了棉兰勿老湾。初到印尼,在工作方面受到了各种磨难。在印尼不能做盐的生意,但可以捕鱼。可是捕鱼不足以支撑他们的生活,所以他们便转种蔬菜、薯类作物,后来又到了棉兰职业街那里找工作。日本南进时,需要许多华人劳工,便抓到他们几个,他们不愿意给日本人打工,奋起反抗,5个人中有4个人被日本人用枪打死了,留下了大哥陈洞仁,陈洞仁为他们收尸之后,受到了刺激,独自坐到菩提树下直到死去,无人知晓。他死之后,蚂蚁在他身上建了个窝,相当于蚂蚁给他建了一个墓,而且他生前经常骑的自行车也被挂在了树上。后来,一个庙里的乩童发现了那个白蚁筑成的墓(这个庙里经常有人来问彩票的中奖号码,乩童是一个妇人),她把那些白蚁扫掉之后,发现有骨头,便停止了扫白蚁的举动，给这副骨头建了个庙。陈洞仁生前写过自传，后人便根据自传里面的内容开始拜祭五兄弟。①

2．五同胞庙

"五同胞庙"故事说的是1942年3月13日，日军占领棉兰后残杀无辜的暴行。② 事情缘起为：一座原属于荷兰企业的仓库，遭到歹徒的抢劫，大门已被撬开，里面的东西已经被搬走。这个事情引起了人们的围观，围观的人中，有些人禁不住诱惑到仓库内顺手牵羊拿走了一些东西，也有的人只是单纯地在路边看热闹而已。等到日本军车赶到的时候，偷东西的人已经逃走，看热闹的人还在。面对一片狼藉的仓库，日军恼怒不已，可是歹徒已逃逸，他们便随手抓了5位在旁边看热闹的人回去交差，而且当天下午就把这5个人拉到苏多摩路（即如今"五同胞庙"的位置所在地）就地处决。这五位华人被当作歹徒被冠以触犯皇军的罪名，被日军蒙上眼睛，一字排开跪在地上，一声令下之后，他们便身首异处，多么残暴！

被砍头的5位华人尸体被弃置在防空洞里，没有得到掩埋，而那5个头颅则被挂到了客家街与苏多摩街交界的空地处，其目的就是警告民众、以儆效尤。听说这5个头颅放置一周之后，被抛弃到了防空壕里，草草掩埋了事。

一直到印尼独立之后，才有人在防空壕上竖立了一个"五同胞殉难"的石碑，从那之后，有人陆续前往烧香凭吊。1950年，有华人把防空壕上的土坟修成外围加固的水泥园墓，并盖起了半砖墙的小棚屋。于是，便出现了"五同胞"庙，亦被称为"五祖公"庙。

后来，有记载提出，这5位被杀害的华人身份已经确认，分别是：黄金榜、刘云看、许水玲、黄文赞、黄亚炎。庙里还留有"浩气长存"的牌匾，也有碑文写着"五同胞遇难记"，上面的内容为："倭寇南侵野心勃勃，南洋各地之华侨，无数受其害，我五同胞于不幸中同遭受其戮，当其时，也欲加之罪，何患无辞，我五同胞皆是忠实商人，务事正业，将偷窃名义加之，以罪砍时，有冤无伸，其情之惨，莫可言。谕足见倭奴之无人道，行为天所不容。卒于民国三十四年八月十三日，受原子弹之教训，

---

① 2015年9月8日笔者在美达村福利部与佛教社大师傅的访谈。
② 印尼苏北华侨华人历史会社：《印尼苏北华侨华人沧桑岁月》（上册），2015年版，第95页。

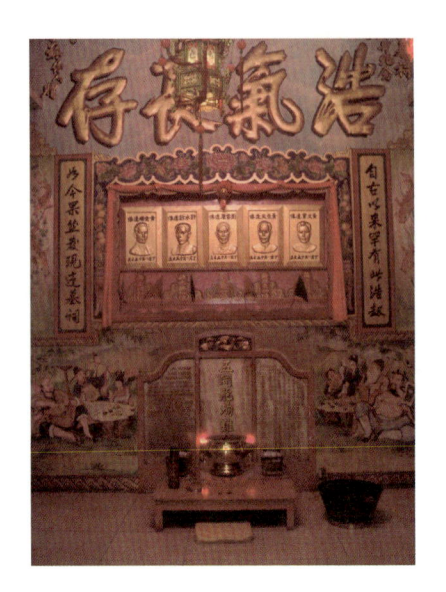

图108　棉兰市苏多摩路的"五同胞"庙（郑一省摄）

宣告屈膝，际兹和平之后，华侨有见及此，重建修葺，以垂永久。爰特略记以俾后人为之纪念为。苏岛全华侨与棉兰市五福公司同人等启。"现在依然有不少华人会过去拜祭，也有专人在那里管理着这个庙堂，现在管理该庙的理事是李振英和李振光两兄弟，他们全权处理该庙的事情，在中元节的时候，还会组织华人给家境贫困的民众分发配套的日需品。

3. 谭林庙与五英雄的关系

谭林庙的庙主说起谭林庙的神灵起源时，也说到了五兄弟的故事，虽然与五祖庙、五祖祠的故事有些差别，但是其中的渊源关系应该相差不远，笔者认为，谭林庙的负责人应该是参考了五祖庙或者五祖祠的故事，进而建立的谭林庙。其一，美达村距离棉兰市只有半个小时的车程，距离比较近，文化的传播极为方便；其二，谭林庙的乩童及庙宇管理人员对于谭林的起源认识模棱两可，当问及谭林庙的历史时他们支支吾吾，对其历史知之甚少，唯一可以确定的是，谭林庙供奉的是与五兄弟相关的神灵。另外，棉兰一直有拜祭五英雄的习惯，在美达村隔壁的村庄里，也有拜祭五英雄的庙宇，他们命名为"伍老伯伯"庙。而且"伍老伯伯"的生日与谭林的生日为同一天，都是农历的七月二十四日，这里面的巧合实在是让人惊叹。

图109 美达村隔壁村的"伍老伯伯"庙（郑一省摄）

五 店铺、工厂或商店等处的神灵崇拜

店铺、工厂或商店属于公共场所，所以此处祭拜的神灵也属于公共信仰体系之内。在美达村，由于土地和周围环境的因素，美达村华人多以经商为主，商人中大多以家里作为经商的场所，如咖啡店开设在自己家里，白天开门做生意，晚上闭门休息；或者是手工小作坊，也设在自己家里，关上门生产；当然，也有专门另择场所开设工厂的。无论是以何种形式存在的商店，都会供奉一些神像，只是以住户为生产基地的商铺，其所供奉的神像大多与家户信仰相重合，与一般的家户信仰存在一定的差异性，但差别不大。而另择地址的工厂，其供奉的神灵与一般的家户信仰和家庭手工小作坊所供奉的神灵也有细微的差别。

（一）住户商铺供奉的神灵

自1970年搬至美达村之后，美达村华人开始以各种方式谋生活。部分华人通过给人打工的方式来获得生活生产资金，部分华人通过借贷的方式，开始在家里经营小作坊，生产皮包，部分华人开始在家里腾出空间，做起了小买卖，或是办起了咖啡店，或是做起了杂货店，或是开起了维修店……诸如此类的商家开始兴起。

为了求得生意兴隆、一帆风顺，经商华人大多会在家里供奉神像，由于大多数店铺是以自身的住家为店面，所以，此类商家供奉的神像与其他的住家相比大同小异。

1. 供奉的神像以天神、土地公为主

商铺一般在家里设置天神和土地公的神龛，天神依然设置于门口右侧，约与人齐高。商人们往往一起床，就会烧香拜天神和土地公，拜了天神之后，把香插到商店门口前的泥土上，或者是把香插到一个香蕉茎上，或是把香插到神龛上，以求一切顺利，生意兴隆。

2. 与一般住家存在的差异之处

以住家为店面的商铺，无论从房屋的整体外形和神龛的设置上看，都与一般的住家极为相似，看不出个中差别，但仔细观察，可以发现，经商的住家与一般的住家，在神灵崇拜的细节上还是存在些许不同之处的。

土地公的设置更为隐秘。咖啡店、杂货店等一些商铺，平时往来人口多，人员嘈杂，土地公的设置如若摆着显著的位置，会对人员往来造成不便，也不甚美观。为了方便工作人员的走动，为店铺提供更多的空间，土地公的设置一般选择在靠近里屋一个不大显眼的角落里，如果不是询问或者仔细观察，轻易不会发现。而一般主家的土地公，在刚踏进家门的那一刻就可明显地看到，一般是设置在厅里。

拜祭土地公的祭品存在差别。一般而言，土地公的拜祭不大需要祭品，因为土地公一般放置于地上，摆放祭品不是很方便。而商家在土地公的神龛前，一般会放置蒜。蒜的寓意是"算"，表示做生意的时候有所打算，容易敲响如意算盘，求得生意兴隆。

（二）工厂里供奉的神灵

华人工厂里一般供奉的神灵有中国的土地公和拿督公。土地公是保护所供奉之地上所有的人和事的，拜祭土地公是为了保一方平安，而且大部分商人会把土地神视为"财神"，他们希望通过土地神的拜祭求得生意兴隆。华人在空地上开设了工厂，希望通过拜祭土地公求得庇佑，可以保佑他们生意顺利，万事大吉。一般的华人工厂里都会设置当地的拿督公神龛。拿督公信仰则是华人参照了当地习俗，借以引用的当地神灵信仰。这种神灵是马来人的原始崇拜，现在马来人不信仰了，反而是华人拿来作为神灵信仰，这是一种异族鬼神崇拜。在当地的华人看来，所谓拿督，是当地的土地神。华人认为，在异国他乡经商，就必须得到当地神灵的保佑，拿督公作为当地的土地神，在庇佑居住于其上的华人之外，当然也会保佑他们所经营的产业。无论如何，土地公和拿督公都是为了庇佑该地而设，当然也是为了生意可以正常开展。这种既有中国土地神，又有当地特色拿督公信仰的现象在印尼的外岛华人世界也是比较常见的。不仅在商人世界如此，在华人住家里也有这样的现象，只是在美达村里，拿督公一般出现于华人庙宇和华人工厂,华人家庭里祭拜拿督公的现象是极个别的。

图110 燕窝养殖场的"拿督公"神龛(邱少华摄)

六 大圣佛祖宫的神灵

大圣佛祖宫位于青松村,在青松村最里面靠近公路的地方,占地面积较大,约有半个篮球场般大,整个庙宇被装饰成金黄色,金碧辉煌的庙宇给人一种肃穆、高贵的感觉。庙宇是华人修建的,信徒大多是住在青松村里的华人,当然,住在青松村里的华人大部分也是美达村华人,他们在美达村里也有房屋,在青松村里也有他们的另一套房屋。

(一)大圣佛祖宫之外观

大圣佛祖宫的前门与一般的华人庙宇一样,在门前左右两侧设了两个狮子,不仅给它们披上了一件黄色外衣,还给它们设了一个大伞,为它们遮风挡雨。这个伞以一根长约3米的竹竿为主干,分为三层,最顶端是轿子上比较常见的类似于珠子的装饰物,顶部是一个较小的月银灰色的伞面,第二层的伞面稍微大一些,最接近地面的一层为第三层,第三层的伞面最大,每一层伞面的周围都垂着若干条金黄色的小丝带,每一个伞面下还挂着若干个小铃铛,整个伞看起来有层次感,银灰色的伞面和金黄色的垂坠使得整把伞更为美观。

大门是传统的庙宇建筑,双龙戏珠和飞檐斗角的亭阁设计使得该庙更具韵味。"飞檐斗角"是中国传统建筑檐部形式之一,多指屋角的檐部向上翘起,若飞举之势,常用于亭、台、楼、阁、宫殿、庙宇等建筑的屋顶

图111　美达村隔壁的青松村"大圣佛祖宫"（邱少华摄）

转角处，四角翘伸，形如飞鸟展翅，轻盈活泼，所以也常被称为"飞檐翘角"。飞檐为中国建筑民族风格的重要表现之一，通过檐部上的这种特殊处理和创造，不但扩大了采光面、有利于排泄雨水，而且增添了建筑物向上的动感，仿佛是一种气将屋檐向上托举，建筑群中层层叠叠的飞檐更是营造出壮观的气势和中国古建筑特有的飞动轻快的韵味。此庙宇明显借鉴了中国传统庙宇建筑的特色，使其在当地成为一道亮丽的风景线。飞檐下方分别挂着"金玉满堂"和"富贵平安"两个红灯笼，随着时间的消逝，两个灯笼已经换了模样。大门的正上方写着"AIHARA KOIL KELEN-TENG PAGODA MAS"。大门两侧圆柱形的柱子与铁门连成一体，推开门，便像是翻阅一本卷帙浩繁的书籍，指引着人们探索大圣佛祖宫的奥秘。

（二）大圣佛祖宫之四面佛

通过大门，首先映入眼帘的便是设计于正中央的四面佛神像，金黄色的设计与大门乃至整个庙宇相呼应，更平添了一种和谐。四面佛的设计与美达四路的大爱佛堂相差无几，只是规模稍显矮小，摆设也更为简单，除了于正中央处摆设了四面佛神像之外，在四面佛的下一层台面上的四个方向，分别摆上了4个白色的大象，仅此而已。但挂于四面的黄黑色帘子为四面佛增加了庄严的感觉。大门的左侧，放置了当地的拿督公信仰。这个神像相对比较简单，一座简单的八字形设计小屋，高度约为120厘米，神庙里没有设置神像，只是挂着两层帘子，里边的一层垂直挂着，外面一层的帘子被挽了起来，挂在了两侧。庙宇的正中央放着一个装环形香烟的铁杆，铁杆的右侧放着一把香蕉、一碗香油、一袋糕点和一袋用香蕉叶包着的七色花。燃香的前方放着一个香炉，供前来拜祭的信众插香使用。

庙宇的柱子上都刻着龙的雕像，屋檐处还挂着环形的香烟，只是体积比较大，多了这些香圈的点缀，整个庙宇越发的静谧。

（三）大圣佛祖宫之内殿

庙宇正室大门所对着的是"天官赐福"的神龛。"天官赐福"神龛的设计像一个房子一样，两根龙状雕刻的柱子顶着屋檐，屋檐的四周微微扬起，此设计也是借鉴了庙宇建筑的特色，整座神龛以黄色为基色，正中央写着"天官赐福"的字样，黄色的字体，红色的底色，也是天官信仰的最常见的表现形式。"天官赐福"的前方放置了一个香炉，香炉约高 25 厘米，香炉的两侧放着的是两个烛台，用以点燃蜡烛。天神的左侧是一幅众弟子在菩提树下听经释道的图案，整个图案刻在了墙壁上，周围五六个和尚披着佛衣，双手合十，举至胸前，微低着头，认真地聆听着释迦牟尼佛的教诲。佛像的后面还有大象、兔子、鹿和山石的图形，图案栩栩如生，仔细观察，仿佛还能听见释迦牟尼佛的布道声。佛像的前方放着一堆蜡烛，这些蜡烛被摆放成了佛教符号"卍"字的形状。"卐"是上古时代许多部落的一种符咒，在古代印度、波斯、希腊、埃及、特洛伊等国的历史上均有出现，后来被古代的一些宗教所沿用。最初人们把它看成太阳或火的象征，以后普遍被作为吉祥的标志。这个字梵文读"室利踞蹉洛刹那"，意思是"吉祥海云相"，也就是呈现在大海云天之间的吉祥象征。它被画在佛祖如来的胸部，被佛教徒认为是"瑞相"，能涌出宝光，"其光晃昱，有千百色"。所以，此"卍"字的蜡烛摆放形状，看来也是庙宇管理人员煞费苦心的成果。

大门的两侧墙壁上分别刻了文丞魏征和武丞尉迟恭，他们的雕像约高 3 米。通过两个门神，往屋里走，最先吸引人眼球的就是摆放于庙宇中间的金黄色的凳子和正中央神龛上众多的神像。此凳子像是举办活动时，乩童活动所需要的工具，凳子的前方是一张桌子，桌子上面摆放着一个香炉、三杯水，还摆放着燃油灯。桌椅的设计都特别讲究，桌子被涂成了红色，桌面比较平整，四个桌腿都设计成了龙的样子，桌脚是龙的爪子模样。凳子则被染成了金黄色，把手处是两条龙的设计，四个凳脚也设计成了龙爪的模样。

正中央的神龛上设有很多的神灵，神龛共分为三层，最里面的一层是放置神像的地方，上面放置了各种神像。从左往右大概有：福德正神、关公、观世音菩萨及其两侧的两个童子、唐三藏大师、孙大圣、弥勒佛等各种佛像。神龛的第二层比靠里一层要矮许多，上面放置了几张观世音菩萨的照片和一个木鱼，木鱼还被孙悟空的紧箍儿套着，别具一番特色。神龛的第三层为最靠近大门的一层，也是最矮的一层，正中央的地方摆着一个大香炉，左右两侧分别摆着两个香炉，所以这一层一共有五个香炉，每个香炉前方都有三杯矿泉水，中央大香炉的左右两侧还分别放着一个蜡烛。整个神龛初看起来像是一个戏台，有屋檐、房柱、幕布，还有神像，有中国民间木偶戏的戏台之感，屋檐末端微微翘起，上面挂着两个灯笼，柱子上刻着的是一条缠着柱子的飞龙，后面的幕布是红色的，弄成了褶皱形，非常有层次感，还把垂下的帘子拉到了神像两侧，使整个神龛更具美感。神龛的两侧放着两瓶花和两盆万年青，为庙宇增加了些许生气。神龛的下方腾出了三个空间，中间的空间放置的是土地神，其左侧放置的是青龙，右侧放置的是白虎。土地神的神龛也设计成了房子的模样，屋檐下放着土地公公的神像，"房屋"的两侧写着"金银徒地起，福禄自天生"。土地公公的头顶写着"聚贤堂"三个字，左侧写着"五方五土龙神"，右侧写着"唐番地主财神"，与寻常人家的土地神相差无几。土地神像极了西游记里土地神的形象，微弯着腰，发须呈白色，右手拿着专属的拐杖，神采奕奕、笑容可掬的模样给人一种特别慈祥的感觉。土地公的前方放置着一个香炉，信徒们上的香已经把香炉装满了，香炉的周围都是燃尽的香留下来的灰烬。香炉的前方放着五杯水。土地公的左侧靠墙的位置放着一盆香油，其右侧放着另一个小香炉，上面也插着香，小香炉的前方依然放着矿泉水，只是只有两杯而已。青龙神龛上并没青龙的影子，只是用青色的帘子挂于墙上，使帘子垂至地上，前方置一香炉，香炉上放着一面青色的旗子而已，此旗子就代表了青龙的神像，香炉前依然放置着五杯水。此则青龙的神龛。白虎的神龛与青龙的神龛相类似，只是青色的帘子换成了灰白色，香炉上的旗子也换成了灰白色的旗子，香炉前方依然是五杯水。这三个空间里的神龛相对比较简单。

除了神龛，庙宇最吸引人的地方就是其壁画。由于大圣佛祖宫是尖形的塔形设计，内壁有许多的空间，聪明的设计者在塔尖处安装了一个挂灯，仰着头往上看的时候，感觉很梦幻。为了增加庙宇的神圣感，设计者在内墙壁上画上了神像壁画。壁画主要有三个，位于中间的是如来佛祖的神像，其两侧是观世音菩萨的神像。如来佛祖头顶光圈，站在莲花座上，观世音菩萨也是站在莲花座上，佛祖左侧的观世音菩萨雕像右手拿的是净瓶，左手拿的是杨枝；佛祖右侧的观世音菩萨手上拿着的是一朵莲花。三个雕像的周围都是莲花和祥云，仙气飘然。

庙宇的四周均被涂成金黄色，在角落处专门设置了一个地方用于放置蜡烛灯拜祭物品，蜡烛是大蜡烛，约有2米高，被圈在一起，需要使用的时候就会从中拿出来。墙上贴了一张通知Pemberitahuan，内容主要为：1. 修道院/寺庙/神殿事假是从07：00s/d 19：00（处分初一、十五和神的诞日）；2. 任何香炉只点一枝香枝；3. 所有食品/产品祈祷应（素食）（不包括动物、蛋、榴梿、红葱和大蒜）。4. 禁止给钱或红包以及任何形式；5. 所有祷告的目的（香、蜡烛、添油等）在神殿/神庙/炉；寺是免费的（不收费）；6. 不要在香炉使用蜡烛（蜡烛分别设立点在天公）；7. 禁止触摸雕像/转移灵旗以及香炉；8. 敬请进香者：保持礼貌，整洁，有秩序，在寺庙/神殿和现有的项目。并此奉禀。太岁乙未年二月初一吉时。

（四）大圣佛祖宫之神灵和信徒

大圣佛祖宫所拜祭的神灵主要是孙悟空孙大圣和佛祖、观世音菩萨、唐三藏等神像。与一般的庙宇一样，大圣佛祖宫的负责人也居住在庙宇，他负责庙宇里的一切事务。这个庙宇是居住于青松村里的华人修建的，主要的信徒就是居住于青松村的华人们。美达村华人偶尔也会到这里拜祭，但此庙宇相对而言，比较幽静，佛门敞开，没有喧嚣声，很是清净，特别具有佛学氛围。

通过观察，不难发现，美达村华人除了身份证上明文限定的佛教信仰之外，他们还信仰多元神灵，有道教体系的太天地宫、谭林庙，也有佛教体系之下的释迦堂、大爱佛堂，而在道教体系里也不乏佛教体系的释迦牟尼佛，在佛教体系之下一样存在太上老君和哪吒等神灵，这也是东南亚华人宗教信仰的特色。美达村华人多元神灵信仰下，乩童与仪式最是吸引众人的眼球。乩童是一种职业，是原始宗教巫术仪式中，天神与人或鬼魂与人之间的媒介，类似西方宗教所称的"灵媒"。但凡有乩童和仪式的地方，都是人口密集的地方，华人都愿意相信，乩童就是凡人与神灵通话的中介，通过他，可以与神灵取得联系，得到神灵的指引，进而排忧解难。一般乩童的来源有三个：一是先天的，由神明挑选产生，并施与个人以各种症状，使其可以担任乩童；二是老乩童的传承，年老的乩童在退休之前，找一位合适的人选来继承衣钵；三是后天的，即个人自行起童，这种情况一般是受现场情境影响而起童才成为乩童的。美达村的乩童都属于第三种类型，是后天形成的。那么，在美达村华人宗教信仰中发挥重大作用的乩童，是如何产生的？在其主导下，进行了哪些仪式？不同的庙宇里，乩童的产生有怎样不同的背景？他们各自有着怎样的故事？他们的乩童之路又是如何形成的？他们主导下的仪式又有着怎样的异同点？这些都是值得探讨的地方。

总体而言，美达村的公共信仰体系主要有两大体宗教信仰，佛教信仰和道教信仰，庙宇的建筑大体借鉴了中国古代庙宇的建筑特色，绵延流动的绘画美，以理智的入世精神排斥了非理性的迷狂。如中国古代寺庙的建筑布局一般，庙宇大多以正面中路为山门，山门内左右分别为钟楼、鼓楼，正面是天王殿，殿内一般有四大金刚塑像，后面依次为大雄宝殿、藏经楼等建筑，僧房、斋堂则分列正中路左右两侧。大雄宝殿是佛寺中最重要、最庞大的建筑，"大雄"即为佛祖释迦牟尼。隋唐以前的佛寺，一般在寺前或宅院中心造塔，隋唐以后，佛殿普遍代替了佛塔，寺庙内大都另辟塔院。中国佛寺不论规模地点，其建筑布局是有一定规律的：平面方形，以山门殿—天王殿—大雄宝殿—本寺主供菩萨殿—法堂—藏经楼这条南北纵深轴线来组织空间，对称稳重且整饬严谨。沿着这条中轴线，前后建筑起承转合，宛若一首前呼后应、气韵生动的乐章。中国寺庙的建筑之美就在群山、松柏、流水、殿落与亭廊的相互呼应之间，含蓄蕴藉，展示出组合变幻所赋予的和谐、宁静及韵味。

中国古人在建筑格局上有很深的阴阳宇宙观和崇尚对称、秩序、稳定的审美心理。因此中国佛寺融合了中国特有的祭祀祖宗、天地的功能，仍然是平面方形、南北中轴线布局、对称稳重且整饬严谨的建筑群体。此外，园林式建筑格局的佛寺在中国也较普遍。这两种艺术格局使中国寺院既有典雅庄重的庙堂气氛，又极富自然情趣，且意境深远。

然而，在美达村这个极其有限的地理环境下，庙宇的建设大多比较简单，远不如中国传统庙宇建筑的宏伟壮观，但也正因为美达庙宇建筑融和了当地建筑的特色，才能使华人信仰在这个国家取得更好的发展。

第二节　美达村华人宗教的家户信仰体系

家户信仰即宗教信仰在家庭里的体现。初入美达村，经过每一华人家庭的门口，都可以发现其紧闭的门前挂着一个神龛，此为天神。在东南亚国家，只要看到住家门前放置着神龛，此户人家必定是华人家庭。除了天神，华人家里供奉的常见的神灵有土地神，还有祖先亡灵；有些家庭还会供奉观世音菩萨、关公、福德正神等神像。

一　家神信仰

所谓家神信仰，就是华人世界的祖先崇拜。在中国人的传统观念里，祖先即使离去，其灵魂也会伴随我们身边，保佑着子孙后代。在几千年的传承过程中，祖先崇拜的观念已经融合到了中国人传统的宗教信仰中，形成了凡婚丧嫁娶、岁时节令都会拜祭祖先的文化现象。随着大规模移民活动的出现，祖先崇拜的现象也出现在华人世界里，或者说，往外迁徙的华人把祖先崇拜的文化现象完好地在异国他乡保留了下来，维系着与祖籍国、与故土亲人的亲缘联系。

客家人具有较强的宗族观念，聚族而居，围屋而住，是客家地区的普遍现象，而祖先崇拜是客家文化的重要组成部分。客家人对祖先崇拜的敬奉极为虔诚，不仅祭祀形式繁杂，种类多样，仪式隆重，而且祭拜的对象远至姓氏始祖近至亲生父祖，皆依次敬奉、虔诚祭扫，形成独具特色的客家宗族文化、民俗文化。这除了传统中国人历来重视"崇本报先"、光宗耀祖的一贯目的外，还应看到它与历史上客家人生存的自然地理环境、人文社会环境有着密切关系。因此，祖先崇拜又是反映客家传统社会的重要载体，是观察分析、深入理解客家文化的在地化及其客家传统社会特质的关键点。[1] 美达村华人大多是客家籍，所以祖先崇拜仍保持着传统的特色，似乎与祖籍地一样完整如初。

（一）神龛中的灵魂

美达村华人家里的神龛一般立于厅内的墙上，牌位上写的是太婆太

---

[1] 周建新：《客家祖先崇拜的二元形态与客家社会》，《西南民族大学学报》（人文社科版）2005 年第 3 期。

公、家公家婆的名字，是丈夫一方的父母及其祖辈的姓名。神祇上由右往左的内容一般为：祖先的忌日、亡者的称谓、某府历代显考妣神位、亡者称谓、忌日。神龛上陈列的亡者一般是三代以内的亲属。牌位的前方摆着一个香炉，香炉的两侧分别立着一根电烛。一天24小时都插着电，使之充满光明。香炉前方一般会放着一些果盆或其他的物品，用以供奉祖先。神龛的规模视每个人家庭情况而有不同的显示，但是神龛一般会制成小房子模样，有屋檐，屋檐上还有各种雕花，像是为祖先亡灵盖了一个房子。神龛里的神位一般是木制的、以红色为底色、字呈金色，且安装的地方要过人高。

图112　美达华人家里的祖先神龛（邱少华摄）

（二）祭拜亡灵

华人们相信，先人虽已去世，但是其灵魂一直在关注着家里人的动态，一直在保佑着家人。所以，为了感激先人的保佑，或者祈祷得到先人的保佑，华人们必然经常拜祭祖先神龛。拜祭时，根据日子的不同也有不同的要求。

1. 平时的拜祭

华人每天起床的时候，如无意外，都会在拜完天神之后，给祖宗上香。平时的日子里，一般是烧一支香即可。把香点着之后，对着神龛三叩首，然后把香插上。神龛上一般会放着一碟水果、茶水等，当然，如果神龛上只有神位，没有放置其他物品的空间的话，主人就只能烧香，略表心意而已。

2. 节日里的拜祭

每逢春节、清明节、端午节、中元节、中秋节等传统节日时，华人也会对祖宗进行特意的拜祭。其与平时的拜祭不同之处主要体现在香的数量和祭品上。节日里的拜祭需要烧三炷香，把香点着之后，对着神龛三叩首，把香插上。需要准备的祭品一般与节日有关，如端午节时会准备粽子、中秋节时会准备月饼等。华人认为，祖先在另一个世界里同样需要吃饱喝足，一般自己家里有什么物品，就会把这些物品献给祖先，希望他们也可以享用。特别是对于父母，这样的情绪则更为强烈，因为华人希望父母即使离去，也可以享受到生前喜欢的美味，以此慰藉自己心里那份没有来得及对父母表达的深切歉意与浓厚爱意。

由于印尼的华人宗教信仰多为佛教，他们在祖先神龛处也经常会播放"阿弥陀佛"的音乐。这样的设置使得整个氛围显得更加静谧。

祖先的拜祭一般是对于男方来说的，女方一旦组建家庭，就会跟着丈夫拜祭丈夫家里的历代祖先，一般不在家里拜外家的亲人。这也是中国绝大多数家庭认为理所当然的事情。华人世界的祖先崇拜承继了祖籍国的传统文化，同时又赋予其新的内容。中国大陆绝大多数家庭里没有设置祖先神龛，乡镇村野也许会有庙宇、祠堂的设置，祖先的神位都摆放于此；城市里也有专门的地方供人吊唁与拜祭，但是家里不会专设神龛，即使是在大陆的客家人聚居区，也是如此。

祖先崇拜在华人世界的思想观念里是根深蒂固的，即使现在印尼华裔新生代中，大部分已不清楚自己的祖籍是在中国的哪个省市，但是他们依然遵循父亲的意愿，对历代祖先进行奉祀，并且认为这是应该做的，也将持续下去。有关家神信仰，一位村民这样说道：

> 家里摆了祖先的神位，大日子的时候会拜祭，如春节、端午、七月半、中秋、冬至等日子时就会拜祭祖先。牌位上写的是太婆太公、家公家婆的名字，是丈夫家里的，女方一般不在家里拜外家的亲人的。准备的物品：中秋用月饼，端午节用粽子，清明的时候就用家常菜。这些糕点一般是拜完之后就吃掉。平时每天都会烧一炷香。大日子的时候就会烧3支香，初一、十五的时候也要烧3支香，初一、十五和大日子的时候会换白开水，水果偶尔也会摆放，有时会放糕点，不一定随时都有，白开水每天都有。便宜的10多条，好一点的是要38条，现在大家大多会选择30多条的。每天都会上香，也有天官赐福，这是传统，有家就得有地，里面要住上天公、地主财神才能保佑

这个家。地主神（唐番地主财神，唐就是唐人，番就是印尼人，因为不知道我们住的地方是有唐人神还是番人神灵，所以都拜，希望他们保佑我们）对于天公，每天都会上一炷香，初一、十五烧3支，地主的话就是每次都要烧5炷香（因为是五方五土财神）。平时只烧香，不烧纸钱，清明、七月半、春节的时候才会烧纸钱、衣服、阴钱等东西给祖先，一般不烧给土地神。有些人讲究的话会给土地神也烧，但是比较少。①

二 天神信仰

道家有三官，天官、地官和水官。谓"天官赐福，地官赦罪，水官解厄"。天官在国人历史上由来已久，国人一直相信有天官的存在，他会按照天庭的规约给地上生活的众人提供福祉。另，从"举头三尺有神明""人在做、天在看"等短语中，可以看出中国人对天历来存有敬畏之情，他们认为，如若他们做了一些不对的、触犯神灵的事情，天上的神灵就会惩罚他们，所以中国人一般会拜祭天神。与中国人相比，印尼华人的天神信仰更加虔诚，且更加重视。所谓天神信仰，就是"天官"信仰。每个华人家庭的门口都会有一个"天官赐福"的神龛，一般放置在门口的右侧，这个神龛的设置已经成为印尼华人与当地人区分的重要标志，只有华人才会有这样的信仰，才会有这样的设置。"天神"信仰对华人的日常生活产生着重要的影响。天地是宇宙万物的主宰，也是万物生长发育的本源。天地崇拜由来已久，对天的崇拜大约始于夏代，对地的崇拜，则可以追溯到原始社会，后来对天地的崇拜逐渐人格化。②

（一）天神的安置

天神安置于门口，在"天官赐福"这个神位的上方，放着两朵花红，神位的下方是放着香炉的神龛，神龛上一般会在正中央的地方放着一个香炉，香炉的前方一般放着三个茶杯，香炉的两侧放着两个红电烛。当然，根据每户人家家里情况的不同，其神龛的设置会有所不同。有些家庭的天神神龛只是由两个简单的花红和一个"天官赐福"的神位组成，有些家庭则比较华丽，这种天神神龛没有花红，但是其有一个大房子遮着"天

---

① 2015年8月10日笔者在美达村与QM的访谈。
② 林国平：《闽台民间信仰源流》，福建人民出版社2013年版，第69页。

官赐福"的神位,着一个香炉,神位的两旁是两支红电烛,红电烛在通电的情况下,可以24小时都亮着,为天神神龛增添了一份神秘与静谧。

图113 美达村华人住宅的"天神"神龛(郑一省摄)

即使天神神龛安置的大小不一,但它们都被安置在门口的某一侧,或者是在左侧,或者是在右侧,且在距离地面130厘米左右的位置,为的是方便每天的拜祭。天神神龛的设置一般设在家里,商店、工厂一般不设。

(二)天神的拜祭

天神的拜祭,是每天都会进行的。华人家庭,每天早上出门之前,都会烧一炷香,拿到门口,把香举至头顶,对着天空,闭着眼睛祈祷,祈祷结束,便对着天空三叩首,然后转身,把香插到天神的香炉处,心情愉悦地出门。拜祭天神时或者祈祷出门吉利,或者祈祷家里人身体健康等,或者祈祷从事的工作一切顺利,华人们每天都会根据自己的不同需求进行不同的祈祷。到了晚上,部分华人也会根据自己的需求进行天神和土地公的拜祭,以感谢天神和土地公一整天的保佑,晚上的拜祭一般烧五炷香,拜完之后,取出两炷分别插到天神的神龛上,剩下三炷香插到大门外面的地面上,为敬土地神;但也不尽然,部分华人到了晚上只是进行天神的拜祭,拜完之后把香插到天神的神龛上即可。

三 土地公信仰

土地是农业赖以发展的基本条件,在古人看来,土地能生长五谷供人享用，给人类的恩惠莫大于天，因此就塑造出了主管五谷的土地神，土地神起源于古代的社。"社"崇拜，在中国由来已久。在中国的古籍中，"社"被认为是土地神，《说文解字》"社"的解释就是"地主也，从示、土"①；《周礼》也曰："设其社稷而树之田主，各以其野之所宜木，遂以名其社与其野。"② 一般把"社"解释为土地神，民间多称为"土地公"，"土地爷"，或者福德正神等，其神像多是衣冠束带，白胡须，手持金元宝，完全是一副福寿相。③ 华人社会的土地神观念源自古代的中华文化，是华人宗教传统文化的重要组成部分。华人历经艰辛，从中国漂洋过海到达海外，此中艰辛绝非三言两语可以道清，到达目的地之后，为了获得安定的生活，开始拜祭土地神，希望得到土地神的保佑，拥有安稳的生活。

土地公或福德正神，是汉族民间宗教信仰之一，其供奉的土地庙属于中国分布最广的祭祀建筑。土地公信仰寄托了汉族劳动人民一种驱邪、避灾、祈福的美好愿望。美达村华人的土地公信仰与天神信仰一样，是相互对应的，每户人家凡是有天神，就一定会有相应的土地神。土地公一般设于地上，每天都要拜祭。土地神的拜祭已经深入华人的日常生活当中。

图114　美达村华人家中的"土地公"神龛和商铺中的
"土地公神龛"（郑一省摄）

---

① 许慎：《说文解字·示部》，中国书店出版社1989年1月版。
② 《周礼今注今译》卷三，书目文献出版社1982年版，第97页。
③ 林国平：《闽台民间信仰源流》，福建人民出版社2013年版，第69页。

（一）土地公的安置

土地公一般设于厅内，且一般选择对着大门的方向。土地公的供奉就像把土地公请到了一个小房子里住下，远看就像是一个有着门帘的门板。土地公的牌位一般高约20厘米，突出的门帘就像是为土地公遮风挡雨而设，门帘下方写着"王土"，"王土"的两侧分别画着类似于樱桃的植物，往下就是土地公牌位的主要内容，由左往右的内容是：地可出黄金，唐番地主财神，五方五土龙神，土能生白玉。所以其内容应该为：五方五土龙神、唐番地主财神；土能生白玉、地可出黄金。土地公牌位的前方摆着的是香炉和五个茶杯，左右两侧一般会放着灯和香，方便每天烧香。某些人家还会放上一瓶花，增加房间的生气。

（二）土地公的拜祭

在汉族民间，土地公也被视为财神与福神，因为汉族民间相信"有土斯有财"，因此土地公就被商家奉为守护神。据说他还能使五谷丰收，因此，很多人就把土地公迎进家里祭拜。土地公的拜祭，与天神的拜祭时间差不多，每天早上和晚上都会拜祭，一般是点五炷香，对着土地公的神位三叩首，祈求土地公的保佑之后，把香插到香炉上即可。为什么土地公的拜祭需要准备五炷香？因为土地公是"五方五土"的，这与中国东、西、南、北、中五个方向有着惊人的相似。华人于此来祈求各路土地神的保佑。有关土地公，一位村民这样说道：

> 我出生于1950年，祖籍广东梅县。华人在门口拜祭的是太岁仙君，"天官赐福"其实拜的就是天神，在地上的是土地公。拜天神需要用到的是金银跟蜡烛，与拜土地公时用到的蜡烛是不一样的，拜天神的时候，需要放上有竹子的蜡烛，而拜土地神的时候，需要放的是没有竹子的蜡烛，用的是插电的蜡烛，这些蜡烛每天都会插上电。现在更多的人会选择电蜡烛，因为这样可以整天都亮。初一、十五的时候更多人会拜天神跟土地神，这是华人的习俗，这是根据通书的记载来进行的。如果是大日子，会买猪肉、鸡肉、鱼，统称三牲来拜天神，如果是拜土地神的话，一般是用水果，水果一般有梨、柑、小橘子三种。华人家庭一般会拜祭天神和土地神，因为觉得拜祭了天神和土地神之后会更加顺利。美达村的华人80%是客家人，客家人拜祭

天神跟土地神的时候喜欢用橘子，因为觉得橘子代表吉祥如意的意思。①

除了家神、天神、土地公信仰等比较普遍之外，美达村居民还会在家里供奉关公、王母娘娘、观世音菩萨等。

四 关公信仰

关公信仰是中国民众以及海外华人华侨的信仰，影响力普及于都市和乡村，并且已经走向世界。历史上的关公，本名关羽，字云长，出生于公元160年，卒于公元219年，又称关帝、关王、关爷、关圣、关夫子，是三国时期蜀汉的一名武将。关公在其近六十年的一生中，策马横刀，驰骋疆场，征战群雄，辅佐刘备完成鼎立三分大业，谱写出一曲令人感慨万千的人生壮歌，被后人推举为集"忠""信""义""勇"于一身的道德楷模，并成了中国封建社会后期上至帝王将相，下至士农工商广泛顶礼膜拜的神圣偶像。在普通民众心中，关羽不仅是圣，更是神，是万能之神。千余年来，关羽被视为忠义化身和道德榜样，在海内外华人中获得广泛一致的民族心理认同。关公信仰在美达村华人里也是很常见的，很多华人的家里都会有关公的神像。关公的神像一般是从市场上请回来的。在华人的世界里，他们认为，关公是拥有非凡神力的神灵，他可以帮助人们排忧解难，在人们对某些事情需要做出重大的决定的时候，可以帮助人们得出正确的决定。由于官方的支持、佛道两教的推崇以及文学艺术的渲染，关公完成了由人向神的角色转变，成为世俗社会之圣贤、宗教社会之神灵当中的一个颇具影响力的存在。

在棉兰市区，便有一座规模较大的"关帝庙"。应该来说，棉兰的"关帝庙"是全棉兰华人进行宗教活动的中心，也是他们祭祀民间神的重要场所。换句话说，关帝庙是属于全棉兰华人祭祀圈的中心庙宇。

关帝庙的印尼语名字是"Bedia Budi"，其实这应该是闽南话的拼音。关帝庙何时建起，庙内的碑文这样记载：

……关帝庙是于逊清光绪十一年（一八八五年），乃有华侨先贤

---

① 2015年8月3日笔者在美达村与黄东升的访谈。

第七章 美达村华人的宗教信仰 / 357

图115 坐落在棉兰市中心的"关帝庙"（郑一省摄）

张榕轩先生提议建庙，并塑神像奉祀降福旅外国人，当时庙宇不光，又乏住持，后来乃有慧宗禅师、会心禅师两位住持。本庙先后修葺，迨至（公元一九六五年）本释桌锡来斯观，群众诚心善信，临庙求神日增，而且庙宇秋耶建筑，又是淹剥，乃由（公元一九七零年）拓庙两翼，并建经楼，土木工程之费悉倾，历来香积之庄，仍有不敷，向本门袍泽暂贷，不敢惊动善信众，奈何喘息未定，本庙后座又遭扩路范围割去本庙尽地之基三分之一也，不再重建有失庙宇观瞻，故本释不惜心力交瘁，勉为其难，向社会名流，殷实商老，四境佛门信众，万方善信求他山之助，幸蒙各界咸承。关帝公造福黎庶，及鉴本释苦心，各解义囊，共恭义举，今日落成，功德完满。本释不能报答各界善信之布施，只有在每日晨钟暮鼓之际，敬求神圣各界善信多福多寿多男子。勒铭立碑善举重于百岁。

棉兰关帝庙主持释成雄谨识
公元一九七九年太岁己未年腊月落成

从以上关帝庙的碑文可知，关帝庙是1885年建立的，至今已有130多年的历史了。美达村华人也是此关帝庙的常客，一位美达村华人说道：

我经常去棉兰的关帝庙，这个关帝庙已经有一百多年的历史了，历史悠久，我们都认为存在时间更长的神灵更灵验，所以平时都喜欢到那里去拜祭。如果需要问事的时候就会到关帝庙去问，如要问女儿买屋子的时候，我就会去到关帝庙，说房子在哪里，是第几间，可不可以买？然后如果得到圣杯的话就表示可以买，如果不是就不行。还有一次，我的儿子要到槟城开刀，我到关帝庙跟关帝说，我要到槟城去开刀，是哪间医院，是姐姐介绍的哪个医生，当时有两个医生，一个是槟城的，一个是马六甲的，该选择哪一个？当说到槟城的医生的时候，得到圣杯，而说到马六甲的医生的时候，得到了盖杯，所以后来我决定选择槟城的医生。所谓圣杯就是同意，盖杯就是不好的，我乐意听信圣灵的话。机会只有一次，结果如何，我都会相信。①

除了常到棉兰拜祭关帝外，许多美达村华人还在家里供奉关公。供奉关公的家庭，一般会为关公神像专门设置一个神龛，置于土地公的上方。神龛里的关公，有着《三国演义》里关羽的形象：长胡子、浓眉大眼、神情严肃。其前方的神龛与天神、土地公的神龛一样，也是放着一个香炉，香炉前有三杯茶，香炉的右侧是一个盛着香油的油盆，上面放着一个燃着的灯芯。关公的拜祭与天神等一样，也是每天都会拜祭，但是拜祭时所祈求的心愿是不一样的，人们拜祭关公时，一般是祈求生意兴隆、出入平安。

近年来，随着社会经济的发展，美达村附近也建起了一座关帝庙。该关帝庙设置在从青松村前往美达村的道路左侧，这座庙宇极具中国特色，不仅表现在其鲜艳的色彩，双龙戏珠、飞檐翘角等的屋顶设计，还表现在庙宇里屏风的设计上。经过关帝庙门前，就可以看见一个大关帝公的形象立于庙里，即时有铁门锁着，也能依稀感受到关公严肃的表情所透露出来的威严。此关帝庙是 YL 的朋友建造的，但是鲜有美达村华人造访，一是因为这个庙宇的门都是紧锁着的，只有在特定的祭拜日子才会开放。二是因为这个庙宇不仅供奉了关公等其他中国特色的神灵，还供奉了印尼民众信仰的其他神灵，远没有棉兰市内历史悠久的关帝庙吸引力大。

关羽，这位千秋圣人所凝聚的忠义精神，成为海外炎黄子孙与中国大陆同胞亲情沟通的交汇点。中国是伦理本位的社会，汉族传统文化是伦理

---

① 2015 年 8 月 10 日笔者在美达村与 QM 的访谈。

型文化。关公文化作为中国汉族传统文化，特别是儒家文化的组成部分，也是伦理型文化，伦理道德是其核心内容。关公的忠、义、仁、勇，渗透着儒家的伦理道德精神，也成为人们的精神追求。作为一种人类社会的精神文化现象，关帝信仰是人们对"真、善、美"的人性和崇高理想的人格境界向往、追求的一种心态反映。千百年来，人们崇拜关公，本质上是崇拜关公高尚的道德人格。关公对国以忠，待人以义，处世以仁，作战以勇的精神，体现了中华民族的传统美德。关公文化中最根本的理念文化——忠义仁勇和诚信精神。待事以忠，待人以仁，以义取利，以勇精进，这种精神如今已然成为民族精神和大义，成为社会发展与和谐的根本。

五 观世音菩萨信仰

观世音菩萨是佛教中慈悲和智慧的象征，无论在大乘佛教还是在民间信仰，都具有极其重要的地位。民间对观世音菩萨的信仰较为广泛，棉兰华人也不例外。印尼《苏北棉兰辖属浮罗把烟清音禅寺碑记》载："是以都邑市镇，山陬僻处，遍建庙宇，供奉三世尊佛、观音大士，而百姓之家，虔奉大慈大悲、救苦救难观世音菩萨，故国人分播海外，足迹所经，必倡建庙，祀佛以沐宏庥。"[①]

（一）观世音菩萨的安置

如中国国内一般，观世音菩萨的设置，一般设在厅内神龛上。大部分供奉观世音菩萨的华人，都会在家里设置一个大神龛，神龛一般分为三层，神龛内有一个隔间，将神龛分为上、下两层，神龛的顶部也可以盛放东西。于是，整个神龛便由三层空间构成。最上面的一层是神龛的表层，这一层一般是放置观音菩萨的地方；第二层一般是神龛内部的上层空间，用以放置关公等神像；第三层则是神龛的下层空间，一般用以放置福德正神，即中国的土地神。有的家庭在放置土地公的同时，也会放上土地婆的神像。有的家庭则是把观音菩萨单独放在一个神龛上，这个神龛可以很简单，只是一块木板，也可以是一个比较正式的、有盖荫等设计。无论是简单的还是较为正式的设置，都体现了美达村华人对观音菩萨的崇拜。而观

---

① 李天锡：《观音信仰在东南亚华侨华人中的传播》，http://www.wuys.com/news/article_show.asp?articleid=28448。

音菩萨的神像，亦与国内的观音神像一般，是一个穿着佛家袈裟的观音形象，左手捧着净瓶，右手拿着一条杨柳枝。净水用以洗涤贪嗔痴诸毒；杨柳枝则表示上求佛道，下化众生。净水和杨柳枝成为观世音菩萨的象征和代表。

（二）观世音菩萨神像来源

在华人世界，观世音菩萨信仰比较突出与常见，所以，观世音菩萨的神像也是千奇百态的，但大部分神像的来源都是自己购买或者亲朋相赠。

自己请进。观世音菩萨作为救苦救难的慈悲大菩萨，很早以前就已经被中国民众所信仰，华人到达异国他乡之后，为了寻求心理上的安慰，在困苦中寻得神灵的庇佑，渴望供奉神灵的神像，以求庇护。为了适应消费者的需求，市场上开始出现雕刻神像或者制作神像的匠人，也出现了从中国进口神像至印尼贩卖的商人。于是，信奉观音菩萨的信众，就可以从市场上请进自己所需的观音神像，放置家中，以供敬奉。

亲朋相赠。华人认为，神像是神圣不可亵渎的，不管由于某种因素，华人不再继续供奉此神像，华人也不会贸然将此神像销毁，他们担心此举会给自己带来不测。所以，凡若华人因搬家或者改信其他宗教，意欲将原来供奉的神像加以处理的时候，都会首先想到将其送给需要的人，实在找不到合适的人选的时候，就会把神像奉献给附近的佛堂或者其他的华人庙宇，供前来上香的人拜祭。

（三）观世音菩萨的拜祭

神像既被供奉，华人就会自觉做好拜祭工作。对于观世音菩萨的拜祭，一般是每天一小拜，大日子一大祭。所谓每天一小拜，就是每天都会烧香祈愿。每天清晨起床，点着一炷香，对着观音菩萨的神像三叩首，心里默念所祈之愿，念毕，把香插到观音菩萨神像前的香炉里，礼毕。等到观音诞或者七月半等重大日子的时候，则会在烧香的同时，为观音菩萨奉上供品，一般是菊花或水果。

第三节　美达村华人乩童与庙宇的宗教仪式

所谓乩童，就是原始宗教巫术仪式中，神灵与人或鬼魂与人之间的媒介，类似西方宗教所称的"灵媒"，他是连接神灵与人的载体。在美达村有两座庙宇，即太天地宫与谭林庙，产生了显现的乩童和隐形的乩童。据学者研究，要成为一名正式的乩童，必须经过49天的严格训练，在这49天之内，他几乎一直处于一个身不由己的歇斯底里的状态，不能吃荤，不能出庙门。大部分的乩童要在庙内特定的地方做禁，学习画符念咒，民俗疗法，风水占卜等的规矩和作法。[①] 不过，美达村的华人乩童在成为乩童之前都是打工族，只是村中众多华人中普通的一员。没有经过严格的训练，只是因缘巧合之下，他们成为乩童，在庙宇举行仪式的时候，他们就成为与神灵交流的中介。这些乩童脱下道服，他们仍然只是普通的美达村华人。由于所处不同的庙宇，这些连接神灵与人载体的乩童依然存在许多不同之处。

一　太天地宫的乩童

太天地宫的乩童，是在太天地宫建立之后才出现的。太天地宫先后有两座，一座是建立在美达村的美达三路，是陈增志将其父亲的家改造而成的，另一座是位于一个富裕华人巴烟社区的新"太天地宫"，这是在2017年后建起来的。当新的太天地宫建起后，美达三路的"太天地宫"就恢复成原来的住家了。

从调查来看，太天地宫的乩童有两位，一位叫阿杨，另一位即陈增志。叫阿扬的是名副其实的作法乩童，而陈增志却是一位隐形的乩童。

（一）作法的乩童——阿杨

据访谈，这位名叫阿杨的乩童，其成长过程既曲折也充满着趣味。阿杨，祖籍福建，二十岁出头的小伙子，大概有175厘米高，重68公斤左右，体格健硕，身材高大，是太天地宫的乩童。据说，在成为乩童之前，阿杨与母亲住在美达村某路某户家里，以打工为生。此时的美达村华人对阿杨并不是很熟悉，只知道他是单亲家庭，从小跟母亲一起长大，教育程度并不高，平时是为村里的陈增志先生卖皮带为生。除了这些，关于他的其他情况都不是很了解，所以当时的他极不起眼。

印尼的华人多信仰佛教，美达村华人也是如此，除了美达二路的"释迦堂"，美达四路的"大爱佛堂"也拥有不少信众。2012年左右，"大爱佛堂"曾经给信众提供打坐的场所。打坐又叫"盘坐""静坐"，在佛教中叫"禅坐"或"禅定"，是一种养生健身法，也是道教中一种基

[①] 林国平：《闽台民间信仰源流》，福建人民出版社2013年版，第317页。

本的修炼方式。打坐时需闭目盘膝而坐，调整气息的出入，手放在一定位置上，放空头脑，不想任何事情。打坐既可养身延寿，又可开智增慧。当时陈增志，即后来建立太天地宫并成为其主持的他也在那里打坐，阿杨也经常到"大爱佛堂"拜祭，在那里接触了打坐。据说，最初阿杨和陈增志的关系并不是很好，因为阿杨曾经在陈的店里帮忙，两个人之间因为意见不合曾经产生过矛盾。

学习打坐之后，两个人之间的关系有所缓和，但也没有很好。后来，阿杨学习打坐的一个星期之后，他突然找到了陈增志。当时的陈增志在催眠方面已经小有名气，不少人都会来找他催眠，可以了解自己的前世今生。阿杨当时对自己活在这个世界上的意义并不是很清楚，他觉得自己的心里一直有一个声音在跟他说话，认为他在这个世界有他应尽的责任，但是他并不是很清楚这方面的原因，所以，希望陈增志通过催眠帮他了解他的责任究竟是什么。

就在他被催眠的过程中，他感觉到自己被太上老君附体了，太上老君借他之口说明他是一个有仙骨之人，可以成为太上老君在该区域的"代言人"。

自从被太上老君附体之后，大家便知道阿杨具有太上老君的仙骨，之后，阿杨就开始接触太上老君的相关事宜，当时因为没有正式的庙宇，太上老君的拜祭设在了美达村外，阿杨也不能经常往外面跑，所以，当时村里对太上老君的拜祭并没有成为体系。等到太天地宫正式把地址定于美达三路之后，阿杨就正式成为太上老君的"代言人"，开始更广泛地接触太上老君。而阿杨也与其母亲一起，搬到了太天地宫所在房屋的三楼居住。

成为乩童之后，阿杨白天去给别人打工，晚上就回到太天地宫居住。每天早上起床的时候，会按时拜天神、太上老君等，然后给每个香炉换上一卷新的盘着的香，然后才去上班。上班的时候会把太天地宫的门锁上。如果从其门口经过，只能听见房间里播放的"南无阿弥陀佛"的音乐，闻到一阵阵檀香的味道，却看不到里面的场景。

如果碰上七月半等特殊的日子，阿杨就会早点回家，与信徒们一起准备节日的庆典活动，等到接近仪式开始的时间，便换上道服，做好进行仪式的准备。

成为乩童之后，阿杨在美达村华人心中的定位发生了变化，在信徒心中的地位发生了变化，而阿杨的生活环境也发生了变化，交际圈发生了变化，心态也得到了改变。

因为成为乩童之后，阿杨在美达村华人心中的定位不再只是一个普通的过客，而是多了一个身份——"乩童"，每每提起他，美达村华人的反应就是"那个乩童"，虽然大家都知道他是美达村华人的一分子，但对其的印象更多地集中在他的神职身份上；作为一个二十岁出头的青年，阿杨他平时很少有机会与太上老君的信徒发生联系。成为乩童之后，每个星期六晚上，太天地宫都会举办活动，棉兰市及周围的信徒都会参与其中。因此，他与信徒们每个星期至少会有一次碰面的机会，随着活动开展次数的累积，他与信徒们的感情越来越深厚，也得到了信徒中相当一部分人的尊敬，因为仪式举行的时候，乩童阿杨就成为他们的"爷爷"，可以为他们指点迷津，所以，即使平时的阿杨不具有"太上老君"的身份，但他平时说的话，也会得到信徒们的重视；自从成为乩童之后，他住到了美达三路，有了一个相对较好的居住环境，饮食起居方面的情况也得到了改善；成为乩童之后，阿杨开始越来越多地接触到陈增志的朋友们、太上老君的信仰者们，交际范围得到了扩大，交际圈也越来越广。值得一提的是，成为乩童之后，阿杨与陈增志的关系发生了很大的改变，之前的他们，总是存在矛盾，现在，他们成为"老师"与"爷爷"的关系——陈增志成为信徒们的"老师"，为信徒解释"爷爷"的话，两人的关系得到了很大程度的改善，两个人之间也经常互动，常常能使气氛活跃起来，有意见不同的时候，阿杨也会听取大家的意见，博采众长。这在一定层面上，也反映了阿杨的心态发生了变化，没有了之前的年轻气盛，更多的是成熟与稳重。

（二）隐形乩童——陈增志

陈增志，出生于1967年，1987年在苏北大学毕业，所学的专业是医生。父亲陈松茂是美达村的负责人之一，从难民阶段到定居美达村期间，父亲都是美达村负责人中的骨干，为美达村华人的各项事务倾注了几乎全部的心血，一直到去世，父亲都备受美达村华人的尊重。由于父亲是一名无神论者，所以，家里一般就是祀奉祖先牌位而已，家里人都没有信奉其他宗教。后来，陈增志加入印尼国籍之后，成了佛教徒，但对于宗教事务，也不是特别的热衷。他1976年上学，当时已经9岁了，上的是华人开的学校，但是要与印尼的学校合并。当时他们跟印尼的学校讲过，他已经学习过，想直接上三年级，政府不让，让他从第一年开始。可是第一年开始半年之后，他没怎么上学，因为都是学会了的知识，天天打架，所以老师让上了二年级，一个班50多人，大部分是华人。姐姐比他大两岁，也是跟他们一起上学。上课内容就是印尼语、英语，内容主要是关于爱国的。老师部分是华人，部分是印尼人。如果在学校开华文课，会被抓。要学中文的话，只能回家补习。小学上了5年，经过6年的中学阶段，然后1987年在苏北大学上学直到毕业，所学专业是医学，当时印尼华人只有5%的名额可以进政府的国民大学读书。上大学的时候，华人与印尼人之间的关系挺好的。当时认为做医生可以不用给别人打工，没想到还是没有做成医生，做生意了。大学毕业之后，还要进修，当时父母已经年迈，如果继续进修的话就会给家里增加经济负担，恰好当时他有一个机会可以做生意，与姐夫一起代理皮带生意。因为生意做得比较好，后来姐夫不再给别人代理，自己创造了一个品牌，而他则代理姐夫的品牌。大约大二的时候就开始做了，刚开始的时候，就靠自己跑，找到合适的人就让他卖，后来他自己开了一个店面，时已毕业，政府需要他去乡下实习2年，那段时期，他的生意就交给手下的工人家去做了。两年之后，店里的工人自己独立门户了，结果他就决定不再做医生，自己做这个生意。那个工人成为老板之后，陈曾志跟他也曾有过生意上的合作关系。

陈增志自己做的时候，开始是在家里做皮带，主管推销。2003年之后从中国进口，不再自己做了。以前是到广州入货，现在到河南进货。一直只是代理。印尼人过年的时候比较好赚，在百货公司会有自己的柜台，有批发、有零售。需要送货的时候，就自己去送，自己有车。美达村像他一样做皮革生意的就他一个，以前80年代的时候，华人做皮革生意的比较多，现在印尼人已经跟上来了，他们也开始做这些生意。他公司的管理人员是华人，工人是印尼人。在专柜卖的话，是根据该商品每年的销售额来收取费用的，如果每个月的销售额达不到那个数目的话，该商品将失去在此专柜销售的资格。卖家与百货公司是签约的。

父亲去世之前，陈增志就已经对灵魂的归宿产生了很大的兴趣，后来因缘巧合之下接触了催眠术，在催眠术的牵引下，开始接触太上老君，而与太上老君结缘则归功于对阿杨的催眠。记得阿杨被陈增志催眠之后，被太上老君附体的时候，太上老君借阿杨的口说了很多陈增志以前的历史，其中说到一个陈增志自己都已经忘记的事情，阿杨这一说勾起了陈增志的回忆，也让他意识到太上老君一直在他的身边守护着他，让他坚定了

"爷爷"的存在。现在回忆起当时阿杨说出来的经历，他还有点动容，他说："小时候有一次生病，去医院打针的时候，因为药与我的身体出现了不适应的情况，我进入了昏迷状态，灵魂在那个时候也跑了出来，我可以看到病床上的自己，也可以看到病床旁边的父亲。记得当时的父亲就在病床上看着我，眼里都是泪水，很是心痛。后来我醒了之后，第一件事是就抱着父亲哭了起来。因为灵魂出来的时候，我看到了面对昏迷的我，悲伤的家里人都在拼命地找医生救我，他们的伤痛是那么的清晰。由于时间久远，这个经历我早已经忘记了，但是太上老君把我的思绪拉回了以前。从那个时候开始，我就开始相信'爷爷'一直在守护着我，他教导我给别人催眠的时候不要收钱，不要太计较眼前的得失，应该免费给别人服务。后来，好几个人过来催眠，在他们身上，我看到了我们很多相同的前世经历，原来我们前世是在一起的，我们都是太上老君的子孙，所以我们便聚到一起。"① 之后，在陈增志的带领下，信徒们开始围绕太上老君进行各种活动，陈增志也因此成为他们这一群人的领导，太天地宫各种活动的开展都需要与陈增志商量。即使是在乩童出现之后，庙里的各种事务也是由他总负责的，如果在举办仪式的时候，乩童说的话周围的子孙们理解不清楚的时候，他们就会把陈增志叫过来，由他来给大家解释，久而久之，大家都叫陈增志为"老师"，因为他懂得多，而且是太上老君得意的弟子。

陈增志便以此特殊的身份在太天地宫发挥着领头羊的作用，他是组织者，也是领导者，同时也是普通信众中的一员，他凭借自己的力量把大家团聚在一起，共同为太天地宫的发展出谋划策，共同举办各种活动。他说："我在微信上建了一个群，把太上老君的孙子们都拉进了微信群里，这个群里固定的成员有 50 多个家庭，大家一起拜祭太上老君。这些加入的成员都是爷爷的孙子，大家都是自发过来拜祭的，我们这里没有负责人。因为太上老君不让搞，爷爷不希望因为负责人的出现导致以后可能发生金钱纠纷，子孙们之间出现不和谐现象是他不想看到的。所以没有专门的负责人，庙里也不设功德箱，不收钱。每个月庙里所需的开支，我会把钱放到微信群上，有意愿的就会凑钱。没有的话，我可以自己解决。不过大多数情况下，群里的他们都会提供一些，大家一起解决庙里必要的开

---

① 2015 年 8 月 10 日笔者在美达村与陈增志的访谈。

支。"① 所以，陈增志还是太天地宫的主要负责人，虽然他不承认他的炉主地位，但是他的领导地位却不会动摇，大家也都愿意听从他的吩咐。他既是庙里的炉主，也是隐形的乩童。

其实，早期的陈增志对于宗教信仰不是很热衷，只是偶尔到佛堂和四面佛进行拜祭，自从信奉了太上老君之后，他开始有了变化，主要体现在两个方面：热衷于举办各种活动、心态更加平和与积极。

建庙之后，他开始热衷于组织各种活动，每个星期六的晚上都是信徒们拜祭的日子，初一、十五和白虎生日、七月半等各种节日里，筹办的活动也是层出不穷。陈增志说："现在每个月的初一、十五、每个星期六晚上都要拜祭，这个时间不是一早就规定了的，是根据大家的时间来调整的，星期六是百姓求神问事的时间，初一、十五则是太上老君的子孙们拜祭的时间，这个时间是什么时候规定，我也忘记了，不过到现在都还是按照这个时间进行。"② 生意上的事情有其他人帮忙打理，如果不是参加太天地宫的活动，他平时就是"照顾孩子，载孩子去补习，载孩子去学校"，每天重复这样的工作而已。

信奉太上老君之后，他觉得太上老君一直伴随着他，在他的心里指导着他如何应对各种情况，如何处事待物。在太上老君的指引下，对于很多事情，他都能够以开放、宽容的心态来处理。人活在世上，最重要的就是自己的身体和思想，但还有一样东西，如果它不存在了，我们就不在了，就是我们的灵魂。太上老君教导大家要开开心心地过日子，心态要放轻松。他曾经遇到一个挫折，面对选择的时候，他决定遵从自己的内心，最后也做出了一个让自己无悔的决定。事情是这样的："工厂里曾经有一个工人，是住在美达三路的华人，在下班回家的时候发生了车祸，被人家撞倒，昏迷了两个星期。在车祸发生的那天半夜，他家里人给我打电话，我马上赶到医院，交了住院的订金，找医院里最好的医生来医治他。可是两个星期之后，那个医生跟他家里人说，把这个病人带回去吧，他已经没得救了。因为那时候的他只能依靠氧气瓶来呼吸了。但是他的家里人不肯，他们把家里所有可以变卖的东西都卖掉了，就是不放弃治疗。后来他们找到了我，希望得到我的帮忙。当时我的生意刚好赚到了80条（印尼盾，

---

① 2015年8月10日笔者在美达村与陈增志的访谈。

② 同上。

下同），在他住院期间，医疗费是我帮忙给的，两个星期下来我提供了 30 条，还剩 50 条。提供资金支持是可以的，但是基于他现在的情况，医生已经明确表示没有治愈的希望了，继续投钱的话是否还值得？到底该不该给呢？后来有个朋友介绍了一个神人，听说他会看人的灵魂，我便把他请来帮忙看一下病人是否还有救。那个人也表示病人治愈的可能性不大。就在我想要放弃的时候，这个神人说了一句话，意思是说，只要你多做好事，就能取得圆满的功德。面对病人家里人的坚持，我最后决定把剩下的钱都投到他的继续治疗中。后来那个病人到槟城进行手术的时候，我把剩下的 50 条都给了他的家人。手术结束一个星期之后，他依然没有苏醒，医生也说他没救了。后来迫于无奈，家里人把他带回来了，回到家里也一直戴着氧气瓶。父母的这份不放弃赢来了一个奇迹，在大家都不相信他能再度苏醒的时候，他居然醒过来了，还恢复得很好，现在还在给我打工。这个事情给我的触动很大，假如当时我决定不继续支持他的治疗的话，现在的我会多么自责？虽然我失去了 80 条，但是从那里面我得到的是无法用权益来衡量的，是买不到的。自此之后，我变得比较大方，凡事也比较看得开，做生意的时候，如果有人对我有所亏欠，我也不会太计较，因为我已经放宽心了。我认为，这都归功于太上老君在我的心里指导着我的行为与思考。"[1]

还有一件事情，就是"有一个跟了我 15 年的老工人，我特别信任他，把工厂交给他管理，但是一次上班的时候他居然监守自盗，把他手下的东西都卖掉，把卖东西得到的钱和店里所有的资金都拿走了。可是我也没有跟他计较，因为我觉得他给我工作的 15 年时间里，他也替我挣了很多的钱，远比他现在拿走的要多得多，所以我就没计较。其实那个人人性本善，只是他娶到了一个很有钱的妻子，自尊心作祟，想要比妻子更出色，在工作上没有突出成就的他想到了赌博，然而，想通过赌博来挣钱是非常愚蠢的想法，后来事与愿违，便走上了这条路"[2]。

二 谭林庙的乩童

谭林庙的乩童是阿吴，其凡名叫吴青海。谭林庙位于美达一路 C 区，

---

[1] 2015 年 8 月 15 日笔者在美达村与陈增志的访谈。

[2] 同上。

即美达村的老人院地区。有一大一小的"谭林庙"。谭林庙刚开始建的时候，只是一座小庙，空间有限，信徒有限，后来信徒越来越多，就在小庙的旁边又建起了一个大庙。据访谈，最开始建庙时是没有乩童的，一次偶然的机会，一位叫"阿吴"的美达村华人被神灵上了身，经过斋戒等程序之后，他成为谭林庙的乩童，一直到现在。

吴青海是家里的长子，由于家里经济条件不好，他很早就辍学给别人打工帮补家用，到后来他的工作一直是给别人打工，生活比较规律，上班时间上班，下班就回家里帮忙干活，一直到现在都是如此，平淡无奇。就其成长经验而言，也没有什么特殊的地方，看起来和常人并无两样，他只是一个普通家庭里的普通一员，没有经历过大起大落，也没有生过严重的疾病，一切都是那么的平常。

吴青海一家是寻常的华人家庭，生活情况一般，家里没有人当过乩童的历史，吴青海本人也是无意中被神进了身体，从此之后才成为乩童的。回忆起刚成为乩童的时候，原本沉闷的吴青海变得激动起来，他说道："谭林庙建庙之后并没有乩童，在成为乩童之前的一段时期里，我的内心变得烦躁。那个时候我正在外面打工，晚上经常不能入眠，白天也不能继续工作。这样的状态持续了一段时期，我也很奇怪自己为什么会这个样子。某天下午，有一个贵人'阿龙'，带着阿发和一位可以进济公童身的跳童来到谭林庙，阿龙与阿发懂得念咒，通过念咒，可以帮助神灵真正地进入凡人体内，他们此行就是要帮助谭林庙找到合适的乩童。到了晚上，又有一群人来到了庙里，他们说是要一起帮助谭林庙找到一个童身让伯伯可以附体。他们都是棉兰华人，我们都不认识，他们扬言要到这里来找跳童，当时家里很是热闹，但在挑选乩童人选的时候出现了分歧。当时有人认为吴青海的母亲很适合当跳童。但是神灵附体的话，不仅需要洁净的身体，还需要谨言慎行，母亲担心自己做不到，所以没答应，而且母亲也要处理很多家务，平时没有那么多的时间参与庙里事务。另外，也有的人认为我很合适，他们认为我是男生，且体格比较健硕，相对而言，更适合当乩童。双方争论不休，后来，认为母亲更适合的与认为我更适合的两队便各执一词地争吵起来。就在当时那么混乱的状态下，我突然觉得身体变得很沉重，母亲告诉我说，我当时在庙里来回走动了5次，然后找到一张桌子，坐在了谭林神灵的前面。当时的我已经没有意识了，我说过什么也不记得了。母亲跟我说，周围的人见我这个样子，便问我'来者是谁，来此做什么'。当时神灵借我的口回答说，'尔等如若相信我，就到这里来拜祭，如若不信，就可以不用过来，不要问这么多。如若相信的话，你就要让这个人吃斋，让他成为乩童。'而后，还让母亲每天晚上12点的时候拜天神求平安，而且还要督促我吃素。在神灵的嘱咐下，母亲监督我吃了七七四十九天的素，第一阶段结束之后，还要进行第二次的吃素，第二次吃素要吃108天。他们说，这样我的身体才能被神灵附体。每逢神灵要附体的时候，我就会变得很暴躁，偶尔还会把水倒在自己脸上。信众们每次看到这种状况，都会说只要我好好的，大家都会好好敬拜的。经过斋戒和一段时期之后，神灵再进我的童身的时候，我就不会再有这种脾气了。后来，我就成为谭林庙的乩童，一直到现在。"[①]

成为乩童之后，也没有什么特殊的感觉，就像平常一样。该上班的时候就会上班，跟平常对比没什么区别。他于2011年12月正式成为乩童，当有人来问事的时候，他就会穿上道服，为信徒服务。平时的话，他就是一个普通的工人，是美达一路老人院区一个普通家庭的普通儿子。

谭林庙的乩童是在棉兰有仙骨的华人的帮助下确定的，在确定成为乩童候选人之后，他开始接受各种培训和学习，斋戒一段时期之后方能成为正式的乩童。据说，太天地宫的乩童阿杨在成为乩童之前就已经具有一定的神力，美达一路的阿兰说："太天地宫的跳童家里曾经着火，火势挺大的，后来有神灵附体来帮忙灭火，他的母亲才知道他具有仙骨，现在成了乩童，听说没有经过训练，也不知道是不是真的。"[②] 两个庙宇的乩童都是后天形成的，对庙宇的运转都发挥了一定的作用。

三　乩童与庙宇的宗教仪式

谭林庙与太天地宫，是美达村四间庙宇里的两个重要庙宇，由乩童主导庙宇的宗教仪式。虽然谭林庙与太天地宫都属于道教大体系下的信仰，但是两者之间存在很大的差别，两个庙宇供奉的神灵不一样，拜祭的时间不一样，信仰圈不一样，乩童主导下的仪式也不一样，相比较而言，谭林庙较太天地宫要安静许多。举行仪式的时候，两个庙宇之间的差别更是明显。

[①] 2015年9月6日笔者在美达村谭林庙与乩童吴青海的访谈。
[②] 2015年8月31日笔者在美达村与阿兰的访谈。

(一) 庙宇里供奉的神灵

不同的庙宇供奉的主神不一样，这是极正常的事情，谭林庙，顾名思义，其祀奉的主要神灵应该为谭林，太天地宫祀奉的主要神灵则应该为太上老君等相关的神灵，两者之间存在着比较大的区别。

1. 谭林庙供奉的神灵

由对谭林庙的观察可知，谭林庙供奉的神灵主要有谭林、济公、哪吒、释迦牟尼佛等。其中，释迦牟尼佛属于佛教体系，被放置于左右两侧神龛，表示其的从属地位。而且，神像的造型和摆设相对比较简单。

哪吒，是中华文明史上世代相传的神话英雄人物，是民俗信仰亦佛亦道的一尊神祇，被尊为"中坛元帅""三太子""太子爷"。对哪吒三太子的信仰在海峡两岸和东南亚地区广为流行。济公（1148—1209），原名李修缘，是南宋的一位高僧，浙江省天台县永宁村人，后人尊称其为活佛济公。他破帽破扇破鞋破衲衣，貌似疯癫，举止似痴若狂，但实际上却是一位学问渊博、行善积德的得道高僧。他略懂医术，为百姓治愈了不少疑难杂症；他好打抱不平，息人之诤，救人之命。他的扶危济困、除暴安良、彰善瘅恶等种种美德，在人们的心目中留下了独特而美好的印象。对济公的信仰，是民间以道济为原型，结合历代相似奇人异士的某些方面予以加工，造就出形象丰满而深入人心。济公信仰是中国本土文化加上佛教文化的产物，是一个中国民众以本土神异使自己的精神得到寄托的一个过程。

2. 太天地宫供奉的神灵

太天地宫供奉的神灵为道教大体系下的神灵，主神是三清道主。三清，为道教用语，指的是道教所尊奉的玉清、上清、太清三位尊神；也指居于三清仙境的三位尊神，即玉清元始天尊、上清灵宝天尊、太清道德天尊。其中所谓玉清境、上清境和太清境是尊神所居仙境的区别，而天尊的意思则是指，极道之尊，至尊至极，故名天尊。

除了供奉三清道主之外，太天地宫供奉的神灵还有五神将、释迦牟尼佛、无门童、二大老师、王母娘娘等，在掺杂了佛教体系的神灵之外，主要供奉的神灵依然从属于道教大传统之下。

3. 两者供奉神灵的对比

相比而言，太天地宫所供奉的神灵主要是道教大体系之下的，相对而言较为常人熟悉，而谭林庙的谭林信仰，则是对当地英雄人物的追思和崇拜，两个信仰的侧重点不一样，所带来的影响也不一样。

（二）乩童与庙宇的宗教仪式

每逢太天地宫或谭林庙要举行宗教仪式时，这两个庙宇的乩童都很随着信徒们的求神问事而进入各自的状态之中。

1. 乩童与谭林庙的宗教仪式

谭林庙举行仪式的时间，是在农历七月二十四日，这天是谭林庙供奉的伍老伯伯的生日，当天下午，笔者便跟随报道人来到了谭林庙，此时谭林庙的负责人正在进行着仪式的准备工作，他们把已经准备好的祭品一一摆上神桌，方形的神桌上霎时间摆满了东西，从准备好的祭品上可以看出，谭林庙的负责人为了仪式的进行，确实费了一点苦心。

图116　谭林庙的神像与供品（邱少华摄）

所有的准备工作都已经结束，信徒们陆陆续续到来，庆祝谭林的生日。距离正式拜祭的钟点还有一些时间，已经到达的信徒们，开始各种闲聊，他们或聊着自己的生意经，或聊着自己家里的琐事，每个人脸上都洋溢着一种欢乐。他们看起来很是放松，以最轻松的状态迎接这个特殊的日子。天色慢慢变暗，已经到了饭点，谭林庙的负责人招待前来拜祭的信徒用餐，伙食是早已准备好了的，前来拜祭或参与的人都可以享用，饮食主要包括咖喱鸡、面条、猪肉、糕点、鸡蛋、水果等，比较丰富。

到晚上8点，信徒们基本已经吃完晚餐，吴青海也已经沐浴完毕，做好了仪式前的准备。沐浴之后的他格外清爽，仪式即将开始，他在白色的T恤衫外面穿上黑色的道服，黑色的裤子，点上一支香烟，叼在嘴里，坐到桌子前，然后双手把桌子上准备好的一块黑色的幔布拿起，放至额头，往后一拉，系上一个结。然后松手交叉放于桌面上，把剩下的香烟掐掉，

图117 谭林庙的信徒在上香（邱少华摄）

图118 谭林庙的信徒向乩童（中间者）问事（李晨媛摄）

闭着眼睛，做冥思状。大约过了3分钟之后，他开始发出粗犷的喊声，口中念念有词，还狂笑不断，见其如此，谭林庙的负责人之一，吴青海的母亲连忙把旁边已经准备好的，黄色的纸钱递给他，他接过之后，用于擦脸，抹头发，擦手，擦完之后的纸钱直接扔到地上，与此同时，他的手脚都在抖动，像是受了刺激一样，周围的信众走到他背后，对着他说生日快乐。乩童的母亲一边向他说着生日快乐，一边给他递上酒，他笑着把酒接过，喝掉之后便对今晚的安排作了一番评述，感谢信徒们为其生日所做的精心准备。之后他便问道，是否有什么事情需要帮助？笔者就在此时，参与了仪式，通过询问乩童谭林庙的历史，希望对谭林庙作一个更清晰的了解。在笔者采访的过程中，谭林庙的信众陆陆续续对乩童道生日快乐，但是也是少数向乩童询问事情，多数的信徒都在外面相互交流，或者是到庙里进香之后便行告退。

也许由于笔者所提的问题比较多，中途有几次，乩童都表现出了疲惫的样子，其母亲则连忙给他点上一根香烟，或者递上一杯酒，然后我们的交流才继续进行。整个过程并没有特别特殊的形式，但是乩童回答说，因为今天是谭林伯伯的生日，所以大部分信徒不会在这一天来问事，参与的信徒都是来祝贺谭林生日的。于是，这一天的仪式就这么简单地结束了。

2. 乩童与太天地宫的宗教仪式

与谭林庙相比，太天地宫的宗教仪式就显得较为复杂多样。太天地宫的乩童似乎也显得更加专业，其神秘性似乎也大于谭林庙的乩童。太天地宫的宗教仪式分为"孙子们的专场""求神问事"和"中元节普度仪式"。

（1）孙子们的专场

2015年7月30日，农历六月十五，又到了太天地宫的孙子们的专场。此时，时间来到下午6点，信徒们在门外的长桌上准备着仪式所需要的物品，乩童则做好了准备，穿好了黄色的道服，正拿着香跪在天神前面，口中念着一连串的话，大约念了30秒之后，叩首、站起来，把手中的香捏在手上向后翻了一下，向左、向右再向左拜了一下，把香转回前面，然后把香插到天神前的香炉里，叩首，再拜，左右拍了一下，再叩首，在此期间，他的口中一直是念念有词的。

拜完天神，转身向屋里走去，站在黄色大桌子前，双手打开，用指尖撑在桌子上，静默30秒左右，此刻太上老君的孙子们都会在他的周围，待到乩童有话要说的时候，大家都围在了一起，向他靠拢，静静听他的安排。大家的神情都比较严肃，专心听着乩童的讲话。香雾缭绕下的庙宇，讲道的乩童，虚心讨教的信徒们，构成了一幅仙人释道的美好图景。他们在交流，其他信徒们则开始点蜡烛烧香，拜祭太上老君，一时间屋子里充满了香烟的味道。两分钟之后，乩童与孙子们的交流结束，他们拿出来纸钱，做仪式之用。乩童把纸钱折好，压在手下，对着三清道祖说了什么，然后孙子们都跪下来了，随着乩童不停地念着咒语，大家都神情严肃、双手合十。咒语念毕，乩童往纸钱上狠狠地打了一下，结束。乩童坐了下来，几个孙子围在他的周围，把刚刚被他砸过的那一沓纸钱分给有需要的人。需要乩童画符消灾解厄的人，就会跪在乩童的旁边，把手上的纸钱递给孙子A，由他负责递给乩童，乩童用毛笔蘸上黑色的墨水在上面画符。孙子们之间的配合非常有秩序，有人负责分纸钱，有人负责递纸钱，再有人负责把画好符的纸钱拿开，分工明确，且不重复。站在乩童右手边的孙子A继续向乩童递纸钱，站在乩童左手边的孙子B负责把纸钱拿开按顺序排好，待到乩童写够9张纸钱之后，乩童把章拿起来，蘸了一下红墨水，在每张纸钱上，按照上、左、右的方向依次盖章。盖完章之后，孙子B则把盖好章的纸钱拿起来，交给纸钱原来的主人。拿到纸钱的孙子，把纸钱拿着放到香炉上，按顺时针方向转几圈，便把纸钱放好。听说把画好符的纸钱放到香炉上转几圈，是为了禀告太上老君，所需要的符已经拿到，希望可以帮助解除灾难。接着便是下一个需要帮助的孙子，按照同样的程序，同样的仪式。纸钱一般为5×5厘米的黄色小方纸。中间有一个红色的小方印，里面写着"招财进宝""合家平安""有求必应"和"金玉满堂"4个成语。

（2）求神问事

2015年9月5日，星期六，又到了华人到太天地宫处求神问事的时候。当天晚上，太天地宫的外面聚集了太上老君的子孙们和求神问事的信徒。当征得乩童和信徒的同意之后，笔者对他们的问事过程进行了拍摄与访谈。

信徒们按照之前等到的顺序依次问事。第一个不确定是因为什么事情，汇报完毕，乩童略一思考，吩咐站在其周围协助的子孙拿了若干张黄纸过来，某子孙认真地检查着纸张的质量问题，如若发现存在瑕疵，就会换掉，用更好的纸张代替。乩童接过子孙递过来的黄色纸条，拿起一支毛笔，蘸了黑色的墨水，从纸张的最上方开始往下写，一直写到纸张的最后一个空间。细看，原来是画了一个符。画好一张便放到红毯子上摆好，一共画了7张。画完之后，便拿起了画着八卦的印章，在红色的印泥上面盖了一下，拿起来，依次在7张符的上方盖下。盖完八卦的章之后，然后拿起了"太白金星"的章，在红色的印泥上盖了一下之后，盖到了符的中间；最后，他拿起了"斗宝师金"，在红色的印泥上盖了一下，盖到了符的下方。盖完三个章之后，乩童把符收起来，交给前来问事的人。

正当笔者注意力放在那些符上面的内容时，一阵"祝你生日快乐"的音乐声传入了耳膜，抬眼望去，正见一对夫妇笑盈盈地从门口进来。妻子的手上捧着一个插了6根蜡烛的蛋糕，捧到了乩童的面前，跪了下来，周围的人则在用印尼语和英语唱着生日快乐歌，乩童一脸微笑地双手接过蛋糕，对着蛋糕念了一段话之后，用手上的拂尘在蛋糕上转了6圈之后，把蛋糕还给妇人，妇人接过蛋糕，微笑着捧了蛋糕走了出去。

一个求神问事者结束，到下一个。他们是一家三口一起过来的，听说太上老君挺灵的，所以过来看看。他们到乩童的身边坐下来，在乩童的询问下把自己前来的原因交代清楚。主要是母亲和女儿在与乩童交流，父亲则在后面补充。当他们讲完之后，乩童把拂尘一挥，甩到了肩膀上，闭上眼睛沉思了一番，然后让坐在前排的母亲把手递到红毯子上，给她把了一会儿脉，把脉之后，又询问了相关的内容。之后，让妇人到他身边，妇人在协助人员的提示下在乩童的身边跪下，然后乩童转过身，正对着妇人，拿起放在红砚台上的毛笔，蘸了一下红墨水，放到红色印泥上把多余的墨水去掉，一边念着咒语，一边用拂尘在其头上挥了两下，然后把毛笔放下，再拿起拂尘，口中念着咒语，在妇人的头上挥了10次之后，把拂尘对着妇人的头顶、左侧肩膀、右侧肩膀、头顶、左侧肩膀、右侧肩膀拍打，再在其头顶上挥了两次之后，在其头顶又拍了一次。然后再次拿起蘸了红墨水的毛笔，在妇人的头顶正中央画了一个符，边画边念咒语，画完之后，还拿起毛笔在妇人的前额前比画，比画完之后在其前额点了一个红点。后让妇人转过身去，把绑着的头发拿起来，乩童在其后颈处再次画了一个符，画完之后用毛笔的笔尾在刚所画的符上点了一下，类似盖章的动作。然后把毛笔咬在嘴上，拿起"八卦"章盖到后颈的符上，再拿起"太白金星"和"斗金师金"的章分别盖了上去，最后，拿起"五神将"的章盖到了其后颈和头顶上。此仪式告一段落。

接着，乩童从其协助者那里取过来蓝色的纸张，在上面画着符，边画还对着妇人叮嘱一些话。画了3张蓝色的纸张之后，吩咐助手拿来黄色的纸张，在上面画着符，画了4张之后，把毛笔咬到嘴上，从红色印泥处拿起"八卦"印章，在7张符的最上方盖下，接着，拿起"太白金星"的印章，盖到了符的中央，最后，拿起"斗金师金"的印章，盖到了符的最下方。然后拿起"太白金星"的章盖到了最后一个符上，再拿起了"五神将军"的章盖到了剩下的6张符上，所有这些章都是红色的。盖完章之后，让助手拿来了一些干花，把最后一个符拿到了干花的上面，递给妇人，然后把剩下的符依次排好，蓝色的在上面，黄色的在下面，然后交代他们该怎么处理。之后，还热心地为问事的人排忧解难，开解他们，双方相谈甚欢，气氛特别融洽。

图119　太天地宫平时的求神问事图（邱少华摄）

图120　太天地宫普度仪式上的乩童（邱少华摄）

在平时的求神问事中，部分信徒会拿着自己刻好的章，到太天地宫取来一些纸钱，在之前的背后盖上印章的内容，内容主要包括家庭成员的姓名、生肖、出生年月日。① 信徒进行太天地宫的拜祭仪式之后，会把带来的印章盖到需要烧的纸钱上，以期神灵可以保佑家庭所有人身体健康。

3. 中元节普度

传说地官掌管地狱之门，中元节这一天地宫打开地狱之门，也是地狱开门之日，已故祖先可回家团员，因此又是鬼节，民间普遍进行祭祀鬼魂活动。凡有新丧的人家，例要上新坟，而一般在地方上都要祭孤魂野鬼，所以民间要设道场，放馒头给鬼魂野鬼吃，这一天要祭祖、上坟、点荷灯为亡者照亮回家之路。道观举行盛大法会祈福吉祥道场，为死者的灵魂超度。

中元普度是相当重要的民俗节日，人们会以酒肉、糖饼、水果等祭品举办祭祀活动，以慰在人世间游玩的众家鬼魂，并祈求自己全年的平安顺利。按照中国传统，庙宇里一般在上元祈福，时间为正月十五日，中元普度，时间为七月十四日和十五日；下元普度，时间为十月十五日。农历七月十五日的中元节，闽台地区又将之称为鬼节，传说在这一天，地狱大门将开启，因家里的孤魂野鬼纷纷来到阳间求食，各地都要举行盛大的祭奠超度亡魂，称为"普度"。②

2015 年 8 月 28 日，农历七月十五日，在太天地宫举行了一个祭祀祖先及孤魂野鬼的活动。当天下午 3 点多，笔者与随行同伴便前往太天地宫，意欲全程参与此次祭祀活动。今天的太天地宫异常热闹，在狭窄的门口摆放了各式各样的祭祀用品，普度公被放置在太天地宫的左侧，其前方摆放着香烛等物品。普度公，又称"大士爷"，全名为"焦面大士"或者"面燃大士"，顾名思义就是其面容有如被火烧了一般恐怖。普度公这位神祇的由来，有两个说法，一个是认为它是观音大士的化身，故称"大士爷"，另一个说法认为它是诸鬼的首领，因受观音大士的教化而皈依其门下，从此被称作"大士爷"，为主持中元节普度事项的神明。其造型最常见的便是以纸扎出大士爷的塑像，顶上一般有两个角，青面獠牙，口中吐火或者伸出长舌，身披战甲，手持普度令旗。形象大多高大威猛，头上

---

① 笔者就曾得到一个印章，上面的内容为："黄清花【龙】庚戌年，九月，廿五日；麦田青【鸡】己酉年，四月，初四日；麦洪源【牛】丁丑年，十月，十二日；麦水暄【龙】庚辰年，正月，十四日；黄俊义【龙】庚辰年，二月，廿一日。"

② 林国平：《闽台民间信仰源流》，福建人民出版社 2013 年版，第 88 页。

一般还有一尊观世音菩萨的佛像，代表它是观世音菩萨所化现的鬼王。普度公的作用，一为普度众生，二为维持现场秩序。鬼王可以凭借其威信坐镇普度场，可以对孤魂野鬼进行示威，维持普度场的现场秩序，预防大鬼小鬼相互争食而扰乱普度场；另外，也可以在普度仪式结束之后，将孤魂野鬼押返阴府，使这些孤魂野鬼不至于久留阳间作祟殃民。太天地宫的普度公也与此类似，其高约 2 米，头上顶着一个观音菩萨神像，红色的头发下是淡紫色的面孔，红色的眼睛、蓝色的鼻子，吓吐出长舌头，确实让其看起来比较可怕。其左右手分别戴着一个金黄色的手环，双手合十置于胸前，披着战袍站在一张长约 50 厘米，高约 30 厘米，宽约 40 厘米的被蓝色的纸装饰的小板凳上。普度公的前方摆着 5 杯茶、5 杯水，茶水的前方是一个香炉，上面插着燃着的一对红烛和三炷香。普度公的后方，是一堆被装进若干个袋子的黄色纸钱，据说都是信徒们赠的，也是信徒们对孤魂野鬼的祭奠。纸钱数量之多让人惊叹，乍一看，就像是一座黄色的小山，如若装进车里，估计也能填满一辆卡车的空间。

  普度公被立于太天地宫的左侧，看着路上来往的行人，各类祭品已经摆在太天地宫的门前，而此时的信徒们正在有秩序地进行着普度仪式前的准备工作。当地时间 17：30 分左右，祭祀仪式正式开始，祭品前的香炉已经插上了红烛和香，原本忙碌的乩童此时已经穿上了白色 T 恤和黄色长裤。仪式的开始以鼓声为标志，17：30 分，乩童开始敲打写着"登得"的鼓，鼓声清脆而有节奏，大约敲了 12 下之后，乩童走向右侧，双手合十，把鼓棍放在左右手的拇指和食指之间夹着，向神灵跪拜 3 次，站起来，在信徒搬走大鼓的同时，乩童把挂于右门内侧的钟绳放下，将绳子由里往外拉，共敲打 12 次，边敲还会边用手指算敲打的次数。敲完之后，双手合十朝神灵拜了一下，这一阶段告一段落。大约过了十分钟，乩童重新出现，自己把神台上的黄色开衫穿好，坐在黄色的凳子上，把黄色的头巾系在额头上，深吸一口气，然后闭上眼睛作冥思状。大约 5 秒钟之后，乩童开始敲打神台，随着第一声敲打声开始，太上老君的子孙们便拿着茶酒朝向神灵跪在乩童的周围，敲打的时候，乩童双手紧握，把手举过头顶，手举起来的同时双脚向上抬，然后往下一踩，把手拍向之前已经放置好的稍软的物品上，随着手向下拍，脚也落回地面。如此反复 15 次之后，凳子被移走，乩童站起来，右手覆于左手上，两拇指相对，像是手上拿着什么东西一般，口中还念念有词，像是念着什么咒语。此时周围的信徒越聚越多，大家都跪在乩童的周围，大约念了 40 秒的咒语之后，两手弄成道士状，食指和中指并排指着，其他手指向掌内弯曲，右手往胸前放，与身体平行，左手指向神灵，又念了约 10 秒的咒语之后，双手紧握往神台敲打两次后结束，身体站直，接受子孙奉上的酒，喝了 3 个人奉上的酒之后，拿起跪在右边的某子孙早已准备好的黄纸，用来擦嘴和脸。此时的子孙们脸上的表情非常虔诚且严肃，擦完脸之后，大约停顿了 5 秒钟，乩童又开始像念神旨一样，右手覆于左手之上，拇指相对地念着咒语，咒语的内容大概为请某些神灵的光顾。念完之后，吩咐子孙拿来黑色的旗子和一把宝剑，右手执旗和剑往后举，与肩同高，左手以道士状指向神灵，口中念着咒语，约过了 5 秒之后，双手捧着旗和剑叩首两次，口中咒语不断。念毕，弟子给他穿上黄色的袍子，穿好之后，手上拿旗和剑，向前一叩首，便到门外天神所在的地方跪下，双手轻握抬至胸前，口中念着咒语，其信徒随其一起跪下，约念了一分钟的咒语之后，把子孙递上的珓杯往后一扔，某子孙去检查，称"圣杯"，乩童起，向前一叩首，转身向庙堂走，在门口又鞠一躬，方才进去。回到神台前念着咒语抛下第二次珓杯，又闻得一声"圣杯"，再次叩谢，后把旗和剑放到神台上，拿起两根卷好的约 80 厘米长的黄纸，唱跳着，到神台前的蜡烛前把纸点燃，然后举着点燃的黄纸又唱又跳，口中还念着咒语，约跳了一分多钟之后，吩咐子孙把这两根还在燃着的黄纸和两堆银纸拿到火盆中烧掉。至此，仪式告一段落，乩童用黄纸擦汗，来回走动，偶尔也喝子孙献上的酒，另外一部分人负责把神台清理干净。然后，乩童到外面摆满祭品的地方了解情况，说是看那些孤魂野鬼吃得怎么样，然后回到堂内，又喝了一杯子孙呈上来的啤酒，擦了嘴和脸，把旗和剑摆在神台上，脱下黄袍，又喝了一杯酒，后在子孙的服侍下把太上老君的道服穿上，执起旗和剑，但这次把旗子换成了全黑的一面旗。念了一通咒语后，走到屋外"普度公"的像前，只见他左手拿旗，右手拿了根毛笔，用毛笔蘸了红色的墨水，煞有其事地看了看那堆贡品，对信徒说了句话，然后把蘸了红墨水的毛笔往后一举，口中开始念起了咒语，约 25 秒之后，边念咒语边走上梯子，用毛笔在普度公及其头上的观音菩萨身上画点：从观音头上往下，按照先中间后两边的顺序点着红笔，从观音往下是普度公，也是从脸往下，按照先中间后两边的顺序在普度公的脸上、手上、前胸、后背、肚子、腿、脚等部位依次点上红点。点完之后举起手中的红毛笔，对着普度公又念了咒语，而后放下毛笔，从普度公手中拿起招魂棍，挥动了几下拿着它到堂内神台前，念着咒语，内容大概为：请到各方神灵。边念边往普度公的方向走去，在普度公前挥动着招魂棍，然后在祭品及其前方挥动着招魂棍，口中喊着："灵魂来耶，灵魂。"念了几句之后依然边挥动招魂棍边念咒语，但有趣的事情发生了，招魂棍上的招魂纸掉到了地上，众人一阵哄笑，一个信徒带着笑给他重新装了回去。乩童也不慌不乱，拿起重新弄好的招魂棍又开始念起了："灵魂啊，灵魂"，不停地挥动着手中的招魂棍，在空地上来回走了几遭之后，往左走回到正对着门口的祭品前，用招魂棍在祭品上左右来回摆动，念着咒语。然后回到普度公前，把招魂棍放回了普度公的手上。

招魂完毕，乩童走回庙堂内，指挥信徒们把黄色的神台搬出来，放到祭品前的指定位置，放妥当之后，乩童右脚一伸，左脚一蹬便站到了神台上面，让信徒拿了他的专属凳子给他，坐了上去，环顾四周，左手持剑，右手持旗，子孙们开始指挥其他的信徒点蜡烛，烧香拜孤魂野鬼，祭品前好不热闹，现场仿若仙境，到处充斥着烟雾。乩童偶尔站立，偶尔坐着，巡视孤魂野鬼的情况，子孙向其敬酒，仰头便喝。乩童说，现在是等待的时间，要让这些孤魂野鬼吃个够。在等待的时候，子孙又向其敬了一杯酒，依然接来喝下。而且还指挥信徒们对香的摆放进行调整，只见信徒们朝祭品的方向拜完之后还朝左右两边的路都拜了，乩童说这是拜各路来的孤魂野鬼，拜完道路之后，便拜普度公，拜香仪式完毕。这个过程大概持续了40分钟。

这时，某一子孙端着五式菜到乩童跟前，询问是否可以拆开鸭子，乩童看了一眼，跳下神台，走到五神将前，指着五神将说了一通咒语之后，拿起已经拆好的五式菜中的鱼放到五神将前放置祭品的地方，然后欲用五神将旁的三叉戟把五式菜中的猪肉叉起来，但是由于摆放的位置问题，没能叉起来，信徒只得把五式菜放到天神的台几前，终于把猪肉叉了起来，举起叉着猪肉的三叉戟，对着五神将说了一通咒语之后，把三叉戟连同猪肉一起交给了子孙，让子孙把它放好。而后转身，接过子孙递过来的纸钱擦脸，同时左手拿着宝剑，扭了一下身子，舒活舒活筋骨，抖擞抖擞精神。而拿着五式菜的子孙，仍旧跪在地上，口中念念有词，像是在祈祷五神将的保佑。

乩童又上到桌子上方，坐在板凳上，某一子孙拿着酒过来，跪在地上，双手把酒呈上，乩童接过酒，一饮而尽，子孙方才退下。下面的信徒们都在有秩序地烧香拜祭。

待到信徒们基本烧香之后，某一子孙拿来了一筐糕点，乩童口中喊着什么，然后抓起一把糕点，撒向人群，信徒们高呼着，都涌过来想要接住糕点，乩童拿着糕点，撒向不同的方向，人们的欢呼声和乩童的叫喊声使得原本安静的场所刹那间热闹了起来。乩童还本着"人人有份，永不落空"的信念，特意给笔者和笔者的小伙伴们留了几个糕点。糕点分发完毕，某一子孙拿着一杯茶过来孝敬乩童，乩童右手接过，左手拂袖遮住，然后一饮而尽。接到了糕点的信徒们，都开心地吃着糕点。

不久之后，一个妇女拿着一沓纸钱过来，跪在乩童旁边，举起一沓纸钱，乩童用手中的棋子轻轻一挥碰，妇女把这一沓纸钱放下，又拿起另一沓纸钱，乩童再用手中的棋子轻轻一碰，示意已经结束。另外一边，子孙们正在找糖果，把糖果拆开放到碟子上，乩童拿起碟子，拿着一把糖果撒向人群，信徒们欢呼着来接，撒完了一盆又撒一盆。而后子孙又找到了另一种糖果，依然把它拆了放到碟子，这一次，乩童先把碟子上的糖果挑给了在他附近的子孙们，子孙们都特别尊敬地，双手接过乩童递过来的糖果，而后乩童才把剩下的糖果撒向人群，又引来一阵欢呼声。

现在是吃东西的时间，大家都忙着吃刚刚接到的东西，另一个子孙已经捧着白色的包子到了乩童的身边，乩童拿着包子扔向人群，待到把所有包子都分发完毕，乩童稍作休息，子孙们又把纸钱拿到了他的脚边并解开，把纸钱摆好之后，乩童招呼子孙们把酒杯拿来，并逐个地向他们倒酒，乩童倒酒时，子孙双手捧着杯子，跪在地上，仿佛得到乩童的倒酒是一件特别自豪的事情，而领到酒的子孙也都特别的开心。而后大家一起举起酒杯，喊着"好"，把酒一饮而尽。

乩童跳下神桌，子孙们跟在他的身后，手上捧着一沓沓的纸钱，乩童拿着子孙们手上的纸钱，一边走一边撒，一张张的纸钱随着风四处飘扬，子孙们附和着喊"好"。乩童撒了一下之后，吩咐子孙把剩下的纸钱分给信徒们，让信徒们可以加入这个环节。有了信徒们的加入，一时间，整个太天地宫的前面街道成了黄色的海洋，下起了黄色的纸钱雨。撒完之后地上铺了厚厚的一层纸钱，然后，信徒们把地上的纸钱捡起来，拿到特定的地方摆好。

待到信徒们把地上的纸钱全都拿到了指定的地方之后，乩童左手拿着旗子和招魂棍，右手拿着铃铛，在里屋的小神桌前，念着一连串的话，意思是为请各位已故的亲人前来过节。子孙及信徒们在乩童的后面跪下,双手合十,聆听着乩童的话语。乩童念完之后还扔了"珓杯",当听到子孙喊"圣杯"的时候,乩童脸上露出了微笑。接着又扔了一次,又是出现"圣杯",共扔了4次,都是圣杯,而后用铃铛在神桌前晃了几下,叫来增志和其他子孙一起,把贴在墙上的他们这些子孙们家里的亡者名单揭下。而后叫来其他子孙,其中一个帮忙拿起神桌上的香炉,一个负责拿起神桌上的蜡烛……原本跪着的信徒们已经自觉地给乩童和子孙们让开了一条过道,乩童摇着铃铛往外走,拿着已故先人名单的陈增志紧随其后,然后是捧着香炉的子孙、拿着蜡烛的子孙、捧着香的子孙,之后便是其他的子孙。大家都跟着乩童到了燃烧纸钱的地方。当陈增志把名单都放到围砖内之后,乩童把自己手上的招魂棍也放了下去,子孙把香炉里的香及其灰烬都倒了进去,乩童接过子孙手上的蜡烛,轻轻地放了上去。没过多久,围砖里便冒起了熊熊大火,乩童摇着铃铛在火上摇了一下,往普度公走去,拿下了普度公手上的招魂棍,把手上的铃铛递给离他最近的一个孙子,而后到了普度公前把招魂棍放到蜡烛处点燃,并拿到另一个盛放了很多纸钱的场所,把里面的纸钱点燃。而后,乩童还接过了子孙递上来的饭等其他物品往火堆里放。主要是把放在神桌上的物品投到了火里。纸钱仍在燃烧,子孙们把里屋的祭品都搬到了神桌上,还把酒放到了凳子上,水果等其他物品都摆到了神桌上,然后子孙们便把这些祭品按照一定的比例、分量分好,之后让信徒们拿回家。

到这个时候,超度仪式已经基本结束,但是普度公仍然摆在那个地方,为什么仪式结束了不把普度公烧掉?他们回答说,因为这里空间太小,需第二天到太天地宫的新址再把信徒们奉上的纸钱、衣物等和普度公一起烧掉。仪式结束之后,乩童开起了信徒们的玩笑,把信徒中是夫妇关系的拉到跟前,让他们手拉手,唱着相亲相爱的歌,而后又让他们在孙子们的房屋里做了仰卧起坐。他们都特别配合,周围看热闹的信徒也都兴高采烈的,整个现场气氛特别融洽。之后乩童还邀请在座的诸位信徒到屋里喝酒。他说:"今天是七月半,是超度亡灵的日子,刚刚已经使鬼魂开心了,现在到了活着的人要开开心心的过,所以,要把大家召集到一起,度过快乐的时光。"

由于场地有限,在美达村举行的中元节超度没有办法把信徒们捐赠的纸钱等祭品全部献给神灵,于是,他们挑了另一个日子到太天地宫的新庙，进行中元节最后阶段的程序。

新庙在棉兰市某郊区，当天早上，信徒们把剩下的纸钱等物品都装进车，然后向新庙出发。到达目的地之后，他们先是小心翼翼地把普度公搬下来，放到空地上，接着把车里载来的阴钱全部拿出来，放到普度公的身边。等到所有的纸钱都拿下来之后，信徒们开始把纸钱全部堆到普度公的周围，一层一层地堆起来。这个过程中，信徒们很享受，他们欢呼着把所有的纸钱都散落到普度公的四周。分发纸钱之后，便把纸衣铺到纸钱的上方。所谓纸衣，实际上是刻印各种古代服装图案的小方白纸，10 张折成一叠，再用印有红色图案的黄纸包好，俗称一袱。据某一信徒说，放去烧的有苦钱（出生时跟阎罗王借的钱）、阴钱，黄色的是往生钱，衣服、鞋子、金银纸，都是大家自愿买的。粉色的纸钱也是阴钱，紫色的是给小孩子的衣服。所以，一时间，普度公的四周被各种颜色的纸钱和纸衣包围了。待到所有的纸钱都摆放好之后，信徒们便拿来未点燃的蜡烛，按照一定的距离，插到了普度公及纸钱的四周，之后，信徒们从新庙里搬出了若干张红色的长桌子，摆到了普度公和新庙之间的空地上，然后就把需要供奉的东西拿出来，有茶、糕点、水果、西蓝花、12 杯茶与咖啡、3 杯白酒，所有的东西都摆好之后，阿杨便把带来的鸟笼打开，使里面关着的小鸟可以重获自由，飞向广阔的天空。这些是放生用的小鸟，人们试图用这样的方式减轻自己曾经犯下的罪孽，同时，也放飞信徒们对祖先及其他孤魂野鬼的祝愿，愿这些鬼魂在另一个世界可以得到安生。

放生之后，便开始点香和蜡烛。信徒们按照一定的顺序有秩序地点蜡烛和香，他们先是按照一定的顺序把红烛插到每个香炉里，然后每个人手握几炷香，到红烛处点燃，对着普度公叩拜之后，把燃着的香插到每个香炉里（部分人甚至会绕到摆放祭品的神桌前朝普度公的方向跪着，拿着燃着的香三叩首之后才把香插到香炉里）。由于信徒人数较多，且大部分会参与其中，当时所烧的红烛和香的数量也达到了一定的程度，刹那间，现场香烟缭绕，到处都是香的呛鼻味，许多人也被熏得睁不开眼，但大多人还是希望可以参与到点蜡烛、插香的环节中来。上香的过程中，部分信徒会把手上的香插到普度公及纸钱的周围，穿插到各根红烛之间，听说这是为了保护普度公周围的纸钱不被其他孤魂野鬼拿走，可以顺利被普度公带到地府，供祖先们享用。

等到信徒们基本完成了上香的环节，信徒们便在乩童阿杨的带领下，把香炉里的燃着的红烛拿到手里，投向纸钱堆，随着一根根红烛的降临，纸钱堆开始冒起了点点星火，而后，整个纸钱堆变成了火海，现场热浪高涨，信徒们都跑进了新庙里，部分看管纸钱燃烧情况的信徒也拿来了长竹竿，偶尔抖动一下纸钱堆，让其能够以更快的速度燃烧。纸钱大约燃烧了半个小时，可见其数量之多。纸钱燃烧过程中，信徒们都坐在新庙前观看，一边吃着食物，一边聊着日常，偶尔还有前来献技的信徒，现场欢呼声、欢笑声此起彼伏，气氛甚是融洽。

四　宗教仪式时的祭品及摆设

谭林庙和太天地宫在平时和举行仪式时所需要的祭品有所差别，在祭品的摆设上也存在细微的差异，具体表现如下。

（一）谭林生日

谭林庙里，平时每天都要点香，但是基本不会摆放水果等祭品，大日子的时候就会摆放一些水果。平常日子里，如果有人需要求神问事的话，都可以到谭林庙里进行，并没有指定的拜祭时间，所以，信徒拜祭的时间并不固定，平时拜祭的时候不需要祭品。笔者进行调查期间，极少碰到信徒前来问事，所以未能展开描述仪式，也是一件遗憾之事。

谭林生日当天，庙宇管理人员特意买回来了黄色的菊花，摆在神桌的两侧，还在神桌的两侧摆满了各种祭品，有一把香蕉、两个绑在一起的菠萝、一碟染红的鸡蛋、糕点等。靠近神龛的地方，也已经摆满了祭品，最前方摆了20个杯子，用于装茶，茶杯往后是16碗用红色碗装着的糖水，里面放着红色的汤圆。甜品之后摆放着三碟大包，都是用于祭祀的糕点。大包的两侧分别放了橘子和杨桃，目光投向靠里的神桌，可以发现，上面摆满了各种祭品，神桌左右两侧分别摆了一个大香油盆，上面装满了供以祭祀的香油，两盆香油的中间，用红色的小碗，装了20碗米饭，摆在最靠近神龛的一侧，米饭的隔壁是一碟炒面，米饭之后便是各种食物，有杂菜、咖喱猪肉、肉丝、肉丸汤、炸鸡、青菜等。各类菜系的后面，摆放着染红的熟鸡蛋、两个菠萝、两条炸鱼、一碟干货、一只鸡、还有香蕉、葡萄、杨桃、橘子等水果。而在神桌的两侧还用凳子摆放了许多纸钱，这个纸钱已经被折成了类似菠萝的形状，很是好看。

就连土地公的神龛前都摆上了祭品，他们在香炉的后面摆上了5碗炒面，用红色的小碗装着，炒面之后放了一些饼干，饼干的上面放了一碟橘子。土地公的左侧，放了一个大南瓜，其右侧放了一碟蒜，都具有比较好的寓意。

庙宇外面的门神神龛和青龙、白虎的位置上也摆上了5碗炒粉、5碗糖水和5杯茶，这些碗都是红色的小碗，而且这一天每一个神龛上都会摆放一些水果，大部分是橘子。

(二) 太天地宫中元节普度

中元节超度所出现的祭品，都是在农历七月十五当天信众们带过来的，用以敬奉历代祖先和孤魂野鬼的。对于信徒们需要准备的物品，并没有统一的规定，可以随意提供，但是每个欲过来拜祭的信徒都会把自己准备的物品跟太天地宫的相关负责人讲，做好登记工作，这样其他的人就可以准备其他的东西，不至于出现重复的情况。大家准备的东西有：三样的（鱼、鸭、鸡蛋）、五样的（猪肉、鸭、鱼、鸡蛋、鱿鱼）、面线、青菜、水果、白酒、牛奶（这是拜小孩的）、根据往生的人喜欢吃什么就准备什么。

在太天地宫里面摆着的那个桌子是用来拜祭太天地宫里所有信众的祖先的，在外面摆着的桌子上供奉的东西是指祖先们用来拜祭野外的孤魂野鬼的，平时没有人来拜祭他们，现在给他们准备这些吃的，拜祭他们。拜祭的时候一定要有烤乳猪、汤圆。桌子上准备的东西依次是：拜祭需要的糕点、香炉、14碗米饭、12碗汤圆、12杯茶、12杯酒，然后是自己煮的食物，有炖的猪肉、炒面、鸡肉等其他的菜，全部是信众自己拿过来的。这些物品全部都是用红色的杯子、碗来装，最少12个，越多越好，但因地方有限，放不了那么多，所以选择了12这个数字。这些物品都是得到太上老君的授意而准备的。为什么要准备一些干的茶叶，因为有些人喝不了茶水，只能嗅味道，就如香也是那样。为什么要准备乳猪？因为这也是代表了他们的心意。但是乳猪不是硬性规定需要准备的，用其他东西来代替也可以。中元节超度的时候有六只乳猪，都是信众带来的，他们也准备了好多荤菜，一家出几道菜，做好了拿过来，且不重复。祭品的摆放方式也没有规定，根据喜欢的方式来摆，图的是开心。

仪式开始之前，需要在祭品上插上旗子，为什么要插上旗子？据某一信徒说，这一次超度仪式就是为了普度众生，所以要在所有的祭品上插上旗子，欢迎他们过来品尝、享用。烧香是为了吸引祖先们过来，蜡烛代表光亮，猪、羊、鸡、鱼都代表众生。水果是因为平时自己也会这样吃，所以也会给祖先们准备。纸钱也全部都是信众们送的，众人的力量合起来就多了。

中元节拜祭祖先的活动算是一年里最热闹的活动了。拜祭活动下午5点正式开始，参与普度活动的信徒大多数不是美达村的，基本来自棉兰市，很多人也不是虔诚的信众，只是跟着过来参加活动而已。因为是朋友，便一起过来帮忙。

图 121　太天地宫普度仪式上的祭品（邱少华摄）

图 122　谭林庙谭林生日上的祭品（邱少华摄）

五　宗教信徒的心理

谭林庙和太天地宫的信徒在对庙宇的信仰心理方面，也存在着差异。

谭林庙的信徒多自庙宇管理人员一家的亲戚朋友圈,他们对庙宇的支持大多是因为庙宇管理人员的关系,而不是基于对谭林庙的真正信仰,真正基于对谭林的信仰而过来拜祭的信徒是非常少的。太天地宫的信徒大多源于陈增志的朋友圈,他们由于催眠结缘,坚信自己是太上老君的孙子,他们甘愿为太天地宫的所有事务付出努力,而且在所有的筹备活动中都表现得特别愉快,他们认为太上老君是存在的,而且认为太上老君在指引着他们做正确的事情,他们的心理得到了满足。美达村的阿姨认为太天地宫的神灵很灵验,每个月的初一、十五、初七、十七、二十七都会到太天地宫拜祭。他们在拜祭的过程中得到了心理安慰,所以,他们也乐意信奉此神灵,愿意参加其宗教活动。

  从美达村华人的宗教体系来看,华人多元信仰的宗教文化继承了中华传统宗教文化。民间信仰在美达华人信仰中占据着重要的地位,这与历史上中国闽粤地区流行拜神、祭鬼的形式是一脉相承的。在中华传统宗教文化的影响下,天神、土地神、祖先崇拜等民间信仰普遍存在于华人宗教世界,神龛的设置、拜祭的时间、祭品等均与祖籍地无异。同时,由于国家政策的影响,佛教、道教等正统宗教也成为美达华人信仰文化的重要组成部分。诚如李亦园先生所言:崇拜神灵数目众多的现象,固是传统宗教多神崇拜的特色,但是借众多不同功能神明的存在,提供更多满足个人需求的机会,是一种非常现实功利的手法。[1] 美达村华人民间信仰与正统宗教的杂糅崇拜的现象,充分体现了其与中国民众一脉相承的实用主义宗教观,极具功利性。此外,仪式活动作为宗教文化最主要的传播载体,在华人宗教世界也发挥着重要作用。伴随着印尼国家经济社会的发展,华人对道教崇拜之势日盛,与此同时,道教文化主导下的巫术仪式也因其可以为信徒答疑解惑、看病祛病而广受信徒欢迎。其中,仪式上之乩童、祭品、道服、珓杯、拂尘、印章等均承袭了中国传统道教仪式。可以认为,美达华人的信仰很大程度上传承了中华传统的宗教文化。

  随着时代的发展,美达华人宗教信仰出现了一定程度的变异,即出现了华人传统宗教的"在地化"。华人传统宗教的"在地化"是在东南亚当地文化和西方文化的双重冲击下逐渐形成的,祖先崇拜作为华人传统宗教信仰的核心观念,已经成为东南亚华人一种强烈的心理范型精神本体,但

---

[1] 李亦园:《宗教与神话》,广西师范大学出版社2004年版,第168页。

其形式、功能已随着东南亚华人社会的变化发生了演变。东南亚华人传统宗教信仰的神灵基本来源于中华本土多元而庞杂的神灵系统，但为适应生存环境变迁的需要，也在历史的延续中进行着调整与改革。如福建民间信仰在东南亚各地传播最广、影响最大者当推妈祖，其次为保生大帝。但是，美达村华人却甚少接触妈祖信仰和保生大帝崇拜，究其原因，笔者认为与美达村华人主要由客家人组成这一因素密不可分。而且，居住于美达村的福建籍华人也甚少提及妈祖和保生人帝等福建诸神灵崇拜，他们更多地渲染道教中太上老君和其他道教神灵存在的合理性，回顾亚齐华人庙宇，其供奉的神灵主要是土地神、关公、释迦牟尼佛、观音菩萨等神灵，对妈祖、保生大帝的崇拜较少见。也许基于此传统，才形成了美达村华人今日的道教、佛教信仰局面。另外，今日福建地区之普度，是人和祖先交流、人与鬼神交往的活动，亦是人与人交际交流的平台。普度仪式的举办不仅具有使人祭祖、敬老、相聚的教化功能，也拥有增进亲族、邻里友情的整合功能，参与者多持有孝敬祖辈、寻求庇护的功利主义。美达村普度仪式中，信徒们也持有超度亡灵、慰藉心灵的心态，但与此同时，信徒们还持有人神共乐的观念，他们认为普度仪式为孤魂野鬼献上关心，祖先们得到了关注和满足，享受到了人文情怀，经过普度之后的亡灵是幸福的，是开心的，作为仪式的参与者，信徒们也应该为此感到欣慰。所以，整个普度仪式过程中，信徒们均满面笑容、步履轻盈，甚是欢乐和享受，他们以积极乐观的心态面对普度仪式，与中国国内沉重的普度气氛形成鲜明的对比。

第八章

美达村华人的文化生活及族群关系

美达村华人经历了从漂泊的政治难民到印尼公民身份的变化，而教育水平也逐渐得以提升。随着时间的推进，美达村的发展已经取得了明显的进步，各种社团组织也在频出和更新，美达村华人乐意参与各种社团活动，但只是纯粹的娱乐和运动，很少参与政治活动。从华人们参与的各项活动中，可以窥见华人们积极乐观的心态和及时行乐的愿景。工作之余，他们希望可以让自己的身心都得到休息与享受。

第一节 美达村华人的身份及教育状况

美达村华人的身份经历了"难民证"到"居民证"的转换，这种身份的转换表明亚齐政治难民从异乡漂泊到定居美达村，也表明了这一群政治难民最终成为印尼的真正公民。此外，由于在迁移过程中受尽磨难，美达村华人受教育水平普遍较低。不过，为了保存中华文化，加强自己的教育水平，无论是在"收容所"或"烟寮"，还是定居在美达村后，美达村华人都会想尽办法为其子女补习华文，提高他们后代的教育水平。

一 从难民到印尼公民的身份转变

定居美达村之后的一段时期，美达村华人仍然顶着"难民"的头衔生活，后来，确定要在美达村落地生根之后，美达村的负责人积极向上级争取居民证的发放。居民证对于华人来说是必不可少的生存凭证，无论是出行、做生意、上学等，都需要居民证的证明才能得以进行。在 1980 年正式成为印尼公民之前，美达村华人大多依托难侨证出行。K 回忆说：

1972年大哥回亚齐做生意的时候，买了两辆摩托车，没有居民证和驾驶证不能去寮里料理事务，就让寮里守卫难民的将士写了张证明书，放在袋子里面，有人查的时候就拿出来给他们查。一旦他们看到是难民，他们就会赶紧放行，因为他们知道这些难民惹不起，惹上一个人的话会有很多人围上来。曾经有过这样的事情，我驾车经过一个客家街要向广府街拐的时候，本来那个是单行线，我骑着车正在走着的时候，突然有一个便衣警察从对面驶过来，两车相撞，把警察的自行车头都撞歪了，警察让我把驾驶证拿出来，我说没有，然后警察把自己的证件拿出来，说自己是警察。我说："你是警察你更应该知道条例，你怎么能知法犯法呢？不可以跑的路你怎么可以跑？"可是那个警察却说："谁说不可以跑？"我说："那边的出口处就有挂牌，说明这条路只可以进不可以出。"那警察却强词夺理，说："出口处有挂牌，中间这里没有挂牌。"后来围过来很多华人，华人都说不用怕这个警察，他是知法犯法。本来那个警察想看我的居民证，就是想在第二天到我家里去敲诈我，所以我说没有居民证，却从袋子里拿出来那个证明。警察一看到那张纸，就让我走了。围观的华人都很好奇："你手上拿的是什么？这么厉害，他看了看就叫你走了。"我有苦说不出，别人认为是高级领导，没想到我却是一个难民。后来这个证明就变成了我们的护身符。当时我对那个警察还是有同情之心的，认为他们也不容易，说："虽然这个事情的主要责任不在我，但是我也有责任，我帮你把车拿去修理厂修理，然后我给一半的费用。"警察说不用，让我走。我问："为什么你要走相反的路线？"警察回答说："我刚从华人开的历经眼镜店出来，本来是想配一副眼镜的，但是太贵了，配不起，所以一走出店门思想就混乱了，所以就跑错路了。"这件事就这样解决了。印尼的公务员都是很穷的，他们的薪金都不够他们家用，只能贪污。华人都是不怎么惹事的，都是好心的。①

　　可以看出，美达村华人在取得国籍证（印尼公民身份）之前，依然是印尼其他民族眼中的异客，两者之间的相处并不十分愉快。如果没有难

---

① 2015年8月1日笔者在美达村与K的访谈。

民证的话，美达村华人遇到的障碍可能是很多的。然而，美达村华人凭借难民证，在动荡的印尼社会里艰难地求生存。

20世纪80年代，苏哈托政府开始改变对外侨的国籍政策。1980年1月发布总统第2号指示，指出"考虑到还没有拿到印尼国籍证明书的外裔，在法律上还没有得到承认，有必要发给他们印尼国籍的证明"①。1980年2月11日，苏哈托颁布第13号决定书，规定了简化外侨的入籍条件，并规定华侨众多的5个地区（雅加达和雅加达郊区、北苏门答腊、西加里曼丹、廖内群岛以及邦加、勿里洞）申请者可以优先得到公民资格。② 据访谈，美达村华人也就是在这个时期，开始陆续获得国籍证，成为印尼公民，并得到居民证，只有难民证的日子终于一去不复返了。

二 美达村华人的教育

美达村华人在被逼迁之前，大部分华人在亚齐的华文学校接受了教育。当时华人被分成红、蓝两大阵营，红派的孩子一般是到振华学校上学，蓝派的则大多选择到中华学校上学。③ 回忆起在亚齐上学的日子，美达村华人有说不尽道不完的复杂心情。YS回忆说：

> 我在亚齐的振华学校读到了初一，发生了"9·30事件"之后，印尼大学生或者要报私仇的印尼人，大部分抓的都是进步人士，如校长、老师都会被抓，当时有一个老师是参与当地政治的，在政变还没开始之前就已经收到了风声，逃到了椰城，所以没有被抓住。④

"9·30事件"发生之后，大部分华人的受教育梦想被浇灭，他们每天为了生存而奔波。入住烟寮之后，寮棚里开始组织补习班，大部分华人因此重新接受教育。如今大部分中年阶段的美达村华人在烟寮居住的日子里都接受过华文补习，虽然后来华文教育被禁止，烟寮日子里的补习成果也让他们拥有了一定的华语交流能力，而且，大部分人还拥有之前在华文

---

① Kompas, Lakarta, 28 February 1980.
② 黄昆章：《印尼华侨华人史（1950至2004年）》，广东高等教育出版社2005年版，第175页。
③ 所谓红蓝两派，就是指："亲中国内地"和"亲中国台湾"两派而已。
④ 2015年8月16日笔者在美达村与YS的访谈。

学校上学时积累的华文知识。亚齐的教育和烟寮里的补习形成合力，使大部分美达村华人能进行华语沟通。然而，经过30年左右的禁止华文，年青一代的华人在华语的交流和书写上存在一定的障碍，如今，华文解禁，但中间断层的教育，使得华文教育存在一定的难度和缺陷，需要引起广大华文教育者的重视。

美达村旁边有一间学校叫 Husana，即格力斯顿学校，是基督教徒在1986年创办的，包括幼稚园、小学、初中、高中，高中是2014年设的。幼稚园有3个班，小学有12个班，初中有6个班，高中现在只有3个班，全校现在一共有660人。①但是美达村华人很少到此接受教育，经济条件较好的他们大多会选择到棉兰市的小学去上学。XM是这个学校建校之初，除了基金会的董事长之外最高的领导。有关格利斯顿学校的华人就读和华文教育情况，XM这样说道：

> 学校里的老师一共有48位，其中印尼人老师比较多，华人较少，仅有8位而已。一节课45分钟，小学一个星期32节课程，初中36节，高中会多一些。华文课程在幼儿园就已经开设，但是对于幼儿园阶段的孩子来说，他们所接受的只是讲华文而已。华文课程每个星期都是2节，幼稚园每天固定有一节课要讲华语。华文课程是学校向政府要求的，政府也比较支持，学生们学习华语的兴趣比较高，家长对华文的兴趣则相对一般。教材是暨南大学的，也用过新加坡出版的、中国台湾出版的教材，这所学校一般是参照各种教材，然后结合起来一起使用。这里的学生没有参加过华文比赛，但是学校里会举办唱歌、演讲比赛。这个学校的学生主要来自美达村附近的村庄，印尼学生比较多，更多的华人孩子会选择到苏托莫学校上学。政府每年会根据学生的人数来给相应的资金支持，小学、初中都有政府的支持，所以学生的学费可以得到政府的部分支持。如果学生有需要的话，基督教教会会给予一定名额的学生以资金支持。这所学校的升学率挺不错的，学生的考试成绩也有高于国民学校的时候。②

---

① 资料来自2015年7月29日笔者在美达村与XM的访谈。
② 2015年7月25日笔者在格力斯顿学校与XM的访谈。

虽然这所位于美达村的学校拥有不错的升学率，但是对于美达村华人来说，孩子的华文教育依然是他们头疼的问题。即使现在华文解禁，大部分学校已开设华文课程，然而，美达新生代华人的华语水平仍有待提高。

**图 123　美达村旁边的
"格力斯顿（Husana）学校"（邱少华摄）**

印尼华人在苏哈托统治时期，即自 20 世纪 60—90 年代，曾经历了一个华文被全面禁止的寒冬，这个时间长达 32 年之久。20 世纪 90 年代后期，华文解禁，华文重获生机。但是由于华文教育被禁的时间比较长，50 岁以下这一年龄层的华人大多受此影响，中文表达能力不是很好，他们与朋友之间的交流大多以印尼语为主，中文阅读能力也不好。随着中国国际地位的提高，印尼相关学校也越来越重视华文教育，老一辈的美达村华人为了更好地传承中华文化，同时也为了孩子可以获得更好的发展，都比较重视华文教育。然而学校相关课程的开设，并没能很好地满足美达村华人对孩子的教育，于是美达村的补习班便兴起了。

美达村里补习中文的老师，主要包括陈丽珊、黄秋霞、黄秋莲、郑秀梅、吴芬兰和谢健基的太太这几位。早在难民时期，她们就已经在烟寮里开设过补习班，为需要的孩子补习华文。据老师 QL 回忆：

<blockquote>
当时除了我，还有好几位补习老师：陈丽珊、余丽英、朱丽辉、巫玉莲等，都是女老师，教的学生年龄在 6—12 岁，因为大孩子要帮
</blockquote>

忙生产活动，白天一般不参与补习，晚上的时候偶尔会有时间，没有教材就自己编。在苏哈托时期，雅加达的华人区可以买到华文书，教材有新加坡的、中国台湾的，都是复印本。①

定居美达村之后，这些华文教师还利用空余时间，偷偷地为孩子们补习华文。QL老师说道：

> 我补习的时间一般是星期六、星期日的晚上，偶尔从下午3点开始就有人来补习了。星期六的补习时间是：9:00—12:00，14:00—18:00，19:00—21:00，星期日的补习时间为：9:00—12:00，19:00—21:00。学费的话，主要看对方家庭情况如何，一般是50元人民币一天。补习的基本要求就是让学生们都可以认字。学生一共有十几个，总共有30多个学生。对于华文补习，家长的热情不高，有几个学生倒是很上进，连繁体字都学习。印尼学生只有在应付考试的时候才来补习。有一个孩子，他的父母是爪哇人和福建人，他的学习积极性很高。补习的教材主要来自学校，还有一本辅助教材是暨南大学编的，教学方法为印尼文与中文同时进行，客家话和中文也交替使用，幼稚园开始教单字，不教拼音；从一年级开始教拼音、笔画；难度逐渐增大。②

对于华文教育，美达村的补习老师黄秋莲和黄秋霞姐妹都表示了同样的担忧，黄秋霞老师结合自身的经历，对美达村的华文教育状况进行了概述，同时也对美达村的华文教育提出了相关的建议。

美达村里现在只有5位华文补习老师，教师资源短缺，教材版本繁多，参与补习的学生涵盖了小学生、初中生和高中生，虽然老师的数量有限，但是补习的学生仍然络绎不绝，至于费用，也会根据学生的家庭情况而定，一般补习费用的都不会太高。门槛低，生源也在不断增长。不能否认，参与补习之后的学生，华文水平都有了一定的提高。QL老师说道：

---

① 2015年8月17日笔者在美达村与QL的访谈。
② 同上。

我是棉中的毕业生，我在2001年的时候，曾经参加过教学培训。现在的工作主要是补习，最多的时候有12个左右的补习生同时上课，一个课程上不能教太多学生，因为大家就读的年级不一样，在同一个课程上进行补习的话，容易产生干扰，很难达到理想的教学效果。一个学生一个星期过来2次，一个星期4个小时。但现在大多补习的内容都是学校的功课，都是为了应付学校的考试。补习的学生里，也有的是因为真的喜欢华文才参加补习的，但是这种学生比较少。我觉得华文补习的发展趋势会越来越好，因为老师的人数会不断增加。补习中的收费情况一般为：有些家庭情况比较差的，可以只是收取半价，这样的情形不多。收费很便宜，一个月上四次课，每次2个小时，只收100千。我现在已经退休，孩子也已经长大，有自己的工作，这样的收费标准对我来说，已经可以保障我的基本生活了。以前上课的时候没有周末与平时之分，偶尔晚上还要上课，后来我的丈夫不允许，觉得这样太累，所以之后的补习时间就相对减少了。现在对于我来说，教华文已经成为我的乐趣，教华文可以让我的华文大有进步，已经成为我的爱好。平时我也喜欢唱歌、玩乐器，但是为了家庭都放弃了。只有教书这个喜好是我到现在还在坚持的。所以我很珍惜。①

美达村的华文补习，突出存在的一个问题就是学生与家长对于华文教育不够重视，以及华文教师是否具有扎实的华文基础。补习老师用于补习的教材都是自己找的，一般用的是暨南大学的版本，这样也是为了迎合学校的版本。但是家长对于孩子的补习普遍不大关注，绝大部分参与补习的学生，也是为了应付学校的功课和考试，这对于他们自身的发展是不利的，也在一定程度上影响了华文教育的发展。此外，学校华文老师的中文水平也让补习老师担忧。每位补习老师都本着对学生负责的态度，研制出了自己的一套教学方式，但是在某些具体的教学内容上，与学校的华文老师存在一点差异，这样让补习老师陷入了两难境地。他们希望教给学生正确的知识，开拓他们的视野，但是在学习过程中，如果按照补习老师教的华文拼写答题，学校的华文老师就会认为这个答案是错误的，究竟是应该

---

① 2015年7月28日笔者在美达村与QL老师的访谈。

为了成绩而教学，还是应该为了教学而教学呢？QL老师说：

> 对于补习，觉得现在比较缺的就是教材，现在补习的时候，使用的教材是暨南大学的，从一年级到六年级的都有，来这里补习的学生，包括小学生、初中生和高中生，但是高年级的为了应付考试的很多。很多以前的学生现在都当上了爷爷奶奶，很多人都不会对以前的补习做出态度，就认为是自然而然的事情而已。以前的补习没有正规的教材，不是很懂现在的教材和读法。在教学方法上改变了很多，比如拼音，以前没有拼音的教法，现在有。以前分成进步派和反动派，字体也分为简体和繁体，现在的教材大部分是简体的。简体的字写起来简单，但即使是简体的字，某些补习老师也有弄错的时候，所以在上课之前补习老师就应该先做好功课。我觉得印尼政府对其所开设的华文课程不是很重视，学校的华文老师很差，教学比较随便，很多华文知识都不懂，刚开始的时候，很多华文老师的发音都不准。如音乐的"乐"字，补习的时候，我会教给学生念"yue"，但是在学校上课的时候，老师说念"le"，这样的情况很让人生气。但是如果学生按照补习老师的发音的话，考试的时候就是零分，如果按照学校老师的来念的话，又是错误的，这是很让人纠结的一种情况。还有"练习"的"练"，华文老师在教学生的时候，把右边写错了，我曾经用铅笔在练习笔上提示过，但是补习老师看到了也不能改。华文老师一直坚持这种错误的写法让我很生气，也很无奈。所以，我希望华文老师最好就不要教了。华文的教材是新加坡的课本。补习的学生可以收到很好的效果，补习的时候，只能跟学生讲正确的写法和读法，然后让学生在考试的时候用老师的方式来答。曾经有一个学生给学校的老师提出了正确的华文发音或者写法，那个老师很欣然地接受了，还给那个学生加了分，但是这种情况很少。很多学生都说学校太吵，没办法听课，很有名气的学校，华文老师也不怎么样。很多学校平时不怎么教华文，考试的时候，学生只能到补习老师处学习，比较喜欢考的是多音字、量词。高中的才会教语法、词语搭配等。
>
> 美达村现在的补习老师可能还有姐姐、吴芬兰、罗晋芳和我几个人，谢健基老师的妻子是到外面教书，陈丽珊老师到了泗水。补习老师之间没有竞争的关系，大家的学生群不一样，父母愿意让孩子过来

学习，但是孩子的学习积极性不是很高，都是为了应付学校的考试。之前喜欢中文的学生中，有人已经到中国留学了，毕业之后到学校教书。大一点的孩子会对华文更感兴趣，但是更多的是为了考一个好成绩。为了提高学校的成绩，只能按照一定的模式来教。现在印尼孩子在学校的教育之下，大多只会讲"你、我、他"，也有因为工作需要补习中文的，但是现在也比较少，有些是因为要到中国做生意，到了中国之后，华语进步很大，因为有那样的语境。以前也有父母会到这里补习中文，也是为了生意上的往来才来的。①

现在美达村的华文补习老师只有几位，而且都已上了一定的年纪，后一辈的华文水平一般，有些华文表达能力不错的华人在经营自己的事业，或者是在外面当老师，基本不在美达村里，所以美达村华文教师的衔接确实存在很大的问题。但是，对于华文学习，还是希望可以从小学抓起。QL 老师说道：

> 现在有五六十个学生，每天都有补习的学生，小学生比较多，女孩比较多。上课时间不固定，根据不同的年级划分不同的补习时间。一般一次补习 10 个学生左右，不能太多。村里也有到外面补习华文的，一般是到外面补习学校里的全部功课，应该是设有专门的补习机构。如果我们不做补习老师了，以后可能美达村里接班的人比较少，找个接班人比较难。现在也没有打算停止教学，会一直教下去。寒暑假补习，可是学生们不愿意过来。学费有的是教了才给，有的是给了才教，也有拖延学费的情况。学费的话，小学、初中、高中的费用都是一样的。希望补习可以从小抓起，这样对以后的学习可以起到很好的效果。②

据了解，许多美达村的华裔新生代都怀念在孩童时期的华文补习情景，十分感恩为他们补习的老师们。2015 年 3 月 28 日晚 8：00，美达村在棉兰城堡海鲜酒楼举行了一次感恩谢师联谊晚会，又恰逢陈丽珊老师从教

---

① 2015 年 7 月 28 日笔者在美达村与 QL 老师的访谈。
② 同上。

55 周年，所以逾 700 位社会贤达及师生欢聚一堂，叙旧联欢。出席此感恩谢师联谊会的有苏北省议员黄新荣、Laden Marbun，苏北华联主席苏用发，晚会筹委会主席蔡国雄，副主席叶郁林暨全体同学，邀请出席晚会的老师有陈松镇、陈丽珊、黄秋霞、王月英、熊秀兰、卢进芳、罗银英、白秀陶、郑秀梅、黄秋莲、邝月娥、邝美美、汪风兰、吴菊梅、钟觉林、柯鸿美、温齐祥、李顺彩、罗逸康、巫玉莲、叶辅乾、吴基港、谢健基共25 位。由黄新荣、Laden Marbun 议员为老师们戴上徽章，同学们为老师们赠送纪念品以表感谢。①

图 124　陈丽珊老师与 2015 年 3 月 28 日棉兰美达村举办
感恩谢师联谊晚会时发给她的奖状（郑一省摄）

筹委会副主席叶郁林在这次感恩谢师晚会上说，感谢各位老师的培育，使我们在社会成为有用的人，今晚大家久别重逢欢聚一堂，大家互相叙旧也互相勉励，不忘任劳任怨以知识哺育我们成长的老师。②

据调查，苏哈托时期 30 多年的禁止华文运动，使得华人的华文教育出现了明显的断层，美达村里的华裔新生代，大部分表示禁止华文教育之

---

① 《愿尽炎黄子孙之本分　促使中华美德万古留芳》，《国际日报》2015 年 4 月 4 日。
② 同上。

后，他们在学校所接触到的都是印尼语和英语，但因为有美达村老师们偷偷给我们补习华文，以及在家里的时候用客家话或者福建话与父母交流，所以有许多年轻的美达村华人还能说一些华文，但大部分人华语拼写能力较差。因为美达村是一个有着浓厚的中华传统和中国情结的华人聚居地，老一辈的美达村华人都非常注重对孩子的教育，所以，在家里的时候，老一辈的美达村华人都用家乡话与孩子交流，因此也保留了较为纯正的"家乡话"。

从调查来看，老一辈的美达村华人，大多未接受过良好的教育，有些是自小就开始为了生计而忙活；有些是原来上过几年的华文学校，但由于1965年后，印尼当局关闭华文学校，全面禁止华文，加之他们被印尼当局逼迫迁离原居住地亚齐，流离失所，失去受教育的机会，还有的是主观上不愿上印尼语的学校。因此，他们当中多数对汉字和印尼文都不认识或不熟悉。美达村的年轻一辈大多会听会说客家话，但熟练程度则不及老一辈，尤其是在说的方面，客家话、印尼语、福建话、华语等语言相互混合使用较为明显。他们因为工作、上学等原因，跟印尼语、福建话、华语、英语等的使用者接触更多。他们中更多的是只在跟老一辈交流时才说客家话，同辈间则少说或不说。新、老一辈的美达村客家话事实上存在着一定的差异，而这差异目前来说最突出地表现在受印尼语影响这一方面。另外，近年来，华语教育在印尼棉兰的兴起、发展也影响到了美达村，更多的父母把子女送去学习、培训华语，他们认为说好华语有利于孩子以后的发展。

第二节　美达村华人的政治参与

美达村华人的政治生活体现在两个方面，即组织华人社团和参加印尼政府的议会选举。有关美达村华人的政治参与性，各个年龄段的华人是不尽相同的。换句话说，老一辈的美达村华人参与政治生活较少，而年轻的一代参与政治的热情比老一辈的高。

一　JL——美达村出现的第一位华人市议员

从资料来看，印尼华人参与政治的历史比较长，在第二次世界大战之前，就已经有参加当地政治的土生华人。当时他们分成亲中国派（新报集团)、亲荷兰派(中华会)与亲印尼派(印尼华人党)。在苏哈托掌权的32年间(1966—1998),不仅压制华人的文化,而且将华人限制在经济领域里,不鼓励华人参政,也不准华人组织华人政党。1998年5月,苏哈托下台之后,印尼政治宽松化,顿时政党林立,华人也立即组织政党。自1998年6月1日至1998年6月5日,四个华人的政党先后出现了,即1998年6月1日成立的"印尼大同党"(PARTAI BHINEKA TUNGGALIA INDONESIA);1998年6月4日成立的"印尼融合党"(PARPINDO),又称印尼同化党;1998年6月5日成立的中华改革党(PARTI)和印尼佛教民主党(PARTAI BUDHIS DEMOKRASI INDONE-SIA)。印尼华人组织政党,这是华人被打压30多年后的一次觉醒,华人已经开始领悟到,只有在政治上获得地位,才能真正地保护自己各方面的利益。

不过,由于苏哈托时代30多年对华人的政治压制,造成华人的参政意识淡薄,以及缺乏从政经验,在"五月骚乱"后产生的几个华人政党要么因内部分歧而分裂,要么没有建立足够的政党分部而招致停顿。因此,印尼华人社会普遍认为,1998年之后,印尼的华人政党团体的规模比较小,在这种情况下,华人政党如果参加国会选举,获胜的希望很小,而且印尼华人不是铁板一块,政治上四分五裂,选票比较分散,这也增加了利用华人政党取胜的难度。因此,如果华人要参政,必须要参加印尼友族掌控的政党,而华人候选人只有获得印尼友族的选票才能当选。

有人说印尼华人参政毫无作用,有政治观察家甚至说华人是印尼土著的提款机。[①] 他们在政党内部都是做理财的职务,实际上并不是完全如此。其实在苏哈托倒台之后,有些印尼华裔政坛人物给印尼政治带来了新气象,他们为国家制定了一些有利的政策,积极为民请愿,他们是印尼土著与华人选民共同选出来的代表,理应为广大的印尼社群服务。针对华人参政的问题,我们在美达做了一次相关的调查问卷,其数据显示:除了美德互助会,美达村华人基本不参与华人社团组织,只有一小部分人会参与棉兰或者是苏北的社团。大部分美达村华人认为,华人应该参加当地的政治生活。认为参不参与政治都无所谓的人数居中,认为华人不应该参与政治的占了10%,而且,当问及如果有机会是否会参与政治的时候,

---

① 廖建裕:《印度尼西亚大选与华人参政》,《联合早报》2014年6月2日。

54.5%的人认为"不会参与",16%的人认为"会积极参与",14.5%的人认为"看情况而定",12%的人认为"随便"。

表14 您认为华人应该参加当地政治生活吗？

应该，很有必要	随便	不好，有政治风险	其他
31	13	6	5

表15 如果有机会,你会参加政治生活吗？

会积极参与	不会	看情况	随便
9	30	8	8

资料来自笔者的100份调查问卷。

美达村华人作为政治难民,最早的时候对于政治持保守态度,不愿意过多地接触政治,甚至希望可以避开政治。所以,在苏哈托下台后的一段时期,美达村华人的政治参与积极性特别低。随着社会的发展,美达村华人的政治参政意识逐渐显现,村里出现了第一位华人市议员,这就是曾任棉兰市议会议员的JL女士。有关参政的经历和感悟,她这样说道：

> 我是美达村第一个议员。在我那一届议员里,棉兰市华人议员中有2个男的、2个女的,之前华人都不从政的。我从小在美达村长大,高中毕业之后,在棉兰的苏北大学上学,大二的时候,在大学教书,遇到了XR先生。我在国立大学,所学的专业又是会计,因为他开了一个税务代理的公司,需要会计专业的学生,我得到了XR先生的欣赏,到他的公司去上班,但仅仅是依靠这个工作得到的工资难以支撑我的学习费用,所以后来XR又给我找了机会,让我可以在他开设的专科学校任教,教会计。做了一两年后,我成为这个专科学校的会计专业的主任,同时,我还在那个税务公司上班,算起来,我在那里上了六年的班,从1991年到1997年,读了六年的书,当时会计专业在印尼来说,最早也要六年才能毕业。现在不需要那么长的时间了。当时可以进到印尼国立大学读书的华人比较少,因为政府有限定的名额,所以,一旦华人大学毕业之后,一定是被人抢着要的,大公

司抢着用。可是毕业之后，我想到在我需要帮助的时候，是 XR 先生帮助了我，即为 XR 先生打理棉兰的工作。当时 XR 先生欲到雅加达做生意，如果我不帮助他打理棉兰的生意的话，他一时半会儿也找不到合适的人选。所以，我便继续在棉兰帮他打理税务公司。本来是打算帮他做两年的，但当时也遇到了乱世，而且 1999 年，我又结婚了，遇到了各种各样的事情，就一直帮他做着这个生意。

  XR 先生喜欢从政，在我还在上学的时候，他就经常办讲座，邀请雅加达等地有学问的人过来做讲座。后来，这一批有政治头脑的人成立了一个政党，这个政党是全国性的。成立政党之后，XR 先生想带着我参加竞选。在他们之前，没有华人会参与政治，因为 1965 年事件给华人留下了一个教训，使得他们现在的想法都是不愿意参与政治。2004 年，XR 先生带着我参加了第一次竞选，那次只是走过场而已，因为我需要得到 30% 的华人妇女的支持才有可能胜出。当时也遇到了很多困难，所以也没有竞选上。五年后，2009 年，又再一次参与竞选。这个政党虽然是一个小党，但是党内有很多华人，在山口洋，这是一个大党，因为有很多华人在里面。这次竞选当选了，一直做到 2014 年，第三次参与竞选的时候，失败了，原因为：第一，党不大；第二，当时出了一个新条例，凡是参与竞选的政党至少要在 33 个省份有分部，而他们的政党没能达到这个要求。那个时候，这个政党真的退步了很多，因为政党的领袖已经去世，他的妻子也得到了前总统的重用，做了阿根廷大使，所以，他的妻子也不在这边，这就意味着这个政党群龙无首了，所以，这个政党开始走下坡路。这个政党在棉兰的发展还算好，因为有 XR 先生的管理。所以，因为党没有达到国家的要求，没有资格竞选。

  后来，为了能够参与竞选，在 YH 先生的带领下，我转向了另一个党，在新党里比较难当选，因为我们是新人，比较难有机会。YH 是牛头党的，但是我们对牛头党的人没有好感，虽然 2014 年也是他们赢了。

  我本不是真正的政治人物，即使没有成功，也不会有太大的影响，我可以继续我的工作，可以继续我的税务代理工作。当时大家都还在徘徊、为难的时候，YH 先生走了出来，说他跟雅加达的 GER-INDRA 党很熟，鼓励我们进去，可能对我们比较好。当时也有另外一个党派想要我们加入，但是我说，如果该党要接纳我，就要连同YH先生等人一起接纳，因为我们是一起的，我不能为了自己把他们抛弃。然而那个党认为，不需要我们全部人，只需要我就行了，所以，当时我就没有选择这个党派。后来YH带着我们参加了雅加达的面试，通过了。为什么2014年的选举没有得到成功？当时的宣传工作也做得很好，但是人群中发出了一个声音，认为1998年发生的排华事件是这个党从中作乱引起的，当时选择进入这个党，也是因为相信YH先生，YH认为1998年发生的动乱是政治问题，不一定是因为政党问题，历史是如何的，我们也不清楚。而且中国政府曾经邀请苏哈托的女婿到中国做讲座，假如他真的与排华事件有关的话，中国政府也不会邀请他过去的。所以，我们也相信该党没有参与当时的排华事情。但是我们可以说服自己，棉兰那么多华人，该怎么说服他们呢？当初进这个党的时候，很多华人都觉得很可惜，大家都不理解为什么我会进那个党。而且当时牛头党的广告说，如果选民们选择了他，当时的总统候选人就可以成为总统。其实这个与议员选举没有直接相关的关系，但是市民对这个不是很懂，这样，我们就丧失了至少一半的机会。另外一个原因，就是我们是这个党派里的新人，很难有机会给我们。我们当时虽然是通过雅加达的政党加入鸟头党的，但是由于我们是棉兰的，雅加达总部给棉兰的党派发了通知，让我参加竞选，但是由于各种原因，最终还是失败了，可能这就是命吧。现在有华人参与的政党只有牛头党与鸟头党。如果说到对这个社会的贡献，也是有成就的。

我第一次竞选议员的时候，很多记者都对我这位年轻的华人很感兴趣，问：为什么你要来参加竞选？华人来参加本就很奇怪，何况你还是一个女性。大家都一直问，就一直被采访。我回答说，我从小就在这里成长，大学也是在国立大学念的，感觉自己跟印尼人没有什么区别，为什么不可以来参加呢？他们说，不是不可以，只是觉得没有人经历过。我说，之前没有人来，是因为他们不知道参政的重要性，我要参加竞选，看自己可以为印尼公民做些什么。

当了议员，觉得华人不太积极参政，目标不明确，还有人认为参政对华人有弊无利，有一定的危险。华人会有一定的心理阴影，不大愿意参与政治，因为在印尼，有一点风吹草动，华人就会遭殃。这个

> 国家给不了华人安全感,我从小就有一种担忧,不知道自己和家人什么时候会被赶走,只能听天由命。虽然1998年的时候,发生了动乱,但是动乱结束之后,大家还是选择回到原来居住的地方,因为这里是他们安身立命的地方,是他们得以谋生的地方。
>
> 政治一直在变化,现在我没有当议员的想法。当了议员之后,觉得很多事情都不合我的意,在某些政策上,即使我提出了相反的意见,也得不到其他人的支持,即使唱反调,也没办法改变。所以,从政也不是想象中的好。因为接受教育的不同,我更有自己的想法和追求,最初怀着一腔热血加入了政治行列,但是进去之后,才发现很多事情跟想象中的不一样,大家都是根据自己的利益在做事情,但是当上议员确实有其好处,因为是女性华人,在政治圈上是受到尊敬的,可以参与到政治层面,也可以为华人发出一些声音。
>
> 我认为现在印尼华人差不多已经融入当地社会了,比之前好多了,主要体现在很多华人都进入政府机关里任职,参政、当议员,如在雅加达,有华人担任省长的情况,也有华人担任部长的各种现象,这些都能体现华人在很大程度上融入了当地社会。当然,如果华人可以成立自己的政党的话,就可以为华人发出更多的声音。①

据了解,JL出生于1971年,是3个孩子的母亲,她是在美达村长大的。我们访谈她时,她这样对我们说道:

> 我外公外婆都是从中国的广东新会过来的,后来外婆和两个舅舅和一个阿姨回到了海南。父亲那边,父亲是在亚齐出生的,母亲在美拉务,父亲后来到美拉务做生意,开杂货店,认识了母亲。"9·30事件"之后,父母到了烟寮居住。后来到了美达村的时候才又开了杂货店,母亲骑脚踏车到外面卖东西,后来在美达村的巴刹有一个摊位卖早餐,维持生计。
>
> 我出生之后,9岁才去上学,所以毕业的时候我会比同届的同学

---

① 2015年8月4日笔者在美达村与JL的访谈。

大两岁。进的是印尼的学校，学校里华人比较多，那个时候是这样的，一般华人会选择进同一间学校，是在棉兰，距离美达村比较近，当时的学校YAS SUDARSO，小学到高中都有，当时华人跟华人一起玩，印尼人跟印尼人一起玩。初中的时候到了棉兰市的韩江初中上学，都是华人比较多，因为这些学校比较贵，但是对于印尼人，也可以半价入学。初中时，母亲卖糕，父亲开店，初二的时候，我已经可以自己教美达村的小朋友了，给他们补习，自己为自己挣学费。当时补习的主要是学校里的书目，早上教书，中午上学，下午继续教书，一直教了5年，一直到高中毕业。我考上了国立大学苏北大学，每天都要转好几趟车到学校。

其实，JL从小就喜欢参与各种活动，喜欢社交，结交朋友。JL成为棉兰市议员后，曾经为当地的社会做了很多公益活动，其中最出色的是成立了"棉兰捐血协会"。据了解，JL在当议员期间，认识了XR先生的一个苏北捐血协会的主席。后来在XR的提议下，JL于2010年在棉兰发起成立了"棉兰捐血协会"，召集了一帮青年一起搞起了这个活动。捐血协会对棉兰还是起到了很大的作用，大家都明显感到棉兰的捐血问题有了很大的改善，因为这个机构为棉兰提供了30%的血源。然而，这个机构作为慈善机构，里面的工作人员及前来捐血的人没有任何报酬。所以，寻找捐血的人成为捐血协会工作人员的任务。由于血源不足，协会的工作人员便寻求获得公司、企业的帮助，从而使血源没有中断。现在这个协会仍然在继续运转，这足以证明棉兰华人的慈善之心。

除了成立捐血协会外，JL还于2009年建立了棉兰狮子会。狮子会是一个国际性的协会，棉兰狮子会是其下属的一个协会。目前棉兰狮子会有会员20人，每个月棉兰狮子会都举行一两次的慈善活动，如帮助贫苦的人、给受灾群众送温暖等。

二 美达村华人政治参与度不高的原因

整体而言，美达村华人参与政治的积极性不高，从1970年定居美达村至今，美达村只出了一位议员，为什么美达村华人的参政积极性如此低？与其所经历过的事情密不可分。

1. "9·30 事件"的后遗症

1965 年"9·30 事件"中成为政治牺牲品的华人政治活动家,有社会主义党人陈宝源,国籍协商会主席萧玉灿,时任财政部长的王永利和卫生部长欧阳炳昆。[①] "9·30 事件"的爆发,华人政治领袖首先成为政治迫害打击的对象。许多华人政治领袖在这一次政治变动中,遭受了巨大的磨难,他们成为政治牺牲品,处于中老年阶段的美达村华人,基本亲身经历了身为政治领袖的父亲,或者母亲在这一场政治变革中所遭受的苦难,每每忆及此景,他们都不禁潸然泪下。这段惨痛的历史给他们留下了太多的阴影,即使苏哈托倒台之后,印尼的政治氛围已经明显自由化,他们仍然无法忘记曾经的恐惧,无法勇敢地加入政治行列。即使他们认为,在当今社会,华人参与政治对华人具有非常大的利益,他们也认为华人应该积极地参与政治,但是他们自己本身是拒绝参与政治的。历史的印记终究无法抹去,恐惧的心理也将持续存在,在这样的背景下,如何才能调动美达村华人参与政治的积极性呢?

2. 美达村的经济氛围

自从定居美达村之后,美达村华人多以经商为主,政治的不稳定性,使他们把更多的精力投入经济建设中来,基本每一户美达村华人都拥有自己的产业。经济基础决定上层建筑,经济地位的提高,华人的社会地位也随着水涨船高。美达村华人经历了漫长的政治苦难,他们清楚地知道,如若想在印尼取得生存,必须具有一定的经济实力。印尼的经济发展离不开华人,华人凭借吃苦耐劳的精神和诚实守信的品德,在经济领域发挥着重大的影响力。纵观印尼华人社会,华人多从事商业活动,或自主创业,或给人打工,意欲走上从政道路的人较少。美达村巴刹里一位马达族女士安妮便有着由政转商的经历。她是美达村隔壁村庄的居民,她的受教育程度为大学,学习的专业是社会政治。毕业之后当上了公务员,但是由于工资低,转而回到美达村,租了一个摊位,开始卖衣服。相对而言,公务员社会地位不高,工资低且工作量大,远没有做生意自由。她这样说道:

---

① 黄两承:《参政议政是新生代华人正当权益》,《印尼苏北华侨华人沧桑岁月》(下册),第 770 页。

我叫安妮，是马达人，今年52岁，有3个孩子，其中2个是女儿。这里以前是沼泽地，发生"9·30事件"的时候在这里下葬了很多人，以前有人在这里挖井的时候还会挖到骨头，华人们搬到这里之后，把这里改造得很好，很多人喜欢到这里来。我觉得在这里生活很安全，美达人很好，能够互相帮助，对我们也很好。我在大学念的是社会政治专业，毕业之后在电视台工作，但是工资太低。我的母亲是政府工作人员，还是一名教师，同时也在从商，我见母亲因为从商挣到钱，所以决定从商。①

由此可见，从商观念不仅体现于美达村华人之中，也存在于印尼本土其他民族民众的观念之中，于是，从政观念便相对淡薄了。

可以这样说，印尼社会如今依然存在种族樊篱，如果仅仅依靠本族裔选民的支持，是不可能获得选举成功的。可是参选各级政府官员或者立法机构成员的华裔精英们，他们究竟应该代表华人族群的利益，还是代表各族选民的共同利益？这是一个不能回避的现实问题，但就是这个问题，往往使华裔候选人陷于两难的境地。华裔如果选想要在选举之中脱颖而出，就必须既考虑华人群体的呼声，同时也要为广大市民谋福利。如若在获得印尼友族选民的支持下，取得了选举成功，在政坛中也能发出代表华人心声的声音。

历史的经验告诉我们，华人及其后裔如果决定长期生活在印尼，就必须要勇敢地面对现实，成为居住国的公民，更好地融入主流社会，才能有稳定的生活。然而，加入居住国的国籍并不意味着已经完全融入当地社会，并不意味着华人与居住国的公民拥有同等的权利，印尼华人如果想要获得完全平等的公民权利，成为印尼众多族群中的一员，还需要经历很长的奋斗过程，接受各种挑战。在21世纪的今天，华社精英具有高学历、高素质，他们有参政议政的硬件优势，也敢于在政治舞台上表现自己，而只有敢于站在风口浪尖上，才有可能胜任以至完成先辈所赋予的未竟心愿，才有可能为广大印尼华人谋取更多的政治福利，才有可能为无可奈何又战战兢兢的印尼华人增加生存的保障。

---

① 2015年8月25日笔者在卓别林咖啡店对安妮的访谈，由DL担任翻译。

第三节　美达村华人的休闲文化生活

虽然历经种种磨难，但美达村华人拥有积极向上的心态，他们把一切事情看得很开，追求心灵上的自由与享受。在空余时间，他们喜欢参与各种活动，如参加各类球赛、晨运队、越野队、国乐队、合唱队等，部分华人还会利用空余时间，晚上齐聚美达一路的咖啡厅里唱歌。诸如此类的活动极其常见，这些活动不仅增进了彼此之间的感情，也为他们平淡的生活增加了许多乐趣。

一　美达村华人的运动类生活

在美达村，随着时间的推进，美达村的发展已经取得了明显的进步，各种社团组织，特别是运动类的社团，比如篮球队、足球队以及晨练队、越野队等频出。

在体育社会化、社会体育化的精神感召下，美达村各项体育活动开展良好，先后成立了篮球队、足球队、乒乓球队等体育项目。与此相适应，在美达村内也设置了足球场、篮球场、羽毛球场和乒乓球室。最初的足球场设置在现代美达六路的空地上，后来有人自称该场地的主人而不让使用，之后，足球队便不在那里进行训练。但是，在空地上训练的那段时间，足球队也取得了不错的成绩。篮球场、羽毛球场和乒乓球室都设在福利部，后来足球场与篮球场合并为同一个场地。美达村的足球队、篮球队和乒乓球队都曾经取得不错的成绩，他们大多组队参加过印尼全国体育总会属下的各种球类运动。20世纪80年代初期，本区足球运动在前队长WJUN（已故）的领导下非常活跃，经常参加足球总会举办的各种区域性的足球比赛，曾经多次夺得奖项。后来因为场地受限，此项活动便停顿了下来。美达村的篮球运动也特别出色，拉哇石帝篮球队（Rawasakti）在参加苏北区篮球锦标赛中曾经获得亚军。[1] 女子乒乓球队海燕队曾经获得苏北区女子乒乓球冠军，而且还被派赴雅加达参加全运选拔赛。据DL回忆：

---

[1] 廖宴民：《丹绒巫利亚第十九巷》，《印尼苏北华侨华人沧桑岁月》（上册），印尼苏北华侨华人历史会社2015年印，第104页。

第八章 美达村华人的文化生活及族群关系 / 409

　　神圣沼泽队，是老一辈篮球爱好者组织建立起来的篮球队，停过一段时期，后来又重新修整，成为美达篮球队。篮球队一年举行两次苏北篮球比赛，由美达村的或者是棉兰的热心华人捐助比赛，现在篮球队的成员里，只有 1/4 的是美达村的村民，也许因为娱乐活动不多，当苏北篮球锦标赛举行的时候，很多人都会驾车过来观看。现在就不会再出现这么壮观的状况了。海燕乒乓球队是 70 年代中期建起来的，由古爱珍老师组织成立的，是老师和乒乓球爱好者共同建立起来的；就乒乓球而言，印尼人也喜欢打，华人也喜欢打，在这个领域很容易营造和谐的氛围，现在邱春英（柯灵敏的太太）是乒乓球队的领队，乒乓球队有个别成员代表棉兰市参加全国性的乒乓球赛；柯灵敏是越野队的主席。①

　　随着时间的推移，老一辈的运动健将已经上了年纪，新生代在体育上的成长也需要很大的进步空间，虽然现在也在进行各种锻炼，然而，短时间内，各支运动球队很难重展当年的雄风。可喜的是，美达村华人新生代积极投入体育建设，积极参与棉兰市区内举办的各种球赛，经常对外交流，这对其成长无疑具有很大的帮助。

图 125　美达华人多彩的娱乐生活（李晨媛摄）

---

① 2015 年 8 月 18 日笔者在美达村与 DL 的访谈。

从美达村华人参与的活动中,也可以从中窥见华人们积极乐观的心态和及时行乐的愿景。在工作之余,也希望可以让自己的身心都得到休息与享受,所以,他们都乐意参加各种活动。

> 我是美达村晨练队的成员之一,每天早上我们都会相约到青松村里晨运,运动以散步为主,散步结束之后共同吃早餐。妻子则喜欢唱歌,棉中校友会组织了一个歌咏队,她加入这个组织里去,美达村里还有好几个人与她一起,她们每个星期都要去江夏会所排练,需要的时候会举办一些演出活动。妻子除了加入歌咏队,还加入了棉中校友队的跳舞队,唱歌之余就会去跳舞,锻炼身体,也是一个挺好的活动。①

二 参与慈善、娱乐和休闲活动

除了对体育的热衷,美达村华人还乐于参与各种业余活动:唱歌,拉二胡,跳舞,参加社团活动,参加村里的卡拉OK,参加老人活动中心。

> 在亚齐的时候我还没有接触过国乐,到棉兰上课的时候才发现有乐队的存在,我本来对国乐就充满了兴趣,所以在14岁左右就开始学习拉二胡。1967年开始筹备组建乐队,乐队里有十几个人,到了烟寮之后成员逐渐增多。到了美达村之后,乐队仍然存在,但是成员们很多都由于忙于自己的事情慢慢地退出了乐队。美达村里现在只剩下我一个人仍在乐队里活跃。乐队没有名字,现在因为主要在江夏表演,所以叫江夏乐队。②

村民们参加村里的一些社会组织外,也有部分村民自己参与棉兰市区的社团,如狮子会、国乐队、老年活动中心等的活动。像国际狮子会(Lions Clubs International)于1917年由Melvin Jones成立,是世界最大的服务组织。拥有48000个分会及150万个会员。会员分布于世界209个国家。总部设在美国。国际狮子会的英文名称是"LIONS",其中"L"代表Liberty(自由),"I"代表Intelligently(智慧),"O"代表Our(我们

---

① 笔者2015年8月22日在美达村与YEZHIKUANG的访谈。
② 笔者2015年8月21日在美达村与WF的访谈。

的），"N"代表Nation's（民族的），"S"代表Safety（安全）。这几个字母连在一起就成为"LIONS"，在英文的意思恰好是"狮子"的意思，于是大家便将该组织称为"狮子会"。其全称为"狮子俱乐部国际协会"。一位加入了该组织的美达村民说道：

> 我是狮子会的成员，加入狮子会已经有12年的时间了。最早是我们夫妇开始的，后来有周围的朋友加入，队伍才逐渐壮大起来。现在我们夫妇的权利稍微大些，管着27队的人。每个月10日都会举行成员聚会，聚会吃饭的钱都是自己凑的，不会使用公费，社会好心人士给狮子会捐献的钱，会有专门的组织管理。有了资金来源之后，我们可以经常为需要帮助的人提供服务。我当时为什么会加入狮子会？曾经我患病的时候，我就想着，如果我能好起来，以后一定会尽力帮助更多的人。在进入狮子会之前，我曾经在广州中山肿瘤医院照顾患有癌症的家公家婆，照顾了一年的时间，对广州等地比较熟悉。后来，印尼人到中山去的时候，大部分会联系我，因为他们不会讲华语，也不认识那里的教授、医院。有我的协助，他们可以省掉很多烦琐的事情。从那个时候开始，我就免费带有需要的人去中山看病。现在作为狮子会的成员，给有需要的人提供医疗咨询成为我们的任务，但是现在大部分人会选择到槟城接受治疗。狮子会的资金大部分是有钱人捐的。亚齐海啸的时候，狮子会的成员在美达村做了3个月的义工，给难民煮饭吃，负责2500名难民的后勤工作，而且我还发动我有钱的朋友给美达的海啸难民送肉、米等。①

在美达村，还有一些村民根据自己的爱好，比如养鸟和养狗等一些宠物来充实自己的生活。现年76岁的叶辅权先生，虽然年事已高，平时仍闲不住，至今还到自己的家私厂做家私，按他的话说，虽然赚不到钱，但还是喜欢去做，就算自己的一种爱好。除了工作外，叶辅权还是一位养宠物的爱好者。一到他家里，就可以听到小鸟和小狗的叫声。他家里摆了许多奖杯，这些奖杯都是他训练的鸟和狗参加比赛获得的。据说，叶辅权从小就喜欢捕捉和养小鸟，养狗，训练狗参加比赛。

---

① 笔者2015年7月28日在美达村与MN的访谈。

图126　美达村华人叶辅权先生与他的爱鸟（郑一省摄）

叶辅权从小就喜欢玩鸟，现在养的有山雀、乌鸟（乌鸦）、画眉，斑鸠，这些以前都是从中国的苏杭等地进口，现在主要是本地产的。他有自己的养鸟和养狗哲学。他认为，养鸟要给小鸟买蟋蟀、蚂蚁的蛋等吃，鸟笼是用竹子做的，有养泰国的山雀，最好的是泰国斑鸠。现在有的泰国斑鸠要卖50万—100万印尼盾。有的斑鸠是配种的，有的是进口。泰国斑鸠叫的声音好听，有叫四音的、叫五音的，像四音的"瓜古冬冬"，五音的是"瓜古冬冬冬"，如果是无音的就是"冬冬冬冬……"鸟很喜欢干净，自己从笼子里走下来洗澡，小鸟也吃青菜，吃果子，自己啄开来吃。养鸟不能用铁笼子，因为小鸟会撞笼子，会受伤的，鸟笼子用竹笼子比较好，有的要卖1000多元人民币，中国的笼子也有卖的，现在印尼也有卖竹子的，不过手工不精细，中国的比较耐用，但价格较贵，现在大多用印尼人做的竹鸟笼。有时他也带小鸟参加比赛，在印尼有养鸟协会，专门进行鸟类比赛。当问到他的孩子对鸟的印象时，他说小孩喜欢鸟但没有时间养鸟，因为要花很多时间，早上要喂鸟吃，要给小鸟洗澡、清理粪便，好麻烦。

除了养鸟外，叶辅权还喜欢养狗，最开始养了5条，是德国的狼狗，有一条狗要7000元人民币，有一米多高。狗除了吃一般的饲料外，还有吃鸡蛋，补充蛋白质。养狗主要是请驯狗师，训练它站、滚、爬等。狗有看家的，训练护主的狗，比利时的狗较好。每天带小狗冲凉，狗很聪明，在家里时有一条狗很通人性，他的孙子在摇篮里睡觉，它就会睡在摇篮底下，当他的孙子大的时候，一看到他，就会跳起来，可惜这条狗后来被人毒死了。叶辅权对于养猫不感兴趣，他说客家话人有一句谚语："狗认主，猫认屋"，也就是说主人即使没有房子，狗也会紧跟随着主人，非常忠诚，而猫就不是这样，你走了，它还会找回以前所住过的家，而不去找主人。①

在美达村，当地华人乐意参与纯粹的娱乐和体育，以及慈善活动。从更深层次地说，美达村华人是想通过这种活动，一是在身心上有所健康，二是通过这种娱乐活动，可以结识更多的朋友。

从调查来看，由于美达村的娱乐设施较少，目前只有一间健身房，其他娱乐设施基本上没有。总的来看，美达村村民，娱乐生活不够丰富。年轻人下班回来后，除了在一起踢足球，互相邀请打篮球外，还有就在咖啡馆一起喝喝咖啡，聊聊天，或者在一起下下 Cadurgaca（碰棋）。而老年人则主要是在咖啡馆喝咖啡，谈论村中发生的大大小小事情，以及社会各种事件的来龙去脉，也显得十分自娱自乐。随着当地社会的发展，美达村的社会组织及其结构发生了相应的变化，而美达村居民也从以往的为了找生活，努力奋斗，到现在的生活较为富裕后，开始学会锻炼身体养生，追求更好的生活质量，并学会参与社会的活动，作为印尼社会的一员，融入主流社会中，为国家和社会贡献自己的一分力量。

图 127　美达村村民发明的"Cadurgaca"（碰棋）

---

① 2018 年 8 月 3 日笔者在美达村与叶辅权的访谈。

第四节　美达村的族群关系

据观察，美达村华人与周围村庄的其他族群建立了稳固、和谐的社会关系，尽管之前曾经发生了1998年的抗暴事件，但随着时间的推移，美达村华人已和周围村庄印尼友族消除了误解，进一步了解了双方。值得一提的是，美达村的华人不仅经常举办慈善公益事业活动，向周边村落贫困的印尼友族发放善款或救济品，还招收周边村落的印尼友族进入华人开设的工厂工作。比如，叶郁林在美达村里开设的工厂，里面所招收的工人大多来自附近的村庄，作为雇主的他，在周围村庄具有较大的个人魅力，他和他的家人所到之处，都会得到周边印尼村民的欢迎。当然，除了叶郁林，其他的美达村华人也与周围村落的印尼友族建立了良好的和谐关系。

一　美达村华人与周边其他族群的关系

据我们访谈和观察，美达村华人与周边其他的族群的关系整体较好，最突出的表现是美达村华人经常举行一些慈善公益活动，向周边村落的贫困友族献爱心。此外，每逢印度尼西亚的国庆日，美达村华人就会举行庆祝活动，这既是他们对于自己国家的政治认同，也是他们与周边村落印尼友族建立良好关系的机会。

每逢国庆假日，美达村华人都会举办相应的庆祝活动，2015年8月17日一大早，住在青松村里的华人便自行组织了庆祝活动，在平时锻炼的跑道上放置了好几张大桌子，上面摆满了各种糕点及水果，路两旁还立着两个大音响，放着欢快的乐曲。当地时间9点左右，在主持人的带动下，各项庆祝活动拉开了序幕，有玩游戏环节，有跳舞环节，参加的华人大多为中年及以上的年龄层，而且当天参加活动的华人都会穿上红衣白裤这样象征印尼国旗的服装搭配。当然，除了华人在华人圈子举行庆典之外，华人也会举办相应的活动，与附近居民共度国庆。也是在这一天，笔者有幸参与了叶郁林组织的庆祝国庆节活动——骑自行车过木桥，甚是有趣，同时，极具意义。

每年的印尼国庆节，以叶郁林为主的美达村INTI组织都会策划相应的庆祝活动，与周围村庄的印尼人进行互动，共同庆祝国庆日。有时举行比赛爬椰子树，有时举行自行车过独木桥。这一年，在叶郁林等人的倡导和组织下，美达村华人在 JL. Alumunium Raya 的空地上开展了别开生面的庆祝活动——骑自行车过独木桥。

　　JL. Alumunium Raya 的空地是一块闲置的地皮，由于各种特殊的历史原因，这块土地因产权纠纷一直被搁置，没有用作他用，几乎要成为美达村的垃圾场了。在这块空地上，有一个湖，湖水是死水，比较污浊，平时也没有人管理。为了增加节日的快乐，叶郁林等人在湖上搭起了一座人工桥，桥是由一块块木板拼凑而成的，宽约 30 厘米。骑自行车的要求就是要求参加的人骑着自行车从桥上经过，中途不能掉到水里，否则视为失败。自行车是当地居民出行的工具之一，活动在下午进行，自开始之时起，该活动就得到了周围民众的热情参与，参与的对象大部分是附近印尼人村庄的小孩子，他们拥有一定的自行车技术，且顺利到达彼岸之后，就能得到丰厚的奖品（红包和小零食）。可是，由于桥面实在太窄，大部分的印尼小朋友都难以成功到达彼岸。好几个小朋友在刚开始骑上木桥之时就已经栽到了水里，笔者至时，有一个小朋友刚好把车骑到了桥的正中央，成功到达彼岸还是很有希望的，但是周围民众的加油呐喊声也未能使之成功到达彼岸，小男孩的自行车突然晃动得很厉害，然后栽到了水里，引起围观民众的一阵唏嘘。还有一位小男孩，他的骑车技术挺好的，他的车已经骑过了木桥三分之二的距离，但是，在即将到达的时候，车子一歪，就掉到了水里，周围的群众无不为之扼腕叹息。

图 128　叶郁林组织的庆祝 2015 年印尼国庆节活动
——骑自行车过木桥（邱少华摄）

在笔者观察的 30 分钟内，成功到达彼岸的骑者不多，只有两三个人而已。印尼孩子们也发挥不怕苦不怕累的精神，在失败之后重新挑战，他们的勇敢也赢得了围观民众的掌声。为了鼓励更多的人参与其中，组织者在湖边不停地重复着奖励及奖品，也对每一个参赛者在参赛过程中的表现进行解读和鼓励，偶有新人加入也会得到围观群众的热烈欢迎。在围观群众的鼓动下，一位印尼妇女也加入了挑战行列，遗憾的是，她在开始之初就掉到了水里，但她的勇敢行为也得到了奖品鼓励。

活动贵在参与，通过这样活动的开展，加强了美达村华人与附近印尼居民的互动与交流，强化了双方关于华人和印尼友族同为印尼国民的观念，有助于美达村华人更好地融入当地社会，促进美达村华人与周围民众的良性互动，构建和谐的族群关系。

除了与周围村庄的族群进行交流和互动外，美达村华人还乐善好施，经常举办慈善公益活动，不仅向村里的贫困华人，也向周边村落的印尼友族贫困者发放救济品，献爱心。美达村的精英叶郁林，作为美达五路 62 号与 64 号住家之间的大爱佛堂（CETIYA MAHA-KARUNA）理事会主席，每逢周四就在那里举办祭拜活动，活动中招待客人所用的米饭、菜等，平时给贫困人家购置的油、面粉等东西大部分是由叶郁林自己出的。近几年来，在印尼新年前后都会有慈善救济，都在大爱佛堂前举办。组织者们都身穿大爱佛堂特制的黄色底红边的马甲，为到场的困难群众发放现金、米、面、油、鱼干和饼干等生活用品。接济的对象主要是身体有缺陷或者是生活上有困难的人。资助的人数可达到 200—300 名，资助的是整个丹绒巫里亚村的，包括华人和印尼人。具体的华人和印尼人的人数不会有限制，但是总体而言还是印尼人居多。

除了向印尼友族贫困者献爱心外，对于需要帮助的人，美达村华人也愿意奉献自己的绵薄之力。在美达村内就有一个特别明显的例子——即美达村华人对"印尼小黑哥"的帮助。

印尼小黑哥，住在美达村附近的村落，具体名字不详，听说有一个哥哥，已经去世，家里只剩他一个人。之所以叫他印尼小黑哥，是因为他是爪哇人，人特别黑，30 多岁。他是一个智商水平较低的人，基本丧失劳动能力，平时经常做的事情就是到美达村里溜达。由于他家境困难，而且智商水平低，美达村华人对于他甚是同情，每每看到他，都会给他钱给他买他喜欢和需要的物品。他也给美达村华人带来了很多欢乐，因为他也是

第八章 美达村华人的文化生活及族群关系 / 417

图 129 美达村华人叶郁林的夫人及当地政府行政人员一起在大爱佛堂外向印尼友族发放救济品（郑一省摄）

图 130 "印尼小黑哥"（郑一省摄）

一个特别有爱心的人，据 DL 阐述：

> 他很有自己的原则，如果是别人掏钱给他买的新咖啡，他是不会喝的，但是别人喝过的，剩下的咖啡，他就会拿来喝。这是为什么呢？因为他的哥哥喜欢跟别人开玩笑，后来有一个人在他哥哥喝咖啡的时候，往他哥哥的咖啡里放了泻药，结果让他哥哥拉肚子拉得半死。他哥哥出了这件事后，这位小黑哥再也不敢喝别人买的新咖啡

了，除非是别人喝过的。这位小黑哥也特别有爱心，每当村里有人去世的时候，他总会到福利部里哭，还想跟随送葬队伍把亡者送往下葬地点，但是一般人都不会让他跟随，因为他本人不喜欢洗澡，身上有一股味道，大家都不愿意让他跟着。还有一个特别有意思的现象，他肚子饿的时候会伸手问别人要钱，某人一般给他多少，他会有一个固定的印象，下次他继续问那个人要钱的时候，无论那个人给多了还是给少了他都不会接受，只会眼巴巴地等着那个人把上次给过的金额重新拿出来，他才会兴高采烈地收下。他是一个很单纯的人，对帮助过他的人，他有印象，而且会希望帮他的人过得好。偶遇一次叶郁林跟他开玩笑，说："我要死了，我要死了。"他马上哭着说："不要死啊，不要死。"表情特别伤心。他是真的不希望对他好的人离他远去，也许也是一种对生命逝去的恐惧吧。像小黑哥这样的弱势群体在美达村还是可以生存的，只要他需要，美达村华人都可以满足他，有时候他会在福利部里洗澡，当需要换洗衣服的时候，村民们会给他在巴刹里买一件稍微旧一点的给他。他也会回自己的家，偶尔也会直接在美达村里某个板凳或摊位上直接休息。当头发长了，他也懂得走进理发店，理发店的工作人员也会给他剪头发，也不嫌他脏。[①]

此外，福利部里会聘请附近村庄的家境困难的印尼人来福利部做工，也是美达村华人善良和友好的体现。福利部里至少有两位印尼工人，他们逢人去世的时候才会过来帮忙，他们都有一定的年纪，难以胜任其他行业的工作，到福利部里，也是为来吊唁的华人提供基本的服务而已。工作就是为华人提供茶水或咖啡、糕点等，等吊唁的宾客走后，帮忙收拾桌子。工作比较轻松，但每个月也会有固定的工资，金额也可以解决他们个人的基本生活需求。

此外，巴刹上的印尼人商贩也可以体现出美达村华人与周围的印尼人建立的深厚友谊。美达村的巴刹属于多民族混合集市，虽然此市场在华人的村庄上建立，但是在集市中销售的主体绝大部分不是当地的华人，而主要是来自附近村庄的其他民族如巴东人或者爪哇人、马达人等。美达村华人多从事工商业，因为美达村没有土地，在农副产品的生产中不占优势。

---

① 2015年8月26日笔者在美达村与DL的访谈。

巴刹自形成之后，吸引了越来越多的"邻人"来此经营，平时，美达村华人也会光顾这些摊位，双方的交流也充满了祥和之感，每个摊位之间存在着竞争，但是商贩之间的关系仍较友好。

二 美达村华人社会内部的关系

美达村华人社会是一个以客家籍华人为主的社会，其中客家籍华人占村民的77.5%（包括梅县籍的占53.5%，大埔籍的占15%和惠州籍的占7.5%），广府籍华人占7.5%（包括新会籍的占2.5%，顺德籍的占2.5%和台山籍的占2.5%），福建籍华人占14%（包括惠安籍的占5%，福州籍的占1.5%，兴化籍的占5%，莆田籍的占2.5%），湖北天门籍华人占2.0%，其他籍贯的占1.5%。① 虽然美达村有不同籍贯的华人，但由于客家籍华人占很大比例，客家话便成为美达村通用的语言，村民们在村里的咖啡馆、菜市和商店等处相遇都会用客家话交流，即使在巴刹卖东西的印尼友族也会使用简单的客家话，回答买主的问价。

正因为如此，美达村不同籍贯的华人在一个村庄同说同一种方言，往往具有一种认同感，又由于有共同的历史遭遇（被逼迁），美达村华人内部特别是社会底层关系充满了密切的交流、接触与互动。据调查，无论是在烟寮的艰难岁月，还是在1998年的"五月骚乱"中的抗争，亚齐海啸大救援，以及深陷纠缠不清的"土地问题"时，美达村华人都能团结一致，共渡难关。可以说，方言的文化认同在某些情况下已经超出血缘或其他关系，成为辨认族属的重要条件。正因为如此，美达村华人在日常的生活和生产活动中，不同方言群和地域群能够较为和谐地相处，互相关照和团结起来。

美达村华人除了关心周围村庄的弱势群体外，美达村华人也关注美达村内生活状况不好的民众的生活情况，为弱势群体提供力所能及的帮助。帮助的方式或是通过在福利部等地方为其谋一份职位，或是通过大家筹集资金进行资助，无论以何种方式进行，都是本着帮助的心态进行的。例如，村里的HQ接受过福利部和村里其他人的捐款资助，他这样说道：

> 我出生于1958年，祖籍广东梅县，家里最早是爷爷HL到亚齐

---

① 2015年7—9月问卷表统计结果。

美仑，做豆沙饼生意。父亲 TM 出生在美仑，长大之后继承爷爷的生意，开始做豆沙饼买卖。"9·30 事件"之后，被逼迁至棉中。我在美仑的时候在华侨学校读过小学，后来在棉中居住的时候有补习班，朱丽辉老师给我这些青少年补习过。到了美达村之后，父亲教会我做面团，我便开始卖面，一般是自己学好手艺之后，到各个地方推销，现在已经没有生意做了，没办法跟别人竞争，稍微起价就没有人会买，所以生意难做。住的房子是 8×23 米的规模，现在我在福利部里有工作，有人去世的时候，我就会到福利部帮忙发放牌子，通知村里人有人去世了。这份工作让我每次都可以得到 200 千印尼盾。1999 年结婚，妻子是福建人，是自己认识的，现在父母已经去世，妻子在家做家务，孩子现在 7 岁，读一年级，在基督教学校读书。

挣得的钱不大够用，平时要节俭，所以村里有人帮助我的小孩上学，还有人曾经发起向村民募捐，捐到的钱就给我的孩子上学。①

当然，美达村华人族群内部也存在某些"张力"。特别是随着时代的发展，华裔新生代越来越多，他们大多数是出生在 70 年代、80 年代、90 年代，这也是美达村建立起来之后的。他们生在印尼的发展时期，没有祖辈们那种受尽磨难的经历，而又由于他们大多数是在印尼语学校读书，接触的大多数是印尼友族，造成这些华裔新生代与其祖辈的想法、观念不尽相同，所以对一些事情的理解也有自己的看法。比如，在美达村的土地处理问题上有些年轻一辈与老一辈的观点就不一致，难免引起了一些摩擦和冲突。

总之，从美达村华人与村内民众、周围的印尼居民以及两大族群之间的互动可以看出，与多年以前相比，美达村华人在融入当地主流社会的心态上更加成熟。随着印尼民主化进程的稳健推进，华人也更加积极地融入主流社会，华人济贫扶弱的活动也更加系统化、日常化，他们已不再仅仅局限于救济灾民，而是更加积极地参与对普通民众日常事务的关怀中。苏西洛执政时期向华人拜年时就曾高度称赞华人的济贫扶弱的精神。转变思想观念，理智地面对各种挑战，为积极主动融入主流社会提供支持。华人认识到贬低、轻视或不尊重其他族群文化不利于族群之间关系的和谐，不

---

① 2015 年 8 月 11 日笔者在美达村与 HQ 的访谈。

利于华人社会的发展,因此必须要抛弃自身文化的优越感,欣然接受他国文化,积极融入主流社会。其实,印尼华人社会明确发展华人文化的目的,在于增强华人的族群意识而非中国意识,是为了华人可以为居住国的发展做出应有的贡献,而不仅仅是为了加强与中国的联系。印尼政府意识到华人主动接受印尼其他民族的文化,同时保留自身的传统文化发展经济,为当地社会增加就业机会,为政府增加税收起着非常重要的作用。同时,当地华人大多拥有社会责任感,他们积极承担社会责任,参与当地的慈善事业,关心当地社会的弱势群体,他们的善举为维系社会的稳定,提高国民的幸福指数做出了重大的贡献。当地华人与当地其他族群(友族)一道齐心协力,相互学习和理解,促进相互间的互信互利,共同建设一个具有积极的民族思维观念的印尼,促进印尼国家的发展。正如刘德亮先生所认为的,既然选择了印尼籍,就要热爱印尼,为印尼效劳,要乐于与其他族群交往,不要歧视其他族群。[①] 美达村华人的这种做法对印尼华人积极融入主流社会有一定的借鉴意义。

---

① 2015 年 8 月 23 日笔者与刘德亮先生的访谈。

参考文献

一 著作类

温雄飞：《南洋华侨通史》，上海东方印书馆1929年版。
李长傅：《中国殖民史》，商务印书馆1937年版。
陈达：《南洋华侨与闽粤社会》，商务印书馆1943年版。
戴鸿琪：《印尼华侨经济》，台北海外出版社1956年版。
廖建裕：《现阶段的印尼华族研究》，新加坡教育出版社1978年版。
陈烈甫：《东南亚洲的华侨、华人与华裔》，台湾正中书局1979年版。
杨建成主编：《三十年代南洋华侨领袖调查报告书》，中华学术院南洋研究所1984年版。
杨建成主编：《荷属东印度华侨商人》，中华学术院南洋研究所1984年版。
杨建成主编：《三十年代南洋华商经营策略之剖析》，中华学术院南洋研究所1984年版。
温广益等：《印度尼西亚华侨史》，海洋出版社1985年版。
[澳] 王赓武著：《东南亚与华人》，姚楠等译，友谊出版社1986年版。
[日] 田中富久治等著：《当代世界政治体制》，光明日报出版社1988年版。
[美] W. J. 凯特：《荷属东印度华人的经济地位》，王云翔译，厦门大学出版社1988年版。
[荷] 包乐史：《中荷交往史》，庄国土译，厦门大学出版社1989年版。
邱正欧：《苏加诺时代的印尼排华史》，中央研究院近代史研究所1995年版。
贺圣达、王文良、何平：《战后东南亚历史发展》，云南人民出版社1995

年版。

何梦笔：《网络、文化与社会经济行为方式》，山西经济出版社 1996 年版。

温北炎：《印度尼西亚经济与社会》，暨南大学出版社 1997 年版。

［荷］包乐史：《巴达维亚华人与中荷贸易》，庄国土译，广西人民出版社 1997 年版。

薛君度、曹云华：《战后东南亚华人社会变迁》，中国华侨出版社 1999 年版。

［英］布朗：《原始社会的结构与功能》，潘蛟等译，中央民族大学出版社 1999 年版。

毛起雄：《华侨华人百科全书·法律条例政策卷》，中国华侨出版社 2000 年版。

高伟浓：《下南洋：东南亚丛林里的淘金史》，南方日报出版社 2000 年版。

赵和曼主编：《东南亚手册》，广西人民出版社 2000 年版。

廖建裕：《现阶段的印尼华人族群》，新加坡八方文化企业公司 2002 年版。

游禄中：《印尼华人之命运》，香港时代图书有限公司 2002 年版。

许天堂：《政治漩涡中的华人》，周南京译，香港社会科学出版社有限公司 2004 年版。

黄昆章、李学民：《印尼华侨史（古代至 1949 年）》，广东高等教育出版社 2005 年版。

黄昆章：《印尼华侨史（1950—2004 年）》，广东高等教育出版社 2005 年版。

郑一省：《多重网络的渗透与扩张——海外华侨华人与闽粤侨乡互动关系的研究》，世界知识出版社 2006 年版。

［法］爱弥儿·涂尔干：《宗教生活的基本形式》，渠东、汲喆译，上海人民出版社 2006 年版。

唐慧：《印度尼西亚历届政府华侨华人政策的形成与演变》，世界知识出版社 2006 年版。

唐慧、陈扬、张燕、王辉：《印度尼西亚概论》，世界图书出版广东有限公司 2012 年版。

林国平：《闽台民间信仰源流》，福建人民出版社 2013 年版。

庄国土:《世界华侨华人简史》,暨南大学出版社2014年版。

吴忠伟:《印尼棉兰美达村客家话词汇比较研究》,暨南大学出版社2014年版。

印尼苏北华人华侨历史会社:《印尼苏北华侨华人沧桑岁月》(上、下、续集),2015年版、2017年版。

二 期刊论文类

吴文华:《东南亚华人和宗教》,《华侨华人历史研究》1988年第4期。

蔡仁龙:《战后印尼政府对待华侨、华人的经济政策》,《南洋问题研究》1989年第1期。

孔远志:《佛教在印度尼西亚》,《东南亚研究》1991年第3期。

孔远志:《印尼华人穆斯林》,《中国穆斯林》1991年第6期。

许国栋:《从华人的宗教信仰探讨印度尼西亚的同化政策》,《华侨华人历史研究》1992年第1期。

孔远志:《印尼华人与宗教》,《青岛大学学报》1994年第1期。

林其锬:《文化·商帮·网络》,《东南学术》1998年第5期。

刘宏:《海外华人社团的国际化:动力·作用·前景》,《华侨华人历史研究》1998年第3期。

李天锡:《华侨华人民间信仰的特点及其前景》,《世界宗教研究》1999年第1期。

戴一峰:《旅日华侨"泰益号"经营网络结构剖析》,《中国经济史研究》1997年第4期。

张禹东:《印度尼西亚全面同化政策下的华人宗教文化》,《华侨大学学报》(哲学社会科学版)2000年第3期。

张禹东:《华侨华人传统宗教及其现代转化》,《华侨大学学报》(人文社会科学版)2000年第4期。

陈志明:《东南亚华人的土地神与圣迹崇拜》,《广西民族学院学报》(哲学社会科学版)2001年第1期。

庄国土:《论17—19世纪闽南海商主导海外华商网络的原因》,《东南学术》2001年第3期。

杨晓强:《印尼华人能不能接受伊斯兰教》,《世界宗教文化》2001年第2期。

曹云华:《宗教信仰对东南亚华人文化适应的影响》,《华侨华人历史研究》2002 年第 1 期。

黄昆章:《印尼华人的佛教信仰》,《东南亚纵横》2003 年第 6 期。

旃媛媛:《试论东南亚华人传统宗教对当地文化的适应》,《西南林学院学报》2004 年第 24 卷。

郑一省:《多重网络的渗透与扩张——海外华侨华人与闽粤侨乡互动关系的研究》,《华侨华人历史研究》2004 年第 3 期。

莫嘉丽:《印尼华人信仰的多教混合与华人文化认同》,《东南亚研究》2004 年第 6 期。

罗康隆:《论民族生计方式与生存环境的关系》,《中央民族大学学报》(哲学社会科学版) 2004 年第 5 期。

赖伦海:《解读客家民间的"多神崇拜"》,《粤海风》2005 年第 2 期。

张禹东:《东南亚华人传统宗教的构成、特性与发展趋势》,《世界宗教研究》2005 年第 1 期。

王苍柏:《华人网络的再认识：一个空间的视角》,《华侨华人历史研究》2006 年第 6 期。

郑一省:《印尼棉兰华人族群融入主流社会初探》,《华侨华人历史研究》2008 年第 4 期。

曹云华:《棉兰华人印象》,《东南亚研究》2010 年第 1 期。

杨宏云:《印尼棉兰的华人：历史与特征》,《华侨华人历史研究》2011 年第 1 期。

郑一省:《印尼棉兰华人"肃坛持戒"仪式探析》,《东南亚研究》2011 年第 6 期。

郑一省:《印尼坤甸华人的"烧洋船"仪式探析》,《世界民族》2012 年第 6 期。

刘俊涛:《从经济层面看华侨华人与中国软实力——以印度尼西亚为视角》,《科学·经济·社会》2012 年第 3 期。

廖建裕、康晓丽:《当代印度尼西亚佛教与孔教的新发展》,《南洋资料译丛》2012 年第 1 期。

庄孔韶:《人类学关于社会网络的研究》,《广西民族大学学报》(哲学社会科学版) 2012 年第 5 期。

廖建裕:《当代印度尼西亚佛教与孔教的新发展》,《南洋资料译丛》2012

年第 1 期。

聂德宁：《东南亚华人的宗教信仰》，《中国社会科学报》2014 年 3 月 19 日。

曹云华：《印尼棉兰的客家人——海外客家人的社会变迁之三》，《八桂侨刊》2014 年第 3 期。

黄海德：《清水祖师与东南亚华人宗教信仰》，《中国社会科学报》2014 年 4 月 30 日。

王爱平：《印度尼西亚孔教：中国儒教的宗教化、印尼化》，《世界宗教文化》2015 年第 5 期。

童莹：《"以店为家"与"多处为家"——一个印尼非核心区域华人群体家庭策略与商业经营的考察》，《华侨华人历史研究》2016 年第 3 期。

三　学位论文

王爱平：《宗教仪式与文化传承——印度尼西亚孔教研究》，博士学位论文，厦门大学，2007 年。

胡晓玲：《东南亚华人华侨经济网络的形成、发展与转型研究》，硕士学位论文，中南大学，2008 年。

蒙英华：《海外华商网络与中国对外贸易理论与证据》，硕士学位论文，厦门大学，2008 年。

聂会翔：《苏加诺时期中国与印尼关系探究》，硕士学位论文，湘潭大学，2008 年。

吴忠伟：《印尼棉兰美达村客家话词汇比较研究》，硕士学位论文，暨南大学，2014 年。

陶晶：《印尼华侨华人与原住民的融合问题研究》，硕士学位论文，广西师范大学，2007 年。

杨宏云：《20 世纪 80 年代以来印尼棉兰的华人社团与社团领袖》，博士学位论文，厦门大学，2000 年。

高文文：《后苏哈托时代印尼华人政策的调整与影响因素研究》，博士学位论文，山东大学，2014 年。

韩田田：《印度尼西亚庇护主义与华侨华人群体》，硕士学位论文，华中师范大学，2015 年。

DEDYIRDAMSYAHHATTA（德蒂）：《印度尼西亚华人寺庙与文化传承》，

硕士学位论文，南昌大学，2015年。

四　其他

吴迎春：《野蛮暴行，必须严惩——国际社会强烈谴责迫害印尼华人》，《人民日报》1998年8月4日，第6版。

郑一省：《印尼三宝垄的华人：宗教信仰与族群互动》，第四届海外华人研究与文献收藏机构国际会议，广州，2009年。

王爱平、鲁锦寰：《宗教认同与文化认同、族群认同：印度尼西亚孔教的缘起与形成》，第九届宗教社会科学年会，北京，2012年。

施光碧：《棉华中学——棉中学子心中永远的丰碑》，《棉华中学校友会会刊》，2016年。

后　　记

我知晓美达村是在 2008 年，那是我第一次到印尼的时候。当时刚从暨南大学调到广西民族大学后不久，我的一位学生刘慧敏了解到我在研究印尼，说无论如何也应该到印尼看看。也正是她的鼓励和安排下，我于 2008 年 2 月正式踏上了印尼的国土，从此也促使我真正开始对印尼华人的田野调查与研究。

我是 2008 年 2 月 1 日到达雅加达的，记得那次是坐印尼国航 GARUDA（鹰）到达雅加达的，在雅加达待了一晚后，第二天早上再乘飞机前往棉兰。那时棉兰的机场在市中心，场地十分狭小，且乘飞机的人不多，所以我很快地就拿到了行李。一出机场，我便看见两个华人朝我走来，这就是后来成为我挚友的廖章然先生和陈民生先生，直到现在我还得到他们无私的帮助和支持。也就是从那时起，我得出的感觉是：从整个东南亚来看，印尼华人是最热情的。出机场后，廖章然先生和陈民生先生带我来到陈明宗先生开的酒店，并在那里住了一个星期。在这一个星期里，廖章然和陈民生先生带我访问了棉兰的许多华人社团，让我初步了解到棉兰华人的近况，并认识了许多华人领袖，其中有一位就是棉兰苏北客属联谊会副主席叶志宽先生。我见到叶志宽先生，是我拜访棉兰苏北客属联谊会的时候。虽然志宽长我几岁，但我们似乎一见如故，无话不谈，正像客家人常说的"客家人是自家人"。在与他的交谈中，我第一次听到了美达村华人的故事。我至今难以忘怀的是，每当志宽兄一讲到他的家族如何遭受苦难，一讲到他们在 20 世纪 60 年代从亚齐如何被逼迁，如何成为难侨，如何从富有到一无所有，又如何再度生存下来时，总是热泪盈眶，有时甚至声泪俱下。访谈后，我请求志宽带我去美达村看看，他一口应允，并带我到他在美达村的家住了三天。在美达村的三天中，我访谈了一些美达村村民，初步了解了他们的状况。也正是这三天，让我萌发了要将美达村华人的故事，也就是他们的迁移史、苦难史和奋斗史写出来的想法。

2008年从印尼回来后，我就开始查阅美达村华人的相关资料，可惜国内外有关这方面的资料甚缺。接下来的几年里，即2010年、2012年、2013年虽然我先后到过印尼的坤甸、三宝垄和山口洋等地调研，也到过棉兰，并在陈明宗先生家里住过一个多月，期间得到他的悉心照顾和帮助，这种关怀的场景至今仍历历在目。然而，由于本人另有其他的基金项目，如国家社科基金项目《社会人类学视野下的印尼华侨华人社团研究》，以及《印尼华人宗教信仰研究》等项目要完成，所以那些年就暂停了有关美达村华人资料的收集和调查。只是到了2015年，我招收了两位基础较好的硕士生邱少华和李晨媛，才觉得应该和有必要重新展开对美达村华人的调查和研究。

2015年7月21日，我带着我的学生邱少华和李晨媛乘坐南方航空的飞机从广州到达雅加达后，第二天又从雅加达乘坐印尼狮子航空到达棉兰，这次是在苏北印华总会主席黄印华先生的安排下进行的，他自己花钱专门派了一辆车来棉兰的新机场接我们，开车的是一位不懂华语的华裔，我们只能和他用英文或印尼语交谈。不过，这位华裔非常热情，一路用手势比画着告诉我们很多事情，并一直把我们送到黄印华先生的办公室。在黄印华先生的办公室，我们第一次遇见了郑福兴先生，我们后来成为非常好的朋友，他是80年代出生的华裔新生代，即"80后"，是黄印华先生专门安排接我们去美达村调查的，因福兴本身就是美达村华人。第一次见到这位胖乎乎的福兴先生时，他用一种异样的眼神打量着我们，我当时感觉到有些纳闷，不知所以然，只是在后来我们到美达村调查时才领悟到这种眼神的来源。

福兴开车带我们从黄印华那里出来，20多分钟便来到了美达村，该村的华人领袖叶郁林先生专门安排我们住在他在青松村的别墅里。从青松村到美达村走路大约要15分钟，这也成为我们每天早上要做的事情之一，即从住的地方走大约15分钟到达美达村进行田野调查。我们在叶郁林先生及其家人的悉心关照下，在美达村一直从7月23日调查到9月20日，调查时间将近2个月。

7月23日开始，我们从青松村的住处前往美达村调查。一到美达村我就感到很亲切，我心中暗自说道：美达村我又来了。我们一到美达村，便沿着美达中路的巴刹前行，只见人流涌动，熙熙攘攘，巴刹两旁商店、地摊的货物琳琅满目，应有尽有。有客家风味的各种糕点，红的、绿的，有油炸的香蕉，还有各种各样的衣服鞋帽，以及叫不出名字的印尼水果，卖东西的与买东西的叫卖和讨价还价声此起彼伏。我的两个学生邱少华和李晨媛看到这一切，都感觉到十分稀奇也很新鲜。可是当我们向买东西的大姨大妈问好时，她们见了我们，就像见了瘟神般地纷纷躲藏，或连连摇头晃脑，或一一摆手地说："我们不知道，全都不知道。"这是我们第一天调查时的遭遇，当时让我们觉得无所适从。后来我们的好朋友郑福兴与我们讲，为何我们第一天会遭受到如此"礼遇"，是因为在两个多月前有两三个讲着"中国话"的女性，在美达村行骗，用迷魂术骗了好几个美达华人，将他们一辈子辛苦攒下来的金银珠宝骗走了。所以，村民们一见到我们这些"中国人"就会十分提防，害怕再遇见骗子。这时，我才恍然大悟，这就是福兴初次见我们时的那种异样眼神的缘由。

后来，在我们的好朋友福兴的解释和陪同下，我们近两个月的调查一直顺顺利利。美达村的咖啡店、面店、饭馆、住家、巴刹都成为我们调查落脚的地方，美达村华人也逐渐将我们当成好朋友，并将他们或他们家族的故事一一告诉我们，在两个月调查期间，叶郁林先生不仅将他的别墅让给我们居住，还特地购买飞机票让我们飞到班达亚齐，去看看亚齐华侨难民他们曾经住过的地方，同时访谈那些仍留在班达亚齐的华人以及美达村华人的亲戚们，还让我直接乘飞机前往泗水市访谈陈丽珊老师，所有这些都使我们深受感动。

2016年底，我们策划的《东南亚华人聚落研究丛书》第一本书，也就是30万字的著作《印尼美达村华人》终于脱稿了。为了补充一些资料和修改书稿，我于2017年3月25日至4月8日又带领杨静林、李海翔、陈舒婷和彭燕婷等5人组成印尼调查团来到三宝垄、万隆、井里汶等地，同时也来到了棉兰并到美达村调查了几天，补充了一些资料。2018年7月29日至8月5日，我再次来到美达村。为了让我更好地调查和修改书稿，叶郁林先生的堂弟叶嘉林先生将他新购的别墅让给我居住，这又一次让我感受到叶氏家族对我们的关怀之情。

在以上的几次调查中，我们运用人类学的深度访谈法，访谈了近200位访谈者，并参与该村举行的婚礼、丧葬、宗教仪式，以及其他的文娱活动，通过亲临现场，聆听村民们讲述各种故事，不仅使我们获得了大量的珍贵的第一手资料，也使我们看到了海外华人是如何与困境抗争，如何从一无所有到略有积蓄，最后成为社会的佼佼者或精英的。

在这里，我要缅怀美达村的已去世的两位先贤陈松茂先生和陈松镇先生。记得我第一次到美达村时，陈松茂先生就接受了我的访谈，并且将美达村的许多历史资料赠予我，使我对美达村的历史有了一个初步的了解。而陈松镇先生则是我们在 2015 年期间访谈最多的人士，我记得最少也有 5 次之多。那时他拖着病痛的身体，仍不厌其烦地给我们解释美达村各种事件发生的来龙去脉，我们至今仍深受感动。在这里，我们要特别地感谢黄印华先生、廖章然先生、陈民生先生、陈明宗先生、陈亭墅先生、叶志宽先生及其夫人、叶郁林先生及其夫人、叶嘉林先生及其夫人、刘德亮先生、朱丽辉女士、陈丽珊女士、黄广政先生、叶辅权先生及其夫人、陈志文先生、李小文先生、饶洁丽女士及其丈夫、老秀瑢女士、陈增志先生、郑福兴先生、林德明先生、温家庆先生，以及本书中有真实姓名出现，或因诸多原因不能以真实姓名而只以拼音作为代号出现的各方人士，正是由于他们无私的帮助和支持，让我们在美达村的调查中获得了许多珍贵的第一手材料，为我们撰写《印尼美达村华人》一书奠定了扎实的基础。

可以说，本书是学术团队共同调查和写作的成果，也是专门献给美达村华人的一部作品。当然，由于我们调查时间不长，以及美达村所存的资料较少，这一部反映美达村华人的迁移史、苦难史和奋斗史的民族志成果还有许多先天的不足，只能待我们今后再到那里进行深入调查，获得新的资料之后再加以补充和完善。

郑一省
于绿城相思湖畔